이탈리아 맑스주의

프리스터 카린 지음/윤수종 옮김

도서출판 중원문화

이탈리아 맑스주의와 국가이론

차례

서문

이 책은 처음에는 시사정치적인 관심, 나중에는 체계적으로 시도한 이탈리아 공산주의에 대한 연구 결과의 산물이다. 정치적 발전에 따라 여기서 이탈리아공산당의 국가와의 관계라는 문제가 더욱 더 강하게 작업의 중심에 놓이게 되었다. 이때 나는 다음과 같은 문제설정에서 시작하였다. 즉 앞의 그 문제에 대답하려고 시도하는 어떤 이론적 관념 및 경향들이 공산당 내에서 이루어질 수 있는가? 어떠한 방식으로 그것들은 이탈리아 공산주의의 정치적 아이덴티티를 만들어내는 데 기여하며, 그것으로부터 어떤 정치적 결과가 도출될 수 있는가? 이러한 문제설정은 이 책이 당사(黨史) 적이라기보다는 주로 국가론적인 것으로 되도록 이끌었다.

물론 여기서는 역사적-정치적 측면보다는 이론적 측면에 대한 노동경제학적인 근거에서의 강조가 중요하다. 왜냐하면 역사과정 자체에서 양 계기는 서로 밀접하게 결합되어 있기 때문이다. 그람시(A. Gramsci), 델라 볼페(G. Della Volpe), 체로니(U. Cerroni), 그리고 바카(G. Vacca)가 보여준 이론적 문제해결 노력은 특정한, 그리고 역사적으로 조건지어진 실천의 이론적 표현인바, 이 실천은 그러한 노력을 반영하기도 하지만 그것을 예기한다든지 혹은 —— 바카에게서처럼 —— 그것을 단지 동반하거나 이론적으로 안내하기도 한다.

이탈리아공산당의 정치적 아이덴티티의 이론적 표현에 대한 질문에 어떤 대답을 찾을 때 사람들은 반드시 안토니오 그람시라는 아주 두드러진 거물과 조우하게 된다. 당 창건의 아버지로서 그는 당의 자기모습 자체를 드러내는 것 같다 : 레닌주의와 국제 노동운동의 융합을 보증하는 혁명가로서, 이탈리아의 민족적 특수성과 고도로 발전한 서구 사회에서의 다른 성격의 투쟁조건을 다같이 이론적으로 고려한 이론가로서, 이탈리아 공산주의의 이론적 매력을 간직하고 있는 "위대한 지식인" 으로서, 반파시스트적이고 거의 순교자화된 주인공으로서, 요약하자면 : 창조신화 속에서처럼 그에게서 다시 찾을 것 같은, 이러한 당의 인격화로서.

그럼에도 이러한 모습은 현실과 완전히 일치하지는 않는다. 왜냐하면 아주 분명한 기치를 내건 이러한 현상 하에서 그람시는 더한층 새로이 완성되는 것이 아니라, 이미 50년대에 톨리아티(P. Togliatti)가 정치적으로 지도하고 델라 볼페가 이론적으로 기초지은 "그람시를 넘어서" 간다고 약속한 개입과정이 나타나기 때문이다. 그리고 이 "그람시를 넘어서" 라는 것은 동시에 레닌과 제3인터내셔널의 사고양식을 넘어서는 것을 말한다. 어디로? 이러한 질문에 대해서 아직은 어떤 결론적이고 근거있는 대답을 할 수는 없고, 이러한 전개의 이후과정을 탐구할 수는 있다. 그럼에도 이 개입과정을 좀더 자세히 살펴보면, 이러한 "그람시를 넘어서" 가 얼마나 "그람시로 돌아가서" 를 의미하는지 —— 그래서 이것은 역설적으로 들릴지도 모른다 —— 를 질문하는 것이 부당한 것 같지는 않다. 그 역설(모순적인 것이 아니라 그 자체에서 전적으로 일치하는 것)은 나로서는 다음에 있는 것 같다. 즉 이 "그람시를 넘어감" 은,

그에게 있긴 하지만 대개 몸뚱아리만 있든가 파편적으로 그려진 국가론 및 헤게모니론에 대한 항목들이 생산적으로, 즉 그의 문제틀 및 개념성의 토대 위에서 더욱 발전되는 방식으로 완성되는 것이 아니라, 오히려 그의 중심적인 이론관련에 대한 역사화 및 재해석(예컨대, 그의 당 이론을 역사화하는 경향 속에서, 그의 헤게모니론에서 동의이론만을 보는 경향)을 거치면서 점차 그가 구획한 이론적 반성의 토대를 버린다는 점, 하지만 그러면서도 그에게 의거하는 것은 그치지 않는다는 점이 그것이다. 이러한 과정은 갑자기 완수되지도 않고 분명하게 그리고 역사적으로 충분히 확정적으로 이루어지지도 않으며, 오히려 "경향적으로" "점진적으로" 그리고 거의 알아챌 수 없을 정도로 이루어진다. 그러므로 갈바노 델라 볼페의 작업이 곧바로 이러한 경향에 대한 이론적으로 파악할 수 있는 표현으로 격상되는 것은 과도한 것처럼 보인다. 그는 다른 사람보다 더욱 결정적이고 분명하게 이러한 발전에 강조점을 두었기 때문에, 그에게서는 다른 문제틀(즉 사회주의와 자유주의의 관계, 사회주의와 부르조아 민주주의의 관계)로의 전환을 통해 이루어지는 그람시 및 레닌주의와의 결별 에 대해 말할 수 있게 된다. 델라 볼페가 그람시를 넘어가면서, 사실은 그를 간과하면서, 보여준 명료성은 바로, 그가 이탈리아 공산주의 내에서 톨리아티의 정치적 전략에 커다란 친화성을 가지고 있음에도 불구하고 왜 이론가로서 주변적인 입장을 가지고 있는가에 대한 충분한 설명근거가 된다.

그렇지만 이 책에서 델라 볼페를 다루는 것은 이탈리아 공산주의의 있을법한 "사회민주주의화"를 위한 평면적인 증명 도출에 봉사하는 것이 아니라, 그람시 및 바카와의 논점별 그리고 어느 정도 일면적인 대결을 통해 국가론 분석에 있어 아주 중요한 문제를 밝혀야 한다는 점 때문이다.

여기서 나는, 이탈리아 공산주의가 50년대 이후(정확하게는 이탈리아공산당 제8차 당대회가 열린 1956년 이후), 그러나 더욱이 이미 1926년(리옹에서 제3차 당대회가 열린 해) 이래, 서구의 고도로 발전한 자본주의 국가의 변화된 조건들에 맞는 (레닌주의를 정말 역사적 전제로서 받아들이고 스스로 레닌주의적으로 조건지어질 뿐이라고 특징지을 수 있는) 혁명모델을 발전시키려는, 그때까지 유일하고 폐쇄되지 않은 노력을 시도한다는 테제를 옹호하였다. 이 부분적으로 자체로 모순적이고 결코 일직선적이지 않은 발전이 여기서는 당사의 모사를 통해 기록되지 않고 가장 관련있는 이론적 구상 및 입장의 재구성을 통해서 기록된다.

그렇게 한정된 이탈리아 맑스주의 내에서 맑스주의의 이론적 지위에 관한 세 가지 주요한 근본입장과 세 가지 상이한 파악방식을 구별해낼 수 있다.

1. 역사주의로서 맑스주의,
2. 실증과학으로서 맑스주의,
3. 비판적 사회과학으로서 맑스주의.

이러한 나열은, 동시에 이러한 상이한 입장규정들이 또한 그때그때 현실적인 정치적 문제에 대한 대답으로 여겨진다는 것을 표시해주는 하나의 연대기적 순서를 포함하고 있다.

맑스주의를 역사주의로 인식하는 것은 이탈리아 맑스주의의 아버지 가운데 한 사람인 안토니오 그람시에게까지 거슬러올라간다. 그는 실천철학(맑스주의)을 "절대적 역사주의"라고 규정하였으며, 인간과 물질간의 역사적으로 특정한 관계로서의 "실천" 개념 속에서 맑스주의적 "정통"의 핵심을 보았다. 맑스주의는 부르조아 이데올로기에 젖어 있는 예속적 지위에서 벗어나서 "스스로를 충족시켜야" 한다. 왜냐하면 그것은 "인간이 총체적이고 통합적인 세계관, 총체적 철학, 자연과학 이론을 구성할 수 있는 수단이지만, 통합적이고 실천적인 사회조직을 생겨나게 하는, 즉 총체적인 통합문명을 기초지을 수 있는" 모든 근본적인 요소들을 가지고 있기 때문이다(『옥중수고』 1434; 『실천철학』 240. 강조는 인용자). 여기서 맑스주의는 하나의 총체적이고 통합적인 **세계관**으로 정의된다. 이것은 점진적으로만 철학(즉 인식론과 변증법)으로서의 맑스주의와 구별되고, 모든 존재의 역사성이라는 공리에서 출발하여 자연과학과 사회과학의 이중성뿐만 아니라 이론과 실천의 이원성——총체적이고 통합적인 문명이라는 공리 속에서——을 극복하려고 노력하는 세계관이다.

이러한 관념은——그람시, 톨리아티, 바달로니(Badaloni), 그리고 (제한적이지만) 루포리니(Luporini) 등의 이름이 그것을 보증할 수 있는데——**국가투쟁**이라는 그람시의 정치적 전략, 그리고 그의 당 관념——즉 당은 계급을 총체화하고 지적, 도덕적으로 통일화하는 심급이며, "집합적 지식인"이라고 보는——과 분리될 수 없다. 이러한 입장은 여전히 이탈리아 맑스주의의 이론적 기본입장으로 볼 수 있다. 특수한 문화적 동기로 유발된 톨리아티의 그람시 해석과 전후의 전반적인 문화적 분위기[1]는 맑스주의의 이론적 지위에 대해 그람시에 포함되어 있는 산재하는 지적들이 거의 확대발전되지 않는 결과를 가져왔다. 오히려 이탈리아의 민족사적 특수성에 강하게 근거하는 그람시 수용이 애매한 "통속적 인간주의"로의 다른 문화적 흐름과 섞였다. 정말 그람시로부터 출발하지만 그러나 전적으로 "인간주의적"이라고 천박화된 이러한 경향은 상부구조 영역 일반, 특히 역사편찬적 문제들에 강하게 몰두하도록 하였으며, 경제적 문제설정, 이탈리아의 현재에 대한 사회과학적 분석

1) 톨리아티가 전체 이탈리아 민족이 낳은 위대한 지식인이라는 그람시상(像)을 강조한 것은 부르조아 지식인들이 전민족적 혁신의 주역으로서의 공산주의에 보다 접근하기 쉽게 하려는 목적 때문이었다.

또는 좁은 의미에서의 철학적 문제설정에는 덜 몰두하거나 혹은 거의 몰두하지 않도록 조성하였다.

이러한 해석학적 지향을 지닌, 그리고 전적으로 더욱 모호한 "인간주의" (그람시의 전통에 있다고 망상하지만 전혀 그렇지 않은) 에 대한 최초의 반대[2]는 이미 50년대에——외국에서는 널리 알려지지 않은—— 갈바노 델라 볼페와 그의 제자들에게서 시작되었다. 예를 들어 "델라볼페주의자" 들이 많은 공통성을 가지고 있는 프랑스의 알튀세르학파와는 달리, 델라 볼페는 인간주의로서의 맑스주의의 지위에 계속 집착하였지만 동시에 맑스주의를 "실증과학" 으로 엄밀하게 규정하였다. 우선 맑스주의의 이론적, 방법론적 지위에 대한 정치한 분석은 그것의 **과학으로서의 자율성** 그리고 그와 함께 과학적으로 근거지을 수 있는 세계관으로서의 자율성을 주장할 수 있게 해준다. 맑스주의가 어떻게 형이상학과 실증주의를 넘어 경험과학으로서 구성될 수 있는가라는 문제설정에 집중함으로써 델라 볼페는, 맑스주의는 반헤겔주의이다 라는 규정으로 나아갔다. "총체성", "모순" 그리고 "변증법" 과 같은 맑스주의 이론의 기본범주들이 그에게서는 새롭게 파악된 내용적인 규정을 취하는데, 이 규정은 그에게는 "특히 과학적 추상과 역사적 구체성의 관계에 대한 경험주의적인 실증주의적 규정 속에서" (Cerutti, Luporini 서문, 1974b, 9) 아주 곧바로 "신칸트주의" 에 대한 비난을 포함한다. 사실 오스트리아 맑스주의(특히 막스 아들러〔M. Adler〕)와의 분명한 유사성을 간과할 수 없다. 우리는 이 작업의 틀 속에서, 이탈리아에서는 이미 50년대에 그리고 프랑스에서는 좀 늦게 공산당 내에서 영향력이 막강한 신칸트주의적 흐름으로 나아가게 된 뿌리깊은 원인에 대한 질문을 할 수 있다. 이것은

2) 맑스주의적 인간주의의 위기를 분명히한 두번째 반대는 1960년대 후반의 학생운동이었다.

또다른 연구로 남는다. 그럼에도 델라 볼페의 정치이론의 정식화(이것은 그의 철학적 입장과 분리될 수 없으며, 이러한 입장의 예증으로서 표현된다)로 나아가는 근거들 가운데 하나는 1956년의 소련의 전개 속에서 그리고 이러한 전개가 서구 나라들의 공산당에 끼친 반작용 속에서 볼 수 있다.

우리가 그람시의 정치적 전략을 요약하여 헤게모니투쟁과 국가투쟁으로 규정한다면, 델라 볼페의 입장도 마찬가지로 잠정적으로 요약하여 **권리투쟁**이라고 특징지을 수 있다. 사회주의로의 이행국면에서의 후기부르조아적 시민권의 건설과 사회주의적 국가론에서 자유주의적 유산의 보존(: 헤겔적인 의미에서의 지양이 아니다)으로서 "사회주의적 합법성"을 이론적으로 근거짓는 것이 델라 볼페의 중심적인 테마다. 내가 보기에 이 속에는, 톨리아티의 "진보적 민주주의"(여기서 이탈리아적인 파악 속에 이미 이루어진 시민권의 변호와 건설이 중심적인 중요성을 지닌다) 개념뿐만 아니라 소련에서의 스탈린 사후 시기의 문제틀과의 직접적인 결합이 있는 것 같다.

맑스주의적 역사주의가 이탈리아의 **특수한** 역사적 상황을 강조하여 후진적인 자본주의와 완전히 발전된 자본주의 간의 모순에 압도적으로 주목한다면, 생산력과 생산관계 간의 모순이 오직 고유한 모순이라는 것을 지적한 것이 확실히 델라 볼페의 공적이다. 동시에 그는 분석의 스펙트럼을 역사적인 우연성에 적당한 자본주의적 "모델" 내부의 논리적 모순으로 축소하였고, 그와 함께 계급대결이라는 실천에 대하여 이론의 일정한 자립화를 가져왔다.

역사적인 것을 결코 배제하지 않고 여전히 부분적으로는 겹쳐진, 델라 볼페에 의해 대표되는 이러한 경향은 우리가 확실히 신중하게 **신실용주의적**이라고 부를 수 있는 입장에 의해 새로이 첨예하게 문제로 될 것이다. 공산당 내에서 여전히 대표적인 이러한 방향의 배후에는, 당-대중의 관계를 새로이 긴급하게 논의의 중심이 되게 하는 계급투쟁의 강화, 학생운동 그리고 전반적인 정치적, 사회적 위기의 첨예화 등이 있을 수 있다.

이러한 입장의 가장 공공연한 대변자로 여겨지는 쥬세페 바카(물론 그 입장은 예컨대 비아기오 드 지오바니〔B. De Giovanni〕와 같은 다른 후대 학자들에 의해 대표되기도 할 것이지만)는 전체로서의 자본주의 사회의 분석을 유일하게 보증하는, 맑스주의에서의 헤겔 유산의 보존을 강조한다. 그렇지만 이러한 경향의 대변자들에게 맑스주의의 이론적 지위는 대체로 (형이상학적 철학에 대립되는) 과학적 철학에 놓이는 것이 아니라 오히려 모든 철학적 문제설정 일반의 부정에 놓인다. 그들에게는 맑스주의가, 현실적인 계급대결에 이론적으로 보조를 맞춘다는 (미리 내다보는 것이 아닌) 목적을 가진 사회학으로, 현재의 사회구성체에 대한 비판적 사회과학으로 정의되는 것이 타당하다. 델라 볼페의 "주지주의"를 등한시하는 문제는 있지만 말이다. 이러한 경향의 대변자들에게 맑스주의는 따라서 그람시적인 의미에서 총체적이고 통합적이며 따라서 자연과학까지도 포함하는 세계관으로도, 또 델라 볼페적인 의미에서 실증과학으로도 정의될 수 없고, 단지 현존하는 자본주의 사회에 대한 이데올로기 비판, 현존하는 사회적 총체성의 부정으로서 프롤레타리아트 손에 있는 비판적 과학 일 따름이다. 그것은 자신의 과학성을 계급투쟁에서의 자신의 기능성을 통해 입증한다. 맑스주의의 근본적인 공리(예컨대 토대-상부구조 공리)를 문제시할 뿐만 아니라, 여기서 단지 피상적으로만 개괄된 그 이론적 입장을 당의 실제적인 반레닌주의적인 기능결정에 수미일관하게 적용하려 해온 이러한 관념은 그러나 단지 공산당 내의 주변적인 경향으로 존속하는 듯하다. 그렇지만 그것은 이탈리아 맑스주의 내에서 실용주의적 흐름이 소생하고 있다는 것을 표시해 주고 있다. 이 실용주의의 정치적 영향력은, 이러한 방향의 대변자들이 톨리아티에 의해 만들어진 정치전략에 대한 설득력있는 추종자들로서 정치적으로 계속 남아있을 때 더욱 알아채기 어렵다(Vacca, 1974 참조).

이러한 짤막한 인급을 보더라도 우리는 이탈리아공산당 내에서 대표적인 이론적 입장에 한정하여 "그" 맑스주의에 대해 말해서는 안되며, 이를테면 "진행중"인 것이라고, 성급한 결론을 내리는 것이 아닌, 새로운 문제에 대한 해답을 찾는 열려 있는 논의라고 해야 한다는 점을 분명히 해준다고 나는 생각한다. 방법적인 관점 하에서 이 책은 주로 이념사적으로 진행된다. 이 책은, 가능한 한 많은 저자들이 스스로 발언할 수 있도록 하는 가운데, 저자들 자신이 그때그때 세운 목표설정을 그들의 정치적 함의에 비추어 해석하고자 했던 이론적 사유과정을 펼쳐 보일 것이다.

여기서, 이러한 방법이 그 대상에 대해서 얼마나 올바른가, 즉 아마 이론적 관념을 구체적인 역사적 과정에 불충분하게 뿌리내리는 것은——이탈리아공산당의 국제적, 국내적 발전 및 반응 속에서, 그리고 계급대결과의 관련에서의 당의 내적인 발전 속에서——이러한 맥락에서 추상화하고 그러한 한에서 비역사적인 해석을 얼마나 촉진할까라는 문제가 제기된다. 나 스스로는 이러한 위험에 있으며 그 때문에 아마도 이 작업의 방법적인 부족함을 의식하고 있다. 그런데도 실제역사적인 발전과정에 대한 자세한 숙지가 나의 당시의 가능성을 압도하고 있었다.

이 책의 초고는 1977년에 이미 끝났고, 그 가운데 일부, 특히 그람시 부분은 이미 논문으로 발표된 바 있다. 나는 잘못된 곳을 고쳐 계속 개정판을 낼 것이며, 공식적인 유로코뮤니즘 파고의 일시적인 퇴조 후인 지금에라도 이탈리아 맑스주의에서의 이론사적 발전과정에 대한 정리에 관심이 모아지길 바라는 바이다.

제1부

1. 문제의 개요 : 안토니오 그람시에게서 국가와 혁명

양차대전 사이의 유럽 맑스주의에 있어서 이론적으로 가장 풍부한 인물 가운데 하나가 그람시라고 얘기된다. 자신의 생애 동안 이론과 실천을 모범적으로 일치시켰고 그 속에서 자신의 지표를 철저하게 레닌에게 맞춘 이 사람의 삶조건 및 작업조건은, 파시스트 감옥에서의 오랫동안의 감금으로 인해 침해받고 병으로 그늘진 비참하고 비극적인 것이었다. 높은 수준의 지식인으로서 그리고 당원으로서 그는, 이론과 실천의 통일을 상호작용하는 계기로, 즉 인식과 행동의 변증법으로 파악한 드문 형태의 맑스주의자이자 공산주의자의 전형이었다. 제2인터내셔널 맑스주의의 경제주의적이고 결정론적인 경향에 반대하여, 그리고 물질적 조건으부터 독립적인 실천이라는 주관주의적이고 주의주의적인 경향에도 반대하여, 그람시는 객관적인 소여 및 발전에 대한 인식과 주체적인 변형 가능성 간의 긴밀한 간격을 인식하는 그런 혁명가의 역할을 하였다.

그람시라는 이름은 문헌 속에서 종종 "상부구조 이론가" 그리고 "정치학 이론가"라는 인용과 관련된다. "부르조아 사회의 해부학", 정치경제학과 그것에 대한 비판이 아니라, 정치경제학 비판을 정치이론의 언어로 **번역**하려는 시도가 그의 작업의 중심을 이룬다. 이것은 전통적으로 상부구조로 분류된 영역——이데올로기 및 세계관의 영역과, 그리고 권력을 장악하려는 각 계급의 중심적인 목표설정, 즉 국가가 되는 것에서의 그것의 기능——이 갖는 상대적으로 고유한 법칙성과 독자성을 승인하는 것을 전제한다.

톨리아티 시대의 이탈리아 맑스주의 이론가들이 이탈리아와 서구 나라들에서 사회주의로의 이행조건을 일반적으로 민주주의와 사회주의의 관련 속에서 파악하고, "구조개혁"을 "후기부르조아 사회"(델라 볼페)로 나아가는 길에서 전략적인 수준으로 만든다면, 그람시는 그런 종류의 문제들에서 상당히 벗어나 있다.

그의 저작은, 의심할 여지 없이, 톨리아티 이래 "사회주의로의 이탈리아적 길"이라는 개념 하에 총괄되는 것의 기반, 즉 서구 나라들에서 사회주의로의 이행의 특수한 조건들에 대한 분석의 기반 가운데 하나다. 그렇지만 레닌주의적 경험의 번역과 관련 하에서만 파악될 수 있는 그람시의 문제틀과, 톨리아티를 통해 처음 제기되었던 이탈리아 공산주의의 오늘날의 문제(민주주의와 사회주의의 관계에 대한 문제, 다원주의의 문제 등)는 구분되어야 한다. 그람시의 저작은 레닌주의의 맥락 속에서만 파악될 수 있다. 이것은 오늘날 이탈리아공산당과 그람시와의, 그리고 동시에 레닌주의와의 연속성 및 단절에 대한 문제가 토의될 때에, 한편으로 좌익자유주의 및 사회주의 이론가들(보비오〔Bobbio〕, 살바도리〔Salvadori〕 등)과 다른 한편으로 공산주의 이론가들 간의 최근의 대결 속에서도 바로 문제로 된 사실이다.[1]

그람시는 반파시즘 저항의 경험이나 이러한 저항의 정신으로부터 나온 인식, 즉 고전적-부르조아적이고 자유주의적인 법치국가의 틀을 이미 중심에 두는 그런 파악에 근거해서 논하지 않는다. 그는 맑스의 『자본론』——이것은 방관적이며 결정론적인 사회주의의 대변자들에게는 자신들의 수동성을 정당화하는 것으로 되었다——에 반하는 승리로서 1918년 10월혁명의 승리라는 완전히 다른 경험에 근거해서 논한다.

그래서 한편에서의 그 승리와 더불어 서구 특히 독일과 이탈리아에서의 기대되던 혁명의 지체가 대비되었는바, 이 지체는 늦어도 1923년 이래로는 피할 수 없이 분명하게 되었으며, 이전에는 결코 인식되지 못했던 명백함 속에서 비로소 서구에서의 사회주의로의 이행의 조건에 대한 문제를 제기하였다.

러시아의 상황은 서구 나라들의 상황과 어떻게 다른가? 어떠한 조건들에 주목해야 하고, 그 조건들에 비추어 어떤 전략적 결론을 끄집어내야 하는가? 감옥에 갇혀 있는 동안에 그람시의 생각을 맴돌고 있던 중심적인 질문은 바로 이것들이다.

또 언젠가 그람시는 이렇게 말한 적이 있다: "……나의 문화는 근본적으로 이탈리아적인 것이며, 이것이 나의 세계다" (Gramsci, 1972,

---

1) 또한 현재의 이탈리아공산당에 대한 비판적 입장의 대표자들도 그람시의 저작과 특정한, 특히 톨리아티에 의한, 그람시 해석——그람시의 저작을 "그람시주의"라는 이데올로기로 속류화한——을 구별할 필요성을 강조한다. Perlini, 1974 참조. 최근의 논쟁에 대해서는 특히 『리나시타』지의 「그람시를 넘어서」라는 특집에 기고된 글들을 보라. Salvadori, 1976; Ingrao, 1976; Vivanti, 1976; Gruppi, 1976c De Giovanni, 1977a; Occhetto, 1977; De Giovanni, 1977b; Gerratana, 1977; Paggi, 1977; Vacca, 1977 참조. 또 특히 이탈리아공산당 이론지인 『크리티카 맑시스타』 1977년 3, 4호 참조. 여기에는 위에서 언급한 문제설정이 그루피가 다른 곳에서 말한 바 있는 "그람시에게는 그의 몫을, 그리고 우리에게는 우리의 몫을"이라는 측면 하에서 토론대상이 된다.

64). 그리고 이탈리아 문화와 역사에 관한 그의 강한 관심, 이탈리아 부르조아지의 마지막 거대한 이데올로그의 하나인 자유주의적이고 관념론적인 철학자 베네데토 크로체(B. Croce)와의 일생 동안의 대결을, 이러한 진술에 대한 증거로 쉽게 끌어올 수 있다. 그렇다고 해서, 그람시에게서 "단지" 이탈리아적인 이론가를 본다든가 그의 정치이론을 단지 사회주의로의 "이탈리아적 길"의 전략을 짜집기한 것으로 파악하는 것은 잘못일 것이다. 톨리아티와 그의 후계자들이 선전한 "사회주의로의 이탈리아적 길"이라는 전략이 특수하고 민족국가적으로 한정된, 그래서 그러한 것으로서 양도할 수 없는 전략이라고 주장할 수 없듯이, 그람시는 자신의 생각을 이탈리아의 특수한 사례에 한정하려고 하지 않았다.

맑스주의적인 사회과학적 도구의 적용, "구체적 상황에 대한 구체적 분석", 보편과 특수의 변증법에 대한 탐구가 그에게는 자신이 국제맑스주의 운동의 "민족화"라고 말한 것의 전제다. "실천철학(그것의 정치적 측면에서)에 따르면, 그 창시자가 정식화하였고 최근의 위대한 이론가(레닌)가 특히 명확하게 했듯이, 국제적 상황은 그것의 민족적 측면에서 고찰되어야 한다. 실제로 '민족적' 관계는 어떤 (거의) 유일한 '본원적' 결합의 결과다. 우리가 그 결합을 다스릴 수 있기 위해서는 그것을 그것의 독창성과 유일성 속에서 이해하고 파악해야 한다. 확실히 전개는 국제주의로 나아가지만, 출발점은 '민족적'이며, 그래서 사람들은 거기서부터 출발해야만 한다"(『옥중수고』, 1729; 『실천철학』, 358f.).

첫 눈에 그람시의 개념언어는 맑스주의 용어법과는 전혀 또는 거의 공통점이 없는 것처럼 보인다. 그의 핵심개념인 "헤게모니", "역사적 블럭", "시민사회"와 "정치사회", 지식인 등은—— 이들 개념을 중심으로 분산된 자료를 모아서 하나의 체계(Systematik)가 구성될 수 있는데 —— 지금까지 맑스주의 이론에서 등한시되었던 영역, 즉 상부구조와 그것의 다양한 단계 및 상호관련의 영역을 가리킨다. 그 개념들은 무엇보다도 그람시 사고의 근본적인 전제, 즉 가장 넓은 의미에서 정치의 상대적인 자율성과 독자적인 동학이라는 전제를 가리킨다. 그람시는 만년에 자신이 다른 어떤 맑스주의자보다도 레닌과 결합되어 있다고 느꼈다. 왜냐하면 레닌은 그람시가 보기에, 맑스주의 이론에 대한 좌·우익 수정주의적 왜곡이라는 오랜 시기 이후에 혁명의 문제를, 그람시에게도 중요했던 수준에서, 즉 국가 수준에서 정립한 최초의 맑스주의자였기 때문이다.

아나코 생디칼리스트적 전통이 국가의 문제를 우회하고 "생산자의 자유로운 연합"이라는 개념에 휩쓸려들어갈 때 —— 그것은 사실은 결정적인 정치적 수준의 하위에 늘 머무는 것인데, 왜냐하면 그들은 정치적 지배의 문제를 소극적으로 피하기 때문이다 ——, 우익 수정주의적 방향 및 흐름(베른슈타인 등)은 그 문제를 다른 방식으로, 즉 현존 국가 내에서의 내적 성장은 인간이 자신의 계급성을 부정할 때에 필연적으로 현존 국가의 "파괴"에 대한 대안으로 될 것이라는 식으로 상대화한다.

두 가지 대안은 그람시로서는 받아들일 수 없다. 왜냐하면 그것들은 맑스주의의 예속성을 지양하지 않고 영구화하기 때문이다. 맑스주의의 자율성 즉 여타의 모든 자유주의적 국가론들과의 단절은, 그것들이 무정부주의적 및 개량주의적인 개념 속에 포함된 채 머물듯이, 그람시에게는 오직 자율적인 세계관으로서의 맑스주의를 구성함으로써만 달성될 수 있다. "다음과 같이 진행된다 : 실천철학은 이중적인 수정을 거쳤으며, 이중적인 철학적 조합 속에 포괄된다. 한편으로 실천철학의 많은 요소들이 분명히 또는 암묵적으로 몇 가지 관념론적 흐름에 흡수되거나 수용되어 있다…… 다른 한편으로 이른바 정통은 역사에 대한 "단순한" 해석보다 포괄적인 —— 자신의 한정된 시야에서 볼 때 포괄적인 —— 철학을 위해 애썼다. 실천철학은 이러한 철학을 근본적으로 전통적 유물론과 동일시하면서 정통임을 믿었다. 다른 한 방향은 칸트주의로 되돌아간다"(『옥중수고』, 1855; 『실천철학』, 184).

두 방향은, 국가적 수준에서의 성과가 노동운동의 자율성에 대한 시금석이 될 정도로 "국가와 혁명"의 문제를 서로 연결시킬 수 없기 때문에, 정치적 차원과 세계관적 차원을 결합시킬 수도 없다. 그러나 바로 포괄적인 세계관이자 인식론으로서의 맑스주의의 "자기충족"은 또한 정치적 영역에서 자신의 독자성에 대한 보증이다. 세계관적으로 예속되어 있으면서도 지배문화의 영역 속에 어느 정도 "변형적"으로 스스로를 편입시킬 수 있는 사람은 또한 정치적 영역에서는 권력문제 하에 남아있는 것이다.

국가 자체를 건설하고 "지배"하는 능력은 교육과정 및 자기교육과정의 결과다. 그러나 헤게모니적 힘은 지배적인 이데올로기 체계로부터 "예속자들"의 해방을 전제한다. 종속된 대중이 지니고 있는 자연적-존재론적이며 무비판적이고 비역사적인 "상식"을 극복하는 것이 그람시에게는 세계관적 및 정치적인 헤게모니의 문제로 결집된다. 그와 함께 문제는 아주 광범하게 설정된다 : 그람시가 "국가"와 "정치"라고 이름붙인 것의 차원은 전래적인 용어사용에서 보다 더 광범위하고 더 포괄적이다.

그람시는 이미 30대에 주요 측면들에서 고전적인 용어법을 넘어섰다. 그에게 화제는 "프롤레타리아 독재"에 관한 것이 아니라 "헤게모니"에 관한 것이다. 그는 "프롤레타리아트"와 노동자계급에 관해 말하지 않고 "예속자들"에 대해 말한다. 화제는 "인민전선"에 관한 것이 아니라 "역사적 블럭"에 관한 것이다.

그럼에도 그람시가 스스로를 일관된 레닌주의자로 여긴다면, 이러한 강조점 이동을, 항상 정의되듯 "천재적인" 모델의 "수정"으로 단순히 처리할 수 없고, 또 감옥의 검열을 피하기 위한 전술적 행동으로 볼 수도 없다. 나의 테제가 제시하듯이 여기서 어느 정도 동시에 다음이

일어난다 : 여기서 혁명적 실천의 특수한 형태로서의 레닌주의가 하나의 이론으로, 레닌 자신에게서도 아직 분명하지 않았지만 그의 행동 속에 암묵직으로 현존히는 그런 하나의 이론으로 더욱 발전하였다. 이 이론이 그 파편적인 성격 속에서 일련의 질문 및 해결되지 않은 문제를 제기한다는 것 —— 이 질문 및 문제들에 대해서는 앤더슨(Anderson, 1979)이 아마 가장 정확하게 밝혔다 —— 은 논쟁의 여지가 없다. 그람시가 자신의 사고가 지니는 색출적인(heuristisch) 가치에 대해 그리고 그의 이론구성물의 가설적 성격에 대해 너무나도 잘 알고 있었다는 것을 확인하는 일이 남아 있다.

옥중수고 속에 있는 모든 개별 연구들에 공통적인 연구목표는 국가론 및 정치전략의 영역에서 보편과 특수의 규정을 통해 혁명적 실천을 과학적으로 기초짓고 근거짓는 일이다. 이러한 문제설정이, 특수한 방식으로 경제학 및 철학과 결합되어 있는 자율적인 과학으로서의 정치학으로 나아가도록 하였다. 이것은 동시에 그람시가 맑스주의를, 결정론적 혹은 주의주의적인 왜곡으로부터 벗어나 비로소 인간 실천에 관한 통합적이고 자율적인 과학으로 될 하나의 행동과학으로 인식했다는 것의 표현이기도 하다.

맑스주의를 하나의 "비판적 사회과학"으로 축소하려는 낡은 그리고 새로운 모든 시도들에 반대해서 그람시는, 맑스주의는 하나의 **통일적인** 세계관이라는 것을 고수하였다. "통일성은 인간과 물질(자연-물질적 생산력) 간의 모순의 변증법적 발전에서 나온다. 경제학에서 가치는 통일적인 중심, 내지는 노동자와 산업생산력 간의 관계다(가치이론의 반대자들은, 기계 자체를 —— 불변적이고 기술적인 자본으로서 —— 자신에게 봉사하는 인간들의 외부에 있는 가치생산자로 설정할 때, 섣부른 속류유물론에 빠진다). 철학에서 : 실천, 즉 인간 의지(상부구조)와 경제적 토대 사이의 관계. 정치학에서 : 국가와 시민사회의 관계, 즉 교육자와 사회적 영역 일반을 교육시키기 위한 국가(집중화된 의지)의 개입. (심화시킬 것, 정확한 개념으로 정식화할 것)" (『옥중수고』, 868; 『실천철학』, 195f.).

"이러한 세 가지 활동이 하나의 동일한 세계관의 필수적인 구성요소라면, 필연적으로 그것의 이론적 원리상 어떤 것에서 다른 것으로 상호이동이라는 유동성은 각각의 구성요소에 독자적인 용어사용을 가능하게 할 수 있어야 한다 : 하나는 다른 것 속에 암묵적으로 현존하고, 모든 것은 함께 하나의 동질적인 원환을 이룬다" (『옥중수고』, 1492; 『실천철학』, 195f.).

그람시에 따르면 **토대**(자연과 생산력 사이의 모순적 관계)와 **상부구조**(국가와 "시민사회" 사이의 모순적 관계, 즉 제도적-법적 지배와 이데올로기적 지배 사이의 관계)는 구성적이고 통일적인 요소로서 구분된다. 양자 사이를 매개하는 고리로서 토대와 상부구조의 관계, 즉 **인식론**으로서 철학의 영역이 나타난다. 이로부터 그에게 맑스주의는 사회적 생산관계를 "합리적으로" 즉 그 전체성 속에서 반영하고 있는, 모든 세 가지 요소들을 포함하고 파악하고 있는 세계관이라는 결론이 나온다.

그럼에도 이론과 실천의 통일은 "결코 기계적으로 주어진 것이 아니며", "역사적 과정"과 "일관되고 통일적인 세계관의 완전한 소유" (『옥중수고』, 1385)가 비로소 토대와 상부구조가 하나의 "역사적 블럭"을 형성하는 상황과 일치한다. 역사적 블럭 "즉 상부구조의 복잡하고 모순적이며 불균등한 전체는 전체 사회적 생산관계의 반영이다. 여기서 단일하고-총체적인[2] 이데올로기 체계만이 토대의 모순을 합리적으로 반영하

2) 리허스(Riechers)는 원본에 들어 있는 "totalitario"를 문자 그대로 "totalitär"로 번역했는데, 내 생각으로는 이것은 본래의 함의를 그다지 잘 전해주는 것 같지 않다.

고 실천의 변혁을 위한 객관적 조건의 존재를 나타내준다는 결론이 나온다"(『옥중수고』, 1051; 『실천철학』, 163).

이 설명을 레닌이 『맑스주의의 세 가지 원천과 세 가지 구성요소』에서 한 설명(Lenin, 1966, 1권, 77-88)과 비교해보면, 일치가, 그러나 무엇보다도 차이가 눈에 띈다. 레닌도 맑스주의를 경제학, 철학, 정치학 영역이 통일되어 있고 영국적, 프랑스적, 독일적 전통이 수용되어 더욱 발전한 하나의 "통일적인 세계관"으로 규정하였다. 그람시와 마찬가지로 레닌도, 맑스주의 경제이론의 독창성은 생산관계를 사물의 관계로서만이 아니라 인간들 서로간의 관계로 파악한다는 데 있다는 것을 주장하였다.

철학 영역에서는 하지만 차이가 두드러진다. 레닌은 맑스주의 철학을, 오직 **변증법**의 성과 위에서만 풍부해지고 "영원히 발전하는 물질의 반영을 우리에게 제시하는" **유물론**의 전통 속에 정착시켰다(Lenin, 1966, 1권, 78).

그에 따르면 맑스는 단지 철학적 유물론과 그것의 자연에 대한 인식을 인간 사회의 인식에 확대하였다.

그람시는 그러나 여기서 양적인 확대뿐만 아니라 —— 포이어바흐에 관한 테제 1의 의미에서[3] —— 질적인 단절도 인식한다. 세계관으로서

---

3) 맑스의 포이어바흐에 관한 제1테제를 보라 : "지금까지의 모든 유물론(포이어바흐의 유물론을 포함하여)의 주요한 결함은 대상, 현실, 감성이 오직 **객체의 혹은 관조의** 형식 아래서만 파악되고 있다는 것, 그리고 **감성적-인간적 활동**으로서, 실천으로서 그리고 주체적으로 파악되지 않는다는 것이다." 따라서 능동적 측면은 유물론이 아니라 관념론에 의해 발전되었으며, 관념론은 **현실적**(감성적) 행위 자체를 알지 못하여 그것을 관념론적으로 해석하였다는 것이다. 맑스주의가 **관념론**의 전통에 서 있다는 그람시의 언급은 **오로지** 이러한 의미에서만 이해될 수 있다. 왜냐하면 맑스주의와 관념론은 "관조적" 유물론과 반대로 "능동적" 측면을 파악하였기 때문이다. 물론 관념론이 제공한 **해답**은 잘못된 것이었지만

그리고 철학으로서 맑스주의는 유물론의 전통 속에도 관념론의 전통 속에도 있지 않으며, 자율적이기 위해서는 양자를 극복해야만 한다. 그에게서는 **실천**의 개념 속에서 이러한 변증법적 지양이 이루어진다. 따라서 유물론은 **모든** 존재론적 입장을 극복하며, 이는 또 "영원히 **발전하는** 물질"에 관한 교의로 역동적으로 생각될 수도 있다.

인식의 행위 속에 "합리적으로" 반영되는 것은 따라서 이 스스로 발전하는 물질이 아니라 인간과 물질의 **관계** 즉 **실천**이다.

이제 세번째 요소인 정치에 관해서는 차이가 더 분명해진다. 레닌은 공상적 사회주의를 원천이라 하고 그 오류를 열거하면서 맑스의 천재성을 **계급투쟁** 학설의 발견 속에서 본 뒤에 계속해서 다음과 같이 쓰고 있다 : "인간은 정치에서 항상 사기 및 자기기만의 일방적 희생물이었으며, 모든 가능한 도덕적, 종교적, 정치적, 사회적 문구, 설명, 약속 속에서 이런저런 계급의 이해를 찾아내는 것을 배우지 않는 한 항상 그럴 것이다" (Lenin, 1966, 1권, 82. 강조는 저자).

여기서, 18세기 계몽주의 전통 속에 있는 것 같은, 이데올로기와 그것의 기능에 대한 이해가 상기된다. 이데올로기는 여기서, 인간은 기만과 자기기만의 희생물이라는 "성직자적 미망"이며, 이것은 "계몽과 교육"을 통해 깨질 수 있는 원환이다.

이제 그람시도 역시 정치는, 부르조아적-실증주의적이고 순수한 **기술적인** 정치개념과는 반대로, 가르치고 배우는 교육적 관계여야 한다는 생각이지만, 이것을 더 섬세하게 기초짓는다. 이데올로기는 의도적으로 기만적인 의도로 우중화를 위해 시도한 조종이 아니라 한 계급의 자기이해와 역사적 기능을 표현하기 때문에, 객관적으로 **필연적인 역사적**

말이다. 따라서 베네데토 크로체에 대한 그람시의 오랜 투쟁은 제2인터내셔널의 맑스주의자들보다 핵심적 문제에 더 가까이 접근했던 것이다.

실재이며, 이것은 이 계급의 보편성이 그리고 그와 함께 토대와 상부구조 간의 역사적 블럭이 깨지기 시작할 때에야 비로소, 전적으로 투쟁해야 하고 투쟁할 수 있는 대상이다. 따라서, 피착취자가 지배자의 이데올로기의 굴레 속에 있다는 것은 어떻게 생겨난 일이며, 그들은 어떤 조건 하에서 그리고 언제 이러한 이데올로기적 지배에서 벗어나 지배자의 이해와 모순적인 것으로서 자신의 독자적인 이해를 파악하기 시작할 것인가라는 질문에 대해, 그람시라면 다음과 같이 대답했을 것이다. 즉 어떤 계급의 헤게모니 창출 과정에서, 주민 대다수의 이해와 그 계급의 이해가 동일한, 자기의 이해를 사기로서만이 아니라 그것이 물질적 생산력의 발전을 촉진하기 때문에 현실역사적으로 전체 국민의 보편적 이해로 되는 국면이 있다. 그러한 상황에서 이 계급은 단순히 사기를 통해 말로만이 아니라 공통의 이해를 통해 유기적으로 결합되는 지금까지의 모든 예속자의 "블럭"을 자신의 지도 하에 만들 수 있다. 그러나 이러한 진보적인 기능은, 이러한 유기적인 결합이 객관적 조건의 확대발전에 근거해서 더이상 주어지지 않으면, 퇴보적인 기능으로 바뀐다. 이때 지배계급은 용어사용의 통상적인 의미에서 "이데올로기적인" 수단, 즉 사기, 은폐, 조종 등을 다루어야 하고, 바로 이때 대중에 대한 교육과 계몽을 넘어서 지배계급의 은폐기능을 밝히고 예속자들을 "블럭"에서 떼어내 분리시키고 그들 자신의 역사적 이해를 옹호하는 데로 나아가도록 할 수 있는 객관적 가능성이 주어진다 고 말이다.

그람시는 맑스주의의 세 가지 구성요소 각각을 변증법적 관계로 파악한다. 부가적으로 병렬되어 있는 것이 아니라 비판이라는 종합적 작업을 통해 통일성이 부여되고, "'인간과 물질 간의 모순에 관한 변증법적 발전'을 경제학, 철학, 정치학이라는 삼중적인 전선 위에서 실천적으로 이론적으로 전개해나가는 그런 방법론적 핵심" (Rodriguez-Lores, 1974, 74) 속에 존재하는 그런 관계로 파악한다. 그러면서 그 관계는 한 영역에서 다른 영역으로 이동과 이월을 수행하고 그와 함께 사회의 총체성을 표현한다.

그러나 세계관으로서의 맑스주의의 이러한 총체화하는 기능에서 —— 초기 루카치에게서의 어떤 것처럼 —— 계급, 당, 국가의 준신비적인 혼합은 결코 나오지 않는다. 맑스주의의 구성요소들과 각 요소들 내에서 그것을 일시적으로 구성하는 대립짝이 정말 **통일**을 이룬다고 할지라도, 그것들은 서로를 넘어서지 않고 동등하게 병렬적으로 존속한다. 그러므로 지금까지 결여되어 있는 상부구조에 대한 독자적인 이론, 특히 정치적 실천을 이론적으로 도출하는 정치이론이 필수적이다.

2. 파시즘 시기까지의 이탈리아공산당의 발전 속에서 그람시의 성장

그람시의 사고와 정치적 실천은 그의 정치활동의 시작부터 "헤게모니"라는 중심적인 초점을 둘러싸고 진행되었다. 오늘날 그람시 연구에서 일반적으로 그의 저작에서의 연속성 테제와 그와 더불어 초기의 평의회 지지자의 문제설정과 후기의 레닌주의적인 당 및 국가 이론가의 연속성이 인정된다.[1] 눈에 띄게 자주 그람시는 기억해둔 맑스의 문구를 반복하는데, 그 문구에 따르면, 인간은 토대에서 생겨나는 갈등을 이데올로기의 영역 및 수준에서 비로소 인식하게 된다는 것이다. 동등한 중요성을 갖는 사회적 실재이기를 요구하는, 또 단지 토대의 "반영"도 아닌 상부구조 심급에 대한 동등한 인정은, 지배적인 헤게모니 장치를 의문시하는 비판적 의식의 형성에 대한 조건의 탐구와, 그와 결합되어 있는 가장 넓은 의미에서 교육의 기능에 관한 탐구라는, 그람시의 근본적 문제틀을

1) 2차문헌들에서 그람시 논쟁의 전개에 대해서는 여기서 제대로 고찰할 수 없으므로 Priester, 1976에 나오는 나의 개관을 참조하라.

규정한다.

물론 그람시의 생애 동안에 변한 것은 역사적 경험과 그와 관련된 해결전략이다. 맑스주의 혁명이론의 결정(結晶) 지점으로서의 국가, 그와 함께 "시민사회", 당, 그리고 그 속에서 지식인의 역할 등은 점점 더 강하게 그의 사고의 중심으로 되고, 레닌주의에 대한 경험을 통해 더욱 분명한 모습을 취한다.

정치가로서 그람시는 1913년에 시작하였는데, 그후 튜린에서 학생으로서 사회주의당에 참여하였다. 관념철학자인 베네데토 크로체와 조르쥬 소렐(G. Sorel)의 아나코 생디칼리즘적 관념에 강하게 영향을 받아, 당시 이탈리아 사회주의의 실증주의적이고 계몽주의적인, 실천적으로는 개량주의적인 결과에 반대하는 투쟁이 그의 과업의 주요 목표가 되었다.

1919년에 그람시는 튜린의 주간지 『신질서』의 창간자들에 끼었다. 팔미로 톨리아티, 안젤로 타스카(A. Tasca), 그리고 움베르토 테라치니(U. Terracini)와 함께 그는 소련에서의 초기의 성과의 영향 하에서 새로운 국가의 배내적 배아세포로서, 그리고 "반(反) 국가"로서 공장평의회라는 명제에 이바지하였다. 이 시기에는 아직도 소렐의 영향이 분명하게 나타난다. 소렐은 당시 이탈리아의 아주 강력한 아나코 생디칼리스트 운동에서 강력한 문화적, 정치적 영향력을 행사하였다(Furiozzi, 1975; Paggi, 1970; Priester, 1972, 34 이후; Salvadori, 1973; Spriano, 1965; Spriano, 1963을 참조).

여기서 그람시는 그의 국가에 대한 생각에 있어서 무정부주의에 가까운 입장을 결코 취하지 않았다는 것을 알 수 있다. 오히려 그것은 **자발성**(Selbsttätigkeit)의 이념과 부르조아화한 정당을 통해서 매개되지 않는 고유한 (소렐의 "생산자" 이론의 강한 영향 하에 있다고 파악되는) 노동자조직의 이념이다. "프롤레타리아 운동은 고유한 형태를 나타내야 하며, 자신의 고유한 제도를 만들어내야 한다"(Spriano, 1965, 57에서 재인용).

정당도 아니고 노동조합도 아닌 오직 대중 자신만이 혁명을 이루어 낸다는 확신 속에서 —— 그의 절대적 요구 속에서는 아직 자생적인 이러한 관념 속에서 ——, 그람시는 자신이 제2인터내셔널 정당들의 수정주의적 정책에 맞선 공통된 투쟁이라는 점에서 레닌과 로자 룩셈부르크라는 몇 안되는 혁명적 사회주의자들과 같다고 느꼈다.

진정한 프롤레타리아 제도로서 공장평의회 속에서 그람시는 부르조아 민주주의와 그 제도인 의회에 대한 안티테제를 보았다. 그것은 "분리", 소렐적인 "분리"의 도구다. 이 분리만이, 노동자계급이 자율적이고 자립적으로 되고 모든 통합적 경향을 넘어 존립하는 것을 보장해준다. 공장평의회는 미래의 프롤레타리아 민주주의의 배아세포다. 이미 현존하는 국가 속에서 반국가(Gegenstaat)가 정립된다.

아나코 생디칼리즘에 의해 가장 철저하게 대변되면서 고전적 사회민주주의 속에서 그 파산이 확인된 바 있는 이러한 관념은 그람시의 후기 분석과는 아주 거리가 멀다. 후기 분석의 핵심 속에서는 "시민사회"의 헤게모니 장치에 대한 침투 및 장악이 국가권력의 장악의 전제로 되어 있다.

드 레온(De Leon) 및 레닌과 함께 소렐의 영향에 대해 반복해서 지적된다(Bracco, in : A. A. V. V., 1974 참조). 그람시의 이론에서 중심적인 개념들인 "지적, 도덕적 개혁", "역사적 블럭", "분리" 등의 개념들이 소렐에게로 거슬러 올라가는 것은 옳다. 그러나 이 개념들은 그람시의 레닌주의 수용의 맥락에서야 비로소 자신의 결정적인 의미를 가지며, 혁명적 맑스주의의 틀 속에 위치하고 있는 정확한 의미를 지닌다. "그람시에게 소렐은 어떤 정치적 입장을 대표하는 것이 아니라 지적 입장을 대표하는 사람이다. 그는 어떤 운동의 이데올로그가 아니라 성과있는 문화적 대화를 할 수 있는 중요한 저자이며, 자신의 저술 —— 전적으로 받아들일 수는 없는——을 통해 교의에 대한 자율적이고 창조적인 해석의 길을 일러준 독창적인 맑스주의 연구자다"(Paggi, 1970, 125).

그람시가 젊은 시절에 소렐이 지닌 반블랑키스트적, 반자코뱅적 계기를 분명 높이 평가하고, 반의회주의 및 반정당 논쟁에서 올바르고 진정 혁명적인 계기를 탐지했지만, 이러한 평가는 곧 바뀐다. 그람시는, 프롤레타리아트의 해방은 프롤레타리아트 자신의 과업이어야 한다는 맑스적 공리를 버리지 않았으며, 항상 그리고 곧바로 그의 주저인 『옥중수고』에서 맑스주의의 자율성에 대한 요구를 확인하였다. 그람시는 나이가 들어 소렐적 각인을 받은 생디칼리즘의 경제주의적 한계를 분명하게 인식하였다. "거의 모든 소렐적 생디칼리스트들이 어떤 분명한 시점에서 아주 단순한 연합론자 그리고 일반적으로 조합주의자가 된 것은 어찌된 일인가를 탐구해야 한다. 아마도 핵심은 소렐 자신에게도 이러한 몰락, 즉 확실한 생디칼리스트적이거나 경제주의적인 물신성에 있다"(『옥중수고』, 1808). 비로소 당과 대중 간의, 자생성과 의식적 지도 간의 변증법이 그 자율성을 만들 수 있다. 당("집합적 지식인")에 의한 장기적인 교육과정 속에서 비로소 대중은 자신의 문화적, 정치적 예속성을 비판적으로 극복하고 스스로를 반권력으로서 내세울 수 있게 된다.

이미 초기 튜린 시절에 그람시는 혁명을 연속성과 단절, 특수한 의미에서 파괴와 건설의 이중구조로 파악하였다. 정치와 생산의 분리로 부르조아 이데올로기를 재생산하는 "정치만능주의자"(Nur-Politiker)들에 대한 소렐의 반감은, 정치적 권력만으로는 충분하지 않으며, 사회적 권력 즉 생산을 자립적으로 조직할 수 있는 능력을 통해 보완되어야 한다고 그람시가 강조했을 때, 유효해진다. 낡은 정치권력의 필수적인 파괴는 이미 생산의 연속성을 보장할 수 있는 능력과, 무엇보다도 다른 방식으로 생산할 수 있는 능력을 전제한다.

그람시가 종종 아주 정열적으로 일종의 "생산자 윤리"에 충성맹세하고 있는 것 같다고 해도, 그가 일면적으로 생산성의 증대를 목표로 하고 있다고 생각하는 것은 잘못일 것이다. 오히려 문화적, 역사적 배경을 고찰해야 한다. 왜냐하면 이탈리아 자본주의는 처음부터 구조적 취약성과 기생적 체질로 특징지어졌고, 이것이 특히 중공업 부문에서의 침략적이고 팽창욕에 휩싸인 경향을 결코 몰아내지 못했기 때문이다. 그러므로 그람시에게 프롤레타리아 혁명은 부분적으로는 또한 진보적이고 건설적이며 창조적인 초기의 부르조아지가 다른 곳에서 한 것의 만회 과정으로서 나타난다 : 이탈리아 부르조아지가 이러한 건설과업을 할 수 없다면, 프롤레타리아트가 이러한 생산성 지체를 회복할 것이다. 그러나 이것은 문화적 수준 및 의식의 문제는 아니다. 왜냐하면 이러한 과제는 기술적으로 교육받은 자신의 과업을 넘어서 성장한, 규율있고 정치적으로 성숙하여, 인간과 자연의 대결의 결정적 계기로서의 생산력 발전이 전면적인 해방의 **전제조건**이라는 것을 인식하는 프롤레타리아트를 전제로 하기 때문이다. 그러나 바로 이러한 의식은, 이탈리아는 아직 인구의 대다수가 농민들로 이루어진 농촌국이었으며 남부 이탈리아에서는 더욱이 아직 특수한 남북차이로 인해 억압받고 수탈당하고 있었다는 사실을 완전히 도외시한다면, 당시의 이탈리아 노동자계급의 대부분에게는 전제되어 있지 않았다.

그러므로 평의회는 그람시가 볼 때 노동자의 자기교육을 위한 제도다. 평의회는 경제적이면서 동시에 정치적인 제도다. 노동조합과 당 사이의 기능분화는 그에게는 국가자본가와 생산자의 분리, 국가와 사회의 분리, 그리고 그와 함께 정당과 노동조합의 분리를 가진 부르조아 지배계급의 헤게모니 하에 근본적으로 예속적인 피지배 상태에 대한 시대착오적인 잔존물로 된다.

전통적 노동조합조직은, 그것이 임금협상 속에서 노동자의 도구인 한, 즉 임금노예의 확정된 위치를 가진 자본주의적 논리를 근본적으로 받아들이고 그럼으로써 이러한 위치의 전복을 위한 수단일 것을 부정하는 한, 자본주의적 틀의 조건 **내부**에 남아 있다.

공장평의회를 프루동적으로 또는 조합주의적인 의미에서 해석하려는 모든 시도들에 반대해서, 또 예컨대 공장평의회를 노동조합에 종속시키려는 안젤로 타스카의 시도에 반대해서, 그람시는 평의회로 조직된 노동자통제의 형식은 "노동자계급이 **계급으로서** 지도적인 계급이 되고 국가를 장악할 수 있다는 것을 증명해주는 특수한 형식"이라고 주장하였다(Salvadori, 1973, 126; Trocchi, 1973도 참조).

그람시의 초기 시절에 대해서 평의회 이론가인 그람시에 대해서 있을 수 있는 잘못된 결론을 내리기 전에, 또다른 평의회 이론가에게 눈을 돌려보는 것도 유용할 것으로 보인다. 레오나르도 파기(R. Paggi)는 1919~23년의 튜린 평의회와 독일의 평의회 운동을 아주 상세하게 비교했는데, 그는 평의회의 기능에 대한 평가는 항상 그것의 탄생의 역사적-정치적 상황에 달려 있다는 것을 강조한다. 독일 평의회가 혁명적 상황에서 만들어져서 국가권력에 대한 직접적 공격을 자신의 분명한 목표로까지 설정해간 데 반해, 튜린에서의 이탈리아 평의회가 갖는 노동조합적 연원은 항상 현존하고 있었다.

그람시는, 가장 유명하고 오늘날에도 영향을 미치고 있는 평의회 이론가인 칼 코르쉬(K. Korsch)와 다음과 같은 목표, 즉 베른슈타인적인 각인을 띤 수정주의에 반대할 뿐만 아니라 카우츠키주의에도 똑같이 반대하여 정립된, 그리고 그 중심에 "실천" 개념이 있는 혁명적 맑스주의의 재구성이라는 목표 를 공유한다.

파기는, 독일 이론가들에 비추어 그리고 특히 코르쉬에 비추어, 『신질서』 그룹에게 평의회조직은 생산과정의 일정한 발전단계의 표현이고 정치적 투쟁의 새로운 국면을 지시한다는 것을 강조한다. 그와 반대로 코르쉬에게서 평의회로 표현되는 산업적 자율성은 순수한 "국가화"에 대항하는 보증을 포함하고 있다. 그와 반대로 사회화는 정치와 경제의 통일이다.

그람시가 혁명과정과 조직 간의 전통적 규정에서 벗어나서, 반대로 계급투쟁이 첨예한 시기에는 새로운 조직은 투쟁의 대중적 성격을 고려해야 한다고 가정할 때, 그는 조직문제를 계급투쟁의 상태에 달려 있는 것으로 만든다.

"유럽의 노동운동에 비추어 그를 특히 일깨우고 주의기울이게 한 그람시적 볼세비즘의 가장 독창적인 요소가 어디에 있는지를 이해하려면, 무엇보다도 『신질서』 시기로 되돌아가야 한다. 여기서 거대한 대중투쟁의 새로운 조직수단의 창출을 넘어서 시민사회의 모든 생활중심에 깊이 뿌리박고 있는 적을 격파하는 것이 가능하다는 확신의 근원을 발견한다" (Paggi, 1970, 262).

여기에 당과 대중의 관계에 대해 그람시가 항상 주의를 한 핵심이 있으며, 그의 지속적인 반관료제적 공격지향의 근거도 여기에 있다.

1919~20년의 성과는 평의회와 당의 관계에 대한 새로운 반성을 필요로 하였다. 그람시는 우선 노동조합 및 당과 대비하여 평의회에 자율성을 부여하려고 했지만, 1919/1920년의 위기시에 그리고 사회주의당의 명백한 위기 앞에서 그 상호관계에 대한 문제가 질적으로 새로운 단계에 있었다. "지금 중요한 것은 혁명적 노동자계급의 독자적인 정당을 건설하는 것이며, 노동자계급이 부르조아지의 지배를 분쇄하고 프롤레타리아트 및 농업노동자 대중의 독재라는 새로운 국가를 건설하도록 할 수 있게 하기 위해서는, 동시에 거대한 선동된 대중의 조직이 더욱 필요하게 된다. 1919~20년에 『신질서』 그룹은 두 가지 문제를 서로 밀접하게 결합된 것으로 보았다 : 그들은 대중을 혁명으로 이끌었으며, 공장평의회와 직업노동조합에서 파업을 일으키도록 했고, 어떻게 하면 단순한 노동자들이 개량주의와 맥시멀리즘(Maximalismus)의 지지자 및

선동가들을 앞지르게 할 수 있는가라는 고유한 프롤레타리아적인 문제에 대한 논의을 통해 사회주의 당에 활력을 불어넣었다. 거기서 『신질서』 그룹은 새로운 혁명 당에 대한 긴급한 필요성을 일깨우는 것을 목표로 하였다" (Gramsci, 1924; Paggi, 1970, 301에서 재인용). 파기는 특히 헝가리 평의회 운동의 실패가 그람시에게 깊은 영향을 끼쳤다고 지적하였다. 당 문제에 관한 입장에 근거하여 그는 이러한 성과를 바로 전환점으로 특징짓는다(Paggi, 1970, 319).

반자코뱅적인 소렐적 각인은, 이제 대중과 지적 지도의 변증법적 통일 속에서 전위로서의 당의 우위성을 옹호하는 것이 되었다.

1921년에 리보르노에서 이탈리아공산당이 창립되었다. 그람시와 『신질서』 그룹은 아마데오 보르디가(A. Bordiga)를 중심으로 한 나폴리의 『소비에트』 그룹과 함께 창립자에 끼었다.

이러한 새로운 공산주의 정당의 구성이, 대중 속에 뿌리를 내린 것에 비추어 더 "좌익적"으로 이루어졌다는 것은 그간 결코 더이상 의심의 여지가 있을 수 없었다. 결과는 분파적인 폐쇄성 속에서의 고립이었다. 원칙에 충실하고 청교도적인 레닌주의자인 보르디가의 우세는 당과 대중 간의 관계를 일차원적이고 비변증법적으로 인식하는 데 영향을 끼쳤다. 노동자계급의 "일부"로서 또는 "기관"으로서 당에 대한 질문이 제기되었고, 보르디가는 대중과는 분리된 전위당의 의미로 이에 대답하였다. "소수의, 하지만 뛰어난" 동지들의 당이, 결정적인 계급대결의 시기에 대중에게로 가는 것을 차단하였다.[2] 사람들과 분리되어 있는 사회주의자들과의 관계가 그와 밀접히 관련되어 있었다. 레닌이 이탈리

2) "보르디가주의"와 이탈리아 공산당사의 관계에 대한 상세한 분석으로는 Auciello, 1974, 129ff. 참조. 또 톨리아티 자신의 분석도 기본적인 텍스트다. Togliatti, 1924 참조. 보르디가주의적 시각으로는 De Clementi, 1971 참조.

아 동지들에게 "투라티와 갈라서시오. 그런 다음 그와 다시 연합하시오!"[3] 라고 권하고 있을 때, 신생의 당은 완전한 고립 속에서 첫 해를 보냈다. 그람시와 보르디가 사이의 차이 내지는 『신질서』 그룹과 『소비에트』 그룹 간의 차이를 이루는 더 넓고 심각한 점은 그간 강력해진 파시즘에 대한 평가였다. 보르디가가 1922년을 어떤 질적인 변화가 아니라 지배계급 내부에서의 관례적인 권력변화로 본 데 반해서, 그람시는 ——처음에는 정말 파시즘의 소부르조아적 성격을 일면적으로 강조하였지만—— 이것에서 "반동적인 대중정부"의 아주 새로운 질을 인식하였다. 그러나 이러한 위험은 단지 새로운 형태의 당으로써만 대처할 수 있었다.

1926년 1월 23~26일에 리옹에서 이탈리아공산당 제3차 국민회의가 망명상태에서 열렸다. 그람시는 전반적인 정치상황에 대한 주요보고를 하였다. 그가 마지막으로 참여한 이 대회는 이탈리아공산당 역사에서 가장 생각해볼만한 대회의 하나였다. 결국 그람시와 톨리아티로 대변되는 대중정당 노선이 보르디가와 그의 강령을 압도적 다수로 물리치고 관철되었다. 90.8%가 그람시가 대변하는 입장을 지지하였고, 9.2%가 보르디가 식의 방향에 지지하였다(Gerratana, Gramsci, 1975, LIX에 부치는 서문에 따름).

이 당대회의 의미는 보르디가의 우세 속에 있던 이탈리아공산당의 탄생국면이 끝나게 되었다는 데에 있다. 당의 자기이해는 미래를 향해 나아가야 할 분명한 윤곽을 취했다. 그것은 대중정당이 되었다.

그렇지만 대립은 또한번의 충돌을 야기하였다. 자신들을 진정한 레닌주의자라고 생각하고 『신질서』 그룹 출신의 당원들을 "주의주의적"

---

3) Paggi, 1970에서 인용. 투라티는 사회당 내 개량주의파의 가장 유명한 대표자였다.

인 신헤겔주의적 경향이라고 비난한 보르디가파는 무엇보다도 다음과 같은 질문들 속에 기초하고 있었다. 즉,

1) 당의 기능에 관한 그들의 규정,

2) "볼세비키화"에 관한 그들의 개념,

3) 파시즘에 대한 그들의 평가.

보르디가에게 당은, 더욱 고도한 종합을 이루도록 개별적인 기여를 단일화하고 통일하는 노동자계급의 "기관"이다. 그것은 전위로 규정되고 그에 따라 일면적으로 자신의 지도적 기능이 강조되는 작고 폐쇄된 기간요원 당이다. 볼세비키화는 보르디가파에게는 "순수한 원칙"으로 돌아가는 것을 의미한다. 레닌은 맑스적 근원으로 이렇게 되돌아가는 것에 대한 보증으로 생각된다. 레닌이 맑스주의적 방법을 확대발전시키고 새로운 상황에 구체적으로 적용하였고 정치학을 구체적 상황을 구체적으로 분석할 수 있는 능력으로 본 곳에서, 그들은 책략과 기회주의를 두려워하였다. 그들에게 정치학은 원칙의 적용을 의미하며, 혁명적 행동은 이러한 원칙이 고려되는 순수성의 정도로 정당화된다. 경제와 정치의 관계를 구체적이고 조직적으로 새롭게 형성하는 것으로서의 볼세비키화는 그들에게는 이해할 수 없는 것으로 남아 있다. 그들은 당 작업을 노동현장에서 작동하고 있는 제도와 연결시키는 것을 거부한다. 〔조직적〕 분류 원칙은, 그들의 생각에 따르면, 순전히 지역적인 것으로 남아 있어야 한다. 공장세포의 수평적 건설을 통해 『신질서』 그룹의 이른바 생디칼리스트적 경향으로 되돌아가는 것을 그들은 두려워하였다.

파시즘에 대한 평가를 보면, 보르디가가 구체적인 역사적 실재와는 동떨어진 추상적-독단적인 판단에 의지하는 것이 특히 분명해진다 : "그에게 파시즘은 이탈리아 지배계급의 기존의 정치와 관련하여 어떠한 새로운 것도 나타내지 않는다……" (Spriano, 1967, 1권, 481). 그리고 보르디가 자신은 1925년에 다음과 같이 썼다. "우리는 민주주의와 군국

주의의 대립을 믿지 않는 것처럼 민주주의와 파시즘의 대립을 믿지 않는다"(Bordiga in : L'Unità, 1925. 6. 9. Spriano, 1967, 1권, 481에서 재인용; 또 공산주의의 좌익소아병이라는 좌익급진주의에 대한 레닌의 비판을 참조. Lenin, 1966, 3권, 480ff.). 정말 부르조아적 지배의 한 형태로서의 파시즘은 역시 지배수행에서의 방식의 변화를 포함하고 있다는 것을 부정할 수 없다. 그러나 이러한 변화 속에서 전통적인 의회민주주의의 행동방식을 파괴하는 질적으로 새로운 차원을 인식하지 못하는 것은 오류이며, 구체적인 정치적 실천으로 봐서 시야가 좁은 것이다. 보르디가는 자신의 분석으로 부르조아지의 자기이해의 틀 속에서 진행되는 정치와, 현실적인 비상상황으로부터 생겨나는 (부르조아적 지배를 지속하기 위해서 지배계급의 정치적-이데올로기적 자기이해를 광범한 부분에서 무효화 혹은 변화시켜야 하는) 정치 사이에 필연적으로 나타날 수밖에 없는 차이를 단지 생략하지는 않았다. 달리 말해서 보르디가는 예외와 규칙 사이의 차이를 수평화하며, 더이상 특수하고 차별적인 정치적 동학을 분석적으로 파악하여 전략적 전망으로 나아갈 수 없다. 성층권적 거리(stratosphäre Distanz)에서 현존 사회에 대해 한 번 그리고 영원히 가한 평가는 구체적인 실재성을 뒤집게 되며(überstülpen), 여러가지의 정치적 전략의 필요성이 눈에 들어오지 않는다.

그람시, 톨리아티, 그리고 그 외의『신질서』그룹은 달랐다. 그들에게는 당은 당원들 위에 떠서 당원들을 엘리트적으로 지도하는 독립적인 제도일 수 없고, 노동자계급의 일부일 뿐이다. 이러한 규정은 당과 계급의 신비적인 혼합이나 동일시를 배제한다. 안정적이고 변증법적인 상호 영향 및 보완 속에서만 당은 대중을 향도한다.

그람시에게 있어 후기에 아주 중요한 "집합적 지식인"으로서의 당에 대한 규정과 상호 학습과정으로서 자생성과 의식적 지도의 구체적 변증법은, 여기서 이미 보르디가의 좌익급진주의[4]와의 대결 속에서 나타난다.

그람시 주위의 그룹이 여전히 정치와 경제의 새로운 관계라는 의미에서 "볼세비키화"를 위해 진력하고, 공장세포를 지역세포와 같은 비중으로 가장 작은 조직통일체로서 선호하고, —— 당 작업을 통해 대비하지만 —— 여기에서 조합주의적이고 경제주의적인 자립화의 위험을 전혀 보지 않는데, 이러한 기본적 생각은 후기의 그람시에게서 다시 나타난다. 정치와 경제, 국가와 시민사회, 국민과 생산자는 그 구분 속에서 부르조아적-자유주의적인 특수한 대표원리의 표현이다. 역사적으로 분리된 요소들의 관련을 서로 얽히지 않게 한 채 다시 만들어내고 그것의 특수한 변증법과 상대적 독자성을 만들어내는 것이 그람시의 후기 저작을 바로 주도하는 붉은 실〔핵심 줄기〕이다.

이러한 요소들의 관계를 이론적으로 올바로 파악하는 것은 그람시에게는 동시에 그에게 중심적인 정치적 문제를 해결하는 것, 즉 경제주의적 결정론과 모든 역사적 법칙성을 의심하는 관념론적인 주의주의 사이에서 올바른 길, 즉 역사적-변증법적 길을 가는 것을 의미한다. 노동운동의 전통적인 장애물인 방관적인 수정주의와 극좌적인 "혁명주의"를 피하는 이러한 왕도만이, 세계관으로서 그리고 그와 함께 구체적인 역사적 대안으로서의 맑스주의의 독자성을 보증한다.

파시즘에 대한 평가에 관해서 그람시는, 그리고 톨리아티도, 운동으로서 파시즘의 상대적 독자성과 질적인 새로움을 강조한다. 정말 두 사람은 이 시기에 소부르조아적인 대중토대에 대해 분명히 과대평가—

---

4) 최근 『리비스타 스토릭 델 소시알리스모』(Rivista storic del socialismo)지를 중심으로 하는 보르디가주의의 부활과, 보르디가를 대안으로 삼아 1926년 이래 이탈리아공산당의 전역사를 "수정주의적"인 것으로 해석하려는 시도에 대해서는 De Felice, 1971, 28ff.와 Priester, 1976, 185를 참조.

—톨리아티가 그의 『파시즘에 관한 강의』에서 검토한 평가 —— 하는 경향이 있다(Togliatti, 1973, 특히 7ff.와 12 참조). 이러한 현상은 그 자신이 설정한 수준 즉 광범한 대중토대 위에서만 투쟁할 수 있다는 인식이 그래도 중요하고, 보르디가의 황량하고 독단적인 거친 평가에 비해서 여전히 훨씬 더 섬세하다. 모든 반파시즘 세력들이 연대하는 "인민전선" 전략이 이탈리아 공산주의자들에 있어서 이미 비교적 일찍이 1926년 리용 당대회에서 구체적인 형태를 띠었다. 그러므로 코민테른이 지도하는 방향전환과 사회파시즘 테제는 그들의 대부분에게 있어, 그리고 확실히 그람시에게 있어 반대를 불러일으켰다. "얼음에서 녹아 골짜기로 흘러가는, 산 위에 있는 표석(漂石)처럼" 보르디가는 뒤에 처져 있었다(Spriano, 1967, 1권, 506).

3. 서구에서 국가와 혁명

1) 러시아혁명의 교훈과 서구에서의 혁명의 조건

1917년에 그람시는 러시아혁명을 "『자본론』에 반하는 혁명"이라고 하면서 찬양하였다. "그것은 칼 맑스의 『자본론』에 반하는 혁명이다. 맑스의 『자본론』은 러시아에서는 프롤레타리아트의 책이라기보다는 부르조아지의 책이다. 그것은 프롤레타리아트 일반이 그들의 반란, 자신의 계급으로서의 요구, 자신의 혁명에 대해 생각할 수 있기 전에 자본주의 시대가 시작되고 서구 형태의 문명이 생겨날 것이며 러시아에서 부르조아지가 발전할 것이라는 운명적인 필연성에 대한 비판적 설명이었다. 사실이 이데올로기를 극복하였다…… 볼세비키는 칼 맑스를 부정한다. 그들은 사람들이 생각할 수 있었고 생각했던 것보다 역사유물론의 법칙이 그렇게 경직되지 않다는 것을 명백한 행동이라는 증명으로 주장한다" (『실천철학』, 24).

더 광범한 인용을 통해 보완되어야 할 이러한 인용은, 아직 강력하게 주의주의적으로 각인된 맑스주의 이해라는 유혹 속에 전적으로 남아 있는 그람시를 보여준다. 제2인터내셔널의 실증주의적으로 딱지가 앉고 경제주의적으로 왜곡된 맑스주의에 대항하여, 그는 스스로를 "이탈리아적 및 독일적인 관념론적 사고의 계속"(『실천철학』, 24)으로 생각하고 이러한 절대화 속에서 젊은 무솔리니와 많은 대비를 보여주는 맑스주의를 제시한다.

역사의 주요 요소는 조야한 경제적 사실이 아니라 활동적이고 행동하는 사회적 존재로서의 대중이다. 이렇게 완전히 비변증법적인 대립설정 속에서 그람시는 아직 소렐의 흔적에 강하게 근거한 채 물질에 대한 의지의 승리를 축하한다.

그람시와 『신질서』 그룹에게 종종 퍼부어졌고 또 퍼부어지고 있는 관념론적 주의주의, 베르그송주의라는 비난은 분명히 정당한 면이 있지만, 그럼에도 그것은 당시 현존하는 유일한 대안이 계몽주의적-실증주의적 사회주의, 실천적으로는 개량주의적인 사회주의였다는 것을 간과한 것이다. 레닌과 그의 저작, 무엇보다도 제국주의 연구가 잘 알려져 있었다고 전제될 수는 없는 노릇이다.

『옥중수고』(Kerkerheften)에서는 더이상 이러한 것들을 감지할 수 없다. 여기에서는 강렬함, 혁명적 조급함, 인간 의지의 힘에 대한 거의 어린애같은 확신도 볼 수 없으며, 일상투쟁 속에서 비로소 만들어지고 온전히 효력이 나타나는 열성, 뛰어난 저널리스트의 감동적인 활기도 발견할 수 없다. 문체는 아주 종속적이고 재귀적이며, 신중하다. 동일한 근본문제들에 대한 거의 광기어린 몰두의 결과, 후기의 텍스트는 더욱 끈기있고 더욱 통찰력 있으며 환상에서 벗어나 있다.

그람시의 생애가 이탈리아 및 국제 노동운동의 역사와 떨어질 수 없이 융합되어 있던 해와, 역사적 경험이 객관적 조건의 한계 속에서 격렬하고 이론적으로 다듬어지지 않은 기질을 보여주는 해 사이에는 15년의 기간이 있다.

혁명적 기대 및 희망의 좌초는 스탈린으로 하여금 "일국사회주의" 전략의 정식화로 나아가게 했고, 그람시로 하여금 "진지전" 전략의 정식화로 나아가게 했다.

> 정치적 영역에서도 기동전에서(그리고 정면공격에서) 진지전으로의 이행. 이것은 1918년 이래 제기되었고 옳게 해결되기 아주 어려운 가장 중요한 정치이론의 문제인 것 같다…… 정치학에서의 이러한 이행은 분명 군사적 영역에서 일어난 이행과 과학적인 연계가 있긴 하지만 단지 간접적(매개적)으로만 군사적 영역에서 일어난 이행에 상응할 뿐이다…… 정치에서는 기동전은 결정적이지 않은 진지들을 획득하는 것과 관련해서만 존속되며, 따라서 그때에는 국가의 헤게모니의 모든 자원들이 다 동원될 수는 없다. 그러나 몇 가지 이유로 인하여 이 진지들이 그 가치를 상실하고 오직 결정적인 진지들만이 요구될 때에는 기동전은 이제 포위공격으로 넘어간다. 포위공격은 응축된[1] 공격이고 어려운 공격이며 따라서 이례적인 인내와 창의성을 필요로 한다. (『옥중수고』, 801f. ; 『실천철학』, 348)

이 텍스트는 그람시가 사용한 용어의 가치를 그 추상성 속에서 밝혀준다. "기동전-진지전"과 "헤게모니"라는 핵심적 개념은 정치학의 개념이다. 정치과학이 비록 전통적으로 경제적 부문과 정치적 부문, 사회적 부문과 국가적 부문의 부르조아적 분할의 표현이고 따라서 사회적 특징의 총체성을 도외시한 학문영역의 원자화의 표현일지라도, 정치역역과 그것의 학문적 연구가 단순히 정치경제학과 그것의 비판에 동화될 수는 없다. 그람시에게 정치는 지배기술이 아니라 가장 넓은 의미에

1) 리허스의 번역 "짜맞추어진(konstruierten) 포위공격"은 "응축된(komprimierten) 포위공격"으로 바뀌어야 한다. 이 번역은 다른 곳에서도 잘못되었다.

서 학습과정, 즉 —— 나중에 설명될 —— 통합적 의미에서의 국가로 대중을 안내하는 것으로 특징지어진다. 따라서 정치과학은 지배학이나 국가학(좁은 국가개념의 의미에서)이 아니라, **정치의 우위성** 하에 경제학, 철학, 정치학의 관계를 연구하는 것이다. 그것의 본래적인 대상은 한 계급의 경제적 특수성에서 정치적 보편성으로의, 그리고 그와 함께 우리가 앞으로 다룰 국가 내에서의 헤게모니로의 이행의 "카타르시스적" 과정이다. 그러므로 그람시에게 토대와 상부구조의 봉합점은 정치적 문제이면서 **동시에** 인식론적 문제다. 이것은 무엇보다도 상부구조 영역을 토대의 단순한 반영으로서가 아니라 현실역사적이고 자립적인 사실로서 파악한다는 것을 전제한다. (상부구조 일반처럼) 따로 떼어서 고찰해야 하는, 정치라는 상대적으로 독자적인 영역이 있다는 것이 그람시의 전제다. 왜냐하면 "(역사유물론의 본질적 가정으로서) 정치 및 이데올로기의 모든 진동을 토대의 직접적 표현으로 파악해야 한다는 요구는 원시적 소아병으로서 물리쳐야만 하……" (『옥중수고』, 871; 『실천철학』, 199f.) 기 때문이다.

행동과학으로서의 정치에 관한 자율적인 맑스주의적 과학의 토대 위에서 정치적 과정의 적대구조를 분석하고 그것의 자율성의 범위를 측정하며 그것이 움직이는 대결장을 가려내는 것이 유효하다. 의식구조와 세력관계 간의 관련에 대한 상세한 분석에서야 비로소 헤게모니를 둘러싼 투쟁의 방식을 결정할 수 있다.

그람시 정치학의 핵심범주로서 헤게모니 개념은 다른 곳에서 다시 우리의 관심이 될 것이다. 여기서는 그람시의 그 범주가 역사적 시대와 과정의 분석을 위한 색출적인(heuristisch) 수단일 뿐만 아니라 "부르조아 국가"의 모형을 구성하는 데서 체계적-논리적 범주라는 것만 지적해두자.

우리가 보아온 대로 그람시가 "기동전"에서 "진지전"으로의 이행을 서구에서 혁명의 전략적 조건에 대한 분석에서 중요한 변화로 밝힐 때, 군사적 개념을 취한 그의 용어는 그람시가 체포되기 직전인 1926년에 이미 파시즘에 대한 경험에 근거해서 다음과 같이 기술하고 있는 바의 그런 정치적 사실관계를 표현하고 있다는 것이 분명하다. 즉 "……선진 자본주의 나라들에서 지배계급은 예컨대 러시아에서 지배계급이 갖지 못했던 정치적 및 조직적인 예비대를 갖고 있다. 그것은 가장 경미한 경제위기도 정치영역에 결코 어떠한 직접적인 반작용도 불러일으키지 않는다는 것을 의미한다. 국가장치는 사람들이 종종 생각할 수 있었던 것보다 더 저항능력이 있고, 위기의 시기에는 위기의 심화를 짐작하게 하기보다는 지배에 유리한 세력들을 조직할 수 있다" (Gramsci, 1926, 23).

이것은 전략적 범주의 해석에 있어서 더 광범하고 더 중요한 암시인 것 같다. 그람시가 기동전 및 진지전 개념과 그와 결합된 전략이 투쟁과정에서 세력관계의 변화하는 상황에 달려 있는 것이라고 하지 않고, 오히려 그것을 투쟁장 자체의 구조와 연결시키고 있다는 것이 분명해진다. 달리 말해서, 전략의 선택은 투쟁의 고유한 동학에서 나오는 것이 아니며, "공격"적인 것과 "방어"적인 것이라는 두 가지 전략적 형태를 동일시하는 것은 잘못일 것이다. 이것은 그람시가 서술하고 있는 역사적 상황에 비추어보면 완전히 이해될 것이다. 진정한 의미의 결정에 기여하는 유일한 기준은 해당 사회의 정치적 발전정도인 것처럼 보인다. 그것을 어떻게 이해할 수 있는가?

그람시는 다음과 같이 쓴다 : "동구에서 국가는 시민사회가 그 초기에 가지고 있던 모든 것이며, 그것의 윤곽은 뚜렷하지 않았다. 서구에서는 국가와 시민사회 사이에 정선된 관계가 형성되어 있었고, 국가가 동요할 때에는 당장에 시민사회의 견고한 구조가 모습을 드러내었다. 국가는 앞에 설치된 참호이며, 그 뒤에는 보루와 포곽(砲廓)의 굳건한 연쇄가 버티고 있었다. 물론 보루와 포곽의 수는 나라마다 다를 것이지만, 바로 그렇기 때문에 이것이 민족적 성격에 대한 철저한 탐색을 요구한다"(『옥중수고』, 866; 『실천철학』, 347).[2)]

이러한 입장은 "기동전-진지전"이라는 대안이 실제적인 계급구성, 계급투쟁의 상태에 달려 있지 않고, 서구 나라들에 있어서 근본적이고 원칙적으로 진지전이라는 하나의 전략을 제공할 수 있을 뿐이라는 것을 밝혀준다. 즉 동구에서는 독재체제가 "매개집단"의 형성을 지체시키고 바로 지배의 개인적 집중 속에서 더욱 독재적이지만 동시에 장악할 수 있는 어떤 것인 반면에, 서구의 발전된 나라들은 분화되고 층화된, 그리고 따라서 더욱 어렵게 싸워야 할 투쟁구조를 내보이는 것이다.

그러나 고도로 발전한 서구 사회에 있어서 계급지배가 더 잘 되고 있다면, 비유적으로 말해서 "앞에 설치된 참호"를 목표로 할 뿐만 아니라 "보루와 포곽의 굳건한 연쇄"에 크게 집중하는 근본적으로 다른 전략이 필요하다. 시민사회를 소유하고 있는 사람이 국가를 소유하고 있기 때문에, 그것은 본래적인 목표이면서 동시에 결정적인 장애물이다. 그람시가 "시민사회"라는 용어를 맑스적인 의미에서 사용하지 않으며, 오히려 그 용어 속에는 경제적 토대와 좁은 의미에서의 국가(국가적 강제장

---

2) 그람시에 대해 예리한, 아마 지나치게 예리한, 즉 흠집내는 "비판적 평가"를 내린 바 있는 페리 앤더슨은 그람시가 러시아의 봉건국가와 서구의 부르조아 민주주의 사이의 질적 구별——전략적 결과에 비추어보면 사소한 것이지만——을 보지 못했다고 비판한다(Anderson, 1979, 76). 나아가 그가 위에서 소개한 인용문과 관련하여 공간적으로 사용된 은유("앞에 설치된" 참호로서의 국가의 "뒤에" 놓여 있는 "시민사회"라는 보루 및 포곽)로부터 전략적 진전의 시간적 연속을 읽어낼 수 있다고 믿을 때, 그는 그람시가 군사기술과 정치 사이의 비교의 한계를 통찰하고, 생각을 불러일으킨다는 의미에서만 그러한 종류의 비교를 이해하고자 하였다는 식의 오해를 하고 있는 것이다(『옥중수고』, 120 참조).

치) 간의 "연결고리"가 있다는 것이 이 지점에서 이미 분명해진다(용어법에 대해서는 Priester, 1977a, 보론을 참조하라).

2) 국가와 시민사회

그람시에게서의 국가와 시민사회의 관계를 더 상세히 규정하고 그럼으로써 그의 전략의 함의의 분명한 요점을 얻기 위하여, 우선 그의 시민사회의 이념형을 모형적으로 모사하는 것이 권할만한 것으로 보인다. 그런 다음 우리는 더 나아가 그 자신이 선택한 자료를 가지고 그가 선택한 이론적 범주가 그 색출적인 요구를 만족시켜주는지 여부를 검토할 목적으로 그의 역사적 분석을 살펴볼 것이다.

그람시의 저작을 총체적으로 파악해보면, 이탈리아 민족사에 대한 역사적 연구, 준비작업, 스케치, 발췌문 등이 지니는 아주 중요한 가치가 드러난다. 용어학적이고 방법론적인 측면에서 「상황분석, 계급관계」라는 논문이 기본적인 것으로 보인다. 그람시 자신은 이러한 설명을 "정치학과 정치기술에 대한 기초적 서술의 일부분"이라고 개념화하고 총괄적 조건을 한정한다.

> 토대와 상부구조의 관계 문제는, 특정한 역사시대에 활동하고 있는 세력들을 분석하고 그들간의 상호관계를 규정하기 위하여, 정확하게 제시되고 해결되어야 한다. 우리는 두 가지 원리 내에서 움직여야 한다. 즉,
>
> 1. 어떤 사회도, 그 해결을 위한 필연적이고 풍부한 조건들이 현존하지 않는, 혹은 그런 조건들이 적어도 이제 막 발전하려는 상태에 있지 않는 그러한 과제는 제기하지 않는다는 것;

2. 어떤 사회도 자신들의 관계 속에 포함되어 있는 총체적인 생활 형식을 경과하지 않으면 해체되거나 대체될 수 없다는 것……

이러한 두 가지 규칙에 대한 반성으로부터 역사방법론에 관한 완전히 다른 일련의 원리들을 발전시킬 수 있다. (『옥중수고』, 1578f. ; 『실천철학』, 323)

이러한 방법론적 언급 이후에 그람시는 하나의 주어진 "구조"의 분석과 관련하여 두 가지 광범한 구별을 한다. 이제부터 (상대적으로 영구적인) "유기적인" 운동과 "일시적이고 거의 우연적인" 것으로 증명되는 "상황적인" 운동을 구분하는 것이 긴요해진다.

그람시는 여기서 자신이 고유하게 관심을 갖는 중심주제뿐만 아니라 맑스주의 이론과 실천 일반의 근본문제, 즉 자유와 필연의 관계, 정치적 실천에서의 역사적 합법칙성과 주체적 행동공간의 관계 문제도 다룬다. 경제주의와 주의주의 사이의 바른 길의 탐색, 즉 자율적인 맑스주의의 탐색 —— 이것이 그람시의 작업을 규정하는 것인데 —— 이 여기서 토대와 상부구조 관계의 규정을 위한 출발점이 된다. 존재와 의식의 관계라는 철학적-인식론적 문제는 그와 더불어 결정적인 **정치적** 문제로 된다.

그람시가 볼 때 상황적 현상들이 유기적 운동에 달려 있는 것은 분명하지만, "그러나 그것들이 결정적인 역사적 의미를 갖는 것은 아니다" (『옥중수고』, 1579; 『실천철학』, 323). 무엇이 "유기적"인 것이고 무엇이 "우연적"인 것이며, 두 현상은 서로 어떤 관계에 있는가? 결코 그람시는 그 말로 각각 "경제적인" 것과 "정치적인" 것을 나타내는 것이 아니며, 오히려 정치적 정세 및 과정의 지배범위를 표시하는 것이다. 거대한 역사적-사회적 집단화, 한 사회의 경제적이면서 동시에 사회학적인 기본구조는, 유기적인 즉 상대적으로 영구적인 구조다. 그에 반해 일상정치의 정세는, "상황적인" 즉 상당히 우연적이고 변할 가능성이 많은 구조다. 한편으로 토대-상부구조, 다른 한편으로 유기적이고 상황적인 계기의 이러한 관련구조의 틀 속에 일어날 수 있는 "세력관계"는, 그람시에게는 "그 구조와 밀접히 결합된, 객관적인, 인간의 의지로부터 독립적인(정확한 과학의 방법으로 측정할 수 있는) 사회적 세력관계"라는 삼중적인 것이다. 그것은 인간의 의지로부터 독립적이며, 하나의 "전복적 실재"(rebellische Wirklichkeit)로 남아 있다. 그것은 정치적 세력관계의 두 가지 계기를 가져오는 추동원인이며 배경으로 남아 있다. 정치적 세력관계는 다양한 사회계급들이 달성하는 단결 정도, 자기인식 및 조직의 정도에서 생겨난다. 여기서 가장 낮고 가장 이른 단계를 그는 "경제적-조합적"인 것이라고 말한다. 그 단계는 직업적 이해의 조직수준을 나타낸다. 하지만 직접적이고 공통적인 경제적 이해에 대한 인식이 하나의 완전한 사회계급의 공통성에 대한 인식으로 나아가지는 않는다.

하나의 사회계급이 자신의 공통성 ── 처음에 이것은 또한 단지 경제적인 것인데 ── 을 의식하는 순간에, 국가에 대한 문제가 제기된다. 그러나 "고유한 조합적 이해가 그것의 현재적 및 미래의 발전에서 순수한 경제적 집단의 조합적 틀을 깨고 다른 피지배계급의 이해로 될 수 있고 또 되어야 한다는 의식"(『옥중수고』, 1584; 『실천철학』, 327)이 나타날 때 비로소, 본래적인 정치적 국면이 나타나고 토대의 상부구조 부문으로의 이행이 완수된다. 이데올로기는 "당"이 되고 경제적, 정치적 목표를 넘어서 "지적, 도덕적인" 통일을 만들어낸다. 투쟁은 이제 더이상 특수이해의 실현을 위한 경제적-조합적 수준에 머물지 않고 보편적인 차원을 띤다. 이러한 "보편성", 이러한 특수의 보편으로의 이행이 "다른 피지배집단에 대한 하나의 근본적인 사회계급"의 헤게모니를 구성한다.

국가는 하나의 집단에 속하는 조직으로서 구성된다. 그것의 규정성은 이러한 집단의 최대한의 확장을 위한 유리한 조건들을 만들어내는데 있다. 이러한 발전은 그럼에도 보편적 확장의 추동력으로서 파악되고 모든 '국민적' 에네르기의 발전으로 표상된다. 즉 지배계급은 피지배계급의 일반적 이해와 구체적으로 등치하고, 국가적 생활은 주요계급의 이해와 피지배계급의 이해 사이의 (법의 영역에서) 불안정한 평등관계를 지속적으로 형성하고 극복하는 것으로 파악된다. (『옥중수고』, 1584; 『실천철학』, 328)

세력관계의 규정에서 하나의 역할을 수행하는 세번째 계기는 군사적 세력관계이며, 그람시에 따르면 역사적 발전은 첫번째 계기인 경제적-조합적 계기와, 두번째 계기인 윤리적-정치적 계기를 매개로 한 세번째 계기 사이에서 끊임없이 진동한다.

앞에서 말한 것과 연결되어 있는 더욱 광범한 문제는 정치-사회적 위기와 경제적 위기의 관련에 대한 문제로 나타난다. 만약, 그람시가 프랑스혁명의 예에서 했던 것처럼, "세력균형의 붕괴는 그 균형을 파괴하려 했고 실제로 파괴했던 사회계급의 빈곤화를 통해 직접 기계적으로 이루어지는 것이 아니며…… 오히려 순수한 경제적 소여상태 측면의 갈등을 통해 공동붕괴가 이루어진다" (『옥중수고』, 1587; 『실천철학』, 330) 는 점에 초점을 맞춘다면, 그로부터 경제적 요소는 "사회적 세력관계 총체의 상황적 진동을 구체적으로 표현하며 그 세력관계의 토대 위에서 결정적인 군사적 관계에서 정점에 이르는 정치적 세력관계로의 이행이 이루어진다" (『옥중수고』, 1588; 『실천철학』, 331) 고 결론지을 수 있다.

이 논문이 그람시 정치이론의 본질적인 규정을 포함하고 있기 때문에, 우리는 이 논문을 상세히 검토하였다. 세력관계의 변화에 대한 경제적 구조와 군사적 결정 사이의 매개고리로서 윤리적-정치적 국면은, 그에 따르면 어떤 운동의 객관적 성숙도가 나타나는 가장 중요한 국면이다. 그 속에서 처음으로 **국가투쟁**으로서, "보편성"을 둘러싼 투쟁, 즉 "지적, 도덕적인" 통일을 위해 특수이해를 극복하는 것으로서의 권력문제가 나타난다.

경제적-조합적 국면에서 윤리적-정치적 국면으로의 이러한 이행은 그람시에게는 맑스주의 이론 일반의 핵심축이다. 그는 이러한 이행을 "카타르시스" 개념으로 특징짓는다.

> 단순한 경제적인(또는 이기적-열정적인) 계기에서 윤리적-정치적 계기로의 이행, 즉 인간의 의식 속에서 완성되는 바의 토대를 상부구조 속에 넣는 것에 대해서 '카타르시스'라는 말을 적용할 수 있다. 그것은 '객체적인 것에서 주체적인 것'으로의 이행, '필연으로부터 자유로의' 이행을 의미한다…… 우리에게 비치기로는 '카타르시스적' 계기의 확정은 실천철학 전체의 출발점이 된다. 카타르시스적 과정은 변증법적 발전으로부터 나오는 종합의 체계와 일치한다. (『옥중수고』, 1244; 『실천철학』, 164)

토대와 상부구조 사이에 동질성이 있을 때에 비로소 국가는 자신의 경제적-조합적 국면을 극복한다. 토대와 상부구조는 그때 하나의 "역사적 블럭"을 형성한다. 즉 상부구조의 복합적이고 모순적이며 불균등한 전체는 모든 사회적 생산관계의 반영이다.

그람시는, 인간은 이데올로기 영역에서 구조적 갈등에 대한 의식을 획득한다는 문장을 『정치경제학 비판』 서문에서 반복해서 인용한다. 그러므로 인식을 매개로 해서 경제로부터 정치로, 토대로부터 상부구조로 이행하는 과정을 특징짓는 "카타르시스" 개념은 그람시에게 정치이론의 개념일 뿐만 아니라 동시에 인식론적 범주다. 따라서 레닌의 위대한 철학적 업적은 그의 정치적 실천에, 노동자계급의 헤게모니의 실현에 있다. 이론적-실천적 원리로서 그것에 동시에 인식론적 가치가 부여된다. "일리치(레닌)는 정치적 주장과 실천이 확대발전되도록 했기 때문에 철학을 실제로 확대발전시켰다"(『옥중수고』, 1250; 『실천철학』, 163).

맑스의 역사적-정치적 저술들[3] 속에 흩어져 있는 이론적 확인들을 맑스주의 역사방법론의 진정한 규정 속으로 총괄하고 통합하는 것이 필요하다. "하나의 구조적 국면은 그것의 전체 발전과정이 종결된 후에야 비로소 구체적으로 연구되고 분석될 수 있지, 과정 그 자체 중에는 가설로서가 아니라면 그럴 수 없다. 분명한 설명이 되면 가설은 중요하다"(『옥중수고』, 872; 『실천철학』, 200). 그러나 우리가 종결된 역사적 국면에 대한 연구에서 미래를 위한 가설적인 행동안내를 받을 수 있을까? 정치가 "반드시 실현되어야 하는 것은 아닌 토대발전 과정의 반영"(『옥중수고』, 872; 『실천철학』, 200) 일지라도, 그람시는 정치 영역에서도 이 문제에 긍정적으로 답한다. 왜냐하면 정치에 있어서는 경제적이지 않은 다른 근거를 갖는 실수와 오류들도 고려해야만 하기 때문이다. 기계적인 역사유물론만이 "오류의 가능성을 고려하지 못하고, 모든 정치적 행동을 토대에 의해 결정되는 것으로, 즉 토대구조의 현실적인 영구한(견고하다는 의미에서) 변화의 반영으로 직접적으로 파악한다"(ibid.).

합법칙성은 사후에야 확정할 수 있다. 미래에 근거해서는 우리는 실천 자체를 통해서 확증될 수 있는 가설적인 가정, 경향법칙만을 알 수 있다(『옥중수고』, 1432; 『실천철학』, 212).

1930~32년의 철학적 노트들 속에서 그람시는 다음과 같이 쓰고

3) 그람시는 다음 저작들을 말하고 있다 : 『루이 보나파르트의 브뤼메르 18일』, 『동방문제』에 대한 저작들, 『독일에서의 혁명과 반혁명』, 『프랑스 내전』.

있다. “모든 현실적인 역사적 국면은, 확실한 의미에서 자신의 가장 좋은 기록이 되는 자신에 대한 자취를 그후의 국면 속에 남길 수 있(기 때문이)다. 역사적 발전과정은, 현재가 과거 전체를 포함하고 있고 현재 속에서 과거의 (실제적인 ‘본질’이라면 ‘인식할 수 없는 것’ 없이 ‘본질적인’) 것이 실현되는 **시대의 통일**이다. ‘사라진’ 것, **따라서** 역사과정에서 변증법적으로 이전되지 않은 것은 그 자체로 무관하고, 우연적인 ‘찌꺼기’ 연대기이지 역사가 아니며, 결국은 중요하지 않은 표층적인 에피소드다” (『옥중수고』, 873). 그람시는 여기서 그의 역사주의 이해에 있어 특히 중요한 보존과 변화의 관계에 대해 말하고 있으며, 이러한 관련이 “우연적이지 않고” **따라서** “역사적인” 관계 속에 있다고 말한다. “시대의 통일”이라는 역사적 과정에 대한 규정은 과거의 “본질적인 것” (“본질”이 아니라)이 나타나고 실현되는, 진행되고 진행된 총체성, 중층결정되는 전체를 지시한다. 그러나 이런 질문이 있을 수 있다. 즉 무엇이 “본질적인 것”인가, 그리고 그것은 “우연적인 것”과 어떻게 구별되는가, 혹은 “진정한” 역사주의의 대상으로 비로소 될 수 있는 “역사”와 “연대기” 사이의 차이는 어디에 있는가? 그람시의 말로 하자면 : “그러나 인간이 어떻게 ‘진정한’ 전통, ‘진정한’ 과거 등을 인식할 수 있을까? 과거 속에서 ‘상부구조’에 속하는 자신의 경향적인 정당함을 찾는 새로운 역사를 만들려는 바램이 아니라 실제적인 사실적 역사 말이다. 실제적 과거는 바로 토대다. 왜냐하면 그것은 현재와 미래의 조건으로 만들어지고 더욱 존속될 확실한 ‘기록’, 즉 증거이기 때문이다” (『옥중수고』, 1354).

토대의 연구에서 실수가 있을 수 있으며, 오랫동안 죽어있는 것을 “활력있다”고 여기는 것, 이것은 개별 연구자의 실수이지 방법 그 자체에 뿌리를 두고 있는 것은 아니라는 것을 그는 인정한다. 모든 사회적 집단은 자신의 “전통”과 자신의 “과거”를 가지고 있다. 그러나 이 모든

"과거"를 파악하고 실제적인 발전노선을 완성할 수 있는 그런 집단은 실수를 덜하게 된다. 왜냐하면 그것은 모순적인 통일체의 일부분으로 파악됨으로써 이러한 모순 속에서 극복할 수 있는 요소, 즉 새로운 역사를 만들기 위해서 인간이 지지해야 하는 "긍정적" 요소가 되기 때문이다. "우연적인 것"과 "본질적인 것"의 차이에 대한 인식에서 과학적인 (이데올로기적이지 않은) 구분기준의 증거를 가져오는 이러한 종류의 "역사주의"를, 그람시는 크로체의 "개량주의적" 역사주의와, 그리고 변증법적인 역사과정에서 무엇이 보존될 가치가 있는 것인지를 선험적으로 확정짓는 정치적 중간파(Moderatismus)의 다른 대변자들과 구분한다. 진보는 보존과 개혁으로 이루어지는 변증법적 과정이며, 그 속에서 개혁은 과거를 지양하면서 보존한다는 것은 과연 옳지만, 과거 자체가 삶과 죽음으로 이루어진 복잡한 구조를 나타내며 어떤 개인이나 정치적 흐름도 의지에 따라 선험적으로 확정하고 선택할 수 없다는 것 역시 간과되어서는 안된다. 그러한 종류의 선택에서 중요한 것은 역사주의가 아니라, 학문의 토대일 수는 없지만 직접적인 정치적 이데올로기의 토대일 수 있는 주의주의적-의지적인 행동이다. "무엇이 변증법적 과정 속에서 과거로부터 보존되는가는, 선험적으로 확정될 수 있는 것이 아니라 과정 자체로부터 나오는 것이며, 자칭 과학자나 철학자들의 자의적인 선택이 아니라 역사적 필연성의 성격을 갖는 것이다"(『옥중수고』, 1325f.). 왜냐하면 개혁하는 힘은 결코 의지적인 사실이 아니라 이미 과거로부터 넘겨져온 것으로, 자체가 과거 전체를 포함하고 있는 보존과 개혁이기 때문이다.

이제 그람시의 색출적인 범주인 "경제적-조합적", "윤리적-정치적" 범주가 적용되는 그의 역사-정치 분석으로 돌아가보자. 그의 짤막한 노트에서 우리는 그가 그의 모든 분석에서 추구하는 관련에 대한 몇 가지 지적을 발견한다 : "실천철학에서 윤리적-정치적 역사의 요소 : 헤게모니 개념, 철학적 전선의 고양, 국가적, 역사적 삶에서 지식인의 기능에 관한 체계적인 연구, 모든 진보적인 역사적 운동의 전위로서의 정당에 관한 교의"(『옥중수고』, 1235).

그람시가 헤게모니라는 자신의 핵심개념과 그와 관련된 정치적 목표설정을, 토대의 변화로부터 기계적으로가 아니라 상대적 독자성 속에서 그리고 부분적인 자립화 및 독자적 중요성 속에서 설명될 수 있는 영역, 즉 상부구조 영역에 대한 높은 평가와 밀접히 관련시켜 인식하고 있다는 것이 분명해진다. 이러한 영역에 중심적인 의미를 부여할 때, 역사에 있어서 상부구조의 "대행자들"에 대해 그리고 그것의 기능에 대해 우선적으로 질문할 수 있다. 이러한 문제틀은 다시 현대의 조직형태에 관한 문제와 연결될 수 있다.

이제 우리의 사유순서에 따라, 다음 번에 그람시의 정치이론에 대한 체계적 분석을 하기 위해, 우선 역사적 예증에 대해 살펴보자.

3) "통합국가" 건설을 위한 패러다임으로서 프랑스혁명

그람시의 그 부단의 생애에서 어떤 단절 혹은 적어도 어떤 시각변화가 있다면, 그것은 "반자코뱅주의자"에서 명백한 "자코뱅주의자"로의 변화다(Portelli, 1974/75 참조). 러시아혁명의 시기 이전의 그람시는 —— 아직 전적으로 소렐의 궤도에 있는데 —— 프롤레타리아트의 독자적 조직화에 대한 확신에 찬 대변자로 간주되었다. 반자코뱅적 사고가 그의 초기국면을 특징짓고 있는 것이다.

그의 후기의 자코뱅적 "전환"을 잘못 해석하게 되면, 거기서 "예속자들"의 총체성의 조직적 표현으로서의 당 으로의 전환만을 본다. 그람시가 자신의 주요 저작에서 확신에 찬 "자코뱅주의자"로 나타나고 1917

년의 볼세비키가 1793년의 자코뱅들과 비교된다면, 이것은 조직문제일 뿐만 아니라 혁명적 전략에도 관련된다.

> '자코뱅'이라는 용어는 오늘날 두 가지 의미를 갖고 있다. 하나는 프랑스혁명의 특정 정당, 즉 프랑스 삶의 발전을 특정한 방식으로, 특정한 강령을 가지고 특정한 사회세력의 근거 위에서 기초지었던 그 정당의 본래적인, 역사적으로 특정화된 의미다. 그리고 또하나는 이러한 강령과 이러한 방법의 올바름에 대한 환상적인 믿음에 따른 비상한 에너지, 결단력, 그리고 단호함으로써 두드러지는 특정한 방법을 가진 정당으로서의 그리고 정부로서의 활동이다. 정치적 언어 속에서는 자코뱅주의의 이 두 가지 측면은 분리되고, 사람들은 '자코뱅'이라는 말로 활기있고 결단력 있으며 환상적인 정치가를 나타낸다. 왜냐하면 그는 자신의 관념의 놀라운 힘을 그것이 무엇이든 환상적으로 확신하였기 때문이다. 이러한 정의 속에는 상대와 적에 대한 증오에서 나온 파괴적인 요소가, 인민 대중의 요구에 부응함으로써 생겨나는 건설적인 요소보다 우위에 있다. 어떤 집회, 소집단, 고삐풀린 개인주의의 분파적 요소가 민족적인 정치적 요소에 비해 우위에 있다. (『옥중수고』, 2017)

그람시가 자코뱅주의의 두 가지 요소라고 명명한 것에 대한 평가로부터, 그에게는 형식적인 것보다 내용적인 것(Portelli, 34ff. 참조), 즉 전민족을 포괄하는 정치를 추진하고 인민 대중의 요구에 부응하는 것이 오히려 더 관심이라는 것을 추측하기는 어렵지 않다. 자코뱅이라는 것이 그람시에게는 이러한 능력에 근거하여 "국가"가 될 수 있기 위하여 모든 "예속자들"의 헤게모니를, 지도자를 만드는 것을 의미한다.

프랑스 자코뱅의 모형——이것은 번역(übersetzen) 되는 것이지 도식적으로 운송(übertragen) 되는 것은 아니라는 것이 전제된——이 "통합국가"와 그와 함께 부르조아 계급의 "헤게모니적 지배"를 실현하기 때문에, 그에게는 모범적인 것으로 여겨졌다. 프랑스혁명에 대한 그람시의 태도에 관하여 이견이 제기되는데, 그람시가 이탈리아에서 완수되지 않은 "수동적인" 부르조아 혁명에 비추어 부르조아 혁명 바로 그것을 다시 가져온다는 것이 그것이다(예컨대 Riechers, 1970). 이것은 내가 보기에는 그람시의 학문적 방법에도, 또 그의 실천적-정치적 목표설정에도 옳지 않은 커다란 오해다.

맑스의 "비판경제학"의 방법론적 관점 하에 있고 그것을 "이론적 추론과 역사적 기술의, 논리적 연결과 사실적 연결의 영구한 혼합"으로 처리한 거대한 상대자인 크로체에 맞서 그람시는, 이러한 처리가 오히려 "순수"경제학에 대한 비판경제학의 우위성의 특징적 징표의 하나이고 그것의 학문적 진보를 이룩하는 것이 아닌가 질문한다. 그리고 더 나아간다. 즉 "비판경제학은 연역적 방법과 귀납적 방법의 올바른 혼합을 추구했다. 즉 어떤 역사적 관점 하에서도 구체적 실재성의 추상화로서 다시 인식될 수 없는 추상적 가설을, 역사적으로 비결정화된 인간의 비결정화된 근거 위에서 아주 일반적으로 만들어가려고 하지 않는다" (『옥중수고』, 1284).

역사적 결정성 속에서 실재성은 비로소 "역사적 서술"의 토대 위에서 과학적 가설의 구성을 위한 "실제적 전제"가 된다. "역사적인 결정적 추상"이 "인간 일반"이라는 비역사적인 실체에 비해 학문적 진보라고 하는 중요한 방법론적 지적과 강조는, 역사적 서술을 논리적-체계적 부분과 끊임없이 결합시키는 자신의 과학적 취급 방식을 밝혀준다. 그가 프랑스혁명과 무엇보다도 이탈리아 실지회복운동에 눈을 돌렸을 때, "통합국가"의 모델이 그것의 도움을 받아 만들어질 수 있는 그러한 색출적인 수단을 역사적 서술에 근거하여 발전시키기 위한 마지막은 아니었다.

그러나 무엇이 자코뱅을 모든 다른 정치세력들보다 뛰어나게 하는가? 지금까지 거의 언급되지 않았지만 상당히 흥미있는 텍스트에서 그람시는 자코뱅을 프랑스 부르조아지에게 지도당으로서 "강요"된, 부르조아적 집단화에 원래 기도했던 것보다 훨씬 더 광범한 목표를 부르조아지에게 확정해준 집단으로 기술하고 있다. 자코뱅은 경제적-조합적 목표를 지닌 프랑스 부르조아지를 혁명의 헤게모니세력으로 만들었다. "그 정도에서 '조합적' 개혁에 관심을 가질 뿐만 아니라 부르조아지를 모든 인민세력들의 헤게모니 집단으로 생각하는 새로운 엘리트가 형성된다. 이러한 선택은 모든 사회세력들의 저항과 국제적 위협이라는 두 가지 요소가 나타남으로써 도래한다"(『옥중수고』, 2028).

자코뱅은 프랑스 부르조아지의 직접적인 목표를 대변할 뿐만 아니라 "통합적인 역사발전으로서 전체 혁명운동을 대표한다. 왜냐하면 자코뱅은 특정하게 신체적으로 존재하는 개인뿐만 아니라, 현존하는 기본집단들과 동화되어야 하는 모든 민족집단에게 미래의 요구를 대표하기 때문이다"(『옥중수고』, 2028).

자코뱅은, 오늘날의 변화된 조건 하에서는 "광란적"이고 "추상적"인 듯이 들릴지 모르는 그들의 언어 속에서, 그들의 이데올로기 속에서 그리고 그들의 행동방식 속에서, 자신의 시대의 요구, 즉

1) 반혁명 저지를 위하여 적대세력을 궤멸시키거나 혹은 적어도 배제할 필요성과,

2) "부르조아지 자신의 기간요원을 확대하고 그들을 모든 민족세력의 정점에 둘 필요성"(『옥중수고』, 2029)을 표현했다.

이해와 목표설정은 일치되어야 했고 모든 민족세력에게 동등해야 했다. 왜냐하면 그래야만

1) 혁명에 유리한 정치군사적 관계를 만들고 적의 공격을 더욱 잘 물리칠 수 있으며,

2) 방데〔방데왕당파. 1793~95년 프랑스 혁명정부에 대한 반항에 가담했던 방데 지방의 주민〕와 유사한 적군이 등장할 수 있는 모든 "수동성의 영역"을 적에게서 빼앗을 수 있었기 때문이다.

자코뱅의 농업정책은 프랑스 농촌이 파리의 헤게모니를 받아들이는 데 영향을 끼쳤고, 또 사람들이 구정부를 확실하게 무너뜨리기 위해서는 지롱드파를 둘러싼 온건세력들과가 아니라 제3신분의 가장 진보적인 세력들과 블럭을 형성해야 한다고 이해하는 데 영향을 끼쳤다.

그람시는 자코뱅이 "부르조아적 지반"을 결코 포기하지 않았다는 것, 이 한계가 새로운 문제를 야기했다는 것, 그리고 이것이, 나폴레옹 1세를 등극시켰던 것처럼, 군사독재만이 제한할 수 있는 새로운 세력을 출현시킨다는 것 을 아주 분명히 알고 있다. 그러면서도 그는 자코뱅의 공적이 역사적으로 가능한 것을 다 해보았다는 데 있다고 지적한다 : "자코뱅은 부르조아적 지배를 조직했을 뿐만 아니라, 다시 말해 부르조아지를 지배계급으로 만들었을 뿐만 아니라, 그 이상을 하였다. 그들은 부르조아 국가를 만들었으며, 부르조아지를 지도적인 민족집단으로, 헤게모니 계급으로 만들었고, 또 새로운 국가에 지속적인 근거를 제공했으며, 견고한 현대 프랑스 민족을 만들어냈다"(『옥중수고』, 2029).

여기서 그람시는 다시 그가 "지배"와 "국가"에 비유하여 제시한 "지배하는"과 "지도하는"이라는 유명한 개념으로 돌아간다. 지배하는 기능과 함께 지도하는 기능도 가진 자만이 국가를 장악한다는 것이 분명해진다.

이탈리아에서는——그리고 그람시가 분명히 지적했듯이 독일에서도——다르게 전개되었다. "이탈리아에서 어떤 자코뱅적인 정당도 형성되지 않았다면, 그 이유는 경제적 영역, 즉 1815년 이래 유럽에서의 다양한 분위기와 이탈리아 부르조아지의 상대적 미약함에서 찾을 수 있다"(『옥중수고』, 2032).

그렇지만 이것만은 아니다. 훨씬 오래 전까지 소급되는 이탈리아 민족사가 가톨릭교와 마찬가지로 여전히 어떤 역할을 한다. 중세 말기에 이탈리아공동체는 조합적 단계를 극복하지 못하였고, 도시국가(플로렌스, 볼로냐 등)에 있는 북이탈리아 부르조아지는 예컨대 이미 절대주의적 지배형태를 취하고 있던 프리드리히 2세와 같은 중세 지배자보다도 뒤처져 있었다(『옥중수고』, 650). 이러한 의미에서 그람시는 이탈리아 르네상스를 개신교적인 개혁과는 반대로 사해동포주의적이고 그래서 민족통일을 방해하는 운동으로 해석한다. 그람시가 이탈리아의 민족국가적 단결에 대한 환기로 해석하는 마키아벨리의 정치사상[4]이야말로 "르네상스에 대한 반작용"(『옥중수고』, 648), 인민에게 접근해야 할 정치적, 민족적 필요성의 표현으로 이해할 수 있다. 토스카나에서처럼 지식인들이 민족언어를 선전하는 곳에서조차 르네상스 운동은 정치적-사회적 헤게모니를 획득할 수 없었고 문학적 한계 내에 머물렀다. 종교도 이탈리아에서는 인민과 지식인 사이의 응집요소로 되지 않았다. 지식인들의 철학적 위기는 인민에게로 나타나지는 않았는데, "왜냐하면 그것은 인민

4) 그람시의 마키아벨리 해석은 아주 주목할 가치가 있다. 그는 이 플로렌스 출신 이론가에게서 통상적인 용어법이 의미하는 바의 "마키아벨리주의자"를 발견하는 것이 아니라 이탈리아 민족의 통일을 목표로 삼았던, 현실주의적인, 경험을 따르는 이론가를 강조한다. 그는 마키아벨리의 저작에서 민주주의적이고 인민지향적인 측면을 강조한다. 1945년 무랄트(J. v. Muralt)의 저작이 출간됨으로써 비로소 학문적 마키아벨리 연구에서 민주주의적, 공화주의적인 마키아벨리가 부각되는 한편, "원리"와 "담론" 사이에 어떤 대립도 존재하지 않는다는 것이 증명된 이후에, 훨씬 이전의 그람시에 의한 마키아벨리 해석은 선구적인 것으로 여겨지게 되었다. 그밖에 또한 Kofler, 1971, pp. 191-203에 나오는 「마키아벨리 해석에 관하여」 참조. 또 더욱이 그람시가, 마키아벨리는 도시와 농촌의 결합을 추구하면서 중상주의적 국면을 넘어서서 이미 "중농주의적" 측면을 보였다는 가설을 논의하고 있는 『옥중수고』, 1039의 설명도 참조.

적인 뿌리를 갖고 있지 않으며 종교적인 영역에서도 어떤 '민족적-민중적 블럭'도 없기 때문이다"(『옥중수고』, 1129f.).

1815년 이후에야 비로소 "분리 불가능한 단일 공화국"이라는 모토 하에 프랑스혁명에 뿌리를 둔 행동당이 생겨났다. 고유한 민족적인 요소는 행동당의 문제가 이미 발전된 경제세력들을 전통적인 법적, 정치적 굴레에서 해방하는 것에 있지 않고, 다른 유럽 나라들에서처럼 이러한 생산력을 발전시키고 전개시킬 수 있도록 하는 전반적 조건을 창출하는 데 있다는 점이다(『옥중수고』, 747f.).

프랑스혁명과 이탈리아 실지회복 운동(Resorgimento) 사이의 중요한 차이는 경제적인 영역뿐만 아니라 이데올로기적인 영역에도 있다. 이탈리아 운동의 지도방식은 "인민에게로 가는 것" 즉 인민 의지와 앞서가는 지도의 변증법 속에서 진정한 헤게모니계급을 창출할 수 없었으며, 경제적 영역에서도 필수적인 농업개혁을 수행할 수 없었다. 실지회복 운동은 소수의 과업으로 남아 있었다.

그러나 행동당이 왜 프랑스 자코뱅과 같은 기능을 할 수 없었는가? 그람시는 역사적 관점 하에서, 그러나 무엇보다도 정치이론적 관점 하에서 이 문제를 추구한다. 실지회복 운동 동안에 "온건파"와 행동당원들은 대립하고 있었다. "온건파"는 지도층, 대부르조아 세력의 "유기적 지식인"이었다. 그들은 자유주의적 입장을 대표하였다. 그들은 대부르조아지의 조직적 전위였고, 그것으로서 처음에는 "분산적인" 그리고 "분자적인" 집단으로서 존재했던 지식인 대중 전체에 현저한 매력을 행사하였다. 이러한 입장에서 그람시는 가설적이고 이론적인 언명의 가치를 지니는 근본적인 방법론적 지적을 덧붙인다:

> 여기서 역사적-정치적 연구기준의 방법론적 일관성이 나타난다: 지식인들로부터 독립적인 계급은 없지만, 모든 사회집단은 자신의 고유한

지식인층을 가지거나 그것을 만들어내려고 시도한다. 역사적으로(그리고 실제적으로) 진보적인 계급의 지식인들은 주어진 조건 하에서 그러한 매력을 행사하여, 결국은 다른 사회집단의 지식인들을 굴복시키며 모든 지식인들간의 연대체계를 심리학적인(허영심 등) 그리고 종종 계급적인 종류(기술적-법적, 조합적 등)의 조건 하에 만들어낸다. 이러한 사실은, 언급된 사회집단이 실제로 진보적이고 즉 사실 전사회를 전진시키고 그 사회의 기본적 욕구를 만족시켜줄 뿐만 아니라, 경제적-생산적 활동의 새로운 영역을 지속적으로 점유하기 위해 독자적인 요원들을 확대하는 그런 역사시대에는 '자동적으로' 참됨이 증명된다. 그럼에도 지배적인 사회집단이 자신의 기능을 거의 충족시키지 못한다면, 이데올로기 블럭이 해체되는 경향이 있으며 '강제'는 더욱 노골적이고 직접적으로 '자동성'의 위치에서 진짜 경찰조처와 국가행동으로 나아갈 수 있다. (『옥중수고』, 2012)

우리가 다시 파악하게 될 일반적-이론적 종류의 이러한 지적 후에 그람시는 자코뱅의 기능을 수행하고 정치투쟁에서 대중을 전취할 수 있었던 자유주의적 "온건파"에 대한 대안인 행동당이 "온건파"와 특수한 종속관계에 있어 이러한 과제를 완수할 수 없다고 지적한다. 왜냐하면 독자적인 세력이 되기 위해서, 실지회복 운동에 인민적이고 민주주의적인 성격을 부여하기 위해서는, 인민대중 특히 농민의 요구를 고려해야 하는 조직적인 지배강령을 제시해야 하기 때문이다. "중간파에게 행사했듯이 '자동적인' 매력으로 계획에 따라 충실하게 이루어지고 조직된 저항과 반격에 대처해야만 한다"(『옥중수고』, 2013). "그 대신 행동당에는 지배강령이 결여되어 있다. 근본적으로 그것은 다른 무엇보다도 중간파에게 유리한 선전 및 선동의 조직이다"(『옥중수고』, 2014).

잠재적인 적대집단들의 이러한 종속관계를 그람시는 이론적 관점 하에서 다시 분석한다. 자코뱅의 실례로 구체화된 헤게모니적 국가형태와 더불어 그람시는 무엇보다도 이탈리아적인 각인이 찍힌 "변형주의적"(transformistisch) 형태를 말한다. 1848년 이래 이탈리아의 정치생활은 지배집단에 의한, 적대집단이 지닌 적극적 요소의 점진적이지만 지속적인 "흡수" 현상으로 특징지어진다. 적대적인 엘리트의 "변형"으로, 본래의 강령을 무력하고 천박하게 하는 데 있어 그들을 "정치적 계급" 속에 끌어들임으로써, 폐쇄된 카스트의 정치가 이루어지고 대중은 무대에서 벗어나 있다.

1차대전 이후 "인민당"[5]의 지도자인 돈 뤼기 스투르조(D. L. Sturzo)는 아고스티노 데프레티스(A. Depretis)가 인용하고 파시즘 이전의 이탈리아 자유주의의 우두머리인 지오바니 지올리티(G. Giolitti)가 확실하게 운용했던 지배방법을 다음과 같이 서술하고 있다: "'변형주의'(transformismo)라는 개념으로 사람들은, 다수에게 어떤 결합이익이나 지배를 미리 또는 지속적으로 확보해주는 개인 및 집단의 이해를 무엇보다도 고려하기 위해서, 강령과 당의 차이를 축소하고 정말 없애려고 하는 목적을 가진 의회체계를 인식한다. 좌익과 우익, 보수와 진보라는 전통적 구분은 더이상 어떤 분명한 의미를 가지지 못하며 어떤 정치적 또는 선거적인 존재근거를 가지지 않는다. 다수와 반대는, 어떤 동기, 어떤 핑계 또는 근거가 기회, 허영심, 그리고 이해를 가져왔는가에 따라 다시 새롭게 **변형하기** 위하여 현존하는 대상에 따라 그때그때 형성된다"(Sturzo, 63).

역사적으로 보아 온건파는 변형주의적 계산을 통해 행동당에 대한

---

5) 1차대전 이후의 "인민당"(Partito Populare)은 사회당에 대한 반작용으로서, 최초의 가톨릭 대중정당으로서 세워졌으며, 오늘날 기독교민주당의 전신으로 간주되어도 좋다.

우위를 유지하였다. 그람시가 빈센조 쿠오코(V. Cuoco)에 대한 결론에서 쓰고 있듯이 그들은 "혁명없는 혁명"을 완수하였다(『옥중수고』, 2011). 행동당의 "가부장적인" 입장(『옥중수고』, 2042 참조)은 대중을 국가로부터 떼어냈다. 왜냐하면 그것은 농업문제와 그것에 달려 있는 교권주의 문제를 해결할 수 없었기 때문이다. 중간파에 대한 강력한 반대는, 행동당이 "형식적"일 뿐만 아니라 무엇보다도 사회적-경제적 내용에 비추어 "자코뱅적"으로 행동한다는 것, 즉 행동당은 반동적 블럭에 결합되어 있는 다양한 농업 및 농촌 집단들을 파괴하고 새로운 자유주의적-민족적 형식으로 만들어야 한다는 것을 의미한다. 그러나 그것은 농민의 요구, 무엇보다도 남부이탈리아의 요구를 도외시하고 하위 중간층 지식인들을 획득하는 것을 의미했다. 그람시가 이탈리아를 공업적인 북부와 식민지적인 착취당하는 남부로 나누는 실례에서 실지회복 운동 과정의 역사적 전개를 지적하고, 레닌과 같은 결론, 즉 위기시에는 "가장 취약하고 가장 주변적인 부분"이 가장 먼저 반응한다고 하는 결론에 도달한다는 것은 교육적이다(『옥중수고』, 2037 참조).

이러한 지적은 헤게모니 계급을 형성하는 데서 경제적-조합적 국면과 윤리적-정치적 국면의 관련을 분명히하기에 충분할 것이다. 그람시가 정치에 있어서 "자코뱅적" 요소와 —— 마키아벨리와 유사하게 —— "실재론적인 요소"를 전면에 내세우고, 그것을 변형적-수동적일 뿐만 아니라 실제적인 혁명의 전제로 만들 때, 그는 내용적-사회적 측면을 강조한다. 거기에서는 우리가 이제 더욱 가까이 접근할 국가가 암묵적으로 이미 문제다. 그람시는 "그" 부르조아 국가에 관해 추상적-연역적으로 말할 뿐만 아니라, 지배적인 또는 권력을 장악한 계급이 달성한, 다양한 정도의 헤게모니가 구분기준이 되는 다양한 국가유형을 구분한다.

4) 그람시의 국가유형론

"방법적 기준"이라는 표제 하에 그람시는 다음과 같이 쓰고 있다: "지배계급의 역사적 통일은 국가에서 이루어지며, 지배계급의 역사는 본질적으로 국가 및 국가집단의 역사다. 그러나 이 통일이 순수하게 법적이거나 정치적이라고 생각해서는 안된다. 그 통일의 형태가 단지 형식적인 의미만 지니는 것은 아니긴 하지만 말이다. 근본적인 역사적 통일은 아주 구체적으로 국가 또는 정치사회와 '시민사회' 간의 조직적 관련의 결과다"(『옥중수고』, 2287f.).

그람시는 "시민사회"라는 말로 무엇을 의미하고, 국가라는 말로 무엇을 의미하는가?

그람시가 "시민사회" 개념을 맑스와 엥겔스같은 고전가들과는 다른 의미로 적용하였다는 것은 그람시 연구문헌 속에서 이미 종종 주의가 기울여졌다. 고전가들은 그것을 욕구의 체계, "경제적 연관의 영역"으로 이해한 반면,[6] 그람시는 "시민사회"의 영역에 상부구조를 부가한다. 한 기본적인 텍스트에서 그는 자신이 이해하는 바를 다음과 같이 밝혔다: "우리는 시민사회를, 헤겔이 이해했고 여기서도 종종 쓰이는 것처럼(즉, 전사회에 대한 어떤 사회집단의 정치적, 문화적 헤게모니라는 의미에서, 국가의 윤리적 내용으로서), 가톨릭에서 그것에 부여한 의미와 구분지어야 한다. 가톨릭에서는 정치사회나 국가 대신 시민사회가 가족적 사회나 교회와 대립한다고 생각한다"(『옥중수고』, 703).

---

6) 예컨대 엥겔스, 『루드비히 포이어바흐와 독일 고전철학의 종말』(in Marx/Engels, Ausgewählte Schriften, Berlin 1966, Bd. II), p. 362와 안넨코프에게 보낸 편지(1846년 12월 28일, ibid., p. 412) 참조.

다른 데서 그람시는 이 개념을 "자기지배"(『옥중수고』, 1020), 한 사회에서 우세한 동의와 관련하여 제시하고(『옥중수고』, 914; 『실천철학』, 429f.), 그에 반해 "정치사회"는 폭력 내지 "기능인들의 지배"와 관련하여 제시한다(『옥중수고』, 1020; 『실천철학』, 374). 시민사회와 정치사회의 봉합선으로서 여기서 이미 "정치적 헤게모니" 개념을 언급한다(『옥중수고』, 914; 『실천철학』, 429).

시민사회와 정치사회의 관계에 대한 확대된 규정에 접근하여 해석을 가하기 전에, 그람시의 문제설정을 분명히 해두어야 한다. 그래야 그람시를 "관념론자"로 섣부르게 규정해버리는, 맑스주의 고전가들과의 섣부른 비교를 피할 수 있다.

우리는 그람시에게서 "시민사회"가 동의의 장소, "국가의 윤리적 내용"을 표시한다는 것을 보았다. 그람시가 국가를 이른바 "구분하고"(ausdifferentiert), 국가를 그 구성부분들로 분해 —— "정치사회"도 그 중의 하나일 뿐인데 —— 한다면, 이는 상부구조 조직(Überbaustruktur)에 대한 그의 관심의 맥락에서라고 볼 수 있다. "상부구조"는 다양한 영역의, 실재 속에서 풍부하게 분화되고 구별된 연관을, 층화된 수준의 결합적인 복합체 —— 이것은 그람시가 국가를 통합적인 현상형태로서, 즉 시민사회와 정치사회의 통일로서 표시하는 것에서 정점에 이른다 —— 를 추상적으로 표시한다.

그람시에게서 "정치사회"(좁은 의미에서의 국가)와 "시민사회"의 구분은 어떤 유기적인 위상을 갖는 것이 아니라 오직 방법적인 위상만을 지닌다. 왜냐하면 실제에 있어 시민사회와 국가는 동일하기 때문이다(『옥중수고』, 1590; 『실천철학』, 310).

그람시는 "시민사회"의 가상적인 사적 성격이라는 자유주의적 이데올로기를 허물어뜨림으로써, 부르조아 국가를 정치적 지배와 이데올로기적-문화적 지도력의 결합활동으로 이론적으로 파악할 수 있었다. 맑스주의 국가개념을 순수한 도구주의적 관념을 넘어서 확대함으로써 그람시는 국가의 상대적 자율성으로 바로 국가의 계급적 성격에 대한 증명을 해냈다. 정치사회가 시민사회의 영역 주위에서 스스로를 "확장"할 때 비로소 국가는 "교육자"로서의 속성을 전개할 수 있다. 국가는 주민대중을 생산력 발전이 가져온 심리적-물질적 필수품들에 적응하게 한다. 이러한 통일화 과정을 통해서 비로소 지배계급은 자신의 특수성을 넘어서 보편계급으로 된다.

자본주의 사회가 다른 많은 사회구성체와 마찬가지로 상품생산 사회이며 사용가치와 교환가치의 근본적 구분을 통해서만이 다른 사회구성체와 구분되듯이, 부르조아 국가는 모든 다른 국가와 마찬가지로 폭력독점을 달성하고 있다. 부르조아 국가의 역사적 특수성은 사적 성격의 가상을 지니고 있는 "시민사회"라 불리는 영역과 좁은 의미에서의 국가로 이루어지는 이중구조에 있다. 특수한 것(계급이해)은 다원적인 다양성이라는 틀 속에서 나타날 때만이 보편적인 것으로 나타날 수 있다.

그러나 이러한 다양한 수준은 서로 어떻게 관련되어 있는가? 그람시는 크로체와의 대결 속에서 그것의 "차이의 변증법"에 주의한다(Roth, 1972, 99 참조). 그 속에서 관념론자이며 헤겔리언인 크로체에게서 절대정신의 계기로 나타나는 것이, 그람시에게서는 정치적 행동의 "변증법적" 위치(그리고 그에 상응하는 과학)를 상부구조의 특정 단계로서 확정하기 위한, 상부구조의 다양한 위계와 층화에 대한 분석 도구로 된다. "대체로 우리는 정치행위가 최초의 계기 또는 최초의 단계, 그 안에서 상부구조가 직접적인 국면에서 단순히 의지적, 비결정적이며 기본적인 표현인 그러한 계기라고 말할 수 있다"(『옥중수고』, 1569; 『실천철학』, 291).

하나의 유기적 통일체가 지니는 다양한 위계적 층화와 여러 계기들——이것들은 서로 특수한 관계를 맺고 있는데——사이의 가능한 연관에 대한 아직은 간결한 지적은 나중에 자세히 분석될 것이다. 그람시가 앞서의 인용문에서 정치적 행위를, 상부구조가 비로소 "의지적 비결정적이고 기본적으로 표현되는" "최초의 계기" 또는 "최초의 단계"로 규정할 때, 그는 이미 다음과 같은 관련점을 같이 생각하고 있다. 즉 헤게모니적 지배에서 정점에 달하는 상부구조 피라미드의 첫번째 단계에 있는 계기로서의 정치적 행위는 다름아닌 바로 경제적-조합적으로 방향지어진 행위다. 토대와 상부구조는 여전히 서로 갈라져 있다. 왜냐하면 경제적 토대와 정치적 상부구조 사이를 좁은 의미에서 매개하는 심급, 즉 바로 시민사회라는 더이상의 구분단계가 결여되어 있기 때문이다. "경제적 토대와, 자신의 입법권과 강제력을 가진 국가 사이에는 시민사회가 있는바, 이 시민사회는 학술도서나 법률 따위의 종이쪽지 위에서만이 아니라 구체적으로 급격하게 변할 수 있다. 국가는 시민사회를 경제적 토대에 적응시키기 위한 도구다……"(『옥중수고』, 1253f.). 이러한 적응작업이 끝나고 나서야 비로소, "자연과 정신의 통일"(토대와 상부구조)로서의 그리고 "대립과 차이의 통일"(『옥중수고』, 1569; 『실천철학』, 291)로서의 "역사적 블럭"에 관해 얘기할 수 있게 된다. 모든 경제주의적 단순화에도 불구하고 경제적 토대는 결코 "숨겨진 신"이 아니라는 사실(크로체가 제2인터내셔널의 속류 맑스주의를 논쟁적으로 비난한 것처럼)만이 맑스주의 사상에서 "자율적" 학문으로서 정치학에 대해 말할 수 있게 해준다.

국가는 폭력의 독점자일 뿐 아니라, 시민사회의 영역에서는 경제적 토대에 기능하도록 동의를 만들어내는 교육자이기도 하다. "동시에, 경제는 '최종 심급에서' 비로소 역사의 동력이다……라는 엥겔스의 말과, 『정치경제학 비판 서설』에서 발췌한 문구, 즉 인간은 이데올로기적 영역에서 경제적 영역에서의 갈등을 의식한다라는 문구를 기억하자"(『옥중수고』, 1592; 『실천철학』, 312f.). 그리고 더욱이, "실제로 국가는 새로운 형태의 문명 또는 더욱 고도한 수준의 문명을 만들어내려고 노력하는 한, '교육자'로 파악되어야 한다. 경제적 생산장치들을 재조직하고 발전시키기 위하여 경제적 힘에 본질적으로 영향을 미친다는 사실이, 상부구조의 주어진 상태가 자신의 자생적인 발전과 우연적이고 산발적인 개화(開花)를 내버려둘 수 있다는 결론을 내리도록 하지는 않는다. 국가는 이 영역에서도 '합리화', 가속화 및 테일러화의 도구이며, 계획에 따라 움직이며, 몰아대고, 압력을 행사하고, 요구하며, 그리고 '처벌한다'"(『옥중수고』, 1570; 『실천철학』, 358).[7] 매우 중요한 논문 「국가」에서 그람시는 아마도 가장 체계적으로 국가의 기능을 기술하였으며, 국가 활동의 경계에 대한 확정을 정치학 일반의 가장 중요한 (자유주의자와 비자유주의자 사이의 경계를 긋는) 토론으로 끌어올렸다(『옥중수고』, 399 참조). 그람시에게 부르조아 국가는 "윤리적" 차원을 지녔다. 왜냐하면 그것의 가장 중요한 과제 가운데 하나는 "주민의 대다수 대중을 일정한 문화적, 도덕적 수준, 즉 생산력 발전의 필요성과 그에 따른 지배계급의 이해에 상응하는 수준(또는 형태)으로 끌어올리는" 데 있기 때문이다(『옥중수고』, 1049).

주민들의 주어진 물질적 조건에 대한 문화적, 도덕적 및 심리적-물질적 동화라는 이러한 의미에서, 학교는 적극적이고 교육적인 기능을 지니는 반면, 법원은 소극적이고 억압적인 기능을 지닌다. 이 두 가지 직접적인 국가적 제도는 "지배계급의 정치적, 문화적 헤게모니의 좀더 포괄적인 장치"의 가장 중요한 요소다(『옥중수고』, 1049).

7) 또 "최대한 많은 인민대중의 '문명화' 및 도덕, 새롭고 고도한 유형의 문명을 창조하며, 그것을 경제적 생산기구의 계속적 발전의 필연성에 적응시키고, 따라서 또한 육체적으로 새로운 인간형을 만들어내는 것을 목적으로 하는 국가의 교육 및 교양 사업"(『옥중수고』, 1565f.; 『실천철학』, 355)이라는 언급을 참조.

그람시가 "사적"이라고 한 많은 수의 다른 시설, 조직, 제도는 동의를 조직화하고 주민의 총체적인 문화적 수준을 경제적 토대에 동화시키는 것에 있는 교육적인 기능에서 국가를 보완한다. "국가는 동의를 지녔고 요구했지만, 지배계급의 사적 주도권을 허용하는 아직은 사적인 조직인 정치적 및 조합적 결사체들과 함께 이러한 동의를 '이끌어낸다'" (『옥중수고』, 56). 이러한 특수한 이중성은 **부르조**아 국가만을 특징짓는다. 바로 이러한 보편(폭력국가)과 특수(윤리적 국가, 교육자 내지는 그람시의 이해 속에서의 시민사회로서의 국가)의 이중성이 역사적인 **결정적** 추상으로서의 국가 개념을 구성한다.

그람시가 그렇게 종종 헤겔에 의거했던 것도, 바로 헤겔이 국가기능의 특수한 개방적-사적 성숙성을, 그리고 신분대표, 정당 등을 매개로 개인과 국가 간의 특수한 매개구조를 이론적으로 인식한 최초의 부르조아 이론가였기 때문이다. 좁은 의미에서의 경제적 영역과 정치적 영역 사이에 부르조아지의 승리와 더불어 비로소 중간심급 즉 "시민사회"가 정립된다.

> 부르조아 계급이 법 개념에 도입한, 따라서 또한 국가의 기능에 도입한 혁명은, 특히 순응시키고자 하는 의지(따라서 법과 국가의 윤리성)에 있다. 이전의 지배계급들은 다른 계급들로부터 자기 계급으로의 유기적 통로를 건설하고자 하지 않았다는 점에서, 다시 말하여 자기 계급의 영역을 '기술적으로'나 이데올로기적으로 확장시키고자 하지 않았다는 의미에서, 근본적으로 보수적이었다. 그들의 개념은 폐쇄적인 신분 개념이었던 것이다. 그러나 부르조아 계급은 끊임없이 운동하는 유기체, 전체 사회를 흡수할 능력이 있는 유기체, 전사회를 자기 자신의 문화적, 경제적 수준으로 동화시킬 수 있는 유기체로서 자기 자신을 제시했다. 그리하여 일체의 국가기능은 변하였는데, 국가는 이제 '교육

자'가 되었다. (『옥중수고』, 937)

엥겔스에 의거하여 레닌이 『국가와 혁명』에서 현실적인 원인(무정부주의적이고 사회개량주의적 입장에 대항한 투쟁)을 넘어서 폭력국가를 "계급대립의 화해 불가능성의 결과"라고 전면에 제출할 때, 그는 국가로서의 **모든** 국가에 공통적인 그러한 측면을 분석한다. 다시 그는 근본적으로 모든 국가에게서, 그때그때 지배계급의 이해를 동시에 관철시키는 데서 국가의 상대적 자율성이라는 **공통점**을 인식하는 엥겔스에 동조하면서 그를 인용한다. 그는 특정한 발전단계에서 국가를 창출한 사회와 그것 없이 지내는 귀족사회를 구분한다. 레닌은 엥겔스를 인용한다 : "국가는 전체 사회의 공개적 대표자, 분명한 단체로 나타나 있는 전체 사회의 결합이었지만, 이제는 자신의 시대에 전체 사회를 대표하는 계급의 국가인 한에서만 그렇다 : 고대에는 노예를 소유한 국가시민의 국가, 중세에는 영주의 국가, 우리 시대에는 부르조아지의 국가" (Engels, Lenin, 2권, 1966, 330에서 재인용).

여기서 또한 모든 국가는 공통적인 것으로, 노예소유자의 국가를 봉건 국가와, 그리고 봉건 국가를 부르조아 국가와 분리시키는 것, 즉 그 **특수성**을 뺀 보편성으로 파악되었다. 그람시는 지금까지 등한시해왔던 부르조아 국가의 이러한 특수한 측면에 비로소 기여하였고, 국가는 억압적인 폭력국가적 기능과 **함께** 자신에게 고유한 교육적 기능도 갖는다는 것을 지적한다. 자본주의에서 비로소 자본주의에 고유한 운동법칙("스스로 증식하는 가치"의 법칙)에 근거해서 다시금 영원한 적응작업을 요구하는 영구적인 역동성에 대한 강제가 생기기 때문이다.

이러한 맥락에서, 그람시에게서 독재-헤게모니와 폭력-동의라는 개념쌍이 확실히 동일한 의미라는 것이 분명해진다.[8] 헤게모니는 생산력의 발전 상태에 대한 주민들의 심리적-물질적인 관계방식뿐만 아니라 자질 수준의 일정한 달성된 적응의 상태를 나타내며, 정치적 및 기술적인 능력을 의미한다. 그에 반해 동의는 주민의 다수를 헤게모니 계급에, 새로운 "역사적 블럭"에 적극적으로 일치시키는 능력을 나타낸다.

국가의 윤리적 구성요소——그렇지만 이것은 특수한, "사적인" 고립 속에서 나타나는데——로서의 "시민사회" 개념은 경제적 체계로서의 "시민사회"의 창출과 일치하며, 특히 적어도 그 이데올로기에 따르면 경제적 부문에 자유로운 힘의 행사를 허용하는 자유주의적 야경국가와 일치한다. "'국가'라는 말로 우리는 지배장치 외에 '사적인' 장치 내지는 시민사회도 이해해야 한다"(『옥중수고』, 801).

이러한 의미에서 그람시가 헤게모니와 민주주의의 연관에 몰두하고 있는 짤막한 주석을 볼 필요가 있다. "여러가지 민주주의 규정 하에서 나에게는 '헤게모니' 개념과 관련하여 규정되는 개념이 가장 현실적인 것 같다. 헤게모니 체계 속에서 지도집단과 피지도집단 사이의 민주주의는, 경제적 발전과 이 발전을 표현하는 입법화가, 피지도집단의 지도집단으로의 (분자적인) 이행을 유리하게 하는 정도에서 존재한다"(『옥중수고』, 1056). 우리는 또 그람시가 시민사회의 개념을 경제적인 의미에서가 아니라 헤게모니 장치의 교육적, 도덕적 기능의 의미로 파악하고 있다는 것을 확인해두어야 한다. 국가와 지배의 통례적인 동일시는 그에

---

8) 레오나르도 파기(Paggi, 1970, 376)와 니콜라 아우치엘로(Auciello, 1974, 89ff.)는, 그람시에게서는 한편으로 이탈리아에서 출현하여 안정화된 파시즘의 경험과 다른 한편으로 10월혁명 이후 소련에서의 최초의 사회주의 국가의 건설이라는 경험과 같은 서로 다른 역사적 경험들이 이 두 개념쌍의 기초를 이루고 있다는 견해를 제시한다. 하지만 이러한 주장은 내 생각으로는 그다지 설득력이 없는 것 같다. 왜냐하면 그람시는 그들이 언급하고 있듯이 두 개념을 서로 교환될 수 있는 의미로 사용하고 있으며, 따라서 두 개념은 하나의 동일한 사물의 사로 다른 측면들을 가리킬 뿐이기 때문이다.

게는 이데올로기적인 오해와 같은 것이 아니라, 경제적-조합적 단계에서 역사적 실재에 상응한다. 시민사회와 정치사회 간의 "동일성"과 "차이"의 변증법(『옥중수고』, 1028)은 경제적-조합적 단계에서는 아직 나타나지 않는다. 그에 반해 충분히 발전된("윤리적-정치적") 국가는 시민사회와 융합되지 않으면서도 위에서 규정한 의미에서 "시민사회"를 통합한다. 목표설정의 동일성, 그러나 심급의 차이는 통합국가의 이러한 특수한 이중성 또는 확장을 이루는데, 그람시는 이에 대해 다음과 같은 방정식을 세웠다 : "우리는 국가=정치사회+시민사회, 즉 강제로 무장한 헤게모니라고 말할 수 있다"(『옥중수고』, 763f.). 그람시는 이것이 국가의 "사멸", 경향적 해소를 인식하는 맑스주의 정치이론에 근본적인 중요성을 갖는다고 본다. 하지만 이러한 그람시의 시각을, 중앙권력을 점차 연방으로 구조화된 생산자의 자체조직 형식으로 대체하려는 것이라는 식으로 해석하려는 것은 완전히 옆길로 새는 것이다. 대안은 무정부주의적-자유주의적 의미에서 생산자의 자체조직에 대항하는 중앙권력에 있는 것이 아니라, 바로 강제에 대항하는 동의라는 규정에 있다. 이 두 가지 성분이 "사멸"할 수 있는 것을 규정하는데, 이 사멸할 수 있는 것이란, 이 개념에 대한 그람시의 통합적 규정에서 볼 때, "국가"가 아니라 단지 그것의 강제 성분, 일반적으로 국가와 동일시되고 있는 "정치적" 국가다. 통합국가의 이러한 측면의 점차적 사멸은 국가의 "윤리적" 측면, 즉 교육적이고 결국 자기교육적인 요소의 전개 및 성장을 전제로 한다. 동의가 크면 클수록 폭력독점을 지속해야 할 필요는 적어진다. 수세기의 과정 이후에 비로소 나타나는 그 결과(『옥중수고』, 882; 『실천철학』, 181)를 그람시는 "조절된 사회"(regulierte Gesellschaft)라고 명명한다. 관리사회의 전제는 경제적 혁명인데, 왜냐하면 "계급국가가 존재하는 한, 은유로서가 아니라면 계급국가 역시 하나의 관리사회라는 의미에서 관리사회는 있을 수 없기 때문이다"(『옥중수고』, 693). 그것으로 그람시는 계급국가와 조절된 사회 간의 (특히 파시즘에 의해 생겨난) 혼동, 중간층과 그리고 물질적 몰락에 겁이 나서 모든 조절(Regulierung)을 명백한 계급투쟁에 대한 방해로 받아들이는 소부르조아 지식인에게 전형적인 그런 혼동을 지적한다 : "그것은 전형적인 반동적, 퇴보적 관념이다" (『옥중수고』, 693). 그람시가 국가의 이러한 이중적 측면을 제기할 때, 그는 철두철미하게 현실주의 정치학의 전통 속에 있다. 정치학이 마키아벨리에 의해 선도될 때처럼 말이다. 정치적 행위와 국가적 생활에서 "이중적 전망", 두 가지 기본적 단계는 "마키아벨리적 괴물의 이중성(잔혹한 면과 인간적인 면, 권력과 동의, 권위와 헤게모니, 폭력과 문명, 개별적 계기와 보편적 계기……)에 상응한다" (『옥중수고』, 1570; 『실천철학』, 319). 그리고 마키아벨리 및 구이치아르디니(Guicciardini)에 대한 다른 논문에서는 다음과 같이 쓰고 있다 : "무기와 종교라는 두 가지가 국가의 생활을 위해 절대적으로 필요하다는 구이치아르디니의 주장. 구이치아르디니의 정식은 덜 격렬한 다양한 다른 정식으로 변형된다 : 폭력과 동의, 강제와 설득, 국가와 교회, 정치사회와 시민사회……" (『옥중수고』, 762f.).

그람시는 이러한 모든 설명을 여기저기 흩뿌리면서도, 거듭 집중적으로 국가 의 문제, 국가에서의 헤게모니 문제에 몰두하면서 맑스주의 정치학에 정주하였기 때문에, 이 정치학의 위상을 더 면밀하게 규정할 수 있었다.

> 정치학이 국가학이라면, 그리고 국가가, 지배계급이 자신의 지배를 정 당화하고 지속시킬 뿐만 아니라 피지배자의 실제적인 동의를 획득할 수 있는 실천적 및 이론적 활동의 전체적인 복합이라면, 사회학의 모든 근본적인 문제 가 바로 정치학의 문제라는 사실은 분명하다. (『옥중수고』, 1765; 『실천철학』, 354)

이러한 위치규정은 정치학이란 무엇인가 하는 규정으로 귀결된다. 그람시는 특히 19세기의 진화론적이고 실증주의적인 주장들의 등장 속에서 사회학의 도래와, 지배수준 즉 "정치사회"에서만 움직이는 활동에 근거한 "정치" 개념의 한정 사이에서 하나의 연관을 본다. 그는 위에서 분석한 정치사회와 시민사회의 분리로 설명되는 정치 개념의 빈곤화를 확인한다. 이러한 과정에 비추어 그람시의 정치의 우위성에 대한 강조와 사회학에 대한 정치학의 우위성에 대한 강조가 이해되며, 또 "정치주의적" 관념에 대한 비난도 격퇴될 수 있다. 지배**기술**에 한정하는 부르조아 정치 개념의 축소에 대항하여 그람시는 **교육적** 관계로서 그리고 학습과정으로서의 정치라는 자신의 관념을 정립한다. 모든 상상적인 "단지" 사회적 영역을 관통하고 규정하는 통합적 현상으로서의 국가에 대한 재구성은 그람시에게서는 주의주의적 입장으로도 사회학적 문제의 정치학적 문제로의 환원으로도 나아가지 않는다. 결국은 여기서 정치학의 우위 아래 다양한 차원으로 구성되어 있지만 **통일적인** 과정이라는 공리가 문제다. 색출적인 근본원리로서 대립과 차이의 통일은 경제, 정치, 이데올로기의 통일과 함께 동시에 자신의 상대적 자율성과 독자적 법칙성을 식별한다.

우리는 그람시가 귀납적-연역적 취급방법 속에서 부르조아적 "국가화"의 역사를 분석하고 그와 더불어 "국가의 윤리적 내용"으로 이해된 시민사회의 중요성을 서구 나라들에 결정적이고 다루기 적합한 부문으로서 강조한다는 것을 보았다. 그는 인간이 이데올로기의 영역에서 비로소 토대의 실제적이고 객관적인 갈등을 명백히 알게 된다는 저 맑스의 말을 여러 번 인용한다. 경제의 정치로의 전진은 또 항상 인식의 전진을 전제한다. 정치는 결국은 바로 인식론적 행동, 학습과정의 표현이다.

그의 국가유형론을 생생하게 그려보자.

그람시는 다음과 같이 인식한다.

1) **헤게모니적 모형**

=통합국가(역사적으로는 자코뱅에 의해 프랑스혁명에서 가장 성숙하게 각인된). 폭력과 동의, 독재(계급지배로서의)와 헤게모니(국가형태=민주주의로서) 사이에 균형이 우세하다. 지배계급은 자신과 동맹한 계층 및 계급에 대해 헤게모니적 위치에 있다.

이것과 달리 그는 다음을 구분한다:

2) **변형주의적 모형**

이것은 이탈리아에서는 파시즘 시기까지 우세하였다. 지배계급은—— 이탈리아에서는 통일과정의 특수한 조건 때문에—— 자신과 동맹한 계층들에 대해 동의를 만들어내지 못한다. 폭력과 동의 간의 균형이 이루어지지 않는다. 그 대신 우리는 두 권력블럭이 대립하는 것이 아니라 지배계급이 조합적-실용적으로 자신의 지배의 기초를 일상적 필요에 따라 확대하는 그런 미묘한 독재형태와 관계하고 있다. 주민 대중은 자신들이 문화적 종속이라는 정치 이전의 단계에 있음을 발견한다. "지배계급"은 반대파의 잠재적 지도자를 고객정치(Klientelpolitik)에 실용적으로 참여하고 있는 "정치계급"의 성원으로 바꾼다. 다른 말로 하면, 대중에게서 지도자를 빼았음으로써 대중이 정치로부터 분리된다.

더 나아가 또하나의 국가유형은

3) **파시스트적 모형**이다.

여기서도 폭력과 동의, 독재와 헤게모니 간의 균형이 결여되어 있다. 오히려 여기서 계급지배의 형태로서 독재는 국가형태 및 지배형태와 일치한다. 비록 파시즘이—— 기본적으로 명망가 자유주의에 상응하는 변형적인 테크닉과는 반대로—— 계급문제를 고려하고 그러한 한에서 "반동적 대중정부"라고 특징지어질 수 있을지라도, 동의에 기초한 제도의 "사적 성격"과 국가의 이중화, "시민사회"라는 제도의 준독자적 설정이 결여되어 있다. 대중은 여기서 **직접** 국가의 지배 하에 들어간다.

크리스틴 부시-글룩스만(C. Buci-Glucksmann)은 그녀의 책에서 "상부구조의 방법론적 이중화 도식"을 제시한다(Buci-Glucksmann, 1975, 114). 이러한 방법론적 이중화는 그람시가 강제로 무장한 헤게모니라고 규정한 "통합국가" 개념의 토대다.

통합국가를 구성하고 있는 이러한 두 가지 방법론적 —— 유기적으로가 아니라 —— 으로 구분할 수 있는 부문을 부시-글룩스만은 다음과 같은 방식으로 정리하였다.

I	II
국가 또는 정치사회	시민사회
독재	헤게모니
강제장치(군대, 경찰, 행정부, 법원, 관료제)	헤게모니 장치(문화적, 정치적, 경제적)
정부(좁은 의미의 국가)	통합적 의미의 국가
권력장치로서 국가	동의의 조직가로서 국가
지배	**지도**
(경제적-조합적)	(윤리적-정치적)

국가 개념을 이렇게 이론적으로 확장하는 것이 실천적으로 어떤 적합성을 갖는가에 관해서 말하자면, 그 확장은 특히 한 사회구성체의 다른 것으로의 이행형식을 분석하는 데 결정적으로 중요하며, "기동전"과 "진지전"이라는 두 가지 혁명모형에 대한 그람시 사상의 토대가 된다. 그리고 또한 차이를 분명히하기 위해서 간단한 재정리가 유용할 듯하다. 우리는 기억한다 : "기동전"이라는 은유로 그람시는 특수한 역사적 조건("시민사회"라는 중간심급의 결여)에도 불구하고 급속한 권력장악을 가능하게 하는 혁명과정의 형식을 특징짓는다. 이것은 혁명 이전의

러시아에서 사실이었다. "시민사회"가 없고, "포곽" 등의 연쇄체계가 없기 때문에, 새로운 계급의 권력장악으로 나아가는 위기는 생각할 수 있는 가장 낮은 단계에서, 즉 경제적 단계에서 이루어진다. 그러므로 새로운 지배계급은 이 경우에 경제적-조합적 달성이라는 장기적 단계를 통과한다. 경제적 동기와 계급의 특수성만이 우세하기 때문에, 국가는 이러한 최초의 그러나 필수적인 단계에서는 I 항에서 언급된 기능만을 넘겨받는다. 낡은 것에 대한 투쟁이 지배한다. 정치는 본질적으로 보수적이고 과거에 대한 필수적인 비판을 통해 접근된다. 토대와 상부구조는 아직도 하나가 아니고 "역사적 블럭"을 형성하지 못했다. 이러한 단계에서 상부구조는 충분히 발전된, 따라서 상대적으로 독자적인 의미로 결코 각인되지 않고, 오히려 동의에 기초한 이데올로기가 아직 직접적으로 토대로부터 생겨나고 분명한 생산성주의적 특징으로 나타날 것이라고 말할 수 있다. 이러한 단계에서는 —— 그람시도 그랬듯이 —— 분명한 "국가신성화", 시저주의의 진보적 형태가 아주 필연적일 것이다(『옥중수고』, 1020; 『실천철학』, 374).

더 나아간 단계에서 비로소 새로운 계급은 자신의 유기적 지식인[9]을 만들어낼 수 있다. 직접적인 토대의 요구가 충족된 후에야 국가는 자신의 기능을 이중화하고 강제기능을 넘어서 동의를 조직화하기 시작하고 그럼으로써 헤게모니적 단계로 넘어갈 수가 있다. "진지전"이라는 은유로 묘사된 두번째 모형 —— 그람시는 이것이 서구 나라들에 유일하게 가능한 것으로 가정한다 —— 에서 정치적 행위의 전제는 근본적으로 다른 종류의 것이다. 오래된 서구의 부르조아 민주주의에는, 그리고 또 이탈리아와 같은 변형적으로 나아가는 나라들에서도 역시, 오랜 역사

9) 우리는 "유기적" 및 "전통적" 지식인이라는 개념의 정확한 의미를 각각 따로 살펴볼 것이다.

적 경험과 전통에 근거하여 잘 만들어진 "시민사회", 잘 기능하는 헤게모니 장치가 존재하며, 이것의 장기적 존속은 토대에서 직접적으로 작용하는 경제적 갈등이 전체 체계의 직접적 위기로 확대되지 않도록 할 수 있다. 그러나 이러한 사회에서는 헤게모니적 지배가 대체로 또는 충분히 발전한 바로 그 이유 때문에, 여기서는 프롤레타리아트에게는 정치를, 자신을 적대적인 계급으로서 "대자적으로" 파악하기를 배우고 이러한 이데올로기적 분리(소렐적인 **분리**) 속에서 자신의 정치적 자의식을 발전시키는 **학습과정**으로 수행할 가능성, 뿐만 아니라 필연성이 존재한다.

이러한 학습과정의 매개와 집합적 의식의 조직자가 "현대 군주", 즉 무비판적인 일상이해("상식")의 극복을 통한 정치행위를 가능하게 해주는 정당이다. 전략적 목표는 우선 "시민사회", 따라서 이데올로기가 작동하고 있고 지배계급의 이데올로기적으로 정립된 보편성이 자동적인 동의를 확보하는 그런 영역이다. 이제 계급의식이 그리고 그와 함께 지금까지의 예속계급 및 계층에 있어서 사회과정의 역사성에 대한 의식이 강력하게 성장하면 할수록, 지배계급의 "역사적 블럭"은 더욱 더 붕괴된다. "블럭" 개념으로 한편으로 어떤 계급의 보편성으로 주어진 토대와 상부구조의 조직적인 연결을 생각하고, 다른 한편으로 지배계급이 중간층들과 즉자적으로 동맹하고 싶어하는 동맹체계를 생각한다.[10]

---

10) 그람시가 "블럭"의 개념을 소렐에게서 물려받은 것이라고 자주 강조하고 있기는 하지만, 나로서는 둘 사이의 일치를 확인하기란 어려울 것 같다. 소렐에게서 블럭 개념은 인식론적 내지는 방법론적 문제를 나타낸다. 그가 강조하는 바에 따르면 우리는 역사 속의 위대한 신화들에 분석적으로가 아니라 직관적-종합적으로 접근해야 한다. 우리는 하나의 신화를 그것의 구성부분들로 분해할 것이 아니라 "역사적 세력으로서 블록으로 포착해야 한다." "이것이 유일하게 중요한 신화의 앙상블이다" (Sorel, 1950, 33, 180).

이러한 혁명모형에서는 또한 적대적 계급이 이미 권력장악 전에 동맹체계 속에 조직된 지금까지의 예속자들에 대해 지도력을 가지고 있고 주민 대다수의 동의를 자신 위에 통일시켜야 한다는 것이 결정적으로 중요하다. 왜냐하면 그래야만 사회주의 국가는 처음부터 "통합국가", 즉 독재 및 헤게모니일 수 있기 때문이다. 그래서 그람시는 새로운 국가의 교육적 기능을 강조하는데, 그 국가의 억압적 기능은 "관리사회"라는 먼 궁극목표를 가지고 점점 더 배후로 밀려나갈 수 있다. 상황적인 고려뿐만 아니라 근본적인 고려에서 서구에 유일하게 적절한 이 두번째 혁명모형, 즉 "진지전"에서 혁명은 권력장악이라는 한 번의 행동으로, "X시간"으로서가 아니라 장기적인 과정으로 이해된다. 진지전의 과정 속에서 수행해야 하는 작업에 대한 내용묘사로서 "지적, 도덕적 개혁"이 혁명모형을 특징지으며, 이것은 모든 형태의 블랑키주의에 대한 가장 강력한 거부를 의미하며 동시에 현존 사회에 나타나는 모든 형태의 개량주의적 흐름에 대한 가장 강력한 거부를 나타낸다. 왜냐하면 이러한 "개혁"의 목표는 학습과정 속에서 역사적-비판적 의식의 창출을 넘어서 "분리", 지금까지의 예속자들의 분리를 이끌어내는 것이기 때문이다.

그러므로 정치를 거대한 대중의 인식 진전으로 규정하는 것은 토대와 상부구조의 동일성에 대한 의식적 관철이며, 이것은 동시에 사회학적 블럭, 즉 동맹체계의 기초다. 지배계급의 헤게모니 장치로부터의 이탈 즉 분리는 일정한 역사시기에 그 계급의 실제적 보편성이 더이상 존재하지 않고 특수이해를 은폐하기 위해 이데올로기적으로만 정립되어 있을 때 나타난다. 다르게 표현하면, 한 계급의 특수이해가 전체 사회의 보편적 이해와 일치했던 시기에 지배계급의 목표, 그들의 "계급가설"은 객관적으로 옳았고 진리라기보다는 동의되는 것으로 받아들여졌다(옳음에 대한 상호주관적으로 분리된 확신이라는 의미에서 진리라는). 그래도 역사과정은 이러한 가설이 잘못이고, 그 계급의 보편성과 객관성을 특수한 것으로 그래서 이데올로기적인 것이라고 증명하였다. 지금까지 단지 객관적으로 그러나 아직 주관적으로는 그렇지 않은 새로운 적대적 계급이, 자신의 편에서 자신의 계급가설을 역사적 실천에 보편적이기 때문에 객관적임을 증명하려는 요구를 가지고 등장한다. 이러한 "가설전환"도 인식 진전의 기초를 이룬다(『옥중수고』, 1249f. 참조)[11)]

5) 전략적 질문과 풀리지 않은 이론적 문제들

이러한 그람시의 사고과정을 다시 한번 요약하고 정확히 그의 정치적 목표설정 위에서 그것을 고찰하려는 시도에 있어서, "통합국가"라는

---

11) 마찬가지로 또한 Habermas, 1975, 37-56 참조. p. 45에서 인용하면, "나는 그 [정당성 잠재력 〔Legitimationspotentialen〕의] 평가절하 움직임은 새로운 학습수준, 즉 학습과정의 가능성의 조건을 객관화하는 사고의 차원뿐만 아니라 실천적 통찰력의 차원에서 확정하는 학습수준으로의 사회혁명적 이행과 관련된다고 생각한다." 또한 학습과정으로서의 정치라는 테마는 자료를 풍부하게 담고 있는 Vester, 1972의 연구의 핵심이다. 베스터는 실질적으로는 비맑스주의적인 권위주의적, 생디칼리즘적 입장에서 논의를 전개하기 때문에, 의식적으로 국가의 차원을 (말하자면, 자코뱅적 혼동과 국가 역할의 과잉강조로서. 396f. 참조) 부적절한 것으로 취급하여 배제하고, 경제투쟁을 정치투쟁과 질적으로 동등한 단계에 설정한다. 이것은 물론 그람시와는 첨예한 대조를 보인다. 그람시는 바로 경제투쟁에서 정치투쟁으로의 이행(내지 경제적-조합적 국면에서 윤리적-정치적 국면으로의 이행) 속에 결정적인 인식의 진보와 학습의 성장을 위치짓는다. 이러한 "카타르시스"가 비로소 정치를 보편적인 것으로, 단지 실천적 행동만이 아니라 새로운 국가의 건설로서 가능케 한다. 다른 모든 것은 "부차적"인 것으로 남는다. 즉 주어진 지배관계의 틀을 넘지 못하고 따라서 결국 개량주의적인 것으로 남는다.

구성물에서 출발하는 것이 유용하다. 그람시는 "통합국가" 개념 속에서 폭력국가로 이해된 전통적인 맑스주의적 국가개념의 확장을 통해, 예속자들을 자신의 "총체성" 속에서 극복해야만 하는 어떤 계급의 동일한 지배의 두 가지 측면을 파악하려고 한다. 그가 서구에서 헤게모니/동의/시민사회라는 극이 혁명 전의 러시아에서 보다 더 큰 중요성을 지니며, 서구에서 혁명적 전략의 수준은 이러한 축에 근거해야 한다고 하면서 시작할 때, 이것은 결코 좁은 의미에서의 국가가 단지 부차적인 또는 전혀 중요하지 않다는 것을 의미하지 않는다. 반대로 그것은, 노동자계급이 부르조아지의 지배를 완전하게 극복하고 새로운 형태의 국가를 창출하기 위해서는 권력장악 이전에 헤게모니 세력으로 되어야 한다는 것을 의미한다. 다른 말로 하면, 노동자계급은 자신이 지도하는 동맹체계 내에서 자신의 헤게모니를 정당화하기 위해서는 권력장악 이전에 자신의 경제적-조합적 특수성에서 윤리적-정치적 보편성으로 나아가야만 한다. 이것은 서구가 지닌 다른 성질의 출발조건으로 인하여 전략적으로 강제되어 제시된 것이다. 이러한 "사전 준비"(Vorleistung)는 따라서 —— 사람들이 그람시가 이것을 분명히 지적하였다고 하지 않은 채 분석적으로 철저히 소련과 관련시키는 —— "국가신성화" 국면을 필요없게 만들며, 하나의 민주적 사회주의의 전망을 열어놓는다. 하지만 동시에 제도적 문제틀이 민주주의론의 의미에서 아직 분명하지는 않다. 여기에 분명히 그람시 분석에서의 결정적인 결점이 있다. 그는 대중동의를 조직화하는 문화적 제도에 전적인 주의를 기울였지만, 부르조아민주주의의 정치제도, 제도적 측면과 대결하지는 않았다(Anderson, 1979, 42, 57, 74 참조). 이러한 공백은 이탈리아 맑스주의자인 델라 볼페에 의해서 처음으로 메워진다.

그렇지만 그람시의 헤게모니론이, 후기자본주의 사회의 권력중심이 "시민사회"로 옮겨가는 것보다 더 나아간다고 해석하는 것은 잘못이다.

여기서 전략적 결론은, 제도적인 정치적 메카니즘(국민투표 등)의 활용을 통해 임금예속자들에게 현존 국가권력에의 통로를 만들어주기 위하여, 이데올로기 비판, 대중매체의 기능에 대한 계몽, 조작관련 등에 대한 계몽을 통해 비판적인 대중의식을 고무하는 것이다. 그러나 동시에 폭력국가로서의 국가의 의미도 부정된다. 이러한 전략은 "통합국가" 수준의 아래에 남아 있는데, 왜냐하면 이것은 자신의 측면 하나만을 조준점에 놓기 때문이다. 그렇더라도, 앤더슨이 제기한 바와 같이 (Anderson, 1979, 36), 이데올로기적 교화기능을 강조하기보다는 널리 퍼져 있는 무력숭배주의에 근거해서, 생산의 영역 즉 토대에서 직접적으로 생겨나는 허위적인 의식구조를 연구하는 분석이 전략적으로 유사한 결론에 이를 수 있다. 다른 한편 예컨대 알튀세르가 그람시에 직접적으로 근거하여 "이데올로기적 국가장치"에 관해 말할 때, 반대로 국가장치와 "시민사회" 사이의 분석적 구분이 지양되고 시민사회의 제도가 "사적" 또는 "공적" 성격을 갖는가에 대한 문제는 부적절한 것으로 처리된다. 그러나 상부구조의 모든 이데올로기적, 정치적 표현을 "국가장치"의 작용으로 규정한다면, 부르조아 민주주의와 파시즘 간의 구분은 불가능하게 된다. 내생각으로는 다음과 같은 해석상의 오류가 있다.

첫번째 경우에, "시민사회"와 "정치사회"라는 그람시의 구분이 지니는 순수한 방법론적 성격이 고려되지 않는다. 동시에, 그람시에게서는 분석적으로만 구분되어 있는 것이, 하나의 동일한 상부구조의 그리고 따라서 지배관련의 두 가지 측면("층")으로 사실상 나뉜다.

두번째 경우에, 어의상의 난해함은 정치적으로 중대한 결과를 가져오는 잘못된 해석의 출발점이 된다.

왜냐하면 그람시가 국가에 대해 말할 때 그는 다음과 같이 이중적으로 생각하기 때문이다 : ① 독점적 폭력을 갖추고 있고 법적-제도적으로 규정된 체계라는 관례적인 의미에서의 국가, ② "정치사회"와 "시민사회"의 종합(Synthese)이라는 확장된 또는 "통합적" 의미에서의 국가. 그가 국가에 대해서 후자의 넓은 의미로 말할 때 그는 엄격하게 말해서 다른 대상 즉 그것의 모든 표현 속에 있는 계급지배를 언급하는 것이다. 그러나 바로 그람시에게 부르조아 민주주의의 특수성은 이러한 지배의 행사방식이 지니는 **형식적** 분리, 즉 한편으로는 좁은 의미에서 국가적인 것(법원, 정치체계, 행정부, 경찰 등)과 다른 한편으로는 "사적인" 것(교회, 매체 등), 한편으로는 억압적인 것과 다른 한편으로는 동의적인 것의 분리에 있다. 오늘날 "시민사회"의 국가화의 더욱 강력한 경향과 국가개입의 확장이 확인될 수 있다는 것을 의심할 수 없을지라도, 이것은 좁은 의미에서의 국가 하에 "시민사회"를 형식적으로 포섭하는 파시즘적 체계와 동일시될 수 없는, 진정 점증하는 하나의 경향일 뿐이다(국가당, 국가교회, 국영방송, 매체의 검열과 정부의 발표창구로서의 매체의 획일적 통제, 조합자율성의 제거 등).

예컨대 알튀세르(Althusser, 1973)가 그람시를 전거로 내세워 국가와 "시민사회"의 동일성에 대해 말하고 그것으로부터 자신의 "이데올로기적 국가장치" 개념을 도출할 때, 그리고 동시에 "사적/공적"이라는 구분을 사소한 것으로 처리할 때, 그는 암암리에 국가개념 ② ("시민사회"가 일부분을 구성하는 통합국가)에서 국가개념 ① (좁은 의미의 국가)로 넘어간다. 이것은 내 생각으로는, 이미 지적한 정치적 결과들에 비추어 허용할 수 없는 해석이다.

그래서 "통합국가" 개념을 구성함으로써 그람시는 국가와 시민사회의 분리라는 자유주의적 환상을 돌파할 수 있었는데, 왜냐하면 이러한 분리 역시 경제 부문에서는 파악할 수 없는, 국가에 의해 도입되고 법칙적으로 확보된 정치적 결정이기 때문이다. (『옥중수고』, 1590, 2302 참조). 그것을 넘어서 그람시는 —— 그리고 이것이 중요한데 —— 헤게모니적 부르조아 국가와 파시스트적 부르조아 국가 사이의 차이를 분석적으로 파악할 수 있었다. 그는 "시민사회"의 제도가 지닌 "사적 성격"을 내용적으로 통일적인 지배조직의 순수한 형식적 분리로 인식할 수 있었고, 그럼으로써 "시민사회"도 마찬가지로 "국가"라는, 우선 모호한 결론에 도달할 수 있었다(『옥중수고』, 2302). 그러나 그는 헤게모니의 실현을 고려하여 이러한 형식적 분리의 기능적 필요성을 파악하면서 헤게모니적 부르조아 국가와 파시즘 사이의 경계의 혼동을 피할 수 있다.

그람시가 "국가"와 "헤게모니" 같은 중심적인 개념(앤더슨은 정당하게도 의미내용의 "영원한 과실"〔permanent slippage〕이라고 말한다)을 혼동스럽게 다면적으로 그리고 어의적으로 다양하게 사용함으로써 많은 오해와 일면적인 해석을 가져왔다는 것을 부정할 수는 없다. 그러므로 국가는 한 번은 "시민사회"의 대극으로 인식된다; 헤게모니는 이러한 마지막 수준에서만 위치지어지고 지적-도덕적 지도력으로 규정된다. 그에 반해 다른 곳에서는 그람시는 더욱이 다음과 같이 말한다 : 국가는 "시민사회"뿐만 아니라 "정치사회"도 포함하고 있다는 것, 국가와 "시민사회"가 동일하다는 것, 그리고 헤게모니가 그에 따라 지도력뿐만 아니라, 지도력과 지배, 강제와 동의를 포함하고 있으며(『옥중수고』, 801, 1590 등 참조), 더욱이 윤리적-정치적일 뿐만 아니라 경제적이기도 하다는 것을 말한다(『옥중수고』, 1591 참조). 나에게는 이 마지막 점을 강조하는 것이 중요한 것으로 보인다. 왜냐하면 그람시에게는 문화적 헤게모니의 실현이, 어떤 역사적 블럭 내에서 헤게모니를 위한 물질적 조건을 비로소 부여하는 경제적 토대의 변화에 매여 있다는 것을 분명히 하기 때문이다.

이러한 혼동스러운 사태를 시기적으로 계속되는 그람시의 규정 시도로 보는 앤더슨의 해석 시도(Anderson, 1979, 32 이후)를 나는 받아들일 수 없다. 나는 오히려, 여기서는 개략적이고-무질서한 저술작업으로부터 직접적으로 파악할 수는 없지만, 그람시적인 문제틀의 내적 일관성에서 파악할 수 있는 엄격성이 문제이지, 항상 새롭고 모순적인 규정진술이 문제는 아니라는 테제를 대변한다. 이러한 엄격성이 나로서는 그람시가, 제대로 파악한다면, "그" 부르조아 국가를 분석하지 않고 어떤 계급의 "국가화"의 과정을 분석한다는 것에서 근거를 찾을 수 있을 듯하다. 헤게모니의 범위와 국가에 대한 다양한 규정은—— 나의 테제처럼 —— 이러한 과정의 다양한 발전단계에 상응한다. 개념이 지니는 분명한 모순 및 계속되는 어의적 확장은 실제역사적으로 영원히 변화하는 변증법적 과정(종합의 연쇄)을 개념적으로 밝히려는 방법론적으로 풍부한 시도다. 동구에서는 이러한 과정의 초기에 좁은 의미에서의 국가가 생겨난다. 그러므로 거기서는 전략적으로 급속한 기동전을 요구하게 만들었고 권력접수 직후 "국가신성화"의 단계가 독단적인 경직화의 모든 위험을 가진 채 나타난 그런 헤게모니 없는 독재, 강제, 지배라는 극의 우세가 나타났다. 그에 반해 서구에서는 토대와 상부구조 사이에 놓여 잘 기능하는 "시민사회"를 가지고 국가 수준을 향해 돌진하는 계급은 경제적 토대에 한정된 조합주의적 의식형태 및 행동형태로부터 "시민사회"를 통해 국가로 나아가야만 한다. 이것은 다음을 의미한다. 즉 헤게모니는 우선 어떤 동맹체계 내에서 지적, 도덕적 지도에 한정되지만, 국가수준이 장악될 때는 확장되어야만 한다. 헤게모니는 이제 더이상 어떤 블럭 내에서 동맹자들에 대한 지도가 문제가 아니라 전체 사회 내에서의 지배이기 때문에 여전히 동의/지도라는 중요한 극 곁에는 강제/지배라는 극을 함께 갖고 있어야만 한다. 이러한 과정의 종합으로서 "통합국가"는 그람시에게는 바로 국가권력을 장악한 계급의 이념적 집합의지의 표현이다. 이것의 표현은 권력장악 이전에는 당이었다.

한 사회집단의 지배는 두 가지로, 즉 '지배'와 '지적, 도덕적 지도력' 으로 나타난다. 한 사회집단은 그것을 절멸시키거나 또는 무장력으로 제압하려고 하는 적대적 집단을 지배하며, 자신에게 가까이 있고 자신들과 동맹한 집단들을 지도한다. 어떤 사회집단은 지배권력의 장악에 앞서 지도할 수 있고 진정으로 지도해야 한다(이것은 권력양도 자체를 위한 본질적 조건의 하나다). 권력을 행사하고 그리고 또한 권력을 확실하게 장악한 후에 지배하지만, 계속 더욱 '지도적'이어야 한다. (『옥중수고』, 2010f.)

물론 이제 그람시의 헤게모니 국가라는 모형이, 이념형적인 연구수단으로서가 아니라 가장 완성된 형태에서 부르조아 국가의 표현으로 받아들여지는 한, "자유주의" 국가와 동일하지 않은가라고 물을 수 있다. 그리고 더 나아가, 이러한 모형이 변형적이고 파시즘적인 모형의 피안에 놓여 있는 부르조아 국가의 이행 및 역사적 변화를 파악하기에 적절한가, 다른 말로 해서 "윤리적 국가"가 경제적으로 낙후한 국가의 정치적 상응물이라면, 점증하는 국가개입주의의 단계에서 또다른 정치적-이데올로기적 매개형태를 고려해야 했지 않는가? 이것이 나에게는, 그가 한 번은 "헤게모니"와 "헤게모니적"이라는 개념을 "시민사회"의 기능으로 파악하고 그것에 윤리적-정치적 발전단계를 부여하지만, 다른 한편으로 "미국주의"에 대한 불행히도 단지 비체계적으로 제시되고 있는 설명에서는 "헤게모니/시민사회/윤리적-정치적"이라는 함축관련을 불충분하게 만드는 또다른 헤게모니 표현형태를 인정한다고 믿을 때, 그람시가 모순적이거나 적어도 모호한 대답을 한 공개적인 문제인 듯하다. 부시-글룩스만(Buci-Glucksman, 1975, 158과 366)도 그람시는 단지 자신의 자유경쟁 자본주의 단계에서의 자유주의 국가를 다루고 제국주의 단계에서의 자본주의의 확대발전을 다루지 않았다고 비난한다. 이러한 관련의 문제들은 확실히 이 중심적인 개념, 즉 역사적인 **결정적** 추상으로서 이해되지만 그것의 범위가 분명하지 않은 개념에 대한 불충분하게만 설명된 이론적 지위와 관련되어 있다. 그람시는 그가——미국주의와 관련하여——이러한 현상으로 어떤 질적으로 새로운 역사적 단계가 시작되는가, 아니면 그것이 "수동적 혁명"의 범주로 파악할 수 있는 점진적인 변화만을 다루고 있는 것이 아닌가라고 물었을 때, 이러한 문제에 대해 정말 분명히 할 수 있었을 듯싶다(『자본론』 제3권, 6 참조).

그람시 자신이 바로 "윤리적 국가" 개념을 "낙후한 국가"의 경제적 짝으로 여겼다(『옥중수고』, 763). 그람시가 자신의 독점주의적 단계에서 정말 올바르게 분석했던 국가의 경제적 기능이 변할 때, 국가의 정치적 역할도 변하지 않겠는가? 그람시는 이러한 문제를 파악하려고 노력하였다.

> 민주주의자들이 그 해결책을 결코 찾을 수 없는, 오늘날 나타나고 있는 정치적 기술에 관한 문제 가운데 하나는, 진정 직업적으로 조직할 수 없는(또는 조직하기 어려운) 거대한 대중, 노동조합, 정당, 그리고 총괄적인 결집체 사이의 매개기관을 만드는 것이다. 교구위원회와 지방의회가 전에는 그에 비견할만한 기능을 하였지만, 지금은 영향력을 상실하였다. 현대국가는 최고도로 집중화하는 경향이 있으며 반면에 그 반작용으로서 연방적이고 지방주의적인 경향을 발전시켜서, 국가는 중앙적 독재와 완전한 해체 사이에서 진동한다. (『옥중수고』, 929f. 『실천철학』, 430f.)

그람시가 여기서 이미, 경제 속으로 더욱 더 파고드는 현대국가가, 성장하는 관료화를 넘어서 고전적인 부르조아 민주주의를 "독재적으로" 파괴하거나 "지배할 수 없게" 되는 경향이라는, 오늘날 문제의 핵심에 대해 어떻게 언급하는지는 놀랍다.

그의 비판자들로부터, 그와 그의 전통 속에 있는 이탈리아공산당의 이데올로그들은 그들의 분석과 전략에서, 오늘날 이탈리아에서의 현실과도 더이상 맞지 않는 고전적 자본주의의 상에 머물고 있다고 비난받았다(Perlini, 1974; Marramao, 1972 참조). 이러한 비판이 이탈리아적 관계의 분석에 비추어 정당화될 수 있는 것 만큼, 그람시의 "통합" 국가 개념의 가치가 그 때문에 문제시될 수는 없다. 왜냐하면 그런 정도의 **확장된** 국가개념(그리고 그와 함께 정치개념)을 가지고서만 국가와 사회의 관련이라는 오늘날의 문제틀을 고려할 수 있기 때문이다. **문화적, 도덕적인** 헤게모니의 강조는 거기서는 결점으로 평가할 수 없고 오히려 내 생각으로는 지금까지의 가장 독창적인 시도라고 평가할 수 있다. 즉 고도로 발전한 자본주의 사회라는 조건 하에서 "정치의 우위성"이라는 가정을 고려하고, 이데올로기전선을 "높게 평가하며" 헤게모니 장치의 분석에(그것의 효과에 있어 정치경제학 비판의 문제설정을 "**정치**이론"의 문제설정으로 "**번역함**"에 있어서만 바로 오늘날의 관계에 대해서도 결정적일 수 있게 되는) 중요성을 부여하려는 가장 독창적인 시도였다.

6) 기술과 이데올로기의 새로운 관계의 표현으로서 "미국주의"와 "포드주의"

이러한 맥락에서 그람시의 "미국주의와 포드주의"라는 테마에 관한 상론은 중요하다.

> 미국주의와 포드주의란 계획경제의 조직화라는 직접적인 필연성에서 도출되는 것이라고 일반적으로 말할 수 있다. 검토되는 다양한 문제

들은 구래의 경제적 개인주의로부터 계획경제로의 이행이라는 사슬을 특징짓는 고리여야 했다. (『옥중수고』, 2139; 『실천철학』, 377)

그람시가 사용한 economia programmatica라는 용어를 "계획경제"(Planwirtschaft)로 번역하는 것이 혹시 오해를 포함할 수도 있겠는데, 왜냐하면 이 말이 무엇보다도 미국에서 그러나 또한 나중에 서유럽 나라들에서 자본주의적 집중이 특정 단계에까지 이른 국가관리 경제의 요소를 연상시키기 때문이며, 또 우선 국가의 개입메카니즘의 관련을 통해 새로운 요구에 영향을 끼치는 자본주의 생산양식 내부에서의 이행의 형식적 측면만을 연상시키기 때문이다. 이러한 이행이 질적으로도 새로운 어떤 것을 의미하는 한, 바로 그람시의 문제는 다음과 같이 파악되고 되어야 한다.

그람시는 여기서 현대 국가개입주의적 자본주의의 현상을 아주 이른 시점으로 묘사하며, 그러므로 그가 많은 문제점을 가지고 실제적 효과와 그것의 정치적 의미에 대한 분석을 감히 하려고 한다는 것을 이해할 수 있다.[12] "미국주의"가 그 자체로 역사적 "시기"를 이룬다면, 그는 "수동적 혁명" 형태의 점진적인 확대발전만을 표현할 것이다. 그렇지 않으면 반대로 그가 프랑스의 모범을 따른 혁명을, 즉 하나의 "폭발"을 야기할 수 있도록 규정된 요소들의 "분자적 축적"을 표현하는가? (『옥중수고』, 2140; 『실천철학』, 377)

이러한 문제들은 그람시에게는 필연적으로 대답할 수 없는 채로 남아 있을 수밖에 없다. 그의 설명의 중심에는 그 대신 헤게모니 및

12) "미국주의"에 대한 그람시의 설명이 국가와 사회의 새로운 관계, 이탈리아에서는 파시즘과 함께 시작된 관계에 대해 갖는 의미는 이탈리아에서는 비교적 늦게서야 인시되었다. De Felice, 1972, p. 33 참조.

철학적 헤게모니의 "장치"에 대한 문제, 그래서 토대와 상부구조의 관계가 있다. 그람시는 여기서 분명한 의미에서 하버마스(Habermas)의 "'이데올로기로서'의 학문과 기술"이라는 문제틀에 대한 설명을 생각나게 하는 흥미로운 관찰에 이른다.

북미에서는—— 그람시가 보기에 —— 생산 및 노동의 합리화를 위한 조건이 유럽에서보다 더 좋았다. 이전 역사단계의 "끈끈한 기생적인 침전물"(『옥중수고』, 2145; 『실천철학』, 382)이 없다는 역사적 상황, 역사적으로 새로운 시작은 힘(지역적 기초 위에서 노동조합의 파괴)과 설득(고임금, 다양한 사회활동, 이데올로기적이고 정치적인 선전)의 교묘한 조합을 위해 유리한 조건을 창출했다. "헤게모니는 공장에서 나오며 헤게모니 행사에는 약간 수의 정치 및 이데올로기의 전문적 매개자들을 필요로 한다"(『옥중수고』, 2146; 『실천철학』, 382). 합목적적으로 조직된 이러한 사회에서 토대는 직접적으로 상부구조를 지배하고 상부구조는 여전히 "합리화" 즉 단순화되고 수적으로 줄어든다. 성생활의 변화 및 규제(합리화), 음식, 관습, 주거관계 등의 변화에 이르기까지 새로운 노동조건에 대한 정신분석적인 적응이 새로운 기술구조의 직접적 전제이자 결과다. "이러한 새로운 방법〔테일러화와 합리화〕은 성적 자극에 대한 강력한 훈련을 요구하며, 이것은 성관계의 규격화 및 안정화뿐만 아니라 서구적인 의미에서 '가족'의 강화를 의미한다"(『옥중수고』, 2162f.; 『실천철학』, 391).

금욕주의와 일반적으로 도덕적인 청교도주의는, "지식인의 어느 정도 확실한 참여, 노동자들의 환상과 주도권을 요구하는, 자격이 인정된 직업노동의 낡은 정신분석적 연계를 깨뜨리고 생산작용을 단순히 물리적-기계적 측면으로 축소할" 그런 필연성의 표현이다(『옥중수고』, 2165; 『실천철학』, 393). 고임금은 대중 재통합의 기능을 충족시킨다. 그것은 이데올로기적 장치의 구성부분이다. 왜냐하면 "강제는 설득 및 동의와 분명히 결합되어야……하고 동의는—— 주어진 사회에 상응하는 형식으로—— 일정한 생활수준을 허용하는 고임금 지불을 통해 확보되어야 하기 때문이다. 그것은 새로운 형태의 고통으로 기진맥진한 세력을 보존하여 다시 강화할 수 있다"(『옥중수고』, 2171f.; 『실천철학』, 398f.).

그람시는 미국주의와 생시몽주의(즉 가장 넓은 의미에서의 실증주의) 사이의 관련을 강조하며, 새로운 생산형태는 또한 이데올로기 장치를 처리하는 새로운 형태를 동반한다고 확언한다. 새로운 동의형태는 직접적으로 공장에서 생겨나며, 사태에 따라 구체화된 기술구조에서 성장한다. 스스로를 변호하며 그럼으로써 지식인들이 "이데올로기 생산자"라는 전통적 기능을 상대화시킨 그런 기술구조에서 성장한다. 그러나 이러한 특수한 생산형태가 자체 속에 자신의 정당화를 지니고 있다고 추론한다면, 그것은 아주 불안정하고 병에 걸리기 쉽지는 않다. 즉 모든 경제적 위기가 필연적으로 체제의 존재를 전체적으로 위태롭게 한다는 이데올로기적인 "의미"위기는 아니지 않은가? 왜냐하면 이러한 것은 단지 자신의 경제적 기능능력을 통해 정당화되고 동의를 얻을 수 있게 되기 때문이다.

그람시는, "미국주의"에서는 고임금 지불—— 그리고 이것도 상대적으로 소수의 노동귀족에게만 해당되는—— 을 허용하는 초과이윤이 아직도 실현될 수 있는 이행국면만이 문제로 된다는 견해를 갖고 있다. 그는 이러한 현상을 "수동적 혁명"과 "경제적-조합적 단계"라는 자신의 범주를 가지고 파악하려고 시도하였다. 즉 이러한 현상을 통합국가의 건설에서 시작단계의 전형적인 요소라고 정리하려고 하였다. 체계에 대한 동의적인 동화는 아직도 직접적으로는 토대에서, 공장에서 생겨난다. 본래적인 헤게모니적 문제는 아직 형성되지 않고 발전된 상부구조는 아직은 존재하지 않는다.

그람시가 볼 때는 모든 국가가 경제적-조합적 단계를 통과한다. 이것은 국가가 극복되지 않고 윤리적 정치적 단계로 넘어가면 필연적으로 정치지배의 독재적 형태로 나아갈 수 밖에 없거나 사회적 위기가 분명해지도록 하는 단계다.[13)]

> 모든 국가형태가 반드시 경제적-조합적 원시주의를 거쳐야 한다는 것이 옳다면, 그로부터 새로운 국가유형에 기초를 둔 새로운 사회집단의 정치적 헤게모니의 내용은 압도적으로 경제적인 종류의 것일 수밖에 없다 : 인간과 경제 및 생산 사이의 진정한 관계와 토대를 재조직하는 것이 중요하다. (『옥중수고』, 1053)

상부구조의 요소는 비로소 감지할 수 있을 정도로 현존해 있고, 투쟁과 미래의 발전에 압도적으로 영향을 끼친다. 건설은, 일관되게 새롭게 생겨나는 토대이기 위해서는 지속적으로 변할 수 있고 변해야만 하는 "대노선" 속에서 비로소 제시된다.

7) 전략적 목표로서 헤게모니

노동자계급의 전략적 목표로서 그리고 정치이론의 분석적 범주로서 "헤게모니" 개념은 그람시에 의해 처음 도입된 것이 아니며, 오랜 전사를 갖고 있다(Anderson, 1979, 20ff. 참조). 하지만 "통합" 국가 속에서 "시

---

13) 여기에 또한 하버마스의 문제제기와의 본질적 차이가 —— 그밖의 점에서는 상당히 유사하지만 —— 가로놓여 있는 것으로 보인다. Habermas, 1970, p. 67 참조.

민" 사회와 "정치" 사회의 종합이라는 "확장된" 국가개념의 근거 위에서만 그람시에게서의 이 개념의 범위를 파악할 수 있다.

> 독자적인 연구가 이루어져야만 하는 방법론적 기준은 다음과 같다 : 어떤 사회집단의 우세는 이중적으로, 즉 '지배'로서 그리고 '지적, 도덕적 지도'로서 나타난다. 한 사회집단은 자신을 절멸시키거나 또는 무장력으로 제압하려고 하는 적대적 집단을 지배하며, 자신에게 가까이 있고 자신들과 동맹한 집단들을 지도한다. 어떤 사회집단은 지배권력의 장악에 앞서 지도할 수 있고 진정으로 지도해야만 한다(이것은 권력양도 자체를 위한 본질적 조건의 하나이다) ; 권력을 행사하고 또한 권력을 확실하게 장악한 후에 지배하지만, 계속 더욱 '지도적'이어야 한다.『옥중수고』, 2010)

어떤 사회집단의 지배의 두 가지 양식으로서의 지배와 지도는 "정치" 사회와 "시민" 사회라는 제도적 차원과 상응한다.

권력장악 이전에 이미 "지도적" 이어야 할 필요성, 즉 부르조아지의 이데올로기적, 문화적 및 도덕적 지도를 충분히 문제삼고 어떤 동맹체계를 이끌어낼 필요성은 서구 나라들에서의 투쟁조건에서 나온다. "시민사회" 라는 방어체계와 "참호" 는 좁은 의미에서의 국가의 정복을 종점으로 삼을 수 있는 어떤 전략의 분명한 목표다.

감옥에 들어가기 전의 초기 저작 속에는 이미 헤게모니의 전략적 문제와 관련하여 국가문제가 핵심에 있다. 우리는 그람시의 사고형성 과정에 대한 연대기적이고 충분한 분석을 요구하는 것이 아니라 단지 그람시 연구에서 오랫동안 인정된, 그의 저작에서의 기본적인 연속성이라는 테제를 증명하는 몇 가지 진술에 한정하고자 한다.

공산주의 혁명은 하나의 새로운 국가, 하나의 새로운 문명 그리고 하나의 새로운 생산을 만들어낸다. 이 모든 것은, 대중이 공산주의적 지배 속에서 '자신의' 지배를 인식하지 못할 때는 불가능하다. (Gramsci, 1974a, 329)

우선적인 문제는 새로운 국가를 창출하는 문제다. 왜냐하면 계급의식은 어떤 새로운 국가의 필연성에 대한 의식을 갖는 것을 의미하기 때문이다.

우리는 여기서 다시 그람시의 근본주제, 즉 좌익(생디칼리스트적) 수정주의와 우익(개량주의적) 수정주의에 대해 동일하게 투쟁하고, 양자의 기반을 이루고 있는 결정론이 정치우위성이라는 공리를 통해 극복되어야 한다는 주장으로서 레닌주의를 받아들인다는 것을 다시 본다. 근본적으로 1925년 9월 10일에 쓴 그람시의 논문 「레닌주의」는 이러한 관점에 있으며, 거기서 그는 다음과 같이 말한다 : "레닌주의는 모든 '세력'들이 어떻게 동원될 수 있는가를 가르치고, 부르조아 독재를 파괴하고 프롤레타리아 독재를 세우기 위해서 필수적인 프롤레타리아트의 정치과학이다" (Gramsci, 1974a, 332). 그리고 더 나아간다 : "우리가 국가장악이라는 문제를 제기하지 않을 때는 어떤 혁명도 있을 수 없다고 말할 수 있다. 이러한 관점에서 레닌은 처음에는 경제주의적이거나 생디칼리스트적인, 개량주의적이고 자동주의적인 이론에 대항해 싸웠다" (Gramsci, 1974a, 333). 정치적 문제를 경제적인 것으로 환원하든가 그것을 의회적-점진적 방식으로 해소하려는 모든 경향에 반대하는 레닌의 투쟁에 전적으로 동감하면서 그람시는 규정한다 : "레닌주의 전체는 노동자국가의 건설을 향한다. 이것이 중심적인 목표다" (Gramsci, 1974a, 334).

이 1925년에 씌어진 문구는 내용적으로 쉽게 그리고 일찍이 밝혀졌다. 1919년에 이미 그람시는, 지도와 지배라는 국가의 모든 본질적인 기능 속에서 부르조아 국가를 대체하기 위하여, 미래 국가의 배아세포일 수 있는 제도의 창출 속에서 노동자민주주의라는 주요 문제를 인식한다(Gramsci, in : Spriano, 1963, 156).

이미 여기에는 "지배"와 "지도"라는 두 가지 기능에 관한 언급이 있다. 거기서 그람시가 나중에 "지도"(gestione) 대신에 택한 용어인 "지도"(direzione)라는 말로 또한 이해하는 것이 무엇인가가 분명해진다 : 바로 복잡한 경제적, 정치적 장치의 지도와 처리능력, 그리고 지배의 지적 능력이다. 같은 해인 1919년에 그람시는 다른 논문에서 지배수행의 두 가지 장치에 관해 언급한다. "자본가계급이 프롤레타리아트를 억압하는 물질적이고 경제적인 힘의 장치가 있다. 그것은 중앙정부로부터 지사, 재무관, 경찰, 헌병-공무원의 서열로 나뉘어 있는 경찰국가다…… 그것은 중앙정부로부터 은행 및 산업트러스트의 서열 속에서 공장지배인과 노동경찰의 하위 대행자에게까지 가지를 치고 있는 경제적인 자본주의 국가다. 이러한 장치에 대해서 착취계급은 노동자, 농민들을 유지하기 위해서 그들에게 식량, 휴양과 교육의 시간, 정치적 자유, 삶의 권리와 죽음에 대한 존엄성을 부여한다. **물리적, 경제적 지배라는 이러한 장치 옆에는 정신적 지배의 장치가 있다** : 그것은 언론(신문과 정기간행물)이다"(Gramsci, 1974a, 93. 강조는 인용자).

여기 접근법에서 이미 관철되고 있는 국가개념의 "확장"은 같은 시기인 1919년까지 그가 주도했던 무정부주의자들과의 논쟁을 위한 기반이다. 그는 개인주의적 관념에 집착하고 있는 자유주의의 철저한 계승으로서의 무정부주의적 주장을 오직 국가에 대항하는 그것의 싸움과 동일시한다. 무정부주의적 "주장"은 모든 시대 모든 장소에서 통용되며, 그것은 확고하고 변하지 않는 법칙, 이른바 "자연법칙"에 의해 지배받는 인간적 "본성"의 관념에 근거하고 있다(in : Spriano, 1963, 281).

그러나 사회주의자와 국가의 관계는 다른 어떤 것이다. 코민테른 속에서 정말 민족국가가 극복될지라도, 그것으로 "인간사회의 구체적 '형태'로 이해되는" (in : Spriano, 1963, 17f.) 국가가 폐지되지는 않는다. "프롤레타리아 국가는 아직도 민족국가이고 계급국가다"…… "프롤레타리아 국가는 부르조아 국가와 동일한 문제, 즉 내적, 외적 방어문제를 해결해야 한다" (in : Spriano, 1963, 175).

무정부주의자들에 반대해서 그람시는, 사회주의자는 국가에서 두 가지 측면을 구분한다는 것을 강조한다 : "국가는 사회주의자에게는 정치권력의 장치이지만 또 생산 및 교환의 장치이기도 하다" (in : Spriano, 1963, 283).

경제의 산업조직 원리로서 국가는 보존되고 확대발전되어야 한다. 정치권력의 원리로서 국가는 작업자들이 과제의 조정을 서로 자립적으로 해나갈 수 있는 정도에서 점차 해소된다. "계급이 존재하는 한, 즉 무장된 노동자들이 국민적 생산장치를 효과적으로 지배하거나 소유하지 못하며 그것을 자신들의 자유의 영원한 전제로 만들 수 없는 한—— 자본가들로 채워진 경제조직이라는 그릇으로서의 정치적 국가(또는 독재)에 대해——, 국가는 정치권력의 장치로 남을 것이다" (in : Spriano, 1963, 284).

이 절을 시작하는 인용문에서 우리는 그람시의 진지전 전략이 노동자계급의 관리적, 지도적 기능을 권력이양을 위한 **전제조건**으로 만드는 것임을 보았다. 몇몇 해석자들(예컨대 사회당에 가까운 자유주의 정치학자인 노베르트 보비오〔N. Bobbio〕처럼)은 그람시와 레닌의 근본적인 차이의 지표를 거기서 찾으려고 하였으며, 그람시에게서의 제도적 계기에 대한 상부구조 그리고 다시 이데올로기적 계기의 일면적인 특권화를 인식하는 데까지 나아간다. 자크 텍시에르(J. Texier; Texier, 1968) 가 주목한 이러한 해석이 지니는 광범위한 함축을 도외시하면, 이것은 "지도" (gestione) 개념이 나중에 사용한 "지도" (direzione) 개념과 질적으로 구분되지 않고 토대와 상부구조의 변증법적 결합을 아주 분명히 표현하지 않는 한 일면적인 파악방식이다. 그는 그것으로 예속자의 지위에서 벗어나고 자본에 적대적으로 대립하는 모든 집단 및 계층을 하나의 "역사적 블럭"으로 통일하는 이데올로기적 능력을 나타낼 뿐만 아니라, 생산을 확대하고 스스로의 책임 하에 만들어갈 수 있는 그와 연결된 물질적 능력을 나타낸다.

역사적-정치적이고 인식론적인 분석의 주요범주로서의 "헤게모니" 개념의 중요성은, 그람시가 『정치경제학 비판』 서문에 근거해서 상부구조 영역, 이데올로기 영역을 토대에서 발생하는 갈등의 정치적 획득 및 인지의 "필수적인" 장소로 설명할 때 이해될 수 있다. 헤게모니의 가장 중요한 기능은 강제나 강제의 운용가능성을 통해 정치권력을 보존하는 데 있을 뿐만 아니라, 무엇보다도 "거대한 주민대중을 생산력 발전의 필연성 즉 지배계급의 이해에 상응하는 수준(또는 형태)인 특정한 문화적, 도덕적인 수준에 올려놓는" 데에 있다(『옥중수고』, 1049).

그람시 자신은 이러한 관념을 헤겔에 가까운 어떤 위치에 놓는다. 즉 시민사회는 국가의 "윤리적" 내용으로, 어떤 사회계급의 전체 사회에 대한 문화적 헤게모니로 파악된다(『옥중수고』, 703). 요약하면 "……국가 개념으로 지배장치를 이해할 수 있을 뿐만 아니라 '헤게모니'의 '사적인' 장치 내지는 시민사회도 이해해야 한다" (『옥중수고』, 301).[14]

---

14) Roth, 1972, p. 101에 나오는 다음 글은 로트가 이 점을 잘 요약하고 있음을 보여준다 : "그러한 해석을 통해 그람시는 크로체에 의해 '교정된' 헤겔과 같이 자유주의적으로 이해된 헤겔을 뛰어넘는다. 왜냐하면 그가 (상부구조적 질서의 전체로서의) 국가를 한편에서 정치적 지배, 다른 한편에서 비정치적, 윤리적, 예술적 및 종교적 생활의 이중성으로서 파악하는 것이 아니라 정치적 지배의 두 가지 표현형태, 즉 독재와 헤게모니로서 파악하기 때문이다."

그람시는 자신의 국가개념을 맑스주의적 명제의 수정이나 그에 대한 아부(예컨대 Roth, 1972, 108)로 이해하지 않고, 역사발전의 필연성하에서 확장하고 보완한 것으로 이해한다. 당시 맑스에게는 아직 요구되지 않은 것,[15] 그리고 레닌이 국가권력의 장악 이후에 처음으로 **실천적으로** 파악하려고 한 것——문화전선에 대한 높은 평가와 상호작용 체계로서의 사회에 대한 분석——을 그람시는 경제주의자들과의 투쟁 속에서 중심적인 방법론적 정치적 문제로 만든다.

상부구조 영역 전체에 대한 상위개념이라는 국가에 대한 이러한 규정을 가지고, 그리고 상부구조의 모든 발현형태를 독재와 헤게모니라는 이중구조로서의 정치적 지배라는 개념 속에서 그리고 정치사회와 시민사회의 이중구조로 이해되는 통합국가 개념 속에서 연결시킴으로써, 그람시는 더 나아가 전체 사회의 위기를 분석하기 위한 이론적 도구를 명확히 할 수 있었다. 생산력과 생산관계의 모순 즉 토대갈등은 정치사회와 시민사회의 결정적 분리가 이루어지는 곳이다. 이론과 실천의 통일, 토대와 상부구조의 통일로서의 "역사적 블럭"은 붕괴한다 : "헤게모니의 새로운 문제가 형성된다. 즉 국가의 역사적 토대가 변화했다. 새로

15) 이러한 관련을 그람시는 다음과 같이 쓰면서 분명히한다 : "실천철학에서 상부구조의 구체적(역사적) 가치라는 개념을 심화시켜야 하고, 소렐의 '역사적 블럭'이라는 개념에 접근해야 한다. 인간이 자신의 사회적 지위와 상부구조 영역에서 자신의 과제에 대한 인식에 도달하게 된다면, 그것은 토대와 상부구조 사이의 필연적이고 사활적인 연결을 의미한다. 우리는 실천철학이 정초된 시대에, 그것은 역사지리적 흐름들에 반작용하였는가, 당시 가장 널리 퍼져 있던 견해는 무엇인가 하는 점을, 물론 다른 학문분야에서도, 연구해야 할 것이다. 실천철학의 창시자들이 사용한 표상과 은유들이 힌트를 제공한다. 경제가 사회에 대해 갖는 관계는 해부학이 생물학에 대해 갖는 관계와 같다는 것 말이다." (『옥중수고』, 1321; 『실천철학』, 281).

운 것을 위해 싸우기 위해서나 또는 새로운 것의 표현으로서 자신의 발전 속에서 마주치는 저항을 분쇄하기 위해서는 극단적인 형태의 정치사회가 문제다" (『옥중수고』, 876). 엄밀히 말하자면:

> 지배계급이 동의를 잃었을 때, 즉 더이상 '지도적' 못하고 '지배적'으로 되어 강제라는 순수한 폭력만을 가지고 있을 때, 그것은 거대한 대중이 전통적인 이데올로기로부터 떨어져나왔고 더이상 그들이 전에 믿었던 것을 믿지 않는다는 것을 의미한다. 위기는, 낡은 것이 사라졌는데도 새로운 것은 생겨나지 못한다는 바로 그 사실에 있다…… (『옥중수고』, 311)[16]

그러한 상황에서 토대의 모순을 반영하고 그럼으로써 실천의 변혁을 위한 객관적 조건의 존재를 대표하는 독자적이고 전체적인 이데올로기의 확장을 위한 조건이 주어지며(『옥중수고』, 1051; 『실천철학』, 163 참조), 그리고 이것은 오늘날 역사적 유물론일 수 있을 뿐이다. 낡은 이데올로기의 소멸과 생겨나는 이데올로기적 공백, "최고의 상부구조현상을 토대에 가장 가까이 있는 그런 것으로 환원하는 것" (『옥중수고』,

---

16) 그 점에 대해서는 또한 Lenin, 1966, Bd. III, 453을 참조. "혁명이 일어나기 위해서는 착취당하고 억압받는 대중이 예전의 방식대로는 더이상 살아갈 수 없게 되었다는 것을 깨닫는 것만으로는 충분치 않다. 또하나의 조건이 필요한데, 즉 혁명을 위해서는 착취자들이 예전의 방식대로는 더이상 살 수 없고, 통치할 수 없게 되어야 한다. **'하층민들'**(Unterschichten)이 **더이상** 낡은 것을 **원하지 않고** '상층지배자들'(Oberschichten)이 **낡은 방식을 더이상** 유지할 **수** 없게 **될 때**, 그때에야 비로소 혁명은 승리할 수 있다. 달리 말하자면, 우리는 이러한 진리를 다음과 같이 표현할 수 있다. 혁명은 전국민(피착취자뿐 아니라 착취자도 포함하는)적 위기 없이는 불가능하다" (강조는 저자).

312)은 "새로운 문화", 새로운 "집합의지"의 가능성, 뿐만 아니라 필연성을 만들어낸다(『옥중수고』, 1559f. ; 『실천철학』, 286f. 특히 『옥중수고』, 750f. ; 『실천철학』, 428).

그가 항상 다시 인용하는 문구는 『정치경제학 비판』 서문의 문구다. 거기에는 인간은 이데올로기의 영역에서 비로소 토대갈등을 의식한다고 씌어 있다(『옥중수고』, 1592; 『실천철학』, 313). 그러나 상부구조 영역이 토대갈등이 나타나는 **필수적인 지점**이라면, 그것은 그람시에게는 상부구조 현상이 기계적-인과성의 의미에서 경제적 사회적 실재의 "현상"(『옥중수고』, 1224, 252)이라는 것을 의미하지는 않는다. 그는 상부구조 영역에서의 자립화 경향도 마찬가지로 확인되고 이데올로기와 의식형태를 통해서 토대에 반작용을 끼치게 된다는 것을 고려한다. 크로체가 맑스주의는 상대적으로 자율적인 부문(이것은 단지 "최종 심급에서"[17] 경제적 토대에 의해 결정된다)으로서의 윤리적-정치적 역사, 즉 상부구조에 대한 관심을 배제하고 있다고 주장할 때, 그는 상부구조를 순수하고 필연적으로 생겨나는 토대의 "현상", 즉 "숨겨진 신"(『옥중수고』, 1330; 『실천철학』, 275)으로, 머리 위에 세워진 헤겔적인 세계정신으로 되는 현상으로 파악하기 때문인데, 그람시는 그에 반대하여 정당하게 맑스주의는 상부구조에 대한 관심을 배제하지 않을 뿐만 아니라 문화전선을 경제적 정치적 전선과 함께 동등하게 생각하고 필수적인 것으로 평가한다고 주장할 수 있었다(『옥중수고』, 1224; 『실천철학』, 252). 물론 그는 이러한 영역을 구체화하지는 않았다. 그대신 크로체는 "경제

---

17) 『옥중수고』, 1952; 『실천철학』, 312f. "동시에 엥겔스의 언급, 즉 경제는 '최종 심급에서' 비로소 역사의 추진영역이 된다는 언급을 상기해야 한다…… 그리고 『정치경제학 비판 서설』에 나오는 구절에는, 인간은 이데올로기 영역에서 경제 영역의 갈등에 대한 의식에 도달하게 된다고 씌어 있다."

적-사회적 내용"과 "윤리적-정치적 형태"의 구체적 통일로서 "역사적 블럭"이라는 개념을 빠뜨리는 (관념론적) 실수를 저질렀다(『옥중수고』, 1227). 그에게는 역사는 단지 윤리적-정치적 역사, 단지 개념 및 이념의 역사이며, 그와 함께 역사는 지식인의 역사, "눈먼 파리들"의 역사로 된다(『옥중수고』, 1241).

우리는 그람시가 독자적인 맑스주의 정치학의 필요성을, 상부구조가 토대의 단순한 반영이 아니라 토대와 상부구조의 변증법적 관계 속에서 비로소 자신의 상대적 자율성을 주장한다는 인식에서 이끌어낸다는 것을 안다. 이러한 가정이 바로 그에게 상부구조 영역의 "정교한 구조"를 더욱 가깝게 분석하고 방법론적 구분을 시도할 수 있게 해주었다. 폭력-동의, 시민사회-정치사회, 독재-헤게모니와 같은 보조개념들은 바로 상부구조의 다양한 수준을 나타내주는 모순적 통일체 —— 통합국가 —— 에 대해 분석적으로 시도된 구분일 뿐이다.

> 지금까지 두 가지 커다란 상부구조의 '층'을 확인할 수 있다. 한편으로 이른바 '시민사회'라는 것인데, 이것은 공통적으로 '사적'이라고 명명되는 모든 조직의 총체를 의미하며, 다른 한편으로 '정치사회 또는 국가'다. 이것은 전체사회의 내부에서 지배계급의 '헤게모니적' 기능에 일치하고 국가 속에서 또는 '법적' 지배를 통해 나타나듯이 '직접적 지배'나 명령과 일치한다.
>
> 이러한 기능들은 조직적이고 결합적이다. 지식인들은 사회적 헤게모니가 예속적 기능을 행사하는 데서 지배계급의 정치적 지배의 '피용자'다. 이것은 다음을 의미한다 : 1) 주요 지배계급에 의해 사회적 삶이 각인되는 그러한 방향에 있는 대다수 주민 대중이 가지고 있는 자동적인 동의. 이러한 동의는 지배계급이 생산세계의 내부에서의 자신들의 지위와 기능으로부터 성장시킨 특권(그리고 결국은 사기)으로부터 역사적으

로 형성된다. 2) 법적으로 그러한 집단의 훈련을 담당하는 국가적 강제 장치. 자동적 동의가 약해져 명령구조와 지도구조의 위기가 생기는 경우에 이 훈련은 전체 사회를 위해 만들어진 것에 적극적으로도 수동적으로도 일치하지 않는다.(『옥중수고』, 1518f. 『실천철학』, 412)

이것은 주의해서 해석해야만 하고 정태적인 구조의 표현으로서 나타나지 않는 아주 중요한 입장이다. 실제로 좁은 의미에서의 국가가 경제적-조합적 단계로부터 윤리적-정치적 단계로 이행하는 과정을 유도하는 그런 역사적 과정의 다양한 단계나 정도가 문제가 된다. 생산력의 발전을 통해서 변화된 토대에 주민의식을 적응시키는 것은 국가 및 국가행위의 확장을 전제하고, 동시에 정치 개념의 확장 및 새로운 규정을 의미한다. 겉으로 보기에 "사적인" 이데올로기 생산영역으로 국가를 확장하는 것은 바로 인식 진전의 과정을 나타낸다. "모든 '헤게모니'-관계는 필연적으로 교육적인 관계다"(『옥중수고』, 1331; 『실천철학』, 152). 그와 동시에 국가의 조직화에 항상 기능하고 있는 철학의 중요성이 언급된다.[18)]

우리가 헤게모니를 정치적 행위이면서 동시에 철학적 인식론적 행위로서 실현한 유일한 현대이론가인 레닌과 관련해서 그람시를 이해할

18) 철학은 가장 넓은 의미에서는 한 계급의 세계관이다. 결국 정치란 실현된 철학에 불과한 것이다. 이것이 스스로 "절대적 역사주의"라고 명명한 그람시 맑스주의의 핵심이다. 관념론의 동일철학(identitätsphilosophie)과 반대로 그것은 아주 밀접하게 관련되면서도 자율적인 영역들에서의 상호적 완성을 의미한다. 따라서 이것은 따로 분석될 수 있을 것이다. 그람시에게서 정치와 철학 사이의 이러한 관련에 대해서는 새롭게 부시-글룩스만이 가장 열심히 연구했다. "정치의 인식론"이라는 그녀의 개념은 여기서는 파악할 수 없는 일련의 문제들을 제기한다. Buci-Glucksman, 1975 참조.

때, 헤게모니 개념의 인식론적 차원이 더욱 분명해진다(『옥중수고』, 882; 『실천철학』, 181).

> 인간은 이데올로기의 영역에서 구조적 갈등의 의식을 획득한다는 『정치경제학 비판을 위하여』의 서문에서의 진술은 인식론적으로 중요한 확인으로 평가되어야 한다. 그로부터 헤게모니 자체의 이론적 실천적 원칙 자체가 인식론적 가치를 가지며, 이러한 영역 위에서 실천철학에 대한 레닌의 가장 중요한 이론적 기여를 확인할 수 있다는 결론이 나온다. 레닌은 그가 정치적 주장과 실천을 확대발전시켰기 때문에 철학을 실질적으로 확대발전시켰다. 헤게모니적 장치의 실현은 —— 그것이 새로운 이데올로기적 영역을 창조하면서 —— 의식 및 인식방법의 개혁을 지배하며, 그것은 인식의 사실이고 철학적 사실이다. (『옥중수고』, 1249f. ; 『실천철학』, 163)

그람시 스스로가 자신의 헤게모니 개념으로 서구적 조건에 대한 자신의 이론적, 실천적 작업을 도식적으로 적용하고 인식한 것이 아니라 번역한 레닌의 정당한 후계자로서 자신을 받아들인다는 테제는 이러한 종류의 중요성을 더 강화해준다. 이러한 의미에서 그람시는 다음과 같이 얘기하고 있다 : "나는 우리가 레닌에게 빚지고 있는 헤게모니 개념 및 사실의 철학적 중요성에 대해서 다른 데서 지적했다. 현실성으로 된 헤게모니는 자신의 철학에 대한 진정한 비판, 즉 그것의 현실적인 변증법을 의미한다" (『옥중수고』, 882; 『실천철학』, 181).

그람시가 헤게모니 개념으로 어떤 변증법적 과정 —— 모순적인 통일체 속에서 정점에 이르는 —— 을 묘사하고 있다는 것은 분명해진다. 이 통일체는 정치적 제도적 차원과 정치적 이데올로기적 차원을 포함한다. 그람시에게는 통합국가가 모순적이지만 조직적인 통일체를 나타낸다는 것, 그리고 그것의 그때그때의 차원(시민사회와 정치사회, 지배와 지도)은 단지 상부구조 내부의 역사적 과정을 더욱 잘 분석하기 위해서 방법론적 분석적인 구분일 뿐이라는 것을 고려할 때에만 해석에 있어서 오해를 피할 수 있다.

니코스 풀란차스(N. Poulantzas; Poulantzas, 1965, 특히 893f.)는, 그람시가 비록 착취권력의 헤게모니적 중요성을 인식하고 제도적 측면과 구분했을지라도 그가 여전히 강제와 폭력의 도구라는 국가에 관한 기술적인 맑스주의적 관념을 가지고 있다는 이의를 제기하였다. 그는 이러한 권력의 두 가지 측면(지도적인 것과 지배적인 것)을 서로 **보완적인** 측면이라고 인식할 수 있었다. 거기서 사실상 풀란차스는 다음과 같이 썼던 그람시를 상기시킨다 : "실천철학의 가장 위대한 현대적 이론가[레닌]는 정치적 조직 및 투쟁의 영역에서 —— 다양한 경제주의적 경향과 반대로 —— 정치적 용어로 파악해서 —— 문화적 투쟁전선을 높게 평가했고 헤게모니 학설을 폭력국가 이론에 대한 보완물로서 그리고 1848년의 교의, 영국혁명에 관한 교의의 현실적 형태로서 발전시켰다"(『옥중수고』, 1235; 『실천철학』, 258. 강조는 필자). 그와 함께 그람시는 정치적 권력을 제도화된 정치/폭력과 비제도화된 정치/헤게모니로 구분하였다. 그에 반대해서 풀란차스에 따르면 제도화된 권력은 모든 수준에서 지도/폭력 그리고 조직/강제의 모순적 통일체로 나타난다. 그람시의 의미에서 헤게모니 권력은 (겉으로 보기에 사적인 제도인 학교, 교회, 노동조합, 언론사 그리고 출판사 등에 의해 구체화된) 여전히 한편으로 조직 및 지적 도덕적 지도와 다른 한편으로 강제의 모순적 통일체로서 나타난다.

여기서 그람시에 대한 해석에 있어서 오해가 아주 분명하게 전면에 드러난다. 풀란차스는 헤게모니를 지적, 도덕적 지도의 측면과 준일치하는 사적 혹은 이데올로기적 영역만으로 이해한다. 그람시는 국가와 헤게모니의 개념을 한 번은 좁은 의미에서 사용하고(즉 정치사회 내지는 지배로서), 다른 한 번은 충분히 발전된 통합국가(즉 통합국가는 시민사회뿐만 아니라 정치사회를 포함한다. 통합적 헤게모니는 지적, 도덕적 지도뿐만 아니라 지배를 포함하며 우세적 지배와 동일시된다) 로 사용함으로써 그러한 오해를 확실하게 벗어난다. 이러한 오해는 우리가 그람시가 겉으로 보기에는 서로 모순적인 이러한 의미로 어떤 상태가 아니라 역사적 과정의 다양한 단계를 묘사한다는 것에 주목한다면 쉽게 밝힐 수 있다. 경제적-조합적 단계에서 윤리적-정치적 단계로의 이행 즉 카타르시스적 과정은 토대와 상부구조의 블럭을 만들어내고 이러한 블럭의 존재야말로 상부구조 내에서의 다양한 층위의 통합적 전개를 위한 전제조건이다.[19)]

---

19) 나는 여기서 이러한 문제영역에 대한 텍시에르(Texier, 1975, 111)의 매우 흥미로운 설명을 참고하도록 하고 싶다. 그에게서는 오로지 헤게모니만이 문화적 지도의 직접적 측면을 포함한다. 반대로 그루피(Gruppi, 1972, 21)는 헤게모니를 "프롤레타리아 독재"와 동일시한다. 그 경우 헤게모니는 강제와 동의를 포함한다. 그람시의 국가 개념에서는 그의 헤게모니 개념에서와 마찬가지로 역사적 과정을 통해 확장되는 개념—— 그 통합적 상태 속에서 모순적 통일성을 파악하고, 그것의 역사적으로 우선적인, "보다 좁은" 의미를 받아들이는——이 중요하다는 점에서 출발한다면, 나로서는 그루피의 해석이 옳은 것으로 생각된다. 실제적인 정치적 토론과 관련해서는 아마 그루피가 헤게모니와 "프롤레타리아 독재"의 관련을 강조하는 자신의 이전의 해석들을 다시 포기했다는 사실이 흥미로울 것이다. Gruppi, 1976c, 3ff. 참조.

4. 토대와 상부구조의 유기적 통일로서 "역사적 블럭" 범주

우리는 그람시가 철학을, 행동을 유도하는 포괄적인 세계관, 즉 실천은 사회적 실재성 속에서 대중문화로서 구체화된 실현된 철학이라고 해석한다는 것을 암시적으로 보았다(『옥중수고』, 1271 참조). 실천과 철학 내지는 토대와 상부구조에 관한 이러한 변증법을 이제 좀더 살펴보는 것이 유효하다. 우리는 그람시의 **근본문제틀**을 기억한다 : 이론과 실천에 대한 비경제주의적이고 비기계적인 관계, 즉 실천철학으로 이해되는 맑스주의의 두 가지 고리, 즉 비유물변증법적이고 실천에서는 방기적-결정론적인 입장으로의 회귀와, 다른 한편으로 물질적 관계로부터의 관념론적 분리(이것은 실천에서 행동의 가능성을 과대평가하는 주의주의적 입장으로 나아간다)가 움직이는 관계에 대한 탐구 말이다.

거기서 그람시에게는 "통합적 역사", 즉 역사과정의 총체성을 이론적으로 파악하는 것이 문제이지, 정치적 차원, 이데올로기적 차원 또는 경제적 차원으로 환원하는 것이 문제가 아니다. 상부구조 현상이 토대의 단순한 "현상"이며 독자성과 자율성이 없는 기계적인 반영물이라고 생각하는 그런 속류 맑스주의자들에게 대항하듯이, 그는 베네데토 크로체와 같은 종류의 관념론자들에게 대항한다. 크로체는 제2인터내셔널 맑스주의의 기계론적 왜곡을 올바르게 공격하였고, 경제적 토대를 "숨겨진 신"으로 실체화하는 것은 형이상학적 사고로의 추락이라고 비판하였지만, 그로서는 그 반대의 특징으로서 윤리적-정치적 역사와 그와 더불어 결국은 지식인들의 역사를 유일하고 본래적인 역사라고 왜곡하였다. 두 가지 측면에서 변증법적 사고의 결핍을 확인할 수 있지만, 이러한 결점에도 불구하고 특히 크로체의 "윤리적-정치적 역사" 개념은 "문화투쟁 전선"을 높게 평가하기 위해서 주장하는 한 유효하다.

> 실천철학에게는 윤리적-정치적 역사라는 개념이, 비록 그것이 (크로체에게서처럼) 실재론적 관념과는 무관할지라도, 역사연구의 '경험적 규준'으로 받아들여질 수 있다. 인간이 부분적이고 외적인 역사(그러한 것으로서 경제적 세력의 역사)가 아니라 온전한 역사를 움직이려면, 이 개념은 역사발전의 탐구에서 항상 주목해야 한다. (『옥중수고』, 1235; 『실천철학』, 258f.)

그러므로 그에게는 우선적으로 "역사에서 그리고 사상의 확대발전에서 어떤 새로운 단계를 가져오는 통합적이고 새로운 종류의 철학으로서 실천철학을 파악하는 것"이 문제였다. "왜냐하면 그것은 전통적 유물론뿐만 아니라 전통적 관념론도 낡은 사회의 표현형식으로서 지양(그리고 그것의 살아 있는 요소의 지양 속에서 보존)하기 때문이다. 실천철학이 단지 또다른 하나의 철학으로서 평가절하된다면, 사람들은 이러한 지양이 이루어지는 새로운 변증법을 파악할 수 없다" (『옥중수고』, 1425; 『실천철학』, 218). 그리고 더 나아가, "역사 및 정치 이론과 분리되면 철학은 형이상학일 수 있을 뿐이며, 반면에 실천철학으로 대표되는 현대

사상사의 위대한 성과는 바로 철학의 구체적 역사화이며 철학의 역사와의 동일화다"(『옥중수고』, 1426; 『실천철학』, 219).

이러한 의미에서 그는 하나의 독자적 세계관으로서 맑스주의를 구성할 필요성을 인식했던 제2인터내셔널 시절의 고전가들 축에 드는 유일한 맑스주의자인 라브리올라(Labriola)를 언급한다(『옥중수고』, 1855).

이론과 실천의 연관에 대한 문제를 다시 한번——이번에는 거듭 헤게모니의 측면 하에서——다루어보자. 그람시가 다른 경우에서처럼 이 경우에도 이 연관의 **변증법적** 구조를 뚜렷이 드러나게 했다는 것을 강조하는 것이 중요하다. 그러나 가장 광범한 의미에서의 철학이 어떤 의미에서 실천에 영향을 미치는가?

> 그러므로 비판적 자기이해는 정치적 '헤게모니' 및 대비되는 목표상의 투쟁을 통해, 그것이 더욱 고도한 형상, 실제에 대한 고유한 상을 제기하기까지, 처음에는 윤리적 영역에, 나중에는 정치적 영역에 효과를 미친다. 어떤 특정한 헤게모니 세력의 일부라는 의식(즉 정치적 의식)은 이론과 실천이 결국 통일되는 더욱 진보한 자기인식의 첫번째 국면이다. 결국 이론과 실천의 통일도 결코 기계적으로 주어진 것이 아니라 역사적 과정이고, 그것의 본원적이고 기초적인 국면은 '구분', '분리', 본능적 독립에 있으며, 일관되고 통일적인 세계관을 실제적이고 완전하게 소유하는 데까지 나아간다. 그러므로 헤게모니 개념의 정치적 발전은 정치적-실천적 진보뿐만 아니라 위대한 철학적 진보를 나타낸다는 것을 강조하지 않을 수 없다. 헤게모니는 필연적으로 어떤 정신적 통일성을 포함하며, 일상이해를 극복하고——분명 좁은 한계 내에서일지라도——비판하는 그런 현실관에 근거한 윤리처럼 이 동일성을 전제한다. (『옥중수고』, 1385f.; 『실천철학』, 138)

니콜라 바달로니(N. Badaloni; Badaloni, 1975)는 지금까지 예속자들의 "통합적 독자성"에의 과정을 분리와 통일의 이중적 과정으로 기술하며, 그람시의 작업을 전적으로 소렐에게서 이어받은, 지배계급의 헤게모니로부터 프롤레타리아트의 분리 내지는 구분 및 분립 개념에 근거하여 해석한다. 레닌과 소렐은, 바달로니에 따르면, 그람시 저작의 두 동등한 주요근원이었다. 그람시 자신은 그의 「예속계급의 역사에 관한 주석」에서, 지배계급의 역사적 통일성은 국가에서 완성된다는 전제에서 출발한다. 이러한 기본적인 역사적 통일성은 좁은 의미에서의 국가와 "시민사회" 사이의 유기적 관계의 결과다.

예속계급은 정의를 어떻게 하느냐에 따라 통일되는 것이 아니라, 자신이 국가화의 필연성에 대한 의식에 도달할 때에 비로소 통일될 수 있다. 이러한 파편화되고 파열되고 산발적이면서 항상 지배자들의 헤게모니 하에 있던 예속자들의 역사에서 통합적 독자성, 즉 역사적-정치적 의식의 성장에로 나가는 길은 수많은 단계를 거친다. 또 이렇게 말할 수도 있다. 즉 그것은 많은 학습단계를 거치며 "역사가는 통합적 독자성에로의 발전노선을, 원시적 단계에서부터 소렐적인 '분리의 정신'이 지니는 모든 표현들을 파악하는 그런 발전노선을 확정하고 변호해야 한다" (『옥중수고』, 2288) 라고 말이다.

이러한 정치적 발전과정 및 학습과정의 흐름 속에서 상이한 예속집단들 가운데 하나가 헤게모니, 정치적 이데올로기적 지도를 넘겨받는다. 그람시는 역사적-정치적 의식의 정도는 두 가지 기준으로 측정되어야 한다고 강조한다. 그러므로 분리의 정도 즉 지배계급과의 거리로 측정하는 것은 충분치 않으며, 여전히 ── 이는 대개 등한시되는 것인데 ── 예속자들의 통일화의 정도를 확정해야 한다는 것을 강조한다. 새로운 통합국가의 구성을 위한 전제로서 "블럭" 내에서의 분리와 통일(즉 "정치사회"와 "시민사회" 간의 유기적이고 동질적인 새로운 관계)은 두 가지 비슷한 정도의 필수적인 진보이며, 이것을 고려하지 않고는 예컨대 이탈리아 역사의 거의 대부분을 이해할 수 없을 것이다. "이탈리아 부르조아지는 인민을 통일시키기 위해 그들에 대해 아는 것이 아니며, 이것이 그들의 패배와 그들의 발전의 장애의 근원이었다"(『옥중수고』, 2289).

그람시가 이론과 실천의 관계를 뗄 수 없는 변증법적 관계로 파악하고, 실천에 수반되지만 그러면서도 또한 그것을 예측하는 심급으로서의 철학에 인식론적 지위를 부여한다는 것이 분명해졌다고 나는 생각한다. 이론 연관(Nexus)의 실천적 요소가 강조된다면, 그것은 "우리는, '토대구조'의 전반적 틀이 양적으로 변화하고 그에 상응하는 상부구조 질이 생겨나는 것으로 파악되지만 아직 조직적으로 발전하지는 않는, 상대적으로 원시적인, 아직 경제적-조합적인 그런 단계를 통과한다는 것"을 의미한다(『옥중수고』, 1387; 『실천철학』, 139).

이러한 의미에서만 종종 동일철학(Identitäts-philosophie)적이고 관념론적인 해석을 야기해온 다음 문장도 이해할 수 있다.

> 한 시대의 철학은 어떤 철학자나 인민 대중의 이런저런 대부분의 어떤 지식인 집단들의 철학에서 생기지 않는다. 그것은 이 모든 요소들의 조합이며, 어떤 특정한 방향에서 정점에 달하고 그 정점은 집단적 행동의 규칙으로, 따라서 구체적이고 온전한 (통합적) '역사'로 된다. 그러므로 시대의 철학은 바로 시대의 '역사'이며, 지도집단의 이미 현존하는 현실성 속에서 규정될 수 있는 충분한 변이형태다. 역사와 철학은 이러한 의미에서 분리될 수 없으며, 하나의 '블럭'을 형성한다. 그렇지만 본래적인 철학적 요소는 철학자의 철학으로서, 지도집단의 세계관(철학교육)으로서, 그리고 다수 대중의 종교로서의 모든 단계 속에서 '구분'될 수 있다. 그리고 이 각 단계에서 다양한 이데올로기적 '결합'형태

를 어떻게 처리해야 하는지를 확정할 수 있다. (『옥중수고』, 1255; 『실천철학』, 147f.)

철학과 이데올로기에 대한 모든 실증주의적 구분시도에 대항하여 그람시는, 분석적으로는 구분될 수 있고 구분되어야 하는, 블럭 개념 속에서 나타나고 역동적으로 파악되는 모든 삶 관계의 총체성을 주장하였다. 역사유물론은 "통합적 역사"를 철학과 이데올로기가 하나의 통일적인 '상부구조'의 단계로서만 구분될 수 있는 그런 대상으로 만듦으로써, 다른 세계관에 비한 자신의 독특성과 자율성을 입증한다.

바로 이 때문에 그는 "철학"과 "이데올로기" 개념 속에서 두 개의 상이한 범주가 아니라 단지 점차적인 차이를 나타낼 뿐인 하나의 동일한 범주를 파악하는 크로체를 비난한다. 그리고 더 나아간다.

> 철학이란 운동 속에서, 그러므로 현실적이고 직접적인 이해 속에서뿐만 아니라 미래의 간접적인 이해 속에서 구성되는, 어떤 온전한 사회집단의 지적, 도덕적 삶(어떤 특정한 실천적인 삶의 카타르시스)을 나타내주는 세계관이다. 이데올로기는 직접적이고 한정된 문제들을 해결하는 데 기여하려 하는, 계급 내부의 집단이 지닌 각각의 특수한 관점이다. (『옥중수고』, 1231)

그러므로 그람시에게는 어떤 범주 내의 점차적인 차이만 중요한 것이 아니라 그 질적인 차이가 결정적으로 중요하다. 토대의 특정한 물질적 상태의 "카타르시스"로 이해되는 철학을 가지고 그람시는——단순한 이데올로기와는 반대로——역사적인 전망 속에서 총체적인 사회집단에 대한 물질적 발전을 통해 만들어진 객관적이고 필연적인 관념적 표현을 나타낸다. 이 객관적 필연성이라는 특성은, 항상 특수하고 단기적이며 변화가능한 이데올로기와는 반대로, 보편성의 차원을 철학에 부여한다.

그람시는 "이데올로기" 개념을 가지고 한편으로는 특정한 토대에 필수적인 상부구조를 나타내고, 다른 한편으로는 어떤 개인이나 특수한 집단의 "자의적 환상"을 파악할 수 있다고 생각하는 것을, 역사유물론에도 확실한 정도로까지 적용되는 오류라고 생각하였다. 그는 다음과 같이 쓰고 있다 : "그러므로 어떤 분명한 구조에 필수적인 역사적으로 유기적인 이데올로기와 합리주의적으로 '의도된' 자의적인 이데올로기를 구분해야 한다. 그것이 역사적으로 필수적인 한, 그것은 중요하고 '심리학적으로' 중요하며, 인간대중을 '조직하며' 인간이 근거해서 움직이고 자신의 입장에 대한 의식을 지니며 투쟁하는 영역을 형성한다. 그것이 '자의적'인 한, 그것은 개별적인 문제들의 형식 속에서 '운동'을 일으킨다(또 그것은 완전히 불필요하지는 않다. 왜냐하면 그것은 진리와 대립되고 그것을 통해서 입증되는 오류와 마찬가지이기 때문이다)"(『옥중수고』, 868f. ; 『실천철학』, 170).

그에 반해 역사유물론은 "확실한 관점에서 헤겔주의의 개혁 및 확대발전"인 유일한 철학이다(『옥중수고』, 1487; 『실천철학』, 197). 왜냐하면 그것은 모든 일면적이고 환상적인 요소로부터 벗어나서 "모순에 찬 의식"이기 때문이다.

실천철학이 역사적 모순의 가장 의식적인 표현이기 때문에 가장 완전하다 할지라도, 그것은 여전히 "필연의 왕국"에 고착되어 있다. 그에 반해 모순을 극복한다는 것을 나타낸다면, 실천철학도 쓸모없게 되었을 것이다. 실천철학은 순수한 과도적 성격을 지니며 헤겔주의의 지속 속에서 모순의 요소로 나타나며, "이러한 요소를 인식 및 행동원리로 승격시킨다"(ibid.). 이러한 확언은 맑스주의를 존재론화하여 —— 그람시처럼 —— 인식비판적으로 파악하지 않는 많은 맑스주의자들에게는 "실천철학"에 대한 아주 괘씸한 역사화로 보여질 수밖에 없다. 모순에서 벗어난 "자유의 왕국"은 그람시에게는 여전히 몇 세기 동안 지속되는 발전 속에서 역사적으로 받아들일 수 있는 가정이다. "현재(실천) 철학자는 이러한 일반적인 확인만을 접할 뿐이고 더 나아가지 못한다. 왜냐하면 유토피아에 빠지지 않고는 현실적인 모순의 영역을 피할 수 없으며 모순없는 세계를 결코 주장할 수 없기 때문이다" (『옥중수고』, 1488).

이렇게 "모순으로 나타난다"는 것의 전제는 "역사운동이 토대의 근거 위에서 어떻게 생겨나는가"를 분석할 수 있는 능력이다(『옥중수고』, 1422; 『실천철학』, 215). 왜냐하면 역사운동과 그것이 동반하는 이데올로기를 토대의 순수한 반영으로 해석하려는 것은 그람시에게는 기계적 사고 및 비변증법적 유물론으로 후퇴하는 징표이기 때문이다. 그러나 토대와 상부구조 간에 기계적인 인과적 관계가 없다면, 이러한 관계를 어떻게 파악할 수 있는가? 그에 대해 그람시는 대체로 두 가지 입장에서, 물론 그때그때의 틀만을 표시하는 대답을 준다.

> 토대와 상부구조의 관계 문제는 어떤 특정한 역사시기의 활동하는 세력들을 올바르게 분석하고 그들의 관계를 서로 규정하기 위해서 정확하게 설정되고 해결되어야만 한다. 다음과 같은 두 가지 원칙 속에서 해나가야 한다: 1) 어떤 사회도 그 해결책에 대한 필수적인 조건들이 현존하지 않거나 적어도 개념 속에서라도 발전할 수 없는 과제를 제기하지는 않는다. 2) 어떤 사회도 자신들의 관계 속에 암묵적으로 포함하고 있는 총체적인 생활형식을 미리 통과하지 않고는 소멸되거나 대체될 수 없다. 이러한 두 가지 규칙에 대한 반성에서 또다른 역사방법론의 일련의 원칙을 발전시킬 수 있다. (『옥중수고』, 1578f.; 『실천철학』, 323. 또 『옥중수고』, 1422; 『실천철학』, 215f.)

그람시는 "블럭" 개념과의 여러 관계들에 대한 자신의 생각을 아주 분명하게 썼다. "블럭" 개념은 어느 곳에서는 자연과 정신, 토대와 상부구조 간의 동질성을 표시하며 또 상부구조 내의 모순과 차이의 통일을 나타낸다(『옥중수고』, 1569; 『실천철학』, 291).[1] 다른 곳에서 그 개념은, 어떤 헤게모니적 집단 혹은 헤게모니를 향해 돌진하는 사회집단의 지도 하에 있는 하나의 동맹체계를 나타낸다.

"블럭" 개념은 "실천철학"의 독창성과 자율성을 가장 분명하게 나타낸다. 왜냐하면 그것은 인과적-기계론적인 사고를 변증법적 사고로 대체하려는, 지금까지의 가장 효과적인 시도를 나타내기 때문이다.[2]

토대를 "숨겨진 신"으로 승격시키고 그럼으로써 이원론적 사상전통에 고착되어 있는 저 기계론적 속류유물론에 대한 크로체의 비판에서 출발하여, 그람시는 다음과 같이 대답한다 : "구조(토대)를 상부구조로부터 '분리'시킨" 다는 것은 옳지 못하며 "실천철학은 오히려 그것들의 발전이 서로 밀접하게 연결되어 있고 필연적으로 상호적이고 호혜적인 것으로 파악한다…… '교육자는 스스로 교육받아야 한다'라는 『포이어바

---

1) 이미 다른 곳에서 우리는 크로체에 의해 관념론적 의미로 사용되었던 "차이의 변증법"을 유물론적 토대 위에 정초하려는 그람시의 생각에 대해 고찰한 바 있다. 더이상 절대정신의 계기로서가 아니라 상부구조의 상이한 등급들에 대한 구별기준으로서 그것은 그람시에 따르면 중요한 지위를 갖게 된다는 것이다. 그 경우 인간이 "구별"의 기준을 여러가지 토대 영역(예컨대 "기술", "노동", "계급" 등)의 분석에 적용할 수 있는가 하는 문제가 제기된다.

2) 토대와 상부구조의 유기적 통일로서뿐 아니라 동맹체계로서의 "역사적 블럭"이라는 이러한 규정은 이탈리아 맑스주의에서는 비상하게 중요한 것으로 인식되고 있다. "블럭" 개념을 동맹체계의 문제로 환원하려는 로제 가로디의 시도(Garaudy, 1971 참조)는 따라서 이탈리아에서는 이탈리아공산당에 가까운 이론가들에게 격렬하게 거부당하고 있다(Sereni, 1972와 Napolitano, 1970 참조).

호에 관한 테제』에서의 진술은 토대에 대한 인간의 적극적인 반작용의 필연적인 관련을 산출해내고 현실과정의 통일성을 강조하고 있지 않는가? 소렐이 구성한 '역사적 블럭'의 개념은 실천철학이 주장하는 이러한 통일성을 완전히 파악한 것이다" (『옥중수고』, 1300; 『실천철학』, 275).

그러나 실천철학에게 상부구조가 단순한 반영도 아니고 단순한 현상도 아닌 객관적 실재라면, 그리고 그람시가 여러번 반복하듯이 인간이 자신의 사회적 지위에 대한 의식과 따라서 자신의 과제를 이데올로기 영역에서 획득한다면, 그것은 "토대와 상부구조 간의 필연적이고 결정적인 연계"를 의미한다(『옥중수고』, 1321; 『실천철학』, 281).

그것은 다시, 역사유물론에서 이데올로기는 자신의 객관적인 실재성을 보여주는 독특한 지위를 차지하고 있으며 따라서 "문화전선"에서의 투쟁도 토대에서의 투쟁과 동등하게 가치있다는 것을 의미한다. 실천철학에게 이데올로기는 자의적인 것과는 완전히 인연이 없는 것이다. 이데올로기는 "지배도구라는 자신의 본성 때문에 도덕적 근거에서가 아니라 정치적 근거에서 투쟁하고 폭로해야 할" (『옥중수고』, 1319; 『실천철학』, 279) 실제역사적인 사실이다.

그럼에도 "역사적 블럭"이 헤게모니를 둘러싼 투쟁의 가장 고도로 전개된 단계라는 사실은 토대와 상부구조 간에 동일성이 존재할 때, 즉 국가가 자신의 경제적-조합적 국면을 극복할 경우에만 "블럭"에 대해 말할 수 있게 한다. 토대에 대한 기본적인 관계가 변화한다면, 그것은 물론 아직은 상응하는 상부구조의 모든 요소들이 필연적으로 붕괴한다는 것을 의미하지는 않는다(『옥중수고』, 1322).

그러나 이데올로기가 토대갈등의 의식영역이라면, 그리고 이데올로기가 동시에 일차적이고 물질적인 종류에 대해서 기계적-인과적으로 나타나는 종류의 "실재성"인 한 필연적이고 객관적인 실재성 —— 결코 "자의적인 환상"이 아닌 —— 을 나타낸다면, 그것은 동일한 방식으로 물질적 토대뿐만 아니라 서로 투쟁하는 모순적인 이해의 영역을 분명하게 나타내는 것이다. 그러므로 이데올로기적 투쟁의 장은 사회적-경제적 투쟁의 장과 같은 중요성을 지닌다.

> 토대와 상부구조의 매개 및 경제주의에 대한 연구를 위한 진술을 『철학의 빈곤』에 있는 한 구절이 제공한다. 거기에는, 사회계급의 발전에서 중요한 단계는 노동조합의 개별성원들이 더이상 자신의 경제적 이해를 위해서뿐 아니라 조직 자체의 보호 및 발전을 위해 투쟁하는 계기다 라고 씌어 있다. 동시에, 경제가 '최종 심급에서' 비로소 역사의 추동력이다……라는 엥겔스의 말과, 인간은 이데올로기적 영역에서 경제적 영역에서의 갈등을 의식한다 라고 씌어있는 『정치경제학 비판 서설』의 구절을 기억하자. (『옥중수고』, 1591f.; 『실천철학』, 312f.)

"역사적 블럭" 속에서 토대-상부구조의 관계에 대한 그람시의 이해를 가능한 한 정확하게 파악하기 위해서 우선 그람시의 더 광범한 언급을 살펴보자. 사회적 생산관계의 총체로서 토대는 복잡하고 모순적이며 불균등한 상부구조 전체와 분리될 수 없는 변증법적 연관 속에 있다고 그람시가 쓰고 있다면(『옥중수고』, 1051; 『실천철학』, 163), 그와 더불어 헤게모니적 지배의 상태만이 요구된다. 그리고 다른 곳에서는 그것은 다음을 의미한다: "인민의 확신은 종종 물질적 힘의 에너지 혹은 그와 비슷한 어떤 것을 지니며 그것은 진정 특징적이다 라는 맑스의 또다른 진술이 있다. 이러한 진술의 분석은, 내가 생각하기로는, 물질적 힘이 내용을 이루며 이데올로기는 형식——내용와 형식에 관한 순수한 변증법적 구분——을 이루는 "역사적 블럭"이라는 관념을 훼손시키는 데로 나아간다. 왜냐하면 물질적 힘은 역사적으로 형식 없이는 파악할 수 없고, 이데올로기는 물질적 힘 없이는 개별자들의 망상이기 때문이다"

(『옥중수고』, 869; 『실천철학』, 170).

이러한 표현을 어떻게 이해할 수 있겠는가? 휴즈 포르텔리(H. Portelli)는 내 생각으로는 둘 다에 대해 ―― 비록 다른 방식으로이지만 ―― 일면적인 두 가지 해석가들에 반대한다. 예를 들어 노베르토 보비오는 맑스에게서 토대와 상부구조의 결정관계를 확인할 수 있다고 믿었는데, 이것은 그람시에게서는 반대였다. 더이상 토대가 일면적으로 ―― 그가 맑스를 잘못 파악하듯이 ―― 상부구조를 결정하지 않고, 그람시에게서는 반대로 상부구조가 결정적인 심급이며, 이 때문에 그는 그람시를 관념론적 입장이라고 쉽게 비난하였다. 이러한 해석은 특히 위에서 인용한 다양한 텍스트에 근거한 그람시 연구가인 텍시에르와 그루피(Gruppi)와 모순되며, 그것은 그럴만한 이유가 있다. 두 번씩이나 일면적인 결정관계로 확신하는 두 가지 해석에 대해 포르텔리는 반대한다(Portelli, 1972, 62).

토대는 과연 상부구조를 가져오며 이것은 사실 바로 상부구조가 고정되고 형성된다는 정도에서 "반영물"이며, 더욱 더 강하게 역사적 동력으로 된다. 왜냐하면 상부구조 수준에서 비로소 사회 계급 및 계층의 고유한 현재적 및 미래적 아이덴티티에 관한 정치의식이 발전하며, 그와 더불어 토대는 더욱 더 상부구조의 활동의 수단으로 되기 때문이다(Portelli, 1972, 63).

내 생각으로는 이러한 해석은, 핵심에서는 옳을지라도, 본래적인 더욱 광범한 엄밀화가 필요하다. 특히 그것은 그람시의 인식론적 문제설정과 결합되어야만 한다. 그람시가 발본적인 변증법적 사고를 위해 결정론적-인과적 사고를 극복했다고 말할 때, 이것은 물론 토대와 상부구조가 이제는 더이상 다른 심급에 비해 우선하는 심급으로 받아들여지지 않기 때문에 순수한 상호작용 관계로 나타난다는 것을 의미하지는 않는다. 오히려 상부구조가 상대적으로 자율적이고 토대에 반작용할 수 있는 심급으로서 발전시키기 위해서는 어떤 발전단계와 어떤 중간단계가 필요한가를 질문해야 한다.

그람시를 제대로 평가하려면 그가 **특수한** 종류의 상호관계를 생각한다는 것을 인식해야 한다. 우리는 "역사적 블럭", "헤게모니" 그리고 "통합국가" 개념이 어떤 **과정**의 마지막 상태를, 즉 하나의 역사단계에서 나타나는 모든 **가능성**의 완전한 전개를 가설적-모형적으로 **나타낸다는** 것을 기억한다. 그것들은 결코 "기계적으로 주어진 것"이 아니라 "역사적으로 되는 것"이다(『옥중수고』, 1385; 『실천철학』, 138). 토대에서 인간의 자연과의 직접적 대결에서 헤게모니적 지배까지의 이러한 과정의 단계는 전진적인 종류의 인식으로서, 학습과정으로서 표시된다. 비로소 객관적인 물질적 상태에 대한 인식이 정치를 독자적인 심급으로 판별하는 전제다.

다시 한번 그람시의 정치적 단계모형을 상기해보자. 경제적-조합적 국면에서 경제와 정치는 아직 분리되지 않는다. 지배계급의 이데올로기는 아직은 자신의 특수한 계급이익의 직접적 표현이다. 다른 사회성원들의 동의는 경제적 사례에 대해서만 확인할 수 있다. 토대와 상부구조 간의, 객체와 주체 간의 중간고리로서의 "카타르시스"는 경제적-조합적 국면에서 윤리적-정치적 국면으로 나아가는 것을 가능하게 한다. 계급구속적으로 경제적이고 조합적인 특수이해를 이데올로기적으로 극복한다는 것은, 경제적 지배계급이 스스로를 보편계급으로 설정하며 그렇게 받아들여지고 동의에 의한 지배계급으로 되는 것에 영향을 끼친다.

윤리적-정치적 국면에서 정치는 확실히 질적인 변혁를 통해 토대에 교육적으로 반작용하는 더욱 독자적인 실천형식으로 발전한다. 상부구조는 토대로부터 더욱 멀어지고, 순수한 반영에서 토대의 새로운 요구에 주민을 적응케 하는 동력으로 된다. 상부구조는 직접적이고 무매개적인 방식으로뿐만 아니라 스스로 자립적인 정도에서 토대에 현존하는 관계를 반영하며, 더욱 복잡한 "번역작업"이 필요하게 된다. 강제장치를 가진 "정치사회"를 나타낼 뿐인 국가는 교육자로서 동의를 만들어내고 "시민사회" 영역에 스며들어가 자신 및 자신의 활동을 확장한다.

대다수 주민들 속에서 의식이 토대의 선도적 발전수준과 동화될 때, 그러므로 토대와 상부구조 간에 동일성이 있을 때, 비로소 "역사적 블럭"에 관해 말할 수 있다. 그때에야 비로소 보편적 주체성으로서 인식의 "객관성"에 관해 말할 수 있다(『옥중수고』, 1492; 『실천철학』, 167 참조).

이러한 인식론적이고 "카타르시스적"인 종류의 블럭형성은 헤게모니 개념과 사회학적으로 상응하며, 블럭 개념으로는 동시에 지배계급의 헤게모니를 지니고 있는, 동맹체계 속에서 연대자들 집단이 표현된다. 그럼에도 예컨대 가로디(R. Garaudy)가 한 대로, 블럭 개념을 단지 동맹정책의 이러한 수준으로 환원시킬 수는 결코 없다. 제3인터내셔널 시대로부터의 모든 인민전선식의 모형과는 달리 "블럭" 개념에서는 예속자들이 동맹 속에서 "조직적으로" 융합되는 것을 이해할 수 있다. 이러한 조직성은 이데올로기적 통일성과 세계관적 단일화를 보장한다. 이 통일성은 공산당에 의해 만들어지고 지도되지만, 인민전선 전략에서 받아들여지듯이 한정된 시기의 순수한 방어적 목표연대를 나타낸다.

지금까지 윤곽만을 언급해왔고 그람시가 "유기적 위기"라고 표시한 세번째 단계는 헤게모니와 적극적 동의의 분열로 특징지어진다. 분리의 시작은 "세계관" 및 이데올로기 체계가 지니는 더 강력한 상상적인 자립화를 통해서 나타나며, 이 이데올로기 체계는 "특정한 역사단계에서는 '사변적' 형식을 취하고 동시에 분리의 정점 및 시작을 나타낸다"(『옥중수고』, 1481; 『실천철학』, 165).

전통적 지식인이 가장 고도한 형태로 그들의 자기이해를 표현해온 바로 그 사회집단들과 분리되기 시작할 때, 국가적 위기는 ("시민사회"

를 포괄하는 포괄적인 "정당성 위기"라는 의미에서) 그 결정적인 형태에 달한다(『옥중수고』, 690f. 참조).

그람시는 국가의 전개에 대한 유추를 한다: "그러므로 모든 문화는 이 문화를 대표하는 사회계급의 완전한 헤게모니와 시간적으로 일치하는 자신의 '사변적'이고 종교적인 계기를 가지며, 그 계기 속에서 실질적인 헤게모니는 분산적인 방식으로 토대에서 해소되지만 사고체계는 바로 그 때문에 (해소에 반작용하기 위하여) 독단적으로 완성되고 '선험적인' 믿음으로 된다고 말할 수 있다. 그 때문에 이른바 모든 (낡은 시대가 해소되는) 붕괴시기는 정제되고 가장 '사변적인' 사고로 특징지어진다는 것을 사람들은 관찰한다"(『옥중수고』, 1481; 『실천철학』, 166).

그와 더불어 토대-상부구조 정리에 대해 "상호작용" 및 "최종 심급에서의" 경제적 결정에 관한 테제를 넘어서는 설명을 어렵게 했던 주요 문제 가운데 하나, 즉 다양한 국면의 **비동시적인** 발전의 문제에 대해 말할 수 있다.

헤게모니는 깨지고 "역사적 블럭"은 분열되고, 그와 함께 자신의 조직성 속에서 **객관적** 인식의 표현인, 토대와 상부구조의 동질적인 결합도 깨진다. 상부구조는 특별한 세계관적 폐쇄성을 보임으로써 이미 실질적인 헤게모니 해체를 강요하면서 자립화된다.

이러한 위기는 여러가지 원인을 갖는다. 그럼에도 가장 드문 경우에 경제적 위기는, 전체 체계가 이전부터 경제적-조합적 수준에 서있지 않다면, 정치적 위기의 '직접적' 표현이다.

그러나 그람시는 "유기적 위기"라는 말로 무엇을 이해하는가? 지도계급의 헤게모니 위기는 "스스로 발전한다. 왜냐하면 지도계급은 힘으로 다수 대중의 동의를 획득하거나 (전쟁에서처럼) 강요하는 그런 정치적 시도 속에서 실패하였기 때문이거나, 이미 대중(특히 농민과 소부르조아 지식인)이 정치적 수동성에서 분명한 적극성으로 넘어가 자신의 비조직적인 총체성 속에서 혁명을 의미하는 요구를 알리기 때문이다. 사람들은 '권위위기'에 대해 말한다. 바로 이것이 헤게모니의 위기 또는 아주 전반적인 국가위기다" (『옥중수고』, 1603; 『실천철학』, 332, 또 『옥중수고』, 690f., 특히 311).

5. 지식인의 기능[1)]

그람시의 주요 저작인 『옥중수고』의 더 오래된 판에는 「지식인과 문화의 조직」이라는 제하의 한 권(총 4권 가운데)이 있다. 물론 이러한 제목과 이러한 텍스트편찬에는 출판기술상의 문제가 있지만, 그럼에도 그의 주 저작의 1/4 이상이 지식인 문제에 할애되고 그람시 자신이 지속적으로——게라타나(Gerratana)의 연대기적으로 만들어진 새로운 저작출판이 보여주듯이——이러한 문제에 관심을 가지고 있었다는 사실만으로도, **문화의 조직자**로서의 지식인 문제가 그의 이론에서 차지하는 아주 커다란 중요성을 보여준다. 그람시를 통해 맑스주의가 지식인 이론으로서 새롭게 정식화되었다고 말하기까지 하며(Vacca, 1977a, 440f.), 앤더슨은 그람시의 지식인 이론을 그의 가장 위대한 지적 업적이라고 생각한다(Anderson, 1979, 61). 사실 그람시는 지식인의 사회적 기능을

---

1) 이 장은 서론 부분이 확장되어 「정치사회학과 국가이론. 그람시에게서의 지식인의 개념과 기능」이라는 제목으로 잡지 『과학적 사회주의에의 기여』(Beiträge zum wissenschaftlichen Sozialismum) 1979, 제4호, pp. 74-93에 실려 있다.

맑스주의 국가이론의 구성요소로서 그리고 그 틀 내에서 규정하려는 최초의 위대한 시도를 하였다. 그러면서 그는, 경제적으로 기본적인 모든 계급은 자신과 유기적으로 결합된 고유한 지식인을 만들어내며 그가 "전통적" 지식인이라고 부른, 역사적으로 과거의 계급 및 집단과 결합되어 있는 지식인 층(예컨대 성직자)을 공격한다는 전제에서 출발한다. "그러나 우선 지금까지의 역사에서, 역사적으로 앞서가는 경제적 구조에서 나타나는 모든 '본질적' 사회계급은 [이러한 구조의] 발전의 표현으로서 이미 존재하며, 반대로 사회적-정치적 형태의 가장 복합적이고 발본적인 변화에도 단절되지 않는 역사적 지속성의 대표자로 나타나는 지식인 범주를 발견하였다. 이러한 지식인 범주의 가장 전형적인 것은 성직자다……"(『옥중수고』, 1514; 『실천철학』, 407). 자신의 단절되지 않는 역사적 지속성에 대한 의식과 특수한 정신은 정치적, 이데올로기적 영역에 가볍게 생각할 수 없는 결과를 가져왔다. 왜냐하면 그것은 그들의 "사회적 유토피아", 그들의 자율성과 독립성에 대한 믿음에 유익하기 때문이다.

이미 1926년에 그람시는 이탈리아 남부문제에 관한 중요한 텍스트에서 ① 문화의 조직자로서 지식인의 기능과, ② "역사적 블럭" 및 그와 함께 어떤 계급의 헤게모니를 건설하는 데서의 지식인의 기능에 대해서 밝혔다. 거기서는 지식인 층은 자본주의의 발전과 함께 심각한 변화를 겪었다고 기술하고 있다. "낡은 유형의 지식인은 압도적으로 농민적-수공업자적인 사회의 구성요소였다. 국가와 상업을 조직하기 위하여 지배계급은 특정한 지식인 형태를 끌어냈다. 산업은 기술적 조직자, 응용과학의 전문가라는 새로운 유형의 지식인을 가져왔다"(Gramsci, 1974b, 151).

이탈리아 사회가 지닌 생산적 토대의 이러한 구조변화 과정에서 그람시가 지식인의 기능이라고 실례를 들어가며 밝힌 두 사람이 중요하다. 베네데토 크로체와 피에로 고베티(P. Gobetti)가 그들인바, 이들은 이탈리아 자유주의의 두 대표자인데, 20세기의 경제적 및 정치-문화적 변화의 과정에서는 아주 다른 기능을 지녔었다. 크로체는 스스로를 "관념적" 자유의 대변자로 그리고 선험적 정치 개념의 대표자라고 망상하였지만, 사실은 반동적 기능을 가졌던 "위대한 지식인"의 전형적인 대변자였다(Garin, 1974 참조). 역사적으로 이미 지난 것에 대한 분명한 향수의 느낌을 가지고, "지식인의 배신"에 대한 당시의 두드러진 책에서 줄리앙 벤다(Julien Benda; Benda, Paris 1975)는 그람시가 "정화된" 지식인이라고 부른 이러한 유형을 다시 한번 변호하면서 칭송하였다(Benda, Paris 1975 참조). 크로체가 지배적 블럭의 단결을 보장하고 특히 잠재적으로 민주주의적인 중간적인 지식인 층을 그들의 사회적 토대로부터 벗겨내어 크로체 자신이 대표하고 있던 유럽적-세계적 문화에 부착시키는 기능을 한 반면에, 고베티는 바로 보수적-반동적 농민블럭의 분리를 촉구하였다. 튜린에서 "자유로운 혁명"이라는 강령적 제목을 가진 정기간행물을 낸 고베티는 "결코 공산주의자가 아니었고 아마도 그렇게 되지 못했을 것이지만, 그는 프롤레타리아트의 사회적, 정치적 기능을 이해하였다……" (Gramsci, 1974b, 156).

그람시 등이 1919년에 만든 잡지 『신질서』와 고베티 사이에 있었던 튜린에서의 밀접하고 동지적인 공동작업은, 그람시가 낡은 지배블럭의 해체에서 고베티의 역할을 아주 중요하게 생각했다는 것을 보여준다. "우리는 고베티와 싸우지 않을 수도 있다. 왜냐하면 그는 적어도 근본에서는 싸울 필요가 없는 운동을 발전시키고 대표하기 때문이다. 이것을 이해하지 못하는 사람은 지식인 문제와 지식인이 계급투쟁에서 수행하는 역할의 문제에 관해 아무것도 이해하지 못한다. 고베티는 ① 좌익적 입장을 취했지만 1919~20년에는 프롤레타리아 독재를 적극적으로 반대했던, 자본주의적 기술의 토대 위에서 생겨난 지식인들과의 연결고리로서, 그리고 ② 남부문제를 전통적인 토대와는 다른 것에 근거지으면서…… 북부의 프롤레타리아트를 활동하게 하는 일련의 남부 이탈리아의 지식인들과의 연결고리로서 우리에게 실천적으로 기여한다. 기디오 도르소(G. Dorso)는 이러한 지식인들 가운데 가장 완전하고 가장 흥미로운 인물이었다" (ibid., 157).

왜 우리가 "자유로운 혁명" 운동에 대항해 싸워야 하는가라고 그람시는 묻는다. 물론 그것은 공산주의적 강령과 주장을 처음부터 끝까지 받아들이는 순수한 공산주의자들로 이루어진 것은 아니다. 정치적으로 역사적으로 역설적일지라도 이것은 필요하다. 왜냐하면 지식인은 다른 어떤 사회집단보다도 훨씬 오랫동안 자신의 역사적 기능에 근거하여 발전하기 때문이다. 새로운 이데올로기의 토대 위에 완전하게 서기 위해서 지식인들이 **집단으로서** 과거 전체와 단절한다는 것을 믿는다면 어리석을 것이다. 그러한 이행은 항상 개인적으로만 가능하고 그때에만 프롤레타리아트에게 유익하다. 왜냐하면 "계급으로서 프롤레타리아트는 조직적 요소를 결하고 있고 독자적인 지식인 층을 갖고 있지 못하며 이것을 아주 장기적으로만 그리고 어렵게 권력을 장악한 이후에 비로소 만들어 낼 수 있기 때문이다" (ibid, 157f.).

그러나 그람시는 개별 지식인의 프롤레타리아트의 입장으로의 진전에 관심을 갖는 것이 아니라 집단으로서의 지식인에 관심을 갖는다. 그리고 여기서는 바로 특정한 역사적 조건 하에서 지식인 대중 가운데 어떤 조직적 분리가 발전하고 좌익적 대중운동이 형성되는("말의 근대적 의미에서, 즉 혁명적 프롤레타리아트에게로 지향하는") (ibid.) 것이 중요하다.

당시에는 지배적인 농업블럭을 깨는 것이 프롤레타리아트의 과제였다. 그러나 그것을 위해서는 무엇보다도, 농업블럭의 유연하지만 가장 저항력있는 "철갑"을 나타내는 바로 크로체로 대표되는 지식인 집단을 깨는 능력이 필요하였다(ibid., 158). 고베티는 자신의 운동으로 바로 그것을 도왔다.

따라서 맑스주의 정치학에 관해 분석할 수 있는 특정한 조건 하에서 어떤 계급의 지식인 집단 내부에서 모순과 불일치가 나타난다. 프롤레타리아트 및 그 조직의 과제는 이러한 모순을 전망적으로 촉진하고 그럼으로써 그람시가 "수동적 혁명" 개념으로 파악하려고 했던 한 사회의 재창출 및 재구조화 메카니즘을 파괴하는 것이다. 그것은 더 광범한 토대 위에서 동맹을 건설하는 것과, 노동자계급과의 협력의 필요성을 인식한 고베티처럼 맑스주의의 토대 위에 대중으로서 나타날 수 없는 그런 지식인들을 동화시키는 것을 의미한다.

왜냐하면 "지배자가 되는 모든 집단이 지닌 가장 주요한 특성 가운데 하나는 전통적 지식인들에 대한 동화 및 '이데올로기적' 장악을 위한 그들의 투쟁이기 때문이다. 이 동화 및 장악은 이 집단이 동시에 자신의 유기적 지식인을 더 많이 창출할수록 더 빠르고 더 효과적이다" (『옥중수고』, 1517).

역사적 블럭은 낡은 블럭의 일부가 새로운 사회학적이고 이데올로기적인 블럭의 일부와 중첩되는 변증법적 과정에서만 항상 생겨난다. 그러므로 해체/재구성의 변증법적 관계의 토대 위에서만 비도구적 동맹 개념을 생각할 수 있다. 그람시는 이러한 문제를 경제주의적-비변증법적인 그래서 비타협적이고 도구주의적인 사고에 대한 비판과 관련하여 제기한다. 타협에 대해 고지식하고 원칙적으로 반대하는 사고는, 역사발전 속에는 자연과학적 법칙과 비교할 수 있는 객관적 법칙이 존재한다는 확신에 근거하고 있으며, 무력의 통제력을 맹목적으로 믿는 경향과 "운명론적 종말론"으로 나아간다. 해체는 해체와 재구성의 변증법으로서가 아니라 기계적으로 이해된다. 그에 반해 그람시는 기존의 것을 해체하기 위한 목적에서뿐만 아니라 바로 해체의 순간에 이미 효력을 발휘해야 하는 새로운 것의 건설을 위해서도 의식적인 정치적 장악의 필요성을 강조한다.

"경제적 발전을 전통적인 정치의 구속으로부터 해방하기 위해서, 사람들이 포섭해야만 하는 일정한 세력들의 정치적 방향을 변화시키기 위하여, 내부 모순 없이 새롭고 동질적인 경제적-정치적 역사블럭을 실현시키기 위해서는 적당한 정치적 주도권이 항상 필요하다. 두 가지 '유사한' 세력이 일련의 화해에 대해서 또는 무장력을 가지고 하나의 새로운 조직으로 융합될 수 있고, 사람들이 그 속에서 하나의 동맹 수준에서 서로 동맹하든가 한 쪽이 다른 쪽을 강력하게 종속시킬 때, 제3자에 대해 승리하기 위해서 힘을 가지고 있으며 그것이 '생산적'인가에 대한 질문이 나타나며, 무력에 또는 강제력에 의거하는 것(사람은 그것을 할 수 있다는 것이 항상 전제된)이 순전히 방법적인 가정이 되고 유일한 구체적 가능성은 타협이다. 왜냐하면 강제는 빨리 동화시키고 싶고 '선의'와 열정을 가지고 있는 자신들 자체의 일부에 대적해서가 아니라 적에 대적해서 사용될 수 있기 때문이다"(『옥중수고』, 1621f.).

1) 문화조직자로서의 지식인 규정에 대하여

1927년에 그람시는 감옥에서 형수인 타티야나 슈흐트(T. Schucht)에게, 자신의 다음 작업계획은 지식인 문제에 집중되어 있다고 썼으며(Gramsci, 1965, 57ff.), 1931년에 쓴 다른 편지에서는 자신의 헤게모니 개념의 틀 속에서 이러한 연구의 중요성을 잘 파악하였다.

"더욱이 저는 지식인 개념을 확장하여 위대한 지식인을 나타내는 과거의 개념에 한정하지 않습니다. 이러한 연구는 국가개념에 대한 분명한 규정으로 나아가는데, 국가라는 개념으로 사람들은 관습적으로 정치사회(내지는 인민대중을 주어진 시기의 생산형태와 경제에 적응시키기 위한 독재나 강제장치)를 이해하지, 시민사회와 정치사회의 동등한 중요성(내지는 교회, 노동조합, 학교 등과 같은 이른바 사적 조직을 통하여 행사되는, 전체 사회에 대한 한 사회집단의 헤게모니)을 이해하지 않습니다. 시민사회에서는 여전히 지식인이 특별히 활동합니다(베네디토 크로체는, 비록 그가 때때로 이런저런 지배에 대립한다고 할지라도, 일종의 평범한 교황이며 헤게모니의 가장 효력있는 수단입니다). 지식인의 기능에 대한 이러한 파악은 제 생각으로는 중세적 코뮨(즉 자신의 독자적인 지식인 범주를 창출함으로써 독재를 넘어서 헤게모니를 행사하는 것을 이해하지 못하는, 어떤 경제적 계급의 지배)의 몰락의 근원이나 근원들 가운데 하나를 밝혀줍니다……" (ibid., 481). 그람시가 시도한 지식인 개념의 확장은 대개의 부르조아적 분석과 대립할 뿐만 아니라 이 주제에 대한 맑스주의적 작업의 압도적 다수와도 대립한다. 회른레(Hoernle) 부터 제트킨(Zetkin), 막스 아들러를 넘어서 새로운 저작들(Kievenheim/Leisewitz 〔Hrsg.〕, 1973과 Casanova/Prevost/Metzger, 1975) 까지 말이다. 사람들은, 사회적 성층화 속에서의 변화를, 그리고 그와 결합되어 있는 지식인과의 동맹가능성을 이루어내려는 목적을 가지고 계급분석적-사회학적 측면에서 항상 그 문제에 접근한다. 거기서 지식인 개념을 가능한 한 좁게 파악하고(Boedecker/Leisewitz, Kievenheim/Leisewitz thtn, 92f. 참조), 고립된 크기로서 연구하는 것이 피할 수 없는 것으로 나타난다. 그러나 그와 함께 지식인의 정치적 기능은 겨우 파악될 뿐이다.

그에 반해 그람시는 사회학적인 문제설정 하에서가 아니라 "통합적" 국가의 모든 차원을 포함하는 광범한 사회적 관련구조의 틀 속에서 정치이론적-기능적 문제설정 하에서 지식인을 연구한다. 그에게는 지식인의 유래나 지적 작업의 구체적 활동특징이 결정적인 것이 아니라 국가에 있어서 헤게모니 계급에 대한 지식인의 입장이 결정적이다. "지식인이라 할 때 사람들은 이러한 특징으로 일반적으로 파악되는 층을 이해할 뿐만 아니라, 일반적으로 정치적-행정적 영역에서뿐만 아니라 문화적 영역에서든 생산의 영역에서든, 넓은 의미에서 조직적 기능을 행사하는 전 사회층을 이해한다. 그것은 군대에서의 하급장교와 일치하고 부분적으로는 예속자 출신의 더 고위의 장교들과도 일치한다. 지식인의 정치-사회적 기능을 분석하기 위해서는, 그들이 다양한 영역에서 서로 접촉하고 있는 기본계급에 대한 그들의 다음과 같은 심리학적 태도를 연구해야 한다. 즉 그들은 수공 노동자계급에 대하여 '가부장적' 태도를 갖고 있는가? 그들은 지도계급에 대해서 '예속적' 태도를 지니는가, 또는 그들은 스스로를 지도자로, 지도계급의 일부로 생각하는가?" (『옥중수고』, 2041. 또 『옥중수고』, 1519도 참조)

시민사회 속에 자리잡고 있는 헤게모니 장치는 지배블럭 내에서 동의를 확보하는 영속적인 이데올로기적 적응과정을 완성한다. 지배계급의 이데올로기적 자기이해, 그들의 '철학'은 대중의 '상식'으로 되고, 종교처럼 일상생활을 관통하는 동일한 세계관적 견고성을 띤다. 이것은 유사한 방식으로 "문화"로 되고, 생활 및 인간에 관한 일관성있고 통일적인 국민적 범위의 표현을 나타내고, 특정한 방식으로 살아가는 윤리와 시민적 개인적 태도를 가져온다. 문화는 백과사전적 지식이나 개념덩어리와는 아무 관련이 없으며, 문화의 목적은—— 그리고 여기서 문화는 노발리스(Novalis)의 '내적인 나' 개념과 연결되어 있다—— 나-의식의 구성을 가능하게 하는 것이라고 그람시는 이미 그의 젊은 시절의 글에서 썼다. "문화는 아주 다양한 어떤 것이다. 그것은 고유한 나의 조직화이고 기율이며, 인간이 비로소 고유한 역사적 가치, 삶에서의 고유한 기능, 고유한 권리와 의무 등을 이해할 수 있는 더욱 고도한 의식의 장악, 고유한 개인성의 소유다" (Gramsci, 1958, 24).

문화는 사회적 실천 속에서 표현되고 조직적으로 효력을 발하는 어떤 계급의 철학이다. 그러므로 철학적 "속류화"로서 이데올로기는 질적으로는 구분되지 않고, "더 고도한 철학"과 점진적으로만 구분된다. 그렇다. 이데올로기는 정말 어떤 계급의 본래적인 철학이다. 왜냐하면 이데올로기는 구체적 행위, 실재에 대한 변화로 나아가고 그와 함께 실천적으로 되기 때문이다(『옥중수고』, 1242 참조). 그로부터 다음을 추론할 수 있다 : "실천철학의 특성은 특히 대중관념, 대중문화, 통일적으로 움직이는 즉 이념적으로 보편적일 뿐만 아니라 사회적 실재성 속에서 '일반화'되는 처리규범을 갖고 있는 어떤 대중의 문화일 수 있다" (『옥중수고』, 1271).

시민사회에서는 이데올로기라는 결속수단에 대한 헤게모니 장치의 도움으로 사회적 주요계급과 그와 연결되어 있는 중간층 사이의 "역사적 블럭"이 "견고해"진다. 역사적 블럭과 어떤 계급의 헤게모니는, 그람시가 교훈적 의도로 표현한 바대로(『옥중수고』, 869 참조) 내용으로서의 물질적 세력과 형식으로서의 이데올로기 사이의 유기적 통일성이 대중의 일상이해 속에서 통일성으로서 합의적으로 받아들여지는 한, 이데올로기라는 응집수단이 물질적 실재와 모순적이지 않은 만큼 오랫동안 존속한다.

지배계급의 자기이해가 생산과정에서의 자신들의 물질적 위치의 합리적 표현으로 나타나는, 역사적 블럭에서 토대와 상부구조의 이러한 통일은, 그것이 전사회적으로 전진적이고 전체 사회를 더 높은 발전단계위에 올려놓는 기능을 하기 때문에, 그들의 지적, 도덕적 지도에 대한 정당화다. 그럼에도 동의는 헤겔에게서처럼 특수한 인민의지가 화해, 모순의 층위로 형이상학적으로 받아들여지는 일반적인 국가의지로 변증법적으로 지양된 것이 아니라, 헤게모니 계급의 의지가 관철된, 역사적으로 항상 달성되지는 않는 특수한 형태다. 거기서 지식인의 생산세계와의 관계는 직접적이지 않고, 그들이 "기능인들"로 있는 상부구조의 총체적 복합체를 통해 다양한 층으로 "매개"되어 있다. 지식인은 지배계급의 "피고용인"이며, 과학, 철학, 예술의 대표자라는 최고의 지위에서 시작하여 기존의 전통적으로 축적된 지적 부에 대한 "겸손한" 관리인이 활동하고 있는 낮은 지위까지에 걸쳐 있다. 지식인은 모두 ① 광범한 대중의 "자동적" 동의, 즉 "역사적으로 권위(그리고 그와 함께 사기)에서 생겨나며 지배집단을 그들의 생산에서의 기능 및 위치에서 끌어내는 동의"를 조직하며, ② "능동적으로도 수동적으로도 '동의'하지 않는 그런 집단의 기율을 '법적으로' 확보하고, 전체 사회를 위해서 자동적인 동의가 이루어지지 않는 명령 및 지도에서의 위기의 시기에 관한 예견 속에서 만들어지는 국가적 강제장치"(『옥중수고』, 1519)를 조직한다.

이제 그람시에게, 서구에서는 지배적인 역사적 블럭만이 효과적으로 전개될 수 있는 "시민사회"라는 자신의 주요목표점을 가진 장기적인 "진지전"이 전략적 목표라면, 그에게 있어서 레닌이 이미 암묵적으로 동일한 방향으로 나아가긴 했지만, 그 이전의 다른 어떤 맑스주의 이론가들보다도 지식인과 지식인의 역할에 훨씬 더 큰 의미를 **필연적으로** 부여한다. 20세기초에 기대되던 독일혁명이 일어나지 않았을 때, 그는 자본주의가 고도로 발전하고 마지막 사람에게까지 민주주의적 문화와 조직을 부여한 나라에서 준비없이 혁명을 시작하려고 하는 것은 오류이거나 완전한 바보짓일 것이라고 썼다. 러시아에서는 혁명의 **시작**이 쉬웠고 바로 그 쉬운 일이 일어난 반면, 서구에서는 바로 혁명의 시작이 가장 어려운 문제로 나타난다(Lenin, 1955, 27권, 85 참조).

그람시에게 "시민사회"는 넓은 의미에서 국가의 일부이고 시민사회 속에서 어떤 계급의 헤게모니가 생기기 때문에, 지식인 문제는 그의 국가 및 혁명전략의 **직접적**이고 **중심적**인 구성요소이며 그의 "광범한" 정치이론적 파악을 정당화한다.

"우리가 —— 그는 질문하기를 —— 상이하고 분산적인 지적 활동 모두를 동일한 방식으로 특징화하고 동시에 그것을 다른 사회집단의 활동과 근본적으로 구분하기 위하여 통일적인 기준을 찾을 수 있을까? 가장 널리 퍼져 있는 방법적 오류는 나에게는 이러한 구분기준을 지식인 활동의 내부에서 찾으려 하는 것인 듯하며, 그러한 구분기준(그리고 그와 더불어 그 기준을 체화하고 있는 사회집단)이 사회적 관련의 총체적 복합체 속에서 나타나는 그런 총체적 관련체계에서 찾으려 하는 데 있는 것이 아닌 듯하다"(『옥중수고』, 1516). 정치이론적 의미에서의 지식인 규정은 관련구조 내부에서 더 넓은 측면, 즉 조직의 측면으로 나아간다. 왜냐하면 "구분"과 "차이"로서, 비로소 본능적이지 않은 독립감으로서의 자기의 최초의 아직 원시적인 현상형태로부터 일관되고 통일적인 세계관에 이르기까지 어떤 집단의 비판적 자기의식은, 그람시에게는 조직 없이는, 의식적이고 체계화된 진정하고 결정적인 형성의지 없이는 생각할 수 없고 역사적으로 멸망할 것으로 판단된다.

"비판적 자기의식은 지식인 엘리트의 역사적 정치적 창출을 의미한다. 인간대중은 스스로를 (가장 넓은 의미에서) 조직하지 않고는 '구분되지' 않으며 '스스로' 독립적이지 못하고, 지식인 즉 조직가와 지도자 없이는, 개념적이고 철학적인 노동에 '전문화되어' 있는 사람들 층에서 이론과 실천의 결합의 이론적 측면이 구분되지 않고는 조직은 있을 수 없다"(『옥중수고』, 1386).

그람시와 함께 튜린 형무소에 감금되었던 아토스 리자(A. Lisa)는 대략 같은 시기 —— 1932/33년 —— 에 다음의 인용문을 남겼다: "지식인은 프롤레타리아트에게는 그가 대자적 계급인 역사적 계기에서뿐만 아니라 즉자적 계급인 역사적 계기에서도 절대적으로 필수적인 것임을 나타낸다. 지식인 없이는 프롤레타리아트는 권력을 장악하지 못하며 그것을 공고화하지도 발전시킬 수도 없다…… 노동자계급의 지식인은…

… 프롤레타리아트의 전위인 당을 형성하는 요소다" (Lisa, 1973, 83f.).

지적인 후견의 의미로 또는 지식인을 통해 "올바른 의식"을 "주입" 한다는 루카치적인 의미로 읽혀질 수도 있는, 이러한 설명에 대해 진정하게 평가하기 위해서는 몇 가지 상세한 설명이 시도되어야 한다.[2)]

2) 지식인-대중 관계

그람시는 모든 헤게모니적 관계를 **교육적** 관계(『옥중수고』, 1331)로 개념화하는데, 이것은 일련의 오해와 비판적 반대의 구실이 되었다. 이러한 오해와 반대에 대해서는 이탈리아공산당 이론가인 알베르토 아소르 로사(A. A. Rosa)가, 그람시는 이러한 관점으로는 "자코뱅적 지식인 형태"를 극복하지 못했다라고 쓸 때에 가장 정확하게 정식화하였다. 루카치에게서처럼 그람시에게서도 지식인은, 독일 고전철학의 계승자인 노동자계급을 **위한** 주장——그 실현수단이 노동자계급인——의 담지자였으며 **외부로부터** 노동자계급에게 도입되는 역사철학적 주장의 담지자였다(Riechers, 1970, 155와 167). 이데올로그 및 동의매개자로서 지식인은 아소르 로사가 그랬듯이 부르조아적 지식인(그람시가 절대화했고, 더 밝히고 확대발전시킬 가치가 있는 어느 정도의 유산으로서 노동운동에 넘겨주었던)의 역사적 모형과 일치했다(Asor Rosa, 1974, 564). 그람시의 도구, **바로** 이러한 특수한 지식인 유형에 근거한 헤게모니 이론은 그가

2) 물론 루카치 전문가인 프랑크 벤젤러(F. Benseler)는 루카치의 철학에서 1929년까지의 시기에 결정적인 의미를 가졌던 귀속된 또는 가능한 의식이라는 범주는 집합적 지식인이라는 그람시의 개념과 일치한다는 견해를 갖고 있다(Benseler, 1979).

이러한 인간주의적-진보적 지식인 유형에 대해 공격할 때 가치있지만, 자본주의의 확대발전과 그에 따른 지식인의 확대발전을 범주적으로 파악할 수는 없다. 왜냐하면 그는 생산적 활동과는 분리된 활동으로서 지식인 활동에서 출발하기 때문이다. 자코뱅적-급진적 지식인에 대한 그의 일면적-긍정적 평가는 결국은 일종의 이데올기적 승화였다. 인간주의적-역사적 구성체 없이 기술관료적인 국가적 제도적 구조 및 정치-기술적 지식인 성원과 오늘날의 객관적으로 다른 종류의 결합을 그람시의 이론으로는 더이상 파악할 수 없다.

여기서 다시 한번 역사적으로 전혀 정당하지 않은 지식인에 대한 **불신**, 노동운동에서는 아주 오래된, 이탈리아에서는 특히 아나코 생디칼리스트적이고 노동자 자율파적인(operaistisch)[3] 흐름 속에서 작동하는, 예를 들어 소렐에 의해 이론적으로 기초가 닦인 불신이 접합된다. 이러한 반지식인주의는, 예컨대 사회당이 1차대전 전에 소부르조아적-급진적인, 실증주의적-계몽적인 입장에 서서 자신의 부르조아적 이데올로기를 노동운동에 도입한 지식인들의 저수지였다는 사실에서 이탈리아 노동운동에서는 자신의 역사적 정당성을 갖는다. 그러므로 그람시는 아나코 생디칼리즘을 우선 진정한 혁명적 변혁의지의 "건강한" 표현이라고 대변하였지만, 동시에 (그의 튜린 시절에 이미) **새로운** 형태의 지식인을 만들 필요성을 요구했고 자신의 문화연구에서 실질적으로 시작하였다. 왜냐하면 그는 무차별적인 반지식인주의의 운명적인 결과를 인식하였기 때문이다. 지식인과 맑스주의의 관계는 다면적으로 문제가 된다는 것을

3) "노동자 자율파"(operaismo)란 이탈리아 노동운동 내부의 한 조류로서, 생산의 장소로서의 공장을 그들의 정치적 활동의 중심으로 설정하는바, 따라서 그람시에게는 계급투쟁이 절정에 달하는 것으로 간주되었던 본래적 장소로서의 국가를 경시한다.

그는 나중에 여러 번 제기하였고, 실천철학은 자신의 자율성과 자립성을 증명해야 한다는 요구를 제시할 때, 반복해서 그것을 상기시켰다.

"유사한 어떤 것(위에서 묘사한 과정과 같은)이 지금까지 실천철학과 함께 생겨난다. 자신의 토대 위에서 형성된——수적으로 많지 않다는 것을 제외하면——위대한 지식인들은 인민과 결합되지 않고 인민으로부터 생겨나지 않았고, 거대한 역사적 '전환' 속에서 그들이 되돌아가는 전통적 중간층의 표현이었다. 그러나 다른 사람들은 단지 체계적 수정에 대한 새로운 관념을 끌어내기 위해서가 아니라 자신의 독자적인 확대발전을 촉진하기 위해서 남아 있었다"(『옥중수고』, 1862).

아소르 로사의 ① 지식인을 통한 노동자계급의 지적인 준비와, ② 역사적으로 반복되는 사회학적으로 특정한 지식인 유형에 관한 그람시의 확정에 대한 반대는 두 가지 수준에서 반박할 수 있다. 하나는 아소르 로사와 같은 비판가들에게 있어서는 더이상 추구되지 않는 것인 **변증법적** 이론으로서의 그람시의 맑스주의 이해의 수준에서다. 왜냐하면 그람시에게는 이러한 교육적-헤게모니적 관계가 상호관련을 지닌 **활동적**인 관계이며, 이 속에서 모든 "교사"는 항상 "학생"이기도 하며 모든 "학생"은 "교사"이기도 하기 때문이다. 그러한 종류의 활동적인 관계는 제도적으로 의도된 특정한 정치적 조건 하에서만 달성될 수 있으며, 민주주의론적으로 말해서 그 속에서 부르조아 민주주의의 성과는 없어지지 않고 보존되고 확대발전된다는 것을 그는 명백하게 강조한다. "그러므로, 개별 철학자의 역사적 개성도 그와 문화적 환경(그가 변화시키려고 하지만 철학자에게 반작용하며 그에게 지속적인 자기비판을 강요하면서 "교사"로서 기능하는 환경) 사이의 활동적 관계에서 생겨난다고 말할 수 있다. 현대 지식인의 정치적 영역에 대한 가장 커다란 요구는 이른바 "사상 및 표현의 자유"(언론 및 출판의 자유)에 대한 것이었다. **왜냐하면 이러한 정치적 조건이 존재하는 곳에서만 교사-학생 관계는 전반적으로**

앞에서 말한 의미에서 실현되기 때문이다. 그리고 그것은 사람들이 "민주주의적 철학자"라고 할 수 있는 철학자 유형, 그러므로 자신의 개성이 자신의 고유한 신체적 개별성에 의해 한정되지 않고 문화적 환경을 변화시키는 활동적인 사회적 관계라고 확신하는 철학자를 "역사적으로" 실현한다. 학문과 생활의 통일은 사상의 자유가 실현될 수 있는 활동적인 통일이며, 교사-학생 관계이고 철학자와 문화환경의 관계다. 그 관계에서 설정하고 풀어야할 문제들이 도출되고 그것들이 그 속에서 작동하고 있으며, 그것은 또한 철학-역사 관계이기도 하다" (『옥중수고』, 1332. 강조는 인용자). 게다가 이것은 그람시가 그렇지 않으면 등한시했을 민주주의론적-제도적 종류의 문제들에 대한 아주 일반적인 정식화 속에서 밝히고 있는 아주 드문 경우의 하나다.

아소르 로사의 반대는 더욱이 방법적 수준에서 반박할 수 있다. 프랑스 역사, 특히 프랑스혁명에 대한 그람시의 연구는 "자코뱅적 모형"을 무차별적으로 사회주의혁명에 옮겨놓으려는 의미를 갖지 않는다(그람시와 자코뱅주의 문제에 대해서는 Portelli, 1974/75을 참조). 그의 귀납적-연역적 취급방법과 역사지학적이며 동시에 체계적인 작업의 목표는 오히려 역사적-경험적 자료들의 분석을 통해 일반적인 정치이론으로 그리고 색출적 기능을 갖는 개념장치로 나아가는 것이다. 그의 방법은 바로 경제의 영역에 적용된 맑스적 방법을 정치적 현상에 "번역한 것"이다. 거기서 서술방법은 주어진 문헌적 근거들에 의해 결정될 수 없으며, 체계적 해결책을 발견하기 위해서는 비판적이고 문화적인 욕구로부터 출발해야 한다(『옥중수고』, 1285 참조).

"비판적 경제학은 역사적으로 불특정한 인간 일반이라는 불특정한 토대 위에서 어떤 관점에서도 구체적 실재에 대한 추상으로 재인식될 수 없는 추상적 가설을 구성하기 위해서가 아니라 구체적 실재에 기반해서 구성하기 위하여, 연역법과 귀납법 사이의 정선된 관계를 찾았다.

'역사적 기술'은 과학적 가설의 구성을 위한 실질적 전제를 제공한다……" (『옥중수고』, 1284)

이것은 자본주의 체제의 특정한 발전단계 위에서 경제적 영역에서 비로소 가능하였다. 그러므로 유사하게 정치에 대한 맑스주의 이론에서도 발전된 통합적 국가 속에서, 덜 발전된 정치체계의 분석을 위해 도입되어야 하는 모든 범주들을 획득할 수 있는 관련지점을 찾을 수 있다.

헤게모니, 역사적 블럭, 지도, 지배, 지식인 등은 그람시가 표현하는 바로 그러한 "경험적 연구규칙들"이다. 특히 역할분석적 범주로서 지식인 개념은 역사적-특정한 지식인 형태에 대한 내용적 확정을 결코 포함하지 않으며, 바로 인간주의적-수사학적으로 교육받은 고전적-부르조아적 지식인으로 확정되지도 않는다. 젊은 시절의 글에서 이미 그람시는 당시 특히 가에타노 살베미니(G. Salvemini)[4]로 대표되는 이러한 자코뱅적 지식인 유형에 아주 첨예하게 반대하였다. 자코뱅적 지식인의 유래를 18세기의 정치적 전통 및 프랑스적 문화에서 찾을 수 있으며, 그 가장 중요한 표현을 1789년 부르조아혁명의 자코뱅주의에서 찾을 수 있다. 부르조아 계몽주의 및 프랑스 자유주의의 전통에서 이러한 문화적 "메시아주의"는 "토론 및 선전의 효력에 대한 무한한 믿음을 가지고, 대다수 인간이 근본적으로 명예롭고 올바른 개인들로 이루어져 있지만 자신의 실제적 이해와 가장 충실하게 추구해야 할 목표에 대한 무지나 혼동스러운 이해의 희생물이라는 확신에서 생겨나는 상당한 용기와 끈기

4) 역사가 가에타노 살베미니는 1차대전 이전의 사회주의 운동 출신이지만, 이탈리아 남부문제에 대한 입장차이 때문에 사회당과 결별하고, 당시 매우 영향력이 컸던 잡지 『루니타』(L'Unità)를 만들었다. 그는 1922년 이후 이탈리아 반파시즘의 가장 중요한 대표자들 중의 한 사람이었다.

를 가지고" (Gramsci, 1958, 271ff.), 정말 더 커다란 인내를 가지고 나아갔다. 여러가지 근거에서 그것은 매우 흥미롭고 체계적이었으며, 경제적, 정치적 삶의 구체적 형식에서 벗어나서 오히려 자신을 시간과 공간의 외부에 있는 절대성으로 제시하여 하나의 유토피아로 끝났다. 그러므로 결국 그것은 "도락"과 "경솔한 무책임성"을 가져온 무규율성의 현상이었다.

그람시가 지식인 개념을 확장하고 그것으로 "위대한" 고전적-부르조아적 지식인을 파악할 뿐만 아니라 위에서 규정한 의미에서 아주 일반적으로 문화의 조직자를 파악하기 때문에, 이 개념 및 그와 연결된 헤게모니 이론도 자본주의의 확대발전에 대해서도 유용한 분석수단이다. 내가 "미국주의"와 관련하여 밝힌 것처럼, 비록 그것이 아직 더 광범한 이론적 진전을 필요로 하지만 말이다.

그람시는 아소르 로사가 언급한 변화, 즉 국가관료와 대산업대표자들의 더욱 커다란 융합과 더불어 진전되는 전통적-부르조아적 정치제도의 공동화(空洞化)를 인식하였다. 이러한 발전을 통해 전통적인 부르조아 지식인이 쓸모없게 되기 때문에, 새로운 유형의 지식인 형성과 새롭고 집단적인 지적 노동의 형식의 가능성과 필연성이 생겨났다. 더욱이 그는, 정치적 결정기관은 결정색출이라는 자신의 본래적 활동과 함께 전문가 활동의 형식으로 과학을 받아들이는 경향이 있다고 쓴다. 그것을 통해 관료제는 새로운 구조를 취하고, 그 속에서 결정기관을 위해 기술적 자료의 준비에 관계하는 국가부르조아지 옆에, 필요에 따라 그리고 매번 산업, 은행 및 금융제도로부터 충원되는 두번째 공무원사령부가 형성된다. "이것은 직업관료제가 결국은 민주주의적 정부와 의회를 통제하는 메카니즘의 하나다. 그러나 이제 이러한 메카니즘은 확장되고, 그 범위에서 위대한 전문가들이 관료제뿐만 아니라 정치제도를 통제하는 실천적인 사적 활동[즉 산업제도, 은행제도 그리고 금융제도]을 해나간다. 정치기술에 전문적인 성원을 거대하고 복합적인 근대적인 민족적 산업사회의 기본적인 실천적 활동의 구체적 관리에 전문적인 그런 사람들과 통합하는 경향이 있는 필수적인 조직적 발전이 문제이기 때문에, 외부로 부터 이러한 경향을 끌어들이려는 모든 시도는 결과적으로 도덕적 설교와 수사학적 애도만을 가져올 뿐이다. 그것은 더욱이, 결정활동을 동지적으로 통합하는 새로운 유형의 전문화된 기능인들을 만들어내고 자신의 문화를 새로운 요구에 적응시키면서, 이러한 기술적 정치인들을 준비하는 것이 어떻게 변할 수 있는가 하는 문제를 제기한다. 법적-형식적 활동만을 위해 준비된 전통적인 형태의 정치 '지도자들'은 무정부주의적으로 되고 국가적 삶에 하나의 위협을 나타낸다. 지도자는, 올바른 해결책을 아직은 '자율적으로' '만들' 수 없지만 그래도 전문가들이 제시한 해결책을 판단할 수 있고 '종합적인' 정치기술의 관점에서 올바른 것을 선택할 수 있도록 해주는 최소한의 일반적인 기술적 문화를 가져야 한다" (『옥중수고』, 1532).

3) 지식인과 헤게모니 투쟁조직

그람시의 전제는 다음과 같다. 즉 모든 사회에서 그리고 그 모든 발전단계에서 문화는 권력을 지향하거나 권력을 장악하고 있는 계급의 헤게모니를 유지하거나 창출할 목적 하에 특별한 방식으로 조직된다는 것이다. 그러나 여기서, 그람시가 노동자계급은 권력장악 **전**에 이미 헤게모니적 지위를 획득해야 한다고 요구하면서도 동시에 노동자계급은 자신의 지식인을 거의 가지지 못하고 아주 천천히 그리고 권력장악 이후에야 비로소 자신의 고유한 지식인 층을 만들 수 있다고 강조할 때, 어떤 분명한 문제들이 나타난다. 첫 눈에 여기에 풀 수 없는 문제가 있는 것으로 보인다. 그러나 **헤게모니 투쟁**의 국면은 사실 극도로 모순적이며, 그 속에서 이전의 지배계급과 유기적으로 결합되어 있는 지식인의 일부가 이 계급으로부터 분리되기 시작하며 지배계급 블럭과의 분리를 통해 새로운 기능을 가진 새로운 지식인 유형(노동자계급의 유기적 지식인)의 발전으로의 길을 열어주는 것이다. 유기적 지식인은 외부로부터 "메시아적으로" 그리고 수사학적으로 노동자계급에게 다가오는 것이 아니라, 노동자계급으로부터 유기적으로 성장하거나 공동의 정치경험을 통해 노동자계급과 결합되는 것이다. 역사적으로 과거의 지배계급과 결합된 구래의 전통적 지식인의 일부가 자신의 비판을 통해 블럭의 분리를 강제하지 않았다면, 구래의 지배계급의 위치로 변형적으로 편입되고 비정치적 "전문가"로 남았을 것이다. 전통적 지식인들이 받아들이는 **공개적인** 모순의 국면에서 유기적 지식인은 자신의 경제적 전문화를 넘어서 "정치가"로 되고 그와 함께 자기 계급의 집단의지를 정치적 수준으로 격상시킬 수 있다.

"전통적인 확대된 지식인 유형은 문학가, 철학자, 예술가……들로 형성된다. 현대 세계에서 가장 원시적이고 가장 미숙련된 산업노동과 밀접히 결합된 **기술교육**이 새로운 지식인 유형을 위한 토대를 형성한다. 이러한 토대 위에서 주간지 『신질서』는 새로운 지식인주의의 분명한 형식을 만들어내기 위해, 그리고 그것의 새로운 개념을 규정하기 위해 노력하였으며, 이것은 그러한 추진방향이 잠재적 욕망과 일치하며 실제적 생활형식의 발전에 적합하였기 때문에, 자신의 성과의 근거 가운데 하나였다. 새로운 지식인의 존재방식은 더이상 외적이고 일시적으로 영향과 감동을 가져오는 웅변에 있지 않고, 건축가, 조직가, '영원한 설득자' 그리고 순수하지 않은 변사로서 실천적 삶에 능동적으로 관여하는 데 있다. 그리고 추상적-형이상학적 정신에 대해서도 숙고해야 한다. 노동으로서의 기술로부터 인간은 학문으로서의 기술을, 그리고 인간이 그것 없이는 '전문가'로 남지만 '지도자'로 되지 못하는 인간주의적 역사 인식을 달성한다(전문가이자 정치가)"(『옥중수고』, 1551. 강조는 인용자).

전문가와 정치가로서의 이러한 새로운 지식인은 해체와 재구성의 변증법을 표현하고 전통적 지식인을 동화시키는 그런 정치조직의 토대 위에서 그리고 그 틀에서 활동할 수 있을 뿐이다. 이러한 조직은 그람시에게는 무엇보다도 정당이다. 정당은 국가가 더 높은 수준에서 수행하는 것과 동일한 기능을 "시민사회" 속에서 수행한다. 왜냐하면 정당은 지배계급 내지는 권력을 추구하는 계급의 유기적 지식인과 전통적 지식인간의 결합을 만들어내기 때문이다. 정당의 이러한 동화기능은 자신의 근본기능, 즉 자신이 대변하는 경제적 집단의 고유한 요소를 이끌어내고 그것을 "자질있는 정치적 지식인, 즉 통합적인 시민적이고 정치적인 사회의 조직적 발전에 적합한, 모든 활동 및 역할의 조직가이면서 지도자로 교육하는"(『옥중수고』, 1522) 것에 달려 있다. 그래서 그람시는 다음과 같이 쓸 수 있었다 : "모든 정당원을 지식인으로 본다는 것은 농담과 희화의 대상일 수 있다는 주장이지만 자세히 살펴보면 이것보다 더 올바른 것은 결코 없다"(『옥중수고』, 1523). 왜냐하면 그것은 무엇보다도 직접적이고 조직적인, 그러므로 교육적이고 지적인 기능 문제이기 때문이다.

그러나 레닌적인 정치와 그것에 암묵적으로 내재되어 있는 정치이론에 대한 그의 요구를 서구의 관계에 이식한다는 관념은 정당의 지위에 대한 새로운 정식화와 설명을 추구하지 않는가? 그람시는, 예를 들어 이탈리아에서 아마데오 보르디가(A. Bordiga)가 그랬던, 대중으로부터의 분파적 고립화경향에 반대한 투쟁 및 그러한 이식의 필요성을 일관되게 인식하였고 노동자강령으로 확정하였다. "파시즘의 한 형태를 '신권'형태로 표현하는 정당론에 대한 몇 가지 분파적 관념의 수정. 대중당과 소규모 엘리트당 관념의 완성과 양자 간의 연결"(『옥중수고』, 1827).

"자생성"과 의식적 지도 사이의 영속적인 변증법만이, 지도층이 자기 자신의 특권을 변호하기 위한 협소한 도당으로 되어버리는 "관료적 집중제"로의 경향을 막을 수 있다. 그러나 이것은 토대에 "주도권과 책임"을, 그리고 주변(Peripherie)에 정치세력들의 높은 정치적 의식상태를 전제한다(『옥중수고』, 1634 참조). 당들은 실천적-실험적으로 그리고 대중과의 결합 속에서 "민주집중제"라는 형식을 부여하는 역사적 "실험가들"이다. 자신의 실천 속에서 "신적 권리"로서 나타나고 그리하여 추상적-연역적으로 활동하는 그런 유형의 당이 극복될 때라야만 이것은 가능하다. "민주집중제는 다양한 현상형태를 취하는 유연한 형식이다. 그것은 필연성을 해석하고 끊임없이 그것에 적응할 때에 살아 있다. 민주집중제는 외관상의 불일치 속에서 같은 것과 외관상의 일치 속에서 다르고 정말 대립적인 것을 비판적으로 탐구하는 데 있다. 이것은 이 양자의 융합과 결합을 실천적이고 '귀납적인' 실험적 필연성으로 나타나도록 하고, 순진한 지식인들(또는 순진한 나귀들)에게나 어울리는 어떤 합리주의적이고 연역적이며 추상적인 과정의 결과로서 나타나지 않도록 하면서, 그것을 유사하게 밀접히 융합시키고 혼합하기 위해서다……" 이러한 작업은 "이론과 실천 사이의, 지식인 층과 인민대중 사이의, 지도자와 피지도자 사이의 유기적인 통일을 요구한다. 통일과 연합의 형식은 이러한 점에서 그것의 대부분의 의미를 잃지만, 관료제적 관념 속에서 자신의 해독성을 유지한다. 거기서는 결국 어떤 통일도 없으며 겉보기로 평안하고 '침묵하는' 정체의 늪이 있으며, 연합이란 없고 '감자자루' 즉 서로의 결합 없는 유일한 '통일'이라는 기계적인 설정이 있다"(『옥중수고』, 1635).

그람시가 추구했던 당의 이러한 기능은 "현실사회주의" 나라들에서의 스탈린과 함께 나타나고 오늘날까지도 극복되지 않은 실천과는 분명히 거리가 멀으며, 이러한 —— 그리고 많은 다른 —— 인용들로부터 그람시가 지속적으로 회복시키려고 한 변증법적 사고가 스콜라철학으로 대체되어가는 상황에 대한 대중적 비판을 어렵지 않게 읽어낼 수 있다. 그럼에도 그람시는 민주주의에 대한 동일이론적(identitäts-theoretisch) 관념에 집착하였으며 몇몇 아주 드물고 산발적인 지적을 제외하고는 부르조아 민주주의 제도와의 관계에 대한 질문을 제기하지 않았다는 것이 확인된다. 그러므로 여전히 그에게 사회주의로의 이행에 관한 문제도, 그가 다룬 문화적 차원 이외의 차원에 관한 한 불분명한 채로 남아있다.

요약하면 다음과 같다. 즉 단계적으로 상승(상부구조의 "층"이라는 그람시의 비유를 참조하라) 하고 스스로 발전하는 거대한 복합성의 과정으로서 경제학, 정치학, 철학의 관련틀 속에서, 가장 넓은 의미에서의 정치학과 그것의 조직가인 지식인이란 매개적 요소에 결정적인 중요성이 부가된다. 왜냐하면 정치학은 확실히 "더 고도한" 철학이 문화로 변형되는 출구이며 대중을 장악하는 철학이기 때문이다. 거기서 지식인은 철학의 "실천화"를 조직하는 결정인자로 기능한다. "경제적-조합적 국면, 부르조아 사회에서 헤게모니 투쟁의 국면, 그리고 국가적 국면은 자의적으로 준비하거나 예기할 수 없는 특정한 지적 활동과 일치한다. 헤게모니 투쟁의 단계에서 정치학은 발전하며, 국가적 [단계]에서 모든 상부구조화된 것들은 국가의 해체를 대가로 발전한다"(『옥중수고』, 1493).

처음의 경제적-조합적 국면에서는 우선 직접적인 경제적 기능의 틀 속에서 완전히 감지되는 본능적인 "타자존재"에 대한 기초적 의식이 현존한다. 정치적 행위 형식이 생디칼리스트적 영역에서 두드러지게 역할한다. 지적 활동은 낡은 것과 현존하는 것의 비판에 곧바로 관련될 수 있다. 국가를 압박해가는 계급의 자기이해는 단절과 분리로서 처음에는 소극적으로만 규정될 수 있다. 헤게모니 투쟁의 바로 다음 국면에서 지금까지의 부정적-비판적인 지적 활동은 독자적인 역사적 정체성과 과제를 능동적으로 획득하는 것으로 넘어간다. 이러한 국면에서 정치학은 경제와 철학의 결합고리로서 발전한다. 정치학은 이론과 실천의 변증법에 대한 탐구를 대상으로 하며 동시에 카타르시스를 가져오도록 도와주는 실천적인 행동과학이다. 질적 변혁이라는 이러한 변증법적 과정은 두 가지 물질적 전제 사이에서 지속적으로 움직인다. 즉 : "어떤 사회도 그 해결에 이미 필요하고 충분한 조건이 존재하거나 생겨나지 않은 과제를 제기하지 않는다는 것, 그리고 어떤 사회도 자신의 잠재적인 가능한 내용을 표현하지 않고는 멸망하지 않는다는 것" (『옥중수고』, 1244). 마지막, 국가적 국면에서 모든 다른 상부구조 영역 및 활동이 모든 세 가지 구성요소(경제-정치-철학)를 통합하는 통합적인 세계관으로 전개된다. 세 영역 모두는 이제 자신의 그때그때의 학문적인 용어 속에서 서로 이전 가능하고 넘어설 수 있게 된다.

증대하는 헤게모니를 갖는 이러한 단계모형에서 매개국면이 전략적으로 결정적인 중요성을 갖는다. 왜냐하면 그 속에서 경제에 대한 정치의 우위성이 확보되기 때문이다. 그 속에서 실제적인 행동가능성에 대한 학문적 분석이 뒤따르며, 이론적으로 가능하다고 인식된 것을 구체적이고 실천적인 대중활동으로 변형시키는 것 즉 총체적인 사회적 윤곽도로서의 철학이, 정치로 즉 "역사적-정치적 삶의 계기로" 환원되어야 한다. 왜냐하면 "실천철학은 인간의 인식관련의 현실성을 정치적 '헤게모니' 요소로서 파악하기" 때문이다(『옥중수고』, 1245).

4) 일상이해와 비판적 의식의 매개자로서 지식인

그람시에게는 우선 특수한 경제적-조합적 의식의 극복이 보편적인 윤리적-정치적 의식의 발전을 가능케 하고, 이것이 사회적 총체성 내에서 독자적인 위치를 인식하고 그럼으로써 더이상 직업지위 수준에서 움직이는 것이 아니라 정치적 수준에서 국가에 있어서 헤게모니 투쟁을 해나간다는 것이 이미 지적되었다.

그러므로 그람시는 특히 세심하게 "고도한" 철학과 대중의 일상이해의 결합에 관해 탐구하였으며, 단지 스케치 정도이지만, 헤게모니 이론을 경험적으로 확인하고 동시에 —— 전략적 관점 하에서 —— 헤게모니 확보의 이러한 정치적-문화적 메카니즘 속에서 실천적인 장악 가능성을 면밀하게 탐구하기 위해서, 문화를 담고 있고 문화를 확대하는 그 시대의 모든 제도, 저널리즘, 학교, 평범한 문헌 등을 분석하였다. 왜냐하면 한 블럭 속에 통일되어 있는 모든 집단, 계급, 계층의 동의에 기초한 일치는, 헤게모니 계급의 세계관이 자생적인 "모든 사람 각자의 철학"의 분명한 구성요소로 될 때, 즉 그 세계관이 종교와 비교할만한 강고성과 견고성을 가지고 실천지향적이고 정치적으로 효과있는 집단행동의 규범으로 되고 그것을 통해 이론과 실천이 구체적 역사적 행위 속에서 통일될 때, 비로소 가능하기 때문이다. 왜냐하면 어떤 철학운동은 한정된 지식인 집단의 전문화된 문화로서 그것이 지닌 지식인주의적 요소로부터 벗어날 때에만이 비로소 "역사적"이게 되기 때문이다(『옥중수고』, 1382f.; 『실천철학』, 135 참조).

철학운동은 "특정한 시대의 일반적 사고가 지닌 분산적 성격이 인민의 특정한 환경 속에서"(『옥중수고』, 1382; 『실천철학』, 136) 확대되는 수준으로 대중의 일상이해를 끌어올려야 한다. "그러나 모든 철학은 여전히 한정된 환경 속에서 (모든 지식인들에게) 일상이해로 되는 경향이 있다. 그 때문에, —— 이미 준비하고 있거나 그것을 포괄하고 있는 실천적인 삶과의 결합으로 인해 확대경향을 가지고 있기 때문에 —— 개별 철학자들의 일관성과 능력을 가지고 새로운 일상이해로 되는 철학이

만들어져야 한다 : 이것은 '단순한 것'과의 문화적 접촉의 필요성을 지속적으로 감지하지 못하면 나타날 수 없다"(『옥중수고』, 1382f. ; 『실천철학』, 136).

그러므로 그람시가 "지적, 도덕적 개혁"이라고 한 것을 가지고, 여러 번 주장되듯이 어떤 특수한 혁명전략을 생각할 수는 없고, 기존의 혁명전략(진지전) 속에 포함되어 있는 대중의 정치화, 대중의 학습과정의 촉진을 생각할 수 있다. 거기서는 무엇보다도 본체론적 본성에 집착하는, 그래서 정치적으로는 수동적이고 숙명론적인 입장을 지니는, 이전의 사고방식 및 구체성에 집착하는 순진한 유물론적 사고의 극복이 중요하다.

일상이해의 특징은 그람시에게는 "① 특정한 인식과 개념의 총화이며 단순히 내용없는 문법적 단어가 아닌 말 자체 속에, ② 일상이해와 양식 속에, ③ 민중종교 속에 따라서 일반적으로 '풍속'(Folklore)이라고 불리는 신념표현, 미신, 의견, 관찰방식, 행동방식의 총체적 체계 속에"(『옥중수고』, 1375; 『실천철학』, 130. 또 1395 참조) 있다.

일상철학이 탐구되지 않고 자생적이라면 그것은 일반적으로 비판적이지도 일관되지도 않지만, "우연히도 인간은 고유한 인성을 이상한 방식으로 결합하고 있는 다수의 인간대중에 속한다. 인간은 자신 속에서 동굴인의 요소, 가장 현대적이고 가장 진보적인 학문의 원칙, 모든 과거 역사단계의 지방적 편견, 그리고 동시에 전체 세계 속에 하나로 된 인간에 적절한 미래철학 제도를 발견한다"(『옥중수고』, 1376; 『실천철학』, 130).

기존의 일상이해에 대한 비판은 모든 인간은 "철학자"이며, 그래서 일상이해 속에는 비록 종종 낡은 철학의 단편과 지배문화로부터 무정부적으로 그리고 이상하게 비동질적으로 정리되고 일관성이 없이 경직되게 "짜맞춰"진 것이지만 어떤 특정한 세계관을 표현한다는 것을 전제한다.

루시아노 그루피(L. Gruppi; Gruppi, 1972, 114)는 클로드 레비-스트로스(C. Lévi-Strauss)가 **"그림짜맞추기"**〔bricolage. 대상을 완전히 해체한 후 새로이 구성하는 방법〕 개념으로 파악했던 것과 일상이해의 무비판적 사고의 관계를 지적한다. 이러한 비교는 나에게는 일상이해의 지배문화에의 특수한 종속(그리고 그와 함께 예속) 형태를 분명히 하는 데 아주 적절한 방식으로 보인다. 레비-스트로스에게서 기술자는 "보편"을 질문하는 데 반하여, 기술자가 아닌 사람(아마추어)은 "인간 생산물의 찌꺼기들을 수집하는 데로, 즉 하위 문화집단에로" 향한다(Lévi-Strauss, 1968, 32). 그는 "이전의 구성 또는 해체의 찌꺼기"(ibid., 30), 아주 이질적인 대상들에 관한 "관념"에 의지한다. "왜냐하면 그것의 구성은 특수한 프로젝트나 눈에 두드러지는 프로젝트와의 관련 속에 있는 것이 아니라 모든 현존하는 기회의 우연한 결과물이기 때문이다……"(ibid., 30).

이러한 결과물은 바로 구조화된 총체성, 독립적인 "하층문화"이며, 그럼에도 이것은—— 레비-스트로스에게서 신화적 사고와 유사하게 —— "지나간 사회적 담론의 파편으로 이루어진 이데올로기적 구성물"(ibid., 35)을 만들어낸다. "어떤 개인이나 사회의 역사에 나타난 쓰레기, 조각, 화석들"(ibid., 35)이 그것의 실체를 형성한다.

기술자와 아마추어의 구분은 결코 절대적인 것은 아니지만, "그래도 그것은 아마추어가 자유로이 또는 강제로 **그 이하**에 존재하는 반면에 기술자는 어떤 문명상태를 표현하는 그런 강요와 관련하여 **그 이상**에 서기 위해 항상 뚫고 나아가려고 하는 바의 그 수준에서 효과가 있다……"(ibid., 33. 강조는 저자).[5)]

---

5) 합리주의적 및 과학주의적이며 동시에 반맑스주의적인 성향의 사회민주주의(또는 보다 정확히 사회민주당 내부에서 점점 강력하게 등장하던 사회자유주의)의 이론가가 된 칼 포퍼가 "잡동사니 사회기술"(Stückwerk Sozialtechnologie)이라

이러한 상세한 논의는 그람시가 왜 상부구조의 분석과 관련하여 "예속자들"에 관해 언급하고 "노동자계급" 그리고 그 동맹자들이나 프롤레타리아트에 관해서 말하지 않는가를 분명하게 밝혀준다. 왜냐하면 그에게 관심이 있던 것은 생산과정에서의 위치가 아니라 이데올로기 체계 내에서의 위치였기 때문이다. 예속자들에게는 "보편적으로" 사고하지 못하는 것, 사회적 총체성 속에서 자신의 위치를 파악하지 못하는

는 자신의 구상을 명확히하기 위해 "공작"(Basteln)의 동일한 상(像)을 끌어내는 것은 확실히 우연이 아니다. Popper, 1971, p.47, 52, 54 참조. "기능공"(Bastler, 즉 "잡동사니 사회기술")과 포퍼가 반대하는 "전체론자"(Holist) 사이의 차이점은, 그에 따르면, 전자가 "궁극 목적"을 기술영역 외부에 존재하는 것으로 고찰하는 데 대하여, 후자는 인간활동의 궁극 목적을 역사적 힘들에 종속적이고 따라서 자신의 영역 안에 존재하는 것으로 고찰한다는 점이라고 한다. 여기에서 그람시의 "예속자" 개념의 반개량주의적 사정(射程)이 다시금 분명해진다. 포퍼가 든 예에서는 또한 다음과 같은 것을 보일 수 있다. 즉 그람시의 시대에 예속자들("기능공"들)의 정신상태는 철저히 전체적이고 본질적으로 관념론적인 색채를 띠는 "상급 이데올로기"(크로체 등)였고, 따라서 단지 하층민들의 사고를 특징지었다면, 분명히 포퍼와 함께 처음으로 이데올로기적 변화가 일어나지는 않았다. "기능공"은 이제 소위 합리주의적 원칙에 따르는 적극적 모범으로서 구성될 수 있으며, ——점차적으로—— 변화가능한 사회를 입증한다. 시민층 자신이 부패과정에 놓여 있으며, 자신의 지배정당성이 더이상 충분하지 않기 때문에 시민층이 보편성(포퍼가 말하듯이 "전체")의 차원을 이데올로기적으로는 더이상 자신을 위한 것으로 요구하지 않게 된 시대에는 사회의 작용메카니즘을 전체로서 설명하고 그로부터 행동전망을 이끌어내려는 요구와 함께 나타나는 모든 사고는 "유토피아적"인 것으로서 비난받는다. 이전의 예속적인 "기능공층"은 포퍼에게서는 예속상태(Subalternität), 모든 것의 "공작"(Basteln)이, 추측되는 상황강제(Sachzwänge)에 직면하여, 유일하게 믿을만한 "합리적인" 행동양식이 될 수밖에 없는 자본주의의 국면에서 전체 이데올로기의 새로운 형태가 된다.

것이 전형적이다; 그들은 이러한 한계 아래에 내지는 레비-스트로스가 말한 대로 "그 아래에" 있다. 그러나 이러한 하층문화는 본질적으로 예속적이고 더 오래된 문화적 모범이라는 소도구를 가진 지배계급의 문화의 "파편"일 뿐이기 때문에, 이러한 "노동자문화"와 하층의 생활양식을 자칭 "좌익적" 관점에서 무비판적으로 설명하는 것은 사회낭만적일 뿐만 아니라 정치적으로 바로 숙명론적이다.

그러나 일상의식 즉 "상식"의 사고활동과 "비판적 사고" 사이에는 어떤 절대적 대립이 있는 것이 아니라 단지 점진적인 대립이 있을 뿐이기 때문에, 이미 현존하는 사고활동을 새로운 비판적 단계로 고양시키는 것이 교육적인 활동에서 중요하다.

그러므로 "'모두'의 개인생활 속에서 어떤 과학을 새로이 도출하는 것"이 중요하지 않고 "이미 현존하는 활동을 새롭게 하고 '비판적으로' 만들어가는 것이 중요하다"(『옥중수고』, 1383; 『실천철학』, 136).

"더 고도한" 철학과 일상이해 간의 관계는 "정치"로부터 성립되고 확보된다(ibid.). 이러한 비판적 의식에 이르는 학습과정은 그람시에 따르면 새로운 형태의 지식인 엘리트를 창출하는 것을 전제한다. 왜냐하면 "다수 인간은 (넓은 의미에서) 조직화되지 않으면 '구별되지' 않고 '대자적으로' 독립적이지 않게 되기 때문이다. 지식인 없이는 즉, 조직가와 지도자 없이는 그리고 개념적인 철학적 작업능력을 갖춘 '전문화된' 계층의 틀 속에서 이론-실천 연관의 이론적 측면에 대한 구체적 표명 없이는 어떤 조직도 있을 수 없다"(『옥중수고』, 1386; 『실천철학』, 139). 그람시는 추상적인 조직숭배주의를 맹세하는 엘리트적 사고를 비난하면서, ① 조직과, ② 이러한 조직을 움직이는 지식인 층이 필수적이라는 확신을 갖게 되었다(예컨대 Riechers, 1970 특히 211ff.).

이것은 아주 정당한 것으로 인정된다. 물론 여기서 하나의 근본적인 문제 즉 그람시의 레닌주의와의 관계가 놓여 있다. 이 점에서 그의 모든 종류의 아나코 생디칼리즘적 입장에 대한 거부, 새로운 시대의 반자코뱅에서 볼세비키로의 전환이 분명해진다. "실천철학의 입장은 카톨릭 교회와는 상반된다. 실천철학은 '평범한 사람들'을 일상생활의 철학에 그대로 놔두는 경향을 지니지 않으며 오히려 더 고도한 생활정립으로 유도할 것이다. 실천철학은 지식인과 평범한 사람 사이의 접촉의 필요성에 근거하는데, 그때에 과학적 활동에 제한을 가하고 통일을 대중의 가장 낮은 수준에 고정하기 위해서가 아니라 바로 정치적으로 봐서 대중과 소지식인 집단의 지적인 진보를 가능케 하는 어떤 정신적-도덕적 블럭을 형성하기 위해서다" (『옥중수고』, 1384f. ; 『실천철학』, 137f.).

이러한 설명은 다음과 같은 문장에서 나타나고 있듯이 정치, 민주주의 그리고 사회주의에 관한 그람시의 근본적 이해와 밀정한 관련 속에서 볼 수 있다 : "지도자를 만들어내는 데서 근본적으로 중요한 전제들이 있다. 항상 지도자들과 피지도자들이 있다고 할 것인가, 아니면 이러한 분리의 필연성을 없앨 조건들을 만들 것인가? 그것은 인간의 영원한 분할이라는 전제에서 출발할 것인가 또는 단지 분명한 조건에 상응하는 역사적 사실일 뿐이라고 믿는가 하는 것이다" (『옥중수고』, 1752; 『실천철학』, 297f.).

지식인들 위에서 만들어내야 할 이론과 실천의 이러한 통일은 결코 기계적으로 부여된 것이 아니라, 하나의 역사적 과정이다. 이 과정의 가장 기초적이고 가장 원시적인 표현은 "구분" 및 "해소"와 본능적인 독립성이라는 감정에 있으며, "그리고 일관되고 통일적인 세계관을 실질적이고 완전하게 소유하는 데까지 나아간다" (『옥중수고』, 1385; 『실천철학』, 138).

역사적 "실험가들" (『옥중수고』, 1387; 『실천철학』, 139) 로서의 당, "이론과 실천이 통일되는 용광로" (『옥중수고』, 1387; 『실천철학』, 140) 로서의 당은 경제적이고 능동적인 전 대중에 대한 지적, 도덕적 지도를 실행한다. 당은 우선 하나의 과제를 갖는다. 지식인과 대중의 기계적이지 않고 유기적인 상호결합을 이루고 대중의 지적 수준을 고양시키기 위해서는, 특히 지금까지의 대중의 결정론적이고 숙명론적인 일상이해의 극복이 필수적이다. 정말 "기계적 결정론"은 패배의 국면에서는 노동운동에 대해 "도덕적 저항의 놀라운 힘"(『옥중수고』, 1388; 『실천철학』, 140)으로 될 수 있다. "그러나 '예속자들'이 대중의 경제활동에 대한 지도자 및 책임자로 될 때에는 어떤 지점에서부터 상당한 위험의 메카니즘으로 될 것이다"(ibid.). 왜냐하면 기계론적 세계관은 항상 예속자들의 종교였으며, "약자의 능동적이고 실제적인 의지는 숙명론이란 옷을 입고 있다"(ibid.)고 말할 수 있기 때문이다. "그 때문에 항상 기계적 결정론의 문제에 주의를 환기해야 한다. 이것은 대중의 순박한 철학으로서 설명할 수 있고 내부로부터 생겨나는 힘요소일 뿐이지만, 지식인들로부터 반성적이고 일관된 철학으로 여겨지는 순간 수동성과 수줍은 자기만족의 원인이 되며, 이것은 기대하지 않는데도 예속자들에게까지 지도적이고 책임이 있게 된다는 것이다"(『옥중수고』, 1392; 『실천철학』, 144).

"무정형적인 대중요소에 인성을 부여한다"는 실천철학의 과제는 "대중으로부터 직접적으로 나오고 동시에 대중과 긴밀히 결합되어 존속하는" 새로운 지식인 형태의 형성을 전제한다(『옥중수고』, 1392; 『실천철학』, 144).

어느 정도까지는 모든 사람에게 적용되는 지적 활동 즉 수공활동과 사회에서 지식인의 "기능"을 구분하는 그런 확장된 지식인 개념과 유사하게, 그는 "철학자" 개념을 아주 넓은 의미에서 사용한다. 모든 사람은 "철학자"다. 왜냐하면 모든 일정한 세계관은, 이것들이 일상이해의 가장 원시적인 단계에 있다고 할지라도 모든 삶연관에 대한 항상 일정한 설명모형 및 해석모형을 갖기 때문이다. 사회의 최하층에도 현존하는 세계관적 요소에 대한 이러한 기초는 가장 기형적이고 일관성없는 형식 속에서는 "위대한" 철학자들의 생산물이기 때문에, 그람시에게는 직업철학자와 철학자로서의 그외 사람들 간에는 어떤 질적인 차이도 없고 다만 사고의 "동질성", "일관성", 그리고 "논리성"의 정도에서 평가되는 양적 차이가 있을 뿐이다(『옥중수고』, 1342; 『실천철학』, 149). 우리는 여기서 과학개념과는 여전히 단지 점진적-양적으로만 구분되지 질적으로는 구분되지 않는 그람시의 이데올로기 개념에 대한 본보기를 확인할 수 있다. 이데올로기는 "구체적이게 되는 즉 역사적으로 사회적으로 보편적이게 되는" (『옥중수고』, 1330; 『실천철학』, 151) 정도에서 자신의 진리내용 내지는 과학내용을, 즉 자신의 역사적 정당성에 대한 증명을 포함하며, 교육적인 관계로서의 헤게모니의 실현에 기여한다.

예속자를 지도자로 만든다는 목표라는 가장 넓은 의미에서의 이러한 교육자적인 관계를 그람시는 "인식에서 이해로, 감정으로, 그리고 역으로 감정에서 이해와 인식으로의 이행"(『옥중수고』, 1505; 『실천철학』, 428f.)이라고 서술한다.

그람시가 항상 반복해서 대중과 지식인의 결합에 있어서 "조직성"을 강조하고 단지 외적이고 일면적인 관계를 제외시킬 때, 그는 여기서 이 조직성을 "인식", "이해" 그리고 "감정"의 통일로서 묘사한다. 인간적으로 마주하지 않고 "고통"을 포괄하지 않고 문제연관 속에서 지적인 통찰력만을 가진, 즉 "알기"만 하는 지식인은 인민과 "구분"되고 분리될 것이다. "이러한 고통 없이는, 지식인과 인민-민족 간의 이러한 감정적 연결 없이는 인간은 정치와 역사를 만들지 못한다. 인민-민족은 순수한 관료적-형식적인 것을 결여하고 있다; 지식인들은 하나의 카스트나 사제층(이른바 조직적 집중제)으로 된다"(『옥준수고』, 1505; 『실천철학』, 429).

감정과 고통이 이해와 인식으로 되는(그리고 그 역으로 되는) 곳에서만이, 사회적 힘을 나타내는 공동삶이 실현되며 "역사적 블럭"이 형성된다(『옥중수고』, 1506; 『실천철학』, 429). "역사적 블럭" 개념으로 파악된 이러한 조직적—— 그리고 동맹이란 관점에서 전술적으로 획득한 —— 통일은 지식인과 대중 사이의 매개자로서의 당의 토대 및 목표를 이룬다. "실천철학 및 근대문화"에 관한 아주 흥미로운 논문에서 그는 과거에 그것들이 해결해야 했던 맑스주의의 과제를 다음과 같이 기술한다 : "실천철학은 두 가지 과제를 갖는다. 독립적인 지식인들의 독자적인 집단을 만들어내기 위해서 근대 이데올로기의 가장 세련된 형태와 싸우는 것, 그리고 중세적 문화단계에 있는 인민대중을 교육하는 것이 그것이다" (『옥중수고』, 1858; 『실천철학』, 187).

두 가지 과제가 우선 전면에 등장한다는 사실에 비추어, 지배적인 문화적 헤게모니의 수준을 고집하는 것은 성공적이지 않다. 반대로 " '교육적인 근거에서 새로운 문화[역사유물론]는 인민문화의 (아주 낮은) 평균보다는 높지만 그럼에도 교양인의 이데올로기와 싸우기에는 절대적으로 적절하지 않은 어떤 문화형식과의 결합으로 나아간다(ibid.). 다른 말로 하면, 관념론과 유물론이라는 낡은 이원론은 유지되고 자생적 세계관으로는 극복되지 않을 것이다. 실천철학은 "교육적인" 근거에서 —— 왜냐하면 실천철학은 그와 함께 순진한-유물론적 일상이해라는 특정한 표상과 결합될 수 있기 때문에 —— 자신을 유물론 측에 내놓는다. 왜냐하면 "정치적으로 봐서 인민의 유물론적 파악은 일상이해에 가까웠기" 때문에(『옥중수고』, 1801; 『실천철학』, 190f.). 그리고 "실천철학보다도 훨씬 광범한 문화의 역사에서 인민문화가 꽃필 때면 '유물론'이 번성했다. 어떤 변혁국면이 지나가고 인민의 광맥에서 새로운 계급의 금속이 형성되며, 반면에 전통적 계급은 동시에 정신주의로 흘러가기 때문이다" (『옥중수고』, 1861; 『실천철학』, 190). 로트(Roth, 1972, 51)는 그람시가 여기서 레닌과는 정반대로, 무비판적인 일상이해의 '순진한 사실주의'를 바로 맑스주의적-유물론적 인식론의 토대로 만들어버린다는 점을 지적한다.

역사적으로 설명할 수 있지만 아직 불충분한 이러한 발전을 그람시는 거대한 역사적 정신적 단절운동의 관계 속에 위치짓는다. 소렐이 여러 면에서 옳게 그리고 많은 점에서 일면적으로 인식하고 이론화시킨 어떤 "지적, 도덕적 개혁"의 필요성이 그람시에게서는 구체적인 형태를 취한다. 그에게는 맑스주의는 총체적인 문화적 과거의 전통 속에 있다 : 르네상스와 종교개혁, 독일철학과 프랑스혁명, 캘빈주의와 영국의 고전경제학, 세속적 자유주의, 모든 근대적 세계관의 기저에 있는 역사주의는 정신적 배경을 이룬다. "실천철학은 인민문화와 고급문화의 대립에서 변증법적으로 생겨나는 이러한 모든 지적, 도덕적 개혁운동의 정점이다" (『옥중수고』, 1860; 『실천철학』, 189).

그러나 실천철학과 이러한 다른 문화적 흐름과의 관계를 어떻게 이해할 수 있을까? 낡은 또는 다른 세계관적 입장의 부분적인 수용이라는 의미에서 그것은 그람시도 때때로 속하는 것으로 평가되는 이른바 "서구 맑스주의"에서는 결여되지 않은 시도── 즉 신칸트주의, 정신분석학, 현상학, 실존주의 또는 다른 흐름의 통합을 통해서? 그람시는 이러한 가능성을 범주적으로는 부정했지만, 안토니오 라브리올라에 대한 그의 적극적 언급은 근본적으로 맑스주의의 절대적 독자성에 대한 요구를 위해 선조를 끌어들이는 것이다.

우리는 이미 다른 곳에서, 그람시에게는 모든 자칭 이론적일 "뿐"인 문제도 항상 실제적 문제라는 것을 보아왔다. 그러나 자율성 문제의 정치적 차원은 국가에 대한 질문 속에 있다. 「'정통' 개념」이란 논문에서 그는 "정통성"을 이미 달성된 자율성 및 자립성의 상태에 대한 측정으로서, 즉 새롭고 통합적인 문명을 만들어낼 수 있는 "총체적이고 통합적인 세계관과 자연과학에 관한 총체적인 철학 및 이론으로 정의한다. 이러한 개념을 그람시는 그가 "혁명적"이라 할 때 이해하는 것의 진정한 개념적 규정에 사용한다. 이론은 "그것이 두 진영으로의 분리와 의식적인 구분의 한 요소로 되는" 정도에서 혁명적이며, "실천철학이 모든 전통적 철학 및 종교와의 대립 속에서 나타나는 완전히 자율적이고 독립적인 사고구조가 아니라고 생각하는 것은, 인간이 항복한다는 것은 아니지만 낡은 세계에 대한 모든 구속을 아직 털어버리지 못했다는 것을 의미할 뿐이다"(『옥중수고』, 1434; 『실천철학』, 240).

6. 역사적 보론 : '민족적-민중적' 개념

지금까지의 설명과정에서 "인민(Volk)-민족" 또는 "민족적-인민적" 등과 같은 표현이 종종 있었다. 그람시에게 중요한 이러한 개념들의 진정한 의미는 특히 이탈리아 민족사에 대한 그의 다양한 역사적 저작들 위에서만 이해할 수 있다. 이탈리아 민족사는 확실히 부정적 배경으로서, 통합국가를 형성하지 못하는 과정으로 나타난다. 그렇지만 단지 이탈리아적인, 역사적으로 반복되는 문제틀을 언급하는 것에서 훨씬 나아가, 이 개념들은 그의 헤게모니 개념의 진정한 규정에 광의의 입지점을 제공한다. 민족적-민중적(nazional-popolare) 개념에는 그람시가 촉구한 지식인과 대중 사이의 "유기적" 통일의 측면 하에서 펼쳐질 수 있는 기본적인 관련이 결정화되어 있다. 그람시가, 프롤레타리아트의 헤게모니를 실천적으로 실현하고 이러한 역사적-실천적 행위가 동시에 인식론적 진보를 나타낸다고 한 것에 레닌의 중요성이 있다는 것을 반복해서 강조할 때, 이론과 실천에 대한 이러한——카타르시스 개념으로 요약되는——변증법적 이해는 그람시의 전체적인 이론적 틀 위에서 나타난다. "역사적 블럭" 속에서 나타나는 토대와 상부구조의 분리 불가능한 변증법적 관련, "통합국가" 속에서 움직이고 있는 국가(폭력국가라는 좁은 의미에서)와 시민사회의 분리 불가능한 결합은 동시에 지식인과 대중 사이의 완전히 새로운 관계를 전제하고, 밝혀진 바와 같이 **민주주의적 관계**로서 이해된다.

"민주주의에 관한 다양한 의미 가운데서 사람들은 '헤게모니' 개념과 결합하여 가장 현실적이고 가장 구체적인 의미를 획득할 수 있는 것처럼 보인다. 헤게모니적 체계에서는 지도집단과 피지도집단 간의 민주주의가, 경제발전 및 이러한 발전을 표현하는 입법이 피지도집단의 지도집단으로의 (분자적) 이행을 가능케 하는 정도로 존재한다"(『옥중수고』, 1056).

그의 역사적 주석의 핵심에는, 이탈리아에는 종교개혁이나 프랑스혁명에 비교할만한 심도있는 지적, 도덕적 개혁이 없었으며, 어떤 민족적-인민적 블럭도 형성된 적이 없으며 정말 이탈리아에는 한 번도 종교가 인민과 지식인 사이의 응집요소로 된 적이 없었던 원인에 대한 분석이 있다(『옥중수고』, 1129). 이탈리아 지식인은 오래 전부터 **사해동포주의자**였지만(『옥중수고』, 729, 『옥중수고』, 1935, 『옥중수고』, 383 참조), 대중들과 민족적-인민적으로 결합되지 않았다. "이탈리아에는 '민족적'이라는 개념이 이념적으로 아주 좁은 의미를 가지고 있으며 결코 '인민적'인 것과 결합되어 있지 않다. 왜냐하면 이탈리아에서는 지식인이 인민과 즉 '민족'과 분리되어 있고 그 대신 아래로부터의 강력한 정치적인 인민적 또는 민족적 운동을 통해서도 결코 깨지지 않을 카스트 전통에 긴박되어 있기 때문이다"(『옥중수고』, 2116).

그람시는 다음과 같이 묻는다. 즉 완전한 정치적 자율성에도 불구하고 이탈리아에 일찍부터 형성된 부르조아는 새로운 행동가능성을 여는 데서 절대주의 국가와 같은 동일한 이니셔티브를 왜 갖지 못했는가? 지중해로부터 대서양으로 역사적 축이 이동하도록 한 터키의 침공 때문인가 아니면 다른 이유가 있는가? 그람시는 이 이유들을 무엇보다도 이탈리아 민족사 자체에서 찾는다. 바로 부르조아지는 그 당시까지는 절대주의 국가에서 더 잘 나타날 수 있었다는 사실에서 찾는다. "여기에 지식인 문제와 접목되어야 하는 문제가 놓여 있다" (『옥중수고』, 569). 이탈리아 부르조아지와 직접적으로 결합된 지식인이라는 독자적 범주를 만들어내는 것이 정말 이탈리아 부르조아지의 핵심이었다. 그럼에도 아직 하지 못하고 있는 것은 사해동포주의적 특성을 견지하고 있으며 아직도 더욱 강화될 수 있는 전통적 지식인(특히 사제들)의 동화다. "아마 이러한 역사적 전통은 근대 이탈리아 부르조아지의 전제적 성격을 설명하고 실지회복 운동을 더 잘 이해할 수 있게 하는 데 기여할 수 있다" (ibid.). 왜냐하면 이탈리아 부르조아지의 일반적인 "역사적 경향" (『옥중수고』, 677) 은 조합적 한계를 넘어선다는 자신의 집착이기 때문이다. "이탈리아에서는 조합적 국면을 벗어나는 것이 자치주의자에게는 가능하지 않았으며, 중세적 무정부주의는 새로운 상황에서 적합한 형태로 나타났고 그 뒤 외국지배가 닥쳐왔다" (『옥중수고』, 641).

도시국가의 자유시기에 이미 이탈리아 지식인은 어떤 인민적-민족적 성격을 지니지 않고 오히려 사해동포주의적 성격을 지녔다. 무엇보다도 이것이 도시국가가 생디칼리스트적 상황을 넘어서지 못하고 통합국가 속으로 통일되지 못하는 데 대한 원인이었다. 마키아벨리는 그당시 군대조직의 도움으로 농촌에 대하여 도시의 헤게모니를 행사한 "최초의 이탈리아 자코뱅"이었다(『옥중수고』, 1555ff. ; 『실천철학』, 238ff. 참조).

경제적인 지배계급은 자신의 독자적인 지식인 범주를 창출하고 마침내 독재를 넘어서 헤게모니를 행사한다는 것을 이해하지 못했다 (Gramsci, 1965. 481 참조). 이러한 사고과정 때문에 리허스(Riechers, 1970, 198 참조)는 그람시의 이른바 "주관적 관념론"을 폭로하게 되었다. 그럼에도 이러한 상세한 설명을 통해서, 지중해 경제로부터 대서양

경제로의 변화가 16세기(스페인-포르투갈의 식민화 시대)에 이탈리아에 역작용을 가했다는 경제적으로 중요한 사실이 문제시되지 않을 것이다. 그람시는 오히려 13, 14, 15세기의 경제적으로 강력한 이탈리아의 상업 및 금융 부르조아지가 —— 프랑스 절대주의에서 이루어졌던 것처럼 —— 결국은 자신의 경제적 이해에 상응하는 민족국가적 통일을 이루어낼 수 없었고 여전히 경제적-조합적 상태에 머물렀다는 것을 강조하였다. 수세기 동안의 민족국가적 분열이 남부 이탈리아에서는 외국지배에 대한 결과이자 또한 원인이었고, 북부 이탈리아 지역에서의 왕가적-소국적 사고의 결과이자 또 원인이었다. 이러한 관련 속에서, 민족적 부르조아지와 유기적으로 결합되지 못하고 국제적으로 각인된 사해동포주의적 입장과 사실상 반동적인 기능을 가지고 있던 지식인의 기능을 알 수 있다.

르네상스는 이러한 역사적 특수성의 가장 두드러진 표현이다. 왜냐하면 이탈리아에서 이제야, 곧 두 가지 방향으로 나뉘지만, 유럽적 의미의 새로운 지식인 층이 형성되었기 때문이다. 하나의 방향은 사해동포주의적 기능을 수행하였고 반동적이고 가톨릭교와 결속되었으며, 다른 한 방향은 진보적인 사해동포주의적 기능을 수행하는, 정치적이고 종교적인 이민자들 사이에서 외국에서 형성되었다. 이민자들이 정주하는 곳에서 그들은 기술자, 정치가, 엔지니어 등으로서 근대국가의 건설 및 조직에 참여한다(『옥중수고』, 1910 참조). 같은 방식으로 그람시는 인간주의자들을 평가한다(『옥중수고』, 652f. 참조). 그에게 이들은 중세적 보편주의의 전통 속에 있고 어떤 민족적 요소들도 표현하지 않고 사해동포주의적 "카스트"를 형성하고 있다. 비록 반종교개혁이 새로운 인간주의적 이데올로기를 나중에 억누를지라도, 그람시는 인간주의의 비정치적이고 비민족적인 성격에서 반종교개혁의 직접적 전제로 될 반동적 구성요소를 본다.

지식인들의 사해동포주의적 차이는 다양한 문화적 수준들, 즉 민족적-민중적인 것으로까지 연장되지 않은 지방적-변증법적-민속적 수준과, 어떤 종교적 전통이나 근대세계에서 특정한 "문화적-정치적" 흐름이 규정할 수 있는 특정한 문명의 수준이 결합되지 않은 채로 연관없이 나란히 존재하는 결과를 가져왔다(『옥중수고』, 2194).

그러므로 "고급"문화와 인민문화의 유기적 결합이 비로소 표현될 수 있는 민족적-문화적 통일이 이탈리아에는 존재하지 않는다. 특수주의와 지방주의는 이중적으로 분리된 문화의 핵심적 측면이며, 이러한 역사적 상황의 배경 위에서만 문화적 현상이 민족적-인민적 의식을 얼마나 배태하게 수 있을까에 대해 연구하려는 그람시의 노력을 이해할 수 있다. 예를 들어 "실재의 객관성"을 개념화하는 "아리스토텔레스적-가톨릭적" 방법과는 반대로 인민문화 속에서 근대문화의 "변증법"을 도입하려고 노력하는 피란델라(Pirandella)에 대한 그람시의 설명은 유익하다(『옥중수고』, 705). 왜냐하면 거대한 인민 대중을 이러한 수준으로 고양시킬 때만이 자신의 상태 및 자신의 행동능력에 대한 의식을 달성하고 예속자에서 지도자로 될 수 있기 때문이다. "비천한 사람들"에 대한 이탈리아의 전통적 지식인의 가부장적 태도를 떨쳐내는 것이 긴요하다(『옥중수고』, 2112 참조). "사람들은 새로운 인생관과 밀접하게 결합되어 있어야 하는 새로운 문화를 둘러싼 투쟁에 대해서, 그것이 결국은 실재를 새롭게 느끼고 인식하도록 할 때까지 말해야만 한다……"(『옥중수고』, 2192). 그리고 "새로운 건설은 아래로부터만 올 수 있으며 그 때에 완전한 민족적 층, 경제적 문화적으로 최하층은 인민의 완전한 삶을 포함하는 발본적인 역사적 사실에 관여한다……"(『옥중수고』, 816).

그람시가 지속적으로 언급하고 있는 마키아벨리의 저작은, 그에게는 바로 르네상스를 통해서 촉진된 이러한 상태의 극복에 대한 요구다. 그것은 프랑스와 다른 곳에서 절대주의적 군주들이 했던 것처럼 인민에 가까이 가야 할 정치적 민족적 필요성에 대한 맹세다(『옥중수고』, 640ff. 참조). 프롤레타리아 국제주의에 관한 그람시의 입장에 비추어서 그람시가 아주 차별적인 입장을 취한다는 것이 결정적으로 중요하다. 전인민을 포괄하는 민족적 정체성에 근거해서만이 국제주의적, 사해동포주의적 입장은 진보적일 수 있다. 이것이 그람시 입장의 핵심이다. 헤게모니에 이르는 예속자들의 학습과정은 민족적이라고 규정되는, 모든 계층 및 계급에 접근하는 경험공간의 틀 속에서만 역할을 할 수 있다. "모형"이나 무차별적으로 결합된 전략에서 추상적으로 넘어가는 것은, 그러한 전략이 "민족화"할 수 없을 때 즉 하층에 대한 특수하고 역사적으로 발전된 정체성을 만들어낼 수 없을 때에는 필연적으로 외적이고 기계적인 채로 남을 수밖에 없다. 모든 역사운동, 바로 국제적 운동도 "민족화"되어야 하며, 정치적 실천의 출발점과 관련지점은 민족적이어야만 한다(『옥중수고』, 1729). 그런 뒤에 새로운 형태의 사해동포주의도 진보적 기능을 충족시킨다. "이탈리아의 전통적 사해동포주의는 새로운 형태의 사해동포주의로 되어야만 한다. 그 속에서 세계의 일부분을 항상 발견할 수 있는 그 이탈리아적 근면성에 가장 좋은 발전조건을 확보해줄 수 있도록…… 그러므로 이탈리아적 전통은 전통적 부르조아 및 전통적 지식인에게로가 아니라 근로인민과 그들의 지식인에게로 변증법적으로 이전된다고 말할 수 있다. 이탈리아 인민은 '민족적으로 말해서' 근대적 형태의 사해동포주의에 많은 관심을 가지고 있는 그런 인민이다…… 세계를 통일적인 방식으로 경제적으로 건설하기 위해서, 즉 세계를 헤게모니적으로 지배하고 다른 세계의 노동의 성과물을 수취하기 위해서가 아니라 바로 이탈리아 인민으로서 존재하고 발전하기 위하여 협동하는 것이 이탈리아 인민 및 이탈리아 역사의 전통 속에 있다"(『옥중수고』, 1988).

문화적 수준의 활성화는 그람시에게는 그가 이탈리아 인민의 "비정치주의"라고 말한 것을 극복하기 위한 전제다. 그것은 수동성 속에서, 그러나 또한 반역과 파괴적 행동 속에서, 원시적이고 기초적인 반-국가적 입장 속에서 나타난다(『옥중수고』, 2108ff. 참조). 대중의 이러한 비정치적 입장은 지배세력권 내에서는 파벌의식과 일치한다. "고위 지배층에서는 '조합적', 경제적, 집단특수적이라고 말할 수 있고 이탈리아의 정치용어법에서 '파벌'(consorteria)(프랑스어의 'clique'와 스페인어의 'camarilla'의 이탈리아적 형태)이라는 용어로 얘기하는 종류를 생각하는 것이 그것에 상응한다"(『옥중수고』, 1664). 이러한 개념이 프랑스어 및 스페인어에서는 군사집단 내지는 궁정집단의 활동을 강하게 지시하므로 분명한 봉건적 성격을 지니는 반면에, 이탈리아에서는 경제적인(특히 농업적이고 지역적인) 이해와 결합된 현상을 나타낸다. 인민의 비정치적 입장과 지배층의 특수주의적-조합적 파벌의식 양자는 전통적 정당의 모호한 인상, 그것의 강령과 이념의 불확실성을 설명한다. 그 강령에서는 특정한 강령적 목표상의 관철보다는 "정치적" 내지는 "지도적" 계급의 내부에서의 변형적-개인주의적 권력 이전이 중요하다.

그러나 부족한 정치의식은 그람시에게는 항상 국가에 관한 부족한 의식이다. 권력장악 이전에 이미 헤게모니가 존재하고 "시민사회"의 모든 분지 속에 현존한다는 것은 그러므로 본질적으로 전략적 측면이며, 이러한 전략 속에서 문화적 투쟁, 새로운 문명을 둘러싼 투쟁, 지적 도덕적 개혁, 즉 "독일에서 프로테스탄트 종교개혁 그리고 프랑스혁명과 같은 기능을 가진 인민혁명"(『옥중수고』, 2108)에 결정적인 중요성이 부가된다. 왜냐하면 모든 새로운 문명은 "억압받고 저지당하거나 온갖방법으로 구속받게" 될 때에 항상 국가적 수준에서 보다 더 빨리 문학적으로 표현되기 때문에, 그것의 문학적 표현능력은 이러한 새로운 문화의 법적 국가적 표현을 가능케 하는 지적, 도덕적 조건을 창출하기 위한 전제다. 역사유물론은 이러한 새로운 문화의 토대일 것이다. "이탈리아에서는 인민대중과 결합된 어떤 지적 도덕적 개혁도 없었다. 르네상스, 18세기의 프랑스철학, 19세기의 독일철학은 고상한 계급만 또는 종종 지식인만이 관계하는 개혁이다. 크로체적 형태의 근대적 관념론은 분명히 하나의 개혁이고 분명한 영향력을 지니지만, 어떤 언급할만한 대중과 접촉하지 못했고 첫번째 대적공격에서 해체되었다. **역사유물론은 이러한 기능을 가질 수 있고 가질 것이다.** 이 기능은 세계관으로서 완전할 뿐만 아니라 전체 사회를 발본적으로 파악하게 되는 한 완전하다"(『옥중수고』, 515. 강조는 인용자).

7. 지식노동의 변화하는 조건의 맥락에서 교육제도

그람시적 의미에서 지식인은 특수하고(기술적인) 일반적인(정치적인) 능력을 갖춘 대중조직가다. "지도자" (지적 지도자)의 개념은 현상학적-법률적, 전통적 지식인이든 후기부르조아적-기술관료적 지식인이든 부르조아적 지식인 개념과는 질적으로 구분된다.[1)]

이러한 고려에서 출발하여 그람시에게는 두 가지 제도가 핵심적인 중요성을 지닌다. **학교**와 **정당**이 그것이다. 양자는 교육제도이고, 중점

1) 이러한 맥락에서 오늘날 보수진영으로부터 "법률적-성서해석학적으로 훈련된 지식인"이 전통적 독점의 약화가 고려되고, 그것을 기술적으로 훈련된 전문가들로 대체할 필요성이 옹호되는 한편, 동시에 이러한 전통적 지식인의 **이데올로기적 유용성**이 이야기되고 있다는 사실이 흥미롭다. 예컨대 Lübbe, in : Lenk (Hrsg.), 1973, pp. 94-104 참조. p. 100에서 인용하자면, "의회는 변함없이 수사학적 잠재력과 국부적 지식인의 과잉에 의존하고 있다. 또한 지배적 이해관계, 목적, 목표의 법적 서술은 본질적으로 기술적 문제, 즉 공공성을 각인하고, 합의와 필요한 것에 대한 찬성을 이끌어내기 위한 수사학적-정치적 기술의 문제다."

은 다르지만 무비판적 일상이해, "상식"에 영향을 끼친다. 그러므로 그람시는 특이한 관심을 가지고 당시의 교육학적 토론, 특히 개혁교육학적 노력을 추구하고, 모든 종류의 교육제도, 무엇보다도 이른바 "진보적" 학교에 대한 기록들을 수집하였다.

육체적 교육과 지적 교육의 기계적 결합만을 추구하는, 특히 앵글로 색슨적인 통일학교〔Einheitsschule. 통일적 학제에 의한 학교〕를 그는 "속물적"이라고 규정한다. 왜냐하면 그것은 "도구적이고 억압받는 계급을 개별화된 개인으로서가 아니라 총체로서 사회의 지도역할을 하도록 교육하는 새로운 형태의 학교를 만드는"(『옥중수고』, 1183) 문제와 외적이고 표피적으로만 어떤 관련을 맺고 있기 때문이다.

새로운 학교제도의 제도적 전제로서 **통일학교**는 국가적 교육과제에 완전히 다른 의미가 부여되고 그것을 급격하게 고양시킨다는 것을 전제한다. 새로운 세대에 대한 교육 및 육성이라는 총체적 기능은 더이상 사적 임무가 아니라 국가적 임무가 되어야 하며, 그 때에만 "집단 분리 및 카스트 분리"가 극복될 수 있다. 교사의 수가 대단히 증가되어야만 하는데, "왜냐하면 학교의 효과는 교사와 학생 사이의 관계가 단출할수록 더 크고 강해지기 때문이다." 이러한 요구는 커다란 문제를 제기할 것이고, 건물 문제도 해결하기 쉽지 않을 것이다. 왜냐하면 그람시의 생각에 따르면 미래의 통일학교는 "취침실, 식당, 전문서적, 세미나를 위해 적당한 교실 등을 갖춘"(『옥중수고』, 1534) 기숙학교일 것이기 때문이다.

비교적 상세하게 그람시는 오늘날 "계층특수적인 사회화"라는 표제하에 토론되고 있는 것, 즉 교양있는 가정 출신이고 어느 정도 "일련의 개념 및 입장을 '허공'에서 짜내는〔날조하는〕—— 이것은 본래적인 의미에서 학교경력을 본질적으로 편하게 한다 —— 그런 어린이의 보호에 관심을 갖는다"(『옥중수고』, 1535). 왜냐하면 전통적 지식인집안 출신의 어린이에게는 학교의 요구에 정신적-물리적으로 적응하는 과정을 통과하도록 하고 집중하도록 하는 것이 더 쉽기 때문이다.

그러므로 어린이탁아소 및 다른 취학 전 제도의 완전한 연결망에 대한 요구를 넘어서, 통일학교의 내부조직 속에서는 적어도 일정한 특권층에서 어린이의 학업의 요구에 결정적으로 기여하는 그런 조건 가운데 가장 중요한 것이 만들어져야만 한다.

통일학교는 전체적으로 **능동적 학교**이지만, 학생들이 통과하는 마지막 단계에서 비로소, 실천적 직업활동뿐만 아니라 연구의 전제조건으로서 지적 자기훈련 및 도덕적 자율성을 매개하는 **창조적 학교로 된다.** 그것으로서 그람시는 이탈리아의 전통적 학교제도와는 반대로, 기억작업에 기초하는 "독단적이고" 수용적인 학습이라는, 필수적인 것으로 여겨지는 최초의 단계로부터 창조적 방법의 자립적 적용으로의 점진적이고 결코 비단절적인 이행을 보증할 것이다.

초등학교의 처음 4년 동안에 기본적인 문화기술——읽기, 쓰기, 계산하기, 지리, 역사——과 함께 "다양한 전통적인 사회적 환경에 의해 매개되는 표상과, 그러므로 사람들이 민속적이라고 말할 수 있는 표상과 갈등에 빠지는 새로운 세계관의 기본적 요소"(『옥중수고』, 1535)로서 국가 및 사회에 관한 기본개념 및 기본관련에 특별한 중요성이 두어질 것이다. 이러한 단계에서 특히 나타나는 교훈적인 문제는 이러한 최초의 수년 동안에 고유한 독단적인 방향을 진정시키고 성과있게 만들어가는 데 있다. 마지막 단계는 결국 대학방문을 준비하기 위한 학문적 방향이거나 직업생활의 사전준비로서 직접적인 실천적 방향으로 더 나아간 전문화를 가져온다. 통일학교의 설립은 지식노동과 산업노동 간의 새로운 관계의 시작을 의미하며, 이것은 학교 자체에서뿐만 아니라 "사회적 삶"에서도 그렇다. 그러므로 통일원리는 문화의 전체 조직을 변경시키며 그것에 새로운 내용을 부여할 것이다(『옥중수고』, 1538).

비록 그람시가, 이미 밝혀진 대로, 당시의 자유주의적인 개혁교육학적 접근법에 강하게 관심을 갖고 토론을 주의깊게 추구했지만, 그는 어린이와 사회의 관계를 전적으로 비자유주의적 의미에서 파악한다. "전체 통일학교는 능동적 학교다. 그렇지만 자유주의 이데올로기를 이 영역에 한정하고 일정하게 정력적으로 성인 세대의 의무, 즉 새로운 세대를 적응시키는 국가의 '의무'를 변호해야 한다. 우리는 우리 자신이 아직 능동적 학교의 낭만적 단계에 있음을 발견한다. 그 단계에서 기계적이고 예수회적인 학교에 대항하는 투쟁의 요소가 비교와 논쟁의 근거에서 병적으로 확대된다 : 우리는 "고전적"이고 합리적인 단계로 넘어가야 하며, 우리가 도달하려는 목표 속에서 방법과 형식을 완성하기 위하여 자연적인 원천을 찾아야만 한다"(『옥중수고』, 1537).

그람시는, 대학과 주민대중 사이의 접촉을 만들어내고 정신적인 교환의 영속적인 과정에서 지적 수준을 높이고 대학과 사람들의 일상실천과의 관계를 만들어내야하는, 중간적인 교육제도를 만들어낼 수 있는 가능성에 특별히 주의를 기울인다. 여전히 더듬거리면서(tastend) 그는 현존하는 문화조직 특히 아카데미를 "문화묘지"라는 그것의 당시의 기능으로부터 벗어나게 하려는 시도를 하였다. 왜냐하면 지금까지 그것은 과거 지식의 보존에 압도적으로 봉사해왔고 바로 그 때문에 심리학적으로 지배계급의 뜻에 따라 어떤 기능을 해왔기 때문이다. "생활과 문화 사이의, 지적 노동과 산업노동 사이의 새로운 관계 속에서 아카데미는, 통일학교에 따라 직업생활로 들어가고 그들과 대학종사자들간의 접촉지점이 되어야 하는 그런 요소를 문화조직(지적 체계화, 확장, 창조)에 양도해야 했다"(『옥중수고』, 1538). 그것의 과제는 근로주민을 지적 수동성에 빠지지 않도록 하고, 다양한 문화적 조직의 통일을 시도하며, 과학과 산업의 관련에 대한 특히 노동의 과학적 조직화와 공장 내의 실험적인 과학적 조직에 대한 통제기능을 행사하는 것일 것이다. 그리고 결국 그것은 "오늘날 희생당하고 있고 오류와 잘못된 시도 속에서 잃게 되는"(『옥중수고』, 1539) 인민대중의 개별적인 지적 능력을 선별하여 촉진시키기 위한 어떤 기제를 발견해야 할 것이다.

그람시에게 "지배"(dirigente) 개념은 루카치적인 의미에서 "계급의식"을 의미하는 것이 아니라, 무엇보다도 특정한 기술적-정치적 **능력**을 나타낸다는 것이 이 지점에서 특별히 분명해진다. 생산을 담당할 뿐만 아니라 그것을 더욱 잘 그리고 합리적으로 조직하고 이끌어나갈 수 있다는 것이 그람시의 핵심적 생각이며, 그 속에서 단절과 지속으로서의 혁명에 대한 그의 이해가 표현된다. 모든 좌익공산주의적인 관념들과, 제3인터내셔널의 특정 국면에서 나타나는 관념("파괴"와 부정의 강조, 계급 대 계급 투쟁 등)에 반대하여, 그람시는 감옥에 있는 동지들 사이에서 상대적으로 커다란 고립의 위험과 "사회민주주의"로 끌려가게 될 위험에 대해, ① 동맹전략 그리고 그와 더불어 원칙적으로 **대중적 기초**에 근거한 정향된 정치, 그리고 ② 통일적인 집합의식의 창출을 통한 "파괴"와 "재건설"의 변증법으로 이해된 혁명관이라는 두 가지 요구를 고수하였다(특히 Buci-Glucksmann, 1975, 275-82, 그리고 Spriano, 1977 참조).

동질적 집합의식의 민족적 통일은 일련의 조건을 전제하고 지식인들에게 충분한 과제를 제시한다. 왜냐하면 상이한 의식태도를 배우는 데서 동일한 내용 및 개념은 동일한 정치적, 조직적 효과를 가져올 수 있다는 것이 그람시에게는 전형적인 "계몽주의적" 판단을 받아들이는 것이기 때문이다. "동질적인 종류의 조직적 확대를 동질적인 중심에서 생각하고 작동시킨다"는 전제는 충분하지 않을 것이다. "같은 불빛이 다양한 프리즘을 통과하면 다양한 빛의 굴절을 가져온다. 동일한 굴절을 바란다면 개별 프리즘에 대한 일련의 조절이 필요하다"(『옥중수고』, 2268).

이러한 그림을 가지고 그람시는 의식구조, 그것의 형성과 변화라는 총체적 복합체에 대한 생각을 시작한다. 무비판적-숙명론적인 일상이해를 파괴한다는 것은 그람시에게는, 인간은 침전해 있는 의식수준의 발생에 가능한 한 반대하고 때때로 명증적으로 그때그때의 수준에서 상상한다는 것을 전제한다. "끈기있고 체계적인 '반복'이 기본적인 방법적 원칙이다. 그러나 결코 '지겨운' 물질적, 기계적 반복이 아니라 모든 개념의 다양한 특수성 및 문화적 전통에의 적응이다. 그 원칙은 그것의 모든 긍정적인 측면과 그것의 전통적 부정 속에서 항상 다시 나타날 수밖에 없으며, 그러면서 인간은 항상 모든 부분적 측면들을 총체성과 결합시킨다. 겉으로 드러나는 차이와 모순 속에서 실제적 동일성을 찾아내고 겉으로 드러나는 동일성 속에서 실질적 차이를 발견하는 것이 역사발전을 연구하는 역사가와 이념비판가의 가장 미세하고 이해되지 않지만 본질적인 임무다"(『옥중수고』, 2268).

동질적인 문화중심을 형성하고 교육하는 과제는 방법적으로 "분명하게 만들어진" 원칙의 이론적 열거만으로는 충분할 수 없다. 18세기의 "철학"의 의미에서 계몽적 작업이 고려되고 필요한 것이 아니라 연역과 귀납의 과정이 서로 결합되어야 하는 아주 복잡한 작업이 필요하다. 형식적 논리와 변증법은, 동일화와 구분, 적극적 증명과 낡은 것의 파괴처럼 "추상적으로가 아니라 구체적으로 실재 및 사실적 경험의 토대 위에서"(『옥중수고』, 2268) 그 작업에 함께 들어간다.

이러한 생각과 가설들이 그람시에게는 사회적 의식수준의 변형종류에 관한 문제에 대한 답과 밀접히 연결되어 있다. 토대-상부구조 정리에 대한 변증법적 관념이 비로소 상부구조 영역에서 상대적으로 자율적이고 자립적인 운동의 분석에 대한 전제를 만들고, 바로 **비동시성**과 역사적 **중복**(낡은 이데올로기적 사고방향이 지닌 부분요소들의 무정부적 효과와 특수하게 "프리즘으로 굴절된" 침전물, 즉 섬세하고 눈에 보이지 않는 필터를 통해 걸러낸 문화적 "앙금")이 동질적이지만 상이한 부분요소에 빠져 있는 지배적 문화에 유착되어 있는 일상이해를 만들어낸다는 것을 기억한다. 그러나 이렇게 분산된 "사고방식"은 어떻게 변하는가? 이 방식의 변화는, 그람시가 그랬듯이, "폭발적으로" 진행되지도 않고 급속히 동시적이고 광범하게 진행되지도 않으며, 오히려 가장 이질적이고 권위적으로 통제되지 않는 "형식"에 따라 "계속적인 결합" (『옥중수고』, 2269) 속에서 진행된다.

도시에서 이미 "고물"에 속하는 것이 농촌에서, 지방에서는 아직 "작업도구"일 수 있다. 기술적 영역에서 마차로부터 근대적인 전기로 움직이는 운송수단으로 단번에 이행하지 않고 일련의 중간단계를 거쳤던 것처럼, 이념적 영역에서도 다양하고 다기한 방식으로 이념적 층이 결합된다. "문화적 영역에서도 '폭발'은 기술 영역에서보다 훨씬 드물고 덜 강하다. 기술적 영역에서는 갱신이 적어도 최고도의 수준에서 상대적으로 빨리 그리고 동시에 확대된다. 어떤 새로운 법적 조직형태도 그에 상응하지 않고 직접적으로 어느 정도의 직 · 간접적 강제조치에 상응하는 기술적 변화가 어떤 시기에 정체해 있는 정치적 정열의 '파괴'와, 느리고 점진적인 문화적 변화를 혼동한다. 왜냐하면 정열이 일시적이고 충동적일 때에도 문화는 복합적 노동의 산물이기 때문이다" (『옥중수고』, 2269).

이 모든 것을 고려할 때 다음이 분명해진다. 즉 그람시는 비록 생산기구를 지배하는 것이 또한 목표설정 ―― 직접적 능력의 획득 ―― 의 의미에서 그가 요구하는 정치적-기술적 능력의 본질적 특징이긴 하지만, 학교, 학습, 노동자형성의 문제, 요약하자면 새로운 문명의 창조라는 문제를 생산력 발전의 요구에 따라 일면적으로 수행하지는 않는다. 상위의 목표는 일정한 기술적 발전수준 위에서 가능하듯이 노동세계의 요구에 대한 노동자의 적응일 뿐만 아니라, 특히 생산력의 상태와 생산관계 간의 역사적으로 발생하고 성장한 불일치를 메꾸는 문제다. 이러한 불일치는 지도자와 피지도자 사이의 차이를 없앤다는 궁극적 목표를 가지고 지금까지의 예속자가 지배계급으로 상승하는 것에 의해서 해결될 수 있을 뿐이다. 그러나 그것은 바로 대중과 지식인 간의 새로운 관계, 그리고 그와 더불어 "지식인"과 "문화"에 관한 완전히 새로운 관념을 근본적으로 요구하는 것이다.

그러므로 개별적 상승을 촉진하고 가능케 하는 것이 통일학교의 목표일 수는 없다. 다양한 형태의 직업교육학교를 도입하는 당시 이탈리아에서 관찰되는 경향은 그람시에게는 낡은 사회구조를 새로운 형태에 보존하는 사이비 민주주의적 시도였다. 그러나 이러한 구조를 파괴하기 위해서는, 더욱 진전되고 직업교육을 하는 새롭고 층화된 학교형태를 설립하는 것으로 충분하지 않으며, "젊은이들을 직업선택의 단계에 까지 지도하고 동시에 그를 인간으로서 형성케 하여 생각하고 연구하고 지도하고 지도자를 통제할 수 있게 되도록 하는" (『옥중수고』, 1547) 새로운 통일학교가 만들어져야 한다.

사회적 상승과 사회적 이동을 매개하는 새로운 경향이 민주주의적이지는 않다. 모든 "국가시민"이 "지배자"가 될 수 있고 사회가 그에게 국민이 되는 일반적 조건을 비록 "추상적"이지만 매개해주는 것을 목표로 하는 그런 학교가 민주주의적이다. 정치적 민주주의에서 지도자와 피지도자가 경향적으로 일치할 때 (피지도자의 동의 하의 지도라는 의미에서) 에, 그것(학교) 은 모든 피지도자들에게, 목표달성에 필수적인 전반적인 기술적 준비 및 능력교육을 무료로 해줄 수 있어야 한다(『옥중수고』, 1547f.).

8. 집합적 지식인으로서 정당

그람시의 국가개념에 대한 이해에 없어서는 안되는 것이 그가 정당 특히 공산당에 부여한 기능의 분석이다.

국가개념을 분석하면서 우리는, 통합국가는 좁은 의미에서의 국가 행정이 "시민사회"의 소위 "사적" 제도를 포괄하는, "생각하고 살아가야 할 새로운 방식"에 주민을 적응시키는 과제를 떠맡는 변증법적 운동의 산물이라는 것을 설명해왔다. 강제와 동의는 통합국가의 구성요소로 된다; 지배와 지도는 국가에서 한 계급의 헤게모니적 지배를 이룬다. "시민사회"로의 국가개념의 확장은 그 때문에 바로 "국가화"라고 할 수는 없다. 왜냐하면 시민사회의 "사적 성격"이라는 가상, 즉 정치사회와 시민사회의 분리라는 가상이 보존되고 있기 때문이다. "정치적" 수준과 "시민적" 수준 양자의 통합은 국가적으로 장악하고 권위적으로 설정된 행위가 아니므로 제도적인 행위가 아니라, 유기적인 종류의 것이다. 여기서 우리가 그람시에게서 이미 보았던 "유기적"이라는 개념은 형식과 내용의 변증법을 나타낸다.

실제적 계급구분을 표현하는 지배자와 피지배자, 지도자와 피지도자의 분리를 지양하기 위한 물질적 토대가 주어지는 사회주의 사회에서는, "통합국가"는 최종생산물이 아니라 "조절된 사회"를 목적으로 하는 자기화 과정의 시작이다. 권력장악 이전에 헤게모니가 있어야 한다는 것은 다음과 같은 두 가지 고려에서 나온 전략적인 결론이다 : 서구에서만 가능한 진지전은 "시민사회"에 의해 밝혀진 전통적인 상부구조 영역에 대한 집중을 요구하며, 나아가 지배계급의 이념적인 헤게모니 영역으로부터 노동자계급의 "분리"는 목표가 아니라 어느 정도 중간 목표로서 단지 노동자계급이 지도를 하게 되는 모든 다른 예속자들과의 블럭 속에서 자신의 "재건설"의 전제일 뿐이다.[1]

그러므로 "통합적인", 광범한 주민대중의 동의에 기초한 국가는 이미 사회주의의 시작이라고 할 때, 이러한 사회주의 국가의 목표는 무엇인가? 그람시의 대답은 "조절된 사회" 혹은 달리 말해서 스스로 지도하는 사회다. "국가사멸"이라는 맑스-엥겔스적 정식화는 "시민사회"를 통해 확보된 동의 즉 헤게모니가 튼튼하고 확실할수록 "정치사회"로서의 국가는 점점 더 적은 과제와 기능을 갖는다(강제조치의 폐기, 교육제도의 건설)는 점으로 엄밀화된다.

"시민사회"의 모든 제도 가운데 그람시는 학교, 매체, 교회, 노동조합 등에 커다란 비중을 둔다. 그러나 "진정한 국가생활의 학교" (『옥중수고』, 920)는 **정당**이다. 정당은 "시민사회"의 우선적인 층위다. 공산당처럼 정당이 지도자와 피지도자의 구분을 극복하는 것을 명시적인 목표로 내세울 때, 대중의 교육이 그것의 본질적인 임무다.

---

1) 새로운 "역사적 블럭"의 구성에서 이러한 두 가지 본질적인 측면은 아나코생디칼리즘 이론가들에게는 결정적으로 결여되어 있다. 예컨대 크로보자(Krovoza)와 라이트호이저(Leithäuser)는 앞서 인용된 미카엘 베스터(M. Vester)의 저작에 붙인 서문에서 소렐과 그람시가 말한 "양극화"와 "양극화 과정"의 분리와 유사하게 두번째 측면을 완전히 무시한다(Vester, 1972² 참조).

공산주의 정당은 국가적 틀 내에서 새로운 문명을 만들어내고 헤게모니의 기초로서 동의를 유도해내는 "집합적 지식인"이다. 그러므로 정당은 결코 국가부문과 일치할 수 없으며 국가부문을 지배하거나 자신의 목표에 맞도록 만들 수 없다. 그람시는 사회주의 국가에 대해서도 정당의 자율성을 요구하며, 정당의 과제는 국가와 뒤섞이거나 국가의 하부기관으로 되는 것일 수 없으며, 오히려 정당은 동의가 커질수록 반대로 자신의 기능 속에서 점차 국가를 대체한다는 것이 분명해진다. 그람시는 종종 해독하기 어려운 설명 속에서 어떤 계급의 "명칭"으로서의 정당의 과제는 국가로 되는 것이라고 쓸 때, 그는 결코 정당과 국가장치의 혼합이나 정당의 국가에의 종속을 생각하지는 않았다. 그러나 알튀세르가 그람시 비판가로서 "정당이 국가로 될 때, 거기서 우리가 보게 되는 것은 소련이다" (Althusser, 1978, 76) 라고 쓸 때 바로 이것을 생각했다. 그람시는 오히려, 포괄적인 의미에서 국가문제가 제기되는, 정치라는 보편적 수준 위에서 특수주의적 수준으로부터 예속계급의 형성을 생각하고 있다. 이러한 과정의 매개물은 정당이다. 그에 반해 정당과 대립하는 노동조합의 입장에 대한 그의 생각은 모호한 채로 남아 있다. 사람들은 그의 생각에서 전달벨트로서의 노동조합에 대한 변호뿐만 아니라 비판을 읽어낼 수 있다. "그러면 노동조합은 정당에 종속되어야 하는가? 그렇게 문제를 제기하는 것은 잘못이다. 오히려 문제는 다음과 같이 제기되어야 한다 : 모든 당원은 그가 어떤 입장과 과제를 수행하든지 항상 정당의 성원이고 정당의 지도에 복종한다. 노동조합이 자신의 지도자로서 한 당원을 자발적으로 선택했을 때 정당과 노동조합 사이에는 어떤 종속도 없을 수 있다 : 그것은 노동조합이 (자유로이) 정당의 지시를 받아들이고 따라서 자유로이 자신의 기능인에 대한 통제를 받아들인다(정말 노동조합은 그것을 원한다) 는 것을 의미한다" (『옥중수고』, 321).

그람시는 이와 관련하여, 법칙에 대한 무지가 면죄받지 않는다면, 국가는 부르조아지에게 무료로 자신의 모든 행정에 대해 보고해야 하며, 그들을 교육해야 한다는 나폴레옹의 주장을 떠올린다. 이것은 겉보기로는 민주주의적인 주장이지만, 소수과두제의 활동에 대한 변호로 될 수 있다. 그렇지만 이러한 주장이 완전히 가치가 없는 것은 아니다 : "그것은 시민사회와 정치사회의 역사적 통일이 변증법적으로(개념적으로뿐만 아니라 실질적인 변증법으로) 이해되고 국가가 "관리사회"를 통해 극복될 수 있는 것으로 파악되는 사회에서만 민주주의적일 수 있다 : 이러한 사회에서는 지배정당은 국가와 조직적으로 일치하지 않고 시민-정치사회로부터 '관리사회'로의 이행의 수단이다. 그러면서 지배정당은 양자를 극복하기 위해서(그리고 자신의 모순 속에서 영구화시키지 않기 위해서) 그것들을 자신 속에 받아들인다"(『옥중수고』, 734).

국가의 목표는 자신의 해소 즉, "시민사회" 속으로 "정치사회"의 변증법적 지양이다(『옥중수고』, 662 참조). "이것은 관리사회(내지는 윤리적 국가 또는 '시민사회')의 더욱 분명한 요소들이 더욱 더 관철되는 정도로 폭력국가의 요소는 사라진다고 생각하는 것이다"(『옥중수고』, 764).

그람시가――스탈린 하의 맑스주의 국가이론의 왜곡과 오늘날까지의 그것의 영향력과는 반대로――성숙한 자기결정과 자기조절이라는 전망에서 능력있는 생산자에 대한 국가적 책임을 고집한다는 것이 그의 국가론에서 결정적이다. 그러므로 국가가 지도와 동일시되고 국가가 "시민사회"와 일치하는 단계에서, 국가가 다시 "야경꾼"으로 파악되고 자신의 권위적이고 강제적인 공격을 점차 줄여가는 단계로 넘어가야 한다. 사람들은 전적으로 유기적 자유 시대의 시작이라는 의미에서 "새로운 자유주의"에 관해 말할 수 있다(ibid.).

그러나 이제 이러한 정당과 국가의 위상 내에서 지식인의 과제는 무엇인가? 그것은 정당이라는 제도적 틀 내에서 "집합적 의식"의 조직가다.

그람시의 정치이론의 세 가지 원천인 마키아벨리, 레닌, 소렐에 대해 기억해보자. 레닌이 그람시의 입장에서는 무엇보다도 실천적-정치적으로 헤게모니를 실현했지만, 집합적 의식의 조직을 위한 조건에 접근하는 것이 문제일 때에 마키아벨리와 소렐은 그에게 준거점이 된다. "마키아벨리의 『군주론』은 소렐적 '신화'를 역사적으로 예증한 것으로 연구될 수도 있다. 이것은 냉랭한 유토피아로서나 독단적인 이성적 결론으로서가 아니라, 으깨지고 쫓겨난 민중 속에서 어떤 집합적 의지를 불러일으키기 위해, 그들에게 영향을 미치는 구체적 환상의 창조물로서 봉사하는 어떤 정치적 이념을 말한다" (『옥중수고』, 1555f. ; 『실천철학』, 283).

그럼에도 소렐의 입장과의 유사성은 여기서 끝나고, 그 입장이 지닌 난점에 대한 그람시의 비판은 그에 대한 긍정적인 평가를 압도한다. 소렐에 대한 그의 비판은 신화-로서의-이데올로기 관념에서 정당 관념으로 나아가지 못한다는 비난에서 절정에 달한다. 집합의지는 그에게서 "수동적 활동" 속에서 소진되고, 지배적 이데올로기로부터 자신을 구분하고 지배계급으로부터 분리되기 시작하는—— "그러므로 어떤 자신의 '능동적이고 건설적인' 단계를 예견하지 않는 활동성" (『옥중수고』, 1556f. ; 『실천철학』, 284) ——원시적이고 기초적인 단순한 형성단계에 머문다. 해결은 오히려 "엘랑 비탈" (élan vital) 이란 베르그송적인 의미에서 "의지"라는 비합리적인 것의 충동에 맡겨진다. 집합의지는 순수한 자발성으로 남는다. 그람시는 묻는다 : "그러면 그렇게 기초적으로 형성된 이러한 집합의지는 즉시 사라지지 않고 긍정적 단계 동안 다양하고 모순적인 방향을 추구하는 수많은 개별의지로 해소될 것인가?" (『옥중수고』, 1557; 『실천철학』, 284f.) 그리고, 사람들이 그람시의 반대를 제껴

둘 수 있다면, 해방으로서의 파괴라는 무정부주의적 관념, 부정적 요소에 대한 집착 그리고 자발성 및 자유에 대한 "속박"과 "지적 후견"의 표현으로서 유사당적 조직의 거부는 거의 강제적으로 독재로의 전환으로 나아가지 않는가? "역사적 블럭"의 형성이라는 건설적 단계가 예기되고 파악되지 않고 성과의 진행이 자동적-비합리적인 것에 맡겨지기 때문에, 더 쉽게 찬탈할 수 있는 공간이 생긴다. 특정 형태의 무정부주의와 초기 파시스트적 현상 간의 역사적 관련은 증명할 수 있다(Dreβen, 1968, 34 참조). 이탈리아 파시즘에 대한 소렐의 독특한 양면적인 입장은 유명하다.

이러한 점에서 유물론적 정치관에 대한 문제와 직접적으로 관련된 조직문제가 토론되어야 한다는 것을 지적할 수 있다. 자유와 필연성의 변증법에 대한 승인은 파괴와 보존의 변증법에 대한 승인으로 그리고 그와 함께 자발성과 기율의 변증법으로 나아간다. 마키아벨리의 『군주론』은 소렐적 "신화"를 역사적으로 예증한 것으로 연구될 수도 있다는 말을 앞에서 했을 때, 이러한 언명이 여기서 보완되어야 한다. 현대군주(정당)는 —— 마키아벨리에게서처럼 —— 실제적인 개인, 구체적인 개인일 수 없고 조직일 뿐이며, 역사발전을 통해 이미 주어진 이러한 조직은 "보편적이고 총체적으로 되는 경향이 있는 집합의식의 이러한 색조가 결집되는 최초의 세포"(『옥중수고』, 1558; 『실천철학』, 285)인 **정당**이다.

그러므로 그람시적인 의미에서 정당의 과제는 분명하게 규정된다: 정당이 조직하고 그 집합의식을 끌어낼 그 계급의 총체성 및 잠재적 보편성을 표현하는 것이 과제이다. "**현대 군주**는 모든 경우에 지적, 도덕적 개혁을 알리고 조직하며, 이것은 바로 민족적-민중적 집합의식을 더욱 고도하고 총체적인 근대문명 형태의 완성으로까지 확대발전시키기 위해서 만들어야 할 영역을 말한다"(『옥중수고』, 1560). 그리고 더 나아가서 "민족적-민중적 전체 의지의 형성은—— 그것의 조직가임과 동시에 능동적이고 효과적인 표현이 **현대 군주**인데 —— 지적, 도덕적 개혁처럼 [정당의] 작업의 틀을 부여해야 한다" (『옥중수고』, 1561; 『실천철학』, 287).

그람시는 당시의 정당사회학적 문헌들을 특히 로버트 미헬스(R. Michels)와 막스 베버(M. Weber)를 상세히 검토하였다.[2)] 사실에 상응하는 어떤 "내적" 방법론도 적용하지 않는 외형적인 분류와 유형학에 반대해서, 그람시에게는 모든 정당은 단지 "어떤 계급의 명칭"이며, (『옥중수고』, 1732; 『실천철학』, 303) 이러한 그 계급입장은 정당의 구조와 무엇보다도 대중과 국가에 대한 정당의 입장을 조건짓는다. 그러므로 모든 정당이 어떤 사회계급(또는 집단)의 표현이고 단지 하나의 집단일지라도, 특정 정당은 특수한 조건 하에서 자신의 집단과 다른 집단의 이해에 대해 균형짓고 중재하는 기능을 수행할 수 있다. 특정한 세력관계에 비추어 "독자적인 계급이, 진정 적대적 계급이 아니라면, 동맹계급의 동의와 지원으로 발전한다는 것에 대해 생각하는 것이 정당의 과제다" (『옥중수고』, 1601f.; 『실천철학』, 300).

어떤 사회집단의 진정한 대표로서 "조직적이고 근본적인 정당"이 다양한 근거에서 다양하게 분파화되고 "분파들 가운데 모든 분파가 '정당'이란 이름을 가지고 독립적인 정당을 형성하는" 것을 여전히 관찰할 수 있다(『옥중수고』, 1939; 『실천철학』, 301).

공개적인 헤게모니 위기 및 지도 위기의 상황에서 다양한 정당의

---

2) 미헬스에 대한 그의 판단(『옥중수고』, 237)을 참조. "정치정당에 대한 미헬스의 생각은 혼란스럽고 도식적이다. 미헬스는 기다란 카드색인에 의존하지 않을 수 없었다. 낡은 실증주의적 사회학의 서술적 성격과 외면적인 분류법은 미헬스 저작의 또다른 본질적 특징이다. 즉 그는 사실에 상응하는 (내적) 방법론도 비판적 관점도 갖지 못했다."

부대로부터 어떤 더 좋은 정당의 깃발로 넘어가는 것을 전체 계급의 요구를 대변하는 통일당으로 확정할 수 있으며, 정말 이것은 위기시에는 평온한 시기에 비교해서 그 리듬이 비록 "가장 탄력있고 정말 급속"(『옥중수고』, 1603f.; 『실천철학』, 332f.) 할지라도, 유기적이고 정상적인 현상이다. 이러한 통일당은 유일한 지도 하에 전체 사회계급의 융합을 대표한다. 그람시에게는 그러한 발전은 "정적인 균형(그것의 요소들은 진보세력의 미성숙이 우세한 곳에서는 일치하지 않을 수 있다)"을 나타내며, "보수적이든 진보적이든 어떤 집단도 권력을 장악하지 못하고 보수적 집단도 우두머리를 필요로 한다"는 것을 나타낸다(『옥중수고』, 1604; 『실천철학』, 333).

그람시는 묻는다. 그러면 왜 정당은 역사적으로 '필수적'이게 되는가? 그는 대답한다. "정당의 '승리'의, 그것의 필연적인 국가화의 조건이 적어도 싹이라도 있고 그것의 확대발전이 정상적이라고 인식할 수 있기 때문에"(『옥중수고』, 1733; 『실천철학』, 304). 정당의 생존문제와 국가로의 발전능력이 그람시에게는 형식적 구조와, 그리고 이러한 구조 내부의 내용적 관계와 밀접히 관련되어 있고, "정당이 관습의 힘에 반대로 그리고 경향에 반대로 작용을 가하고 미이라화시키고 무정부주의적으로 될 수 있는지"(『옥중수고』, 1604; 『실천철학』, 333) 하는 문제에서 정점에 이른다.[3)]

---

3) (또 『옥중수고』, 1604; 『실천철학』, 333 참조.) "정당은 역사적으로 중요한 순간에 상황을 자기 계급을 위해 활용하기 위해 생겨나고 조직으로 스스로를 구성해간다. 그러나 항상 정당이 새로운 과제와 새로운 시대에 적응할 수 있는 것은 아니며, 항상 특정한 나라 또는 국제적 차원에서의 복잡한 세력관계(그리고 그것에 조응하는 자기 계급의 입장)에 맞추어 스스로를 발전시킬 수 있는 것도 아니다."

이러한 문제에 대한 대답은 대중과 지도의 관계, 즉 당원 대중, 관료, 당참모부의 관계에 의해 조건지어진다. "관료제는 관습적으로 가장 위험한 보수적 힘이다; 그것이 결국 대중으로부터 스스로를 독립해 있다고 느끼고 스스로를 위해 존립하는 견고한 조직을 이루면, 정당은 무정부적으로 되고 현실적인 위기의 순간에는 자신의 사회적 내용을 버리고 허공에 밀리게 된다" (『옥중수고』, 1604; 『실천철학』, 333). 정당이 형성되기 전에 세 가지 근본적인 요소가 결합되어야 하는데, 첫번째 요소는 자생성과 지도의 변증법을 위한 환경조건을 부여한다. 그람시는 이 요소들 가운데 첫번째 것을 "보통의 평균적인 사람들"의 집단이라고 명명한다. 이 집단은 정당에 기율, 충성, 신뢰를 부여하지만 어떤 창조적이고 조직적인 능력을 나타내지는 않는다. 그것은 모든 사람들에 의해 집중화되고 조직되고 기율잡힐 때 비로소 정당의 존립에 필수적인 힘이 된다. 아주 드문 경우에 자체적으로 생겨나는 응집요소 없이는 "이러한 사람들은 흩어져 있고 힘없는 먼지로 해체된다" (『옥중수고』, 1733; 『실천철학』, 304).

두번째로 그는 응집적이고 집중화된 발명의 힘을 갖춘 그런 당내의 힘을 "결합의 주요요소"로서 언급한다. 그것은 정당의 "세력선"을 보여준다는 좁은 의미에서 지도집단이다.

그람시는, 첫번째 요소와 두번째 요소 사이의 고리로서 이바지하고 양자를 "공간적으로"뿐만 아니라 도덕적, 지적으로 결합시키는 매개요소를 세번째 —— 가장 중요하다고 말할 수 있는데 —— 집단이라고 부른다. 이러한 세 가지 요소가 특정한 비율로 서로 결합될 때 정당은 가장 커다란 효력을 달성한다. "이러한 생각을 고려하면, 정당은 자신 속에, 객관적인 물질적 관계를 통해 그 발생이 규정되는, 두번째 요소가 불가피하게 현존할 때(이 두번째 요소가 없으면 모든 생각은 헛된 것이다), 정상적인 수단으로는 파괴될 수 없다고 말할 수 있다" (『옥중수고』,

1734;『실천철학』, 305). 그러므로 이 두번째 요소가 "근본적으로 중요"(『옥중수고』, 1734;『실천철학』, 305) 하다고 할 때, 여기서 요구되는 기능을 누가 맡을 것인가가 제기되어야 한다. 이러한 문제는 관료제 현상에 대한 그람시의 평가와 관련하여 토론할 수 있다. 왜냐하면 관료적 노동에 맞게 기술적으로 형성된 "경력" 공무원의 문제는 부분적으로는 지식인 문제와 일치하기 때문이다(『옥중수고』, 1632;『실천철학』, 349). 우선 한 번 어떤 계급의 "유기적" 지식인이 이 "매개적" 요소를 대표한다는 것을 확인할 수 있다. 공산당의 경우에는 그것은, "지적, 도덕적 개혁"을 수행하고 선전하며 "여론 지도자"로서 지도와 토대의 영원한 변증법적 교환과정을 만들어내는 기술적-정치적 지식인(전문가이자 정치가)다. 결국, 어느 정도 역사적 무정부주의로서 자신의 시대를 넘어 존속하고 동시에 중요한 이념적 기능을 수행할 수 있는(예컨대 사제처럼) "전통적" 지식인의 기능도 이들의 활동에 달려 있다.

더 좁은 의미에서 공무원의 기능은 민주주의-이론적 폭의 틀에서 제시된다. "육체노동과 지식노동의 통일 그리고 법률적 힘과 실행권력(여기서 선출된 공무원은 국가업무의 통제에도 그것의 실행에도 관심을 갖지 않는다)의 밀접한 결합은 공무원 문제뿐만 아니라 지식인 문제의 해결에서 새로운 전망을 자극하는 동기가 될 수 있다"(『옥중수고』, 1632;『실천철학』, 349). 파리코뮌에서 처음으로 실현된 고전적 민주주의 모형에 대한 준거와 정당 토대와 지도 사이의 매개자로서 지식인이라는 규정은 "유기적" 내지는 "민주적 집중제"의 문제를 제기한다. 그람시는 "정당"에 관한 긴 논문에서 간결하고 힘차게 확언한다: "정당이 진보적이면 '민주주의적으로'(민주집중제라는 의미에서) 기능하고, 정당이 퇴보적이면 '관료적으로'(관료적 집중제라는 의미에서) 기능한다. 두번째 경우에 정당은 단순히 수행하지만 결코 결정하지는 않는 기관이다. 그때 그것은 기술적인 점에서 당 기관이고, '정당'이라는 그것의 이름은

'순전히 신화적 은유'다" (『옥중수고』, 1692; 『실천철학』, 307).

그람시에게는 어떤 정치제도는, 지속적으로 움직이고 스스로를 경화시키거나 "미이라화" 시키지 않고 실제적인 운동에 조직이 지속적으로 적응할 수 있도록 할 수 있을 때에만, 민주주의적이다. "밑으로부터 나오는 추동력과 위로부터 나오는 명령의 균형, 대중의 심연으로부터 솟아나는 요소를 지도기구의 견고한 틀 속에 전진적으로 결합시키는 것이 경험의 지속성 및 일정한 축적을 확보해준다" (『옥중수고』, 1634; 『실천철학』, 350f.).

역사적 운동을 고려한다는 것, 그것에 대해 스스로를 자립화시키지 않지만 그렇다고 그 뒤를 절룩거리며 쫓아가는 것이 아니라, 형식과 내용, 자생성과 의식적 지도의 영원한 변증법을 끌어들이는 것, 이것이 "대중의 조직가" 로서 지식인의 과제다. 이것은 더욱이, 지도집단이 협소한 도당으로 발전하지 않고 만족한 채 고립된 특유한 존재로 나아가지 않고, 다른 한편으로 전적으로 "지도하는" 것, 즉 무엇보다도 안정성의 요소를 나타낸다는 것을 보장한다. 대중의 정당은 정말 민주적이어야만 하지만 효율적이기도 해야 한다. 그러므로 기계적으로 적용되지 않는다면 조직학적 인식과 "특정한 비율" 이라는 정리는 유용할 것이다. 『신질서』지의 튜린 운동도 이미 비난받은바, 그람시에 대해서 항상 제기되는 "주의주의" 와 "베르그송주의" 라는 비난은 이탈리아의 전전(前戰) 사회주의의 강한 실증주의적 전통이란 배경에서만 이해할 수 있다. 왜냐하면 당시 —— 1919년경 —— 그람시는 튜린 집단의 과제는 무엇보다도 대중과 맑스주의 이론 간의 "살아 있는" 관계를 만들어내는 것에 있다고 보았기 때문이다. 운동은 "제도적, 역사적 가치의 창조자, 국가의 건설자가 되도록 대중에게 '이론적' 의식을 제공했다. '자생성'과 '의식적 지도' 내지는 '기율'의 이러한 통일은 여전히 대중의 정치로서 하위계급의 실제적인 정치적 행위이며 대중에 기초하고 있는 집단의 모험만은 아니다"(『옥중수고』, 330; 『실천철학』, 371).

대중의 "자생적"이고 본능적인 느낌과 이론 사이에는 점진적이고 "양적"이지만 결코 질적이지 않은 차이가 있으며, 그래서 상호적인 "환원" 즉 "하나에서 다른 것으로의 이행과 그 역"이 가능해야 한다(『옥중수고』, 331; 『실천철학』, 371).

당시에는 정말 한 번 있을 법한 날카로운 시각으로 그람시는 이른바 "자생적" 운동을 등한시하지 말고 그것에 의식적 지도를 하는 것을 절대로 포기하지 않도록 촉구하였다. 왜냐하면 그러한 입장은 상당한 정치적 결과를 가져올 수 있었기 때문이다. 파시즘적 경험의 배경에서 그는 다음과 같이 쓸 수 있었다: "종속계급의 '자생적' 운동은 같은 동기에서 지배계급의 반동적인 합법운동을 동반한다는 것은 거의 항상 일어난다"(『옥중수고』, 331; 『실천철학』, 371).

과연 가장 광범한 인민층의 "자생적" 운동은 국가의 객관적 약화로 그리고 진보적인 종속계급의 권력장악으로 나아갈 수 있지만, 이러한 "진보적" 발전가능성과는 반대로 "근대세계"에는 "퇴보적인" 운동이 더 흔하고 더 분명하다.

그람시에게 정치는, 그리고 바로 공산당의 정치는, 대중당의 기초 위에서만 가능하며, 정당이 **기관**으로서가 아니라 대중의 **일부**로서 이해될 때만이 효과있을 수 있다. 그러므로 그는 보르디가주의라는 분파적 경험을 한 번 해석하면서 다음과 같이 쓸 수 있었다. "백 퍼센트 의식적이고 더욱이 미리 소모형 속에서 확정된 계획에 의해 규정되거나 —— 같은 것인데 —— 추상적 이론에 일치하는 그런 운동만을 실제적인 것으로 여기는 해석은 스콜라적이고 아카데믹하게 역사적-정치적이다. 그러나 현실에는 가장 이상한 결합이 많다. 그리고 바로 이론가는 이런 이상한 것 속에서 자신의 이론의 증명을 도출해내고 역사적 삶의 요소를 이론적 용어로 번역해야 하지만, 역으로 현실은 어떤 추상적인 도식 속에서 표상되어야 하는 것은 아니다" (『옥중수고』, 332; 『실천철학』, 372).

조직적 운동, 대중을 독특하게 지도할 수 있는 정치만이 분파주의의 위험을 피할 수 있다는 확신은 여전히 국제적 운동과 민족적 조건분석의 변증법으로 이끌어 간다. "국제적 성격을 지닌 계급은 확실한 의미에서 자신을 '민족화'시켜야 하는데, 그럴려면 민족적 층 즉 특수주의적이고 지역적인 층(농민)이 아니라 민족적 사회층(지식인)으로 나아가야 한다" (『옥중수고』, 1729; 『실천철학』, 359).

그러므로 그람시는, 그의 첫 후계자인 톨리아티가 결정적인 강령상의 진전을 이루었을지라도, 오랫동안 이탈리아공산당의 정치를 특징짓는 것과 오늘날 칠레 및 포르투갈의 실제적 경험배경 위에서 그리고 이탈리아 및 프랑스공산당의 강화된 독자성 추구의 배경 위에서 "서구적 전략"으로서 토론되는 것의 선조로서 전적으로 평가될 수 있다.

"진지전"과 "권력장악 이전에 이미 헤게모니"라는 그의 전략은 그럼에도 동일한 실현시도에서 잊어서는 안되는 것이며, 레닌주의에 대한 거부가 아니라 다른 역사적 조건 하에서 독자적인 적용이다.

여기서 한편으로 오늘날의 관계에 대한 그람시의 적합성에 관련되고 다른 한편으로 오늘의 공산당과 그와의 관계를 다루는 일련의 문제가 제기된다.

첫번째 것부터 시작하자. 일련의 저자들은 그람시가 경제적 구조를 등한시하고 상부구조를 일면적으로 그리고 또 제도적 측면에 비해서 이데올로기적-문화적 측면을 일면적으로 강조하였다고 그에 대해 비판적으로 반박하였다(Bobbio, 1976). 그람시가 "절대적 역사주의"로서의 맑스주의라는 관념 속에서 바로 관념론적 입장으로 되돌아갈 위험에 빠지는지를 알기는 쉽지 않다. 또 그람시에 근거하는 이탈리아 맑스주의의 전통이 경험론적-실용주의적으로 축약된 "정치의 우위성"을 위해서 경제적 법칙성과 과정에 대한 적절한 분석을 등한시하였다는 것은 분명하다.

그럼에도 이러한 비판적 반박이 나에게는 정치적인 것에 대한 독자적인 분석의 영역에서 이룩한 그람시의 성과를 그늘 속에 가리기에는 충분하지 않은 것 같다. 완전히 다른 종류의 비판이 극좌적인 입장에서 예컨대 페르리니(Perlini, 1974, 특히 149ff.)에 의해 제시되는데, 그는 그람시의 모든 접근법을 고전 맑스주의적인, 오늘날의 후기자본주의적 관계를 어떤 방식으로든 평가하지 못하는 것으로 설명한다. 헤게모니적 계급이라는 의미에서 스스로를 총체성으로 나타내는 것이 자본의 새로운 조직구조에 근거해서는 더이상 부르조아지에게 가능하지 않은 시대에, 대항헤게모니라는 상부구조에 대한 그람시의 개념은 쓸모없게 된다. 오늘날 자본이 더이상 한 계급의 이데올로기적 지도요구를 통해서가 아니라 모든 것을 포괄하는 익명의 지구적이고 기술적으로 근거있는 사실법칙성을 넘어서 재생산될 때, 지나간 시대의 이념적 모범을 방향척도로 보존하는 것은 이론적 무정부성의 표현이다. 어쨌든 페르리니와 유사하게 말하는 모든 저자들이 우선 먼저 그것의 이데올로기적 내용을 넘어서 연구되어야만 하는 것, 즉 사실강제라는 기술관료적 테제를 이미 실제성으로 받아들이고 있지 않은가를 질문하는 것이 남아있다.

두번째 문제영역에 관한 한, 그람시의 헤게모니 개념을 둘러싼 토론이 사회주의잡지 "몬도페라이오"(Mondoperaio)에서 논문을 통해 살바도리와 보비오에 의해 새롭게 점화되었고, 특히 오늘날 공산당이 인정하고 있는 다원주의 문제가 전면에 등장한다. 오늘날 이탈리아공산당의 전략은 그람시의 전략과 동일한가? 그것은 살바도리의 핵심문제인데, 그는 범주적으로는 부정한다. "나는 그람시와 그의 헤게모니론을 특징짓고 있는 것은 자유주의적-의회주의적 양식에 의한 국가장악에의 길, 이탈리아공산당의 의미에서 민족적 길을 평탄하게 고르는 요소를 끌어들이는데 있는 것이 결코 아니라고 확신한다. 오히려 특징은 프롤레타리아 독재에 적절한 토대를 만들어주려는 시도를 최고도로 다듬어진 복잡한 방식으로 시도한다는 사실에 있다. 그러므로 그람시는 레닌적 주장의 '독립적이'고 독자적인 아들이지만, 모든 점에서 그는 이 아들로 남는다" (Salvadori, 1976, 64).

동시에 살바도리는 공산당이 자신의 이론적 자기이해에 대한 부족한 설명, 즉 이론적 실천적인 경험주의로 나아가는 결점을 비난하며, 더 적은 "적응"을 그리고 더 많은 "변화"를 촉구한다(Salvadori, 1976, 68).

그와 함께 살바도리가 그람시-이탈리아공산당의 관계의 핵심을 다루고 동시에 이러한 정당의 레닌주의와의 관계를 문제시한다는 것은 분명하다. 이러한 토론 속에서 말로 하고 살바도리에 반대하여 논쟁하는 공산주의적 저자들 가운데 누구도 이것에 대적하지 않는다. 그들은 모두 오늘날에는 "그람시를 넘어서" 가야만 하며 오늘의 정당이 생각하고 실행하는 모든 것을 그람시의 어깨에 올려놓을 수는 없다고 강조한다(예컨대 Ingrao, 1977, 246. 그리고 또 De Giovanni, Mancina, Corsale, 모두 1976).

더욱이 그람시의 정당 개념은 그의 국가론의 유기적 구성요소임은 분명하다. 반(反)국가로서의 자신의 통일기능 속에서 정당은 "계급의 명칭"이며 그 계급의 집합의지의 표현이다. 교육적 제도로서 정당은 자생성과 의식적 지도의 변증법 속에서 대중의 충동을 받아들이고, 동시에 이것을 확장시켜 그것의 앞으로의 헤게모니를 기대해야 한다. 정당은 어떤 계급의 총체성을 표현하면서 그 계급의 지배의 수단이 된다.

이러한 관념은 사실상 나에게는 자유주의적 다원주의 개념과 다른 것처럼 보이며, 그러므로 그람시가 자유주의자에게 거의 동정을 보내지 않는다는 것은 결코 우연이 아니다(예컨대 Pellicani, 1976의 반그람시 논쟁; 그에 반해 Ormea, 1975에서 가톨릭적-실존주의적 입장에서의 긍정적 평가를 참조).

그러므로 공산당이 근거하고 있는 이론은 오늘날의 실천에 아직도 일치하는가? 살바도리는 이것을 부정한다.

입장을 문제로 삼는 많은 공산주의 저자들 가운데 누구도 그람시와 톨리아티 사이에는 바로 다원주의 문제에서 균열이 있다는 것을 문제제기하지 않았다. 그람시가 과연 좁은 의미의 국가에 대비하여 다양한 정치적 제도를 가진 "시민사회"의 확장을 가정하고 협소한 자유주의적 정치개념의 확장 속에서 정치적 접합가능성의 다원성을 요구한다는 것이 강조된다. 그러나 동시에 톨리아티가 처음으로 정당다원주의라는 의미에서 다원주의를 변호할 만한 것으로 그리고 사회주의에 유효한 것으로 생각했다는 것이 강조된다(특히 De Giovanni, 1977b를 참조).

이러한 어려운 상황에서 공산당과 그람시의 관계는, 그가 분명 레닌적 주장의 "아들"이고 제3인터내셔널의 인간이라는 바로 그 모든 측면에서 그는 역사화된다는 것을 나타낸다. 이것은 그의 이론에서 오늘날의 관계 위에서는 넘을 수 없는 시간에 구속되는 계기다. 또한 사람들은 그의 헤게모니 개념에 집착하고 정치의 우위성을 강조하는 데서 선구자로서의 그를 언급한다. 비록 그람시의 정당이론이 그의 전체 정치이론의 그리고 그 내부에서는 헤게모니 개념의 구성부분이라면, 자신의 정치적 전략 전체를 바꾸지 않고 이러한 측면을 역사적으로 반복해서 해체할 수 있는가 하는 문제가 필연적으로 제기된다. 다른 말로 하면, 그람시가 그리고 오늘날 공산당이 헤게모니에 관해 말할 때, 양자가 같은 것을 생각하는지 하는 것은 의심스럽게 보인다. 그렇지만 이것은 가장 신경쓰이는 점이며, 살바도리와 함께 사람들은 문제의 명료화에 대해서 그리고 이론과 실천의 적절한 새로운 적응에 대해서 변론할 수 있다.

그람시가 그의 문화론적 국가론적 분석의 모든 창조성과 성과에 있어서 부르조아 국가의 제도적 기능방식도 그와 연결된 민주주의론적 문제도 고려하지 않았다는 것에 대해서, 이 설명의 과정에서 여러 번

지적되었다. 그러므로 사회주의로의 이행의 (노동자계급이 고전적-자유주의적 민주주의 이해의 틀을 넘어서는 내용에 대한 헌법적 보장에 결정적인 영향력을 지닌) 단계에서 제기되는 정치적-전략적이고 이론적인 문제에 대한 대답이 그에게서는 전혀 없다.

물론 이러한 문제들은 역사적으로 이탈리아에서는 반파시스트 저항 이후에 첨예화되었다. 그것은 어쨌든 파괴와 보존이라는 일반적 개념 속에서 보다 명확하게 제기할 수 있었던 시민사회의 제도적 기능양식이라는 민주주의론적 문제와 이론적인 대결을 요구했다.

이러한 문제는 갈바노 델라 볼페가 수행한 작업의 핵심에 있다. 그는 이탈리아 최초의 맑스주의 이론가로서 "후기부르조아 사회"에 관한 정치이론을 추구하였다. 우리는 이 연구서의 제2부에서 이것을 다룬다.

제2부

1-1. 5, 60년대 이탈리아 맑스주의의 논의상황의 개관

전후 이탈리아에서 맑스주의적 사고의 계승과 재개를 위한 기본조건이, 새로운 정치적, 이론적 반성을 필요하게 했던 두 가지 결정적 요인들을 통해 형성되었다는 것은 이미 밝혔다. 하나는 국제적 세력관계와, 각각의 영향권을 가진 상이한 정치적, 이데올로기적 블럭으로의 유럽의 분할이 다음과 같은 결과를 가져왔다는 점이다. 즉 이탈리아의 혁명적 변혁이 러시아적 "모델"에 따라, 즉 국제적 불안정만을 대가로 한 비교적 단기간의 권력장악 행위로서 사고되었는데, 소련도 그리고 수년간의 망명에서 귀국한 당지도자 톨리아티도 이러한 불안정에 관심을 가질 수 없었다. 다른 하나는 공산당이 강화되었을 뿐 아니라 반파시즘 저항의 지도세력이 되었고 이탈리아의 재조직과 재건에서 결정적 역할을 할 것을 요구할 수 있었다는 점이다. 국제적 및 국내적인 이 두 요소들은 이후 개별적 조치에서는 점진주의적이지만 혁명적 목표전망을 견지하도록 요구하는 획기적, 장기적인 개혁을 목표로 삼는 하나의 전략을 낳았다. 당시 이 개혁은 1935년 이래 코민테른이 선전했던 인민전선 전술뿐만 아니라 그람시의 "진지전" 전략을 증거로 끌어댈 수 있었다. 사회경제적 수준에서는 **구조개혁**이 경제적 개선을 동반해야 했을 뿐만 아니라, 동시에 정치블럭 내 세력관계의 이동을 실현해야 했다. 사회학적 수준에서는 부활한 파시스트적 퇴행의 위험에 대항하기 위해 레닌-그람시주의적 노농동맹을 훨씬 넘어서는 폭넓은 **동맹 개념**으로 특히 부르조아 중간층의 마음을 끌고자 했다.

정치적 수준에서는 톨리아티의 "진보적 민주주의" 개념이 공산주의자들도 협력했던 헌법——그러나 그 형식적 틀을 넘어서 내용적, 물질적으로 채워져야 할——의 기초 위에서 부르조아 민주주의에 대해 더이상 파괴적이지 않고 새롭게, 건설적으로 수행한다는 인식을 집중적으로 표현했다. 마지막으로 조직적 수준에서 이탈리아공산당은 자신을 이데올로기적-세계관적 지도를 요구하지 않는 **대중정당**으로 이해함으로써 인민대중 속에 근거를 갖고 가톨릭 교도와 부르조아 지식인들의 일부를 획득한다는 목표를 고려해야 했다. 이 마지막 측면은 점차 성숙되었으나, 톨리아티의 정치학 속에 처음부터 구상되어 있었다. 특히 가톨릭 교도와의 세계관적 차이의 설정(hinanstellung) 아래에서 모든 사회적 생활영역에의 **참여** 정책을 통해 전전(戰前) 노동운동 내의 입으로만 과격한 맑스주의를 극복하는 것, 그리고 국가적 책임이 뒷받침되는 "통합정책" (politica unitaria)을 추구하는 것이 그에게는 무엇보다도 문제였다 (Priester, 1977b의 상세한 글을 참조).

1956년 이탈리아공산당 제8차 대회는 사회주의로의 특수한 이탈리아적 길로 이해되는 이러한 정책의 징후적 표현이다. 이탈리아공산당은 아직 조심스럽기는 하지만 이 시점에 벌써 모스크바와의 거리를 분명히 한 최초의 서구 공산당이었다.

당의 공식적인 그람시 해석은 이러한 전략적 틀에 능숙하게 적응했으며, 50년대와 60년대초 무엇보다도 당 지식인들 사이에 널리 퍼져 있던 맑스주의적 "역사주의"로 특징지어졌던 자기이해를 낳았다. 이러한 인식에서 특정 시점의 이탈리아 맑스주의자들 사이에, 이탈리아 사회의 낙후한 사회경제적 구조와 그 가장 진보한 부분 사이에 설정되었고 진보와 낙후의 변증법으로 묘사되었던 이탈리아 사회의 주요모순의 규정이, 1962년에 대중적으로 활성화된 토론에 핵심적인 것이다. "역사주의자들은 국가를 사회주의적 계획과 균형회복에 이용하기 위해 이탈리아 자본주의의 불균형의 객관성과 그 복합성 및 필연성을 부각시킴으로써 모순과 낙후를 동시에 발생시켰다" (Vigorelli, 1974, 104). 파시즘으로부터의 해방을 향한 이탈리아공산당의 전략은 그람시의 전통 속에 있는 것으로 잘못 생각되던 "역사주의"로 불리고 있는데, 이는 노동자계급이 이탈리아 자본주의의 생산력 팽창의 논리가 아니라 이러한 팽창의 "한계"에만 내재적 모순을 돌린다는 것이었다. 이러한 전망으로부터 당시의 —— 또한 현재의 그것도 부가되려고 한다 —— 경제 건설, 생산의 요구에 임금동력(Lohndymanik)을 동시에 종속시키면서 이른바 "노동계획"(Arbeitsplan)과 기술적 진보의 수용을 향하였던 이탈리아공산당의 경제정책이 이해될 수 있다(Alcaro, 1977, 12와 135).

이탈리아가 50년대에 적지 않은 "경제 기적"과 근대화 추진을 경험한 뒤 많은 맑스주의자들에게는, 성장하는 중간계급(Tertiarisierung)과 같은 신자본주의의 전형적 현상과 노동자계급의 투쟁준비의 강화를 나타내는 새로운 상황에 있어서 구래의 이론적 매개변수들 및 전략적 목표들이 과연 적절한가라는 질문이 제기되었다. 변화한 상황과 노동자계급의 새로운 투쟁형태를 겨냥하지 않았던 맑스주의적 역사주의는 결국 60년대에 이르러 위기에 빠졌다. 비록 이탈리아공산당이 그 개혁강령에 기초하여 선거에서 득표증가를 거둘 수 있었긴 했지만 말이다.

이 책의 2부에서 언급될 것이고 우선은 단지 갈바노 델라 볼페 주변에 모인 맑스주의 이론가 그룹을 의미하는 이른바 "델라볼페주의"는, 강화되는 원외(院外) 좌파 및 이후 1968년 학생운동에 결정적인 영향을 미쳤던 『콰데르니 로시』(Quaderni Rossi)의 경향과 마찬가지로, 이러한 전통적인 맑스주의적 역사주의의 위기의 한 표현이다.

델라볼페주의자들에게는 맑스주의적 역사주의자들과의 비판적 단절에서, 모순의 객관성을 분석하는 것이 아니라 그 모순에 대한 의식을 드러낼 수 있는 이론적 방법들을 정확하게 규정하는 것이 무엇보다도 문제였다. 이탈리아 자본주의의 세계시장에의 가속적 통합을 배경으로 하여 그들은, 모순의 경계가 "결정적 추상"의 변증법 속으로 확대되고 정치적 수준으로 향상되어야 하는 이론적 **모델**을 통해서만 국가의 계획 기능과의 관계가 논증될 수 있다고 충고했다. 따라서 그들이 볼 때 모순은 계획적 국가개입을 통한 진보와 사실상의 후진성의 **특수한** 변증법에 있는 것이 아니라, 부르조아 민주주의의 형식적 한계와, 구조개혁이 거머쥐어야 하는 바의 구체적, 실질적 민주주의의 요구 사이의 **근본적인** 변증법에 있는 것이다(Vigorelli, 1974, 104 참조).

델라볼페주의자들과 『콰데르니 로시』를 둘러싼 원외 그룹들 사이의 온갖 차이에도 불구하고 양자 모두는, 새로운 이론적 및 실천적 요구를 따라야 한다는 반독단론적 근본지향을 갖고 있다. 그렇지만 양자 모두는 ―― 이미 이탈리아공산당 안팎에서 비판이 제기되었듯이 ―― "경험주의적" 지평을 넘어설 수도 없었으며, 이론과 실천, 경제투쟁과 정치투쟁 사이의 새로운 적합한 관계, 한 마디로 말해서 확신적인 이론적 전망을 발전시킬 수도 없었다(예컨대 Fugazza, 1975, 127의 비판을 보라).

델라 볼페 ―― 나는 이하에서 그에게만 한정할 것이며, 종종 다른 길을 걷기도 했던 그의 제자들은 무시할 것인데 ―― 의 역할은 모순적이고 역설적이었다. 한편으로 그는, 종종 강경하고 고립된 주변적 위치에서 당 노선에 대해 이론적으로 반대했고 단호한 반헤겔주의적 출발점에서 "맑스로의 복귀"을 요구했던, 말하자면 이탈리아 맑스주의에서 이론적으로 유의미한 최초의 "이단자"였다. 푸가차는 델라볼페주의의 경험에서 모든 "새로운 이단자들"의 이후 경험의 "서곡"을 보았다(Fugazza, 1975, 228). 맑스주의 철학을 방법론으로 파악하고, 그람시가 그토록 힘주어 요구했던 철학과 실천의 변증법적 통일을 깨뜨리려는(zerbrechen) 그의 시도의 핵심에 있어서, 그의 작업은 결코 에피소드에 머물지 않으며 특히 알튀세르의 작업의 한 전거가 되었다.

그러나 다른 한편 델라 볼페는——앞으로 보여질 것처럼—— 그야말로 놀랍게도 바로 자신의 정치이론적 작업을 기초로 톨리아티의 정치전략의 이론적 확립에 기여할 수 있었으며, 더욱이 그것으로부터 전혀 거리를 두지 않았다. 이단적이면서 동시에 합법적인 그의 저작은 서구공산당 내부의 이데올로기적 설명 중에서 소비에트 맑스주의의 범위로부터 벗어나고 레닌주의를 역사화하며, 볼세비즘과 사회민주주주의 사이의 "제3의 길"의 철학적, 정치이론적 전제들을 드러내려는 최초의, 그리고 내가 보기에 무의미하지는 않은 시도다. 이러한 역할의 모순은 내재적인 종류의 것이면서 그의 저작 자체에서 해결되지 않은 문제들로부터 기인하며, 또한 당에 대해 반대하는 그의 주변적 위치의 결과로 발생한다. 그의 저작이, 당 지도부에 의해 일찍이 실용주의적으로 제기되었던 "사회주의로의 이탈리아적 길"의 이론적 정초에 혁혁하게 공헌하였음에도 불구하고, 우리는 다음의 이유 때문에 도구주의적 해석에 조심해야 하는데, 그 이유란 이 당 쪽에서조차 그의 저작 및 그의 제자들의 저작에 무관심, 배척, 심지어 "적대"(Alcaro, 1977, 51)를 보였다는 점이다. 델라볼페주의자들로부터 강한 영향을 받은 이탈리아공산당의 이론 기관지 『소시에타』(Società)의 발행은 1962년 당 지도부의 교사(教唆)로 인하여 중단되었다(이에 대한 전체 맥락은 Fraser, 1977, 7-50에 상세하다).

따라서 50년대와 60년대초에 증대했던 델라 볼페의 영향 그리고 그의 정치이론과 당 노선의 사실상의 일치를, 당에 의한 그의 테제의 공식적 수용(그런 일은 일어나지 않았다)을 혼동해서는 안된다. "공식적인" 당의 자기이해는 예전처럼 맑스주의적 역사주의의 대변자들, 특히 바달로니와 그루피에 의해 대표되었는데, 이들은 오랫동안 달구어진 끝에 결국 1962년에 터져나온 논쟁에서 델라 볼페의 적수가 되었다. 더구나, 내가 생각하기에, 이 논쟁을 지금 우리가 제대로 소화하는 일은 어려운 일인데, 왜냐하면 "우익"과 "좌익" 혹은 "맑스주의적"과 "수정주의적"과 같은 통상적인 해석틀 및 딱지붙이기는, 선험적으로 고정된 "올바른" 맑스주의 이해로부터의 "편향"만을 확인할 수 있었던 정통의 관점에서만 나올 수 있을 것이기 때문이다. 하지만 이것은 델라볼페주의를 둘러싼 토론의 주제도 아니었으며, 나의 해석자적 의도도 아니다. 오히려 중요한 것은, 맑스주의적 역사주의의 위기와, 새로운 실천적 요구에 대해 적절한 이론적 대답을 주지 못하는 그들의 무능력을 델라 볼페가, 전략적 노선의 실천적 함의들과 이론적으로 아직 덜 반성된 그 결론들을 드러내면서 이론과 실천 사이의 공백을 메울 것을 요구하는 그런 방식으로 파악했음을 이해하는 일이다. 그가 이것에 성공했는지의 여부는 의문에 부쳐질 수 있다. 확실히 첨예화된, 그러나 분명히 스콜라적 의도에서 씌어지지는 않은 비고렐리의 테제를 이러한 측면에서 이해할 수 있다. 그는 이렇게 쓰고 있다 : "개량주의에 대한 상이한 두 해석 사이의 이데올로기 투쟁이 있는바, 여기서 후자[델라 볼페로 대표되는]가 전자[맑스주의적 역사주의로 나타나는]의 확대발전 및 그것의 의식을 나타낸다" (Vigorelli, 1974, 104. 강조는 저자).

그러나 다른 한편으로는――여기서 나는 다시 한번 역설을 얘기하게 되는데――델라 볼페의 저작 자체가, 그를 반독단론적 이단자로뿐만 아니라 스탈린주의자로도 보이게 하는 일련의 모순을 제시한다. 소비에트적 디아마트(Diamat)가 내리는 변증법에 대한 객관주의적 해석에 맞선, 그러나 또한 그람시적 전통에 서 있는 바의 "세계관"으로서의 맑스주의 해석에 대한 그의 끊임없는 투쟁은, 다른 한편에서 정통에 단절없이 순응하는 요소들, 예컨대 그의 1936년 스탈린헌법의 해석과 새로운 생산기술의 표현으로서 스타하노프주의의 옹호와 같은 요소들을 동반한다.

내 생각으로 이러한 개관은, 이하에서 그의 저작에 대한 설명을 정치적, 이론적 변혁국면이라는 배경 위에서 평가할 수 있기 위해 필수적인 것이다. 여기에서 특히 이탈리아의 맥락이 화제에 오를 때 다음의 사실, 즉 1956년은 이탈리아 공산주의에게만 통절했던 것이 아니라, 같은 해 개최된 소련공산당 제20차 당대회의 "폭로"로 인하여, 바로 델라 볼페의 저작에 침전되어 있는 "사회주의적 합법성"의 문제가 감염적인(virulent) 것으로 되었다는 사실이, 잊혀져서는 안된다.

1-2. 60년대 이탈리아 맑스주의의 논의상황의 개관

우리가 아래에서 델라 볼페 및 그의 영향을 받은 움베르토 체로니의 작업에로 향하려고 하는 이유는 다음과 같다 : 갈바노 델라 볼페는, 비록 논란의 여지가 있는 이탈리아 맑스주의 이론가이긴 하지만, 이미 50년대 중반에 당시의 이탈리아공산당의 이론기관지였던 『소시에타』에 중요한 각인을 남겼고, 젊은 맑스주의 지식인들 전세대에 대해 커다란 영향을 미쳤던, 가장 영향력이 강한 사람들 중 하나로 간주된다. 그는 철학적-인식론적, 미학적 및 국가론적 영역에서 그의 가장 중요한 작업들[1]을 통해 학교교육자로 영향을 미쳤다. 비록 델라 볼페의 이론적

1) 그의 가장 중요한 작업들은 다음과 같다 : 1950년에 첫 출간되었던 Logica come scienza positiva. 이 책은 3판에서 Logica come scienza storica로 제목이 변경되었다; 1960년 초간된 Critica del Gusto. 이 책에 관해서는 Priester, Karin : Zu Della Volpes Ästhetik, in : Alternative, H. 83, 1973 및 1957년 초간된 Rousseau e Marx e altri saggi di critica materialistica를 참조하라. 이 마지막 텍스트는 그동안에 독일어로 번역되었다. 메르커(Nicolao Merker)가 번역한 Della Volpe, Galvano : Rousseau

연구 및 정치적 입장(그는 2차대전 때부터 죽을 때까지 이탈리아공산당의 열성 당원이었다)과 "델라볼페주의자"들의 그것은 엄격히 구분되어야 하지만 말이다.

그의 반헤겔주의적 근본입장 때문에 그는 알튀세르 및 그의 학파와 결합되었는데, 왜냐하면 알튀세르보다 오래 전에 델라 볼페는 맑스에게서의 인식론적 단절 테제를 강조했기 때문이다. "물론 비교할 수 없을 만큼 더 큰 과학이론적 중요성을 가지고 말이다" (Marramao, 1973, 22).[2)]

맑스주의적 논의의 상황에 비추어 대단히 이른 시기(50년대 중반)에 이미 델라 볼페는 변증법적 유물론에 대한 소비에트 맑스주의적 정의에 대항했고, 또 이탈리아에서 관념론적으로 각인된 문화의 결과인 "통속소설적 인간주의" (마라마오)의 지배적 형태에도 대항했다. 유력가들 중 하나로서 그는 실증과학으로서의 철학적 논리학의 수정 문제에 몰두했고, 그람시가 당대에 단지 암시만 했던 진전, 즉 존재론적 문제설정에서 인식론적 문제설정으로의 맑스 해석의 이전을 수행했다. 그러나 그람시가 정치적 실천에 대한 협소한 변증법적 관련 속에서 인식론적 문제틀("카타르시스")을 보았다면, 델라 볼페는 맑스에게서의 과학적 방법의 추구에 전념했다. 델라 볼페는, 대상(맑스의 경우에는 정치경제학 비판)

---

und Marx, Beiträge zur Dialektik geschichtlicher Strukturen, Darmstadt, 1975를 참조하라. 이 모든 텍스트들은 암브로지오(Ignazio Ambrogio)가 출판한 델라 볼페 저작 전집 속에 포함되어 있다. Della Volpe, G. : Opere. 6. Bde., Rom 1972-1973을 참조하라.

2) Althusser, 1968, 특히 알튀세르가 델라 볼페와 동일한 근본문제틀에서 출발한 논문인 「유물변증법에 관하여」를 참조하라. 즉 스스로 외화하고 자기자신으로 귀화하는 이념의 순수한 개념 변증법으로서의 헤겔 변증법은 "이미 주어진" 복잡하고 구조화된 총체로부터 시작하는 맑스의 변증법과 정반대에 놓여 있다는 것이다.

으로부터 분리된 추상적 방법을 여과하여 맑스주의 철학을 과학이론으로 환원시켜버릴 위험을 보았으며, 자신의 맑스주의 해석이 지닌, 실천을 과학적으로 인도하는 활동적인(operativ) 성격을 항상 강조했다. 하지만 그가 이러한 위험을 벗어났는지는, 그의 비판자들에게는 의심으로 남아 있다. 그람시의 근본문제들을 델라 볼페가 다시 끄집어내지 않는다는 것, 그리고 그람시를 눈에 띄게 거의 언급하지 않는다는 것은 분명히 우연이 아니다. "세계관으로서의 맑스주의"(그람시, 톨리아티, 루포리니,[3] 바달로니 등)와 "방법론으로서의 맑스주의"[4]라는 문제틀을 둘러싸고 전개되었던 50년대와 60년대초의 논의에서 델라 볼페는 그의 제자들과 함께, 그람시와 톨리아티를 추종하는 맑스주의적 역사주의의 위기를 강조하는 사람들 편에 속했다. 그럼에도 불구하고 루포리니로부터 바카에 이르는 가장 예리한 비판자들도 인정하는 것처럼 델라 볼페의 공적은 크다. "갈바노 델라 볼페는 맑스에게서의 이데올로기 비판과 과학적 방법의 특수성에 연구를 집중했기 때문에, 확실히 그는 불필요하거나 순전히 철학적인 질문을 던지지는 않았다. 즉 그는 맑스주의가 자신의 고유한 이론적 위치를 명시해야 할 필요성을 힘주어 언급했던 것이다. 그리하여 그는 맑스 텍스트의 철저한 독해를 통해 이탈리아 맑스주의

3) 그동안 세자르 루포리니가 당시의 입장에서 멀어졌음이 지적되어야 한다. 그 자신은 이 경로를 "역사주의로부터 형식의 재발견"으로 묘사했다. 맑스주의에 대한 인간주의적 해체와 구조주의적 해체에 반대하여, 그는 한 사회구성체로부터 다른 사회구성체로의 이행조건에 대한 구조분석의 변형된 형태를 옹호한다. 그후 그는 예전처럼 정신분석학과 맑스주의의 통합이라는 자신의 오랜 문제를 추구한다.

4) Badaloni, 1972 및 국가사회주의 이데올로기로서의 맑스주의적 역사주의에 대해 비판적으로 진술하는 카사노의 서설을 참조하라. Cassano(Hrsg.), 1973, 특히 14f. 문제틀의 적확한 분류를 위해서는 Prestipino, 1971, 49ff.도 참조하라.

철학을 누구보다도 더 풍부하게 만들었다" (Vacca, in : Vacca〔Hrsg.〕 1972, 27) .[5)]

또 프레스티피노는 델라 볼페에 대한 그의 새로운 비판적 평가에서 이렇게 쓰고 있다 : "그 논의는 대단히 정치화된 독자들에게 처음으로, 제3인터내셔널의 정통을 통해 공인되었던 것과는 다른 맑스주의의 문제를 제기했다" (Prestipino, 1979, 16) . 델라 볼페의 접근법의 경계를 무어라 부르든간에 당시 이탈리아 맑스주의에서 지배적이었던 역사주의적 경향에 대항했던 그의 비판적 역할은 강조되어야 하는데, 왜냐하면 "역사주의적 전통은 이탈리아 사회의 특수성에 우선권을 부여하고 그 후진성을 강조하는 경향이 있었으며, 그것[이탈리아 사회]은 모든 특수성과 낙후성에도 불구하고 역시 자본주의 사회라는 사실을 통해 이러한 지적을 유화하였던 반면, 델라볼페주의에게 중심적인 맑스 이론의 체계적 연구는 자본주의적인 경제적 사회구성체의 개념과 그것의 법칙성에 우선권을 부여했고, 이탈리아 사회의 특징은 그 모든 특수성에도 불구하고 자본주의 사회의 그것이다라는 사실을 강조" (Giannantoni, 1975, 2부, 93) 했기 때문이다.

1962년 맑스주의 철학자들 사이의 논쟁에서 루포리니의 비난에 대해 논쟁적이지만 명쾌하게 입장을 제기했던 사람은 델라 볼페의 제자인 루치오 콜레티 (L. Colletti) 였다.

> 나는 우리가 토론을 벌인 곳을 잊지 않고 있으므로 세부 분석으로 들어가지는 않겠다.[6)] 그러나 나는——비록 어느 누구도, 이제까지

5) 맑스주의적 역사주의의 옹호자인 루치아노 그루피가 델라 볼페의 업적을 강조하는 탁월한 비판도 참조하라. Gruppi, 1971, 특히 15ff., Gruppi, 1976, 101ff.
6) 루포리니가 논의를 개시했던 주간지 『리나시타』 (이것은 순수한 이론기관지가

수행한 노력이 아직 충분하지 않으며 확대 · 배가 · 심화되어야 한다는 것에 대해서 아마 우리[이른바 델라볼페주의자]들보다 더 잘 알지 못할 테지만——약속(Engagement)을 강조하고 싶다. 우리 쪽에서는 헤겔-맑스의 관계(헤겔 **전체**에 대한 맑스 **전체**임에 주의하라)의 문제가 시작되는 계약과 맑스의 획기적 독창성, 신선함이 최소한 아래의 원인에서 기인한다는 것을 강조하고 싶다. 즉 더이상 1844년 『경제학-철학 수고』나 『독일 이데올로기』(우리 '철학자들'이 머물고 있는 **정점**)에서의 어떠한 사례도 우리에게 충분하지 않으며 오히려 그곳에서 출발하여 통속소설적인 '인간주의'가 그때까지 써왔던 까다로운 텍스트 및 문제와 겨루지 않을 수 없게 된다는 점에서 기인한다.

이것이 오늘날 우리 사이의 대화를 가로막는 유일한 현실적 장애일 것이다. 즉 포이어바흐의 자연주의 약간과 헤겔의 변증법 한 줌을 영원히 혼합조제하는 일에 신중하게 착수하는 많은 사람들과는 달리(마치 『자본론』, 『그룬트리세』, 『잉여가치학설사』가 사실상 경영학과 학생들을 위해 마련되어 있는 것처럼), 또 다른 사람들은 '가치'이론에, 그리고 맑스가 근대 '사회계급'이라고 이해하는 것, 그리고 그 계급의 경제적, 사회적 토대 및 그것에서 결과되는 경제학과 사회학의 분리가 어디에 있는지에 숙달되었다는 것. 마침내 몇몇 사람은 '방법'과 '방법론'에 대한 영원한(그러나 언제나 파악하기는 어려운) 소문에 직면하여 도대체 과학적 법칙이 실제로 어떻게 구성되었는지 알기 위해서 나아갔다. (Colletti, in : Cassano〔Hrsg.〕 1973, 167f)

유물론적이고 비사변적인 논리학의 출발점이라는 델라 볼페의 맑스 해석의 중심에는 두 가지 정리가 있다. 즉 논리선험주의 비판과 "결정적 추상" 이론이 그것인바, 이것들은 비판적 인식론을 역사유물론의 과학적

아니었다)에 관한 것이다.

논리로서 정초하였다.

맑스와 헤겔의 "단절"을 1845년으로 잡는 알튀세르와는 달리, 델라 볼페는 이 단절을 맑스의 『헤겔 국법론 비판』으로 이미 1843년까지 소급시킬 수 있다고 믿는다. 마라마오는 델라 볼페가 그럼으로써 맑스의 초기저작들, 특히 1844년의 『경제학-철학 수고』로부터 이론적 의미를 박탈하지는 않는다——그것을 오직 전맑스주의적이고 포이어바흐적이라고 선언하는 알튀세르와는 달리——는 것을 언급했다. 하지만 먼저 우리는 마라마오가 내린, 우리의 목적을 충족시키는 델라 볼페의 맑스 해석의 중심결론의 요지를 따라가보자. "『실증과학의 논리』에서 델라 볼페가 전개하는 맑스 해석은 다음과 같이 요약될 수 있다. ① 1843년에 맑스는, 한편으로 경험이 사변으로 전도되고 다른 한편으로 '속류적' 경험이 '슬쩍'——매개되어서가 아니라 초월하면서——재차 수용되며, 거기에 순수이념이 덧씌워진다(sic)고 주장하는 모든 헤겔주의 철학의 '논리적 근본오류'를 폭로하고 비판했다. ② 따라서 맑스는 이미 1843년에, 헤겔 변증법의 신비화된 방법 속에서 머리로 서 있는 주어와 술어의 올바른 관계를 다시 바로잡았고, 그가 나중에 『자본론』에서——1857년 『정치경제학 비판』의 방법론적 「서설」에서 완성한 것과 같은 '결정적 추상' 개념의 기초 위에서——적극적으로 적용한 자신의 유물론적 방법의 **논리적** 기반을 정초했다. ③ 마지막으로 『헤겔 국법론 비판』에서 논리 선험주의에 가한 맑스의 비판은 '고유한 대상의 고유한 논리'에 의거하는 역사유물론 '과학'의 **영원한 방법론적 기초**로서 이해되어야 한다" (Marramao, 1973, 222). 우리는 나중에 이 문제로 돌아올 것이다.

델라 볼페에게 가해졌던 경험주의라는 비난이 톨리아티에게도 드물지 않게 가해졌다는 것은 아마도 우연이 아닐 것이다. 또한 실제로 우리는, 국제 공산주의에서의 결정적인 변화——특히 톨리아티도 적지 않게 참여한——가 행하여진 시기에 "델라볼페주의"가 현저한 성과를 거둔 이유를 질문해야 한다. 구아스티니(R. Guastini)와 레브레로(R. Levrero)는 이탈리아공산당의 정책에 비판적으로 대항하는 입장에서 다음과 같은 테제를 제출하였다. 즉 델라볼페주의는 먼저 소련공산당 제20차 당대회와 12차 대회 사이 내지는 이탈리아공산당 제8차 당대회와 12차 대회 사이에, 이탈리아 맑스주의 내에서 처음에는 반대파의 "지하" 경향으로부터, "오늘날 이탈리아에서 지배적인 이탈리아공산당의 개량주의 정책의 원칙적인 이론적 근거로 발전했다"(Guastini/Levrero, 1970, 312). 공산당의 정책이 "개량주의적"이라 불려야 하는가는 여전히 미결상태이나, 여기서 결정지을 수 없는 문제를 도외시한다면 이 테제(즉 델라볼페의 이론과 톨리아티 이래의 이탈리아공산당의 정책에 친화성이 있다는 주장)는 정확히 핵심을 찌르는 것으로 보인다. 그것은 동시에 델라볼페의 **정치적** 의미――이론적 의미만이 아니라――를 설명하고 있다. 물론 이 테제에 대한 증거를 내놓는 것은 극히 어려운데, 왜냐하면 많은 문제들을 미결로 남겨두고 많은 모호점들을 용인하는 대단히 유연한 문화정책을 추진하는 것이 이탈리아 공산주의의 특징 중의 하나이기 때문이다. 이탈리아공산당 이론가들(여기서는 당연히 이탈리아공산당 내에 조직된 지식인들을 의미한다)의 발표를 따르는 사람들은, 매우 다르고 일부는 더이상 서로 화합할 수 없는 입장들이 개진되는 다양성에 드물지 않게 놀랄 것이다. "실제로 이 당의 문화정책은…… 대단히 유연하기 때문에 '가장 이질적인' 이론적 주장의 몇몇 측면 자체도 흡수할 수 있다. 이는 이탈리아의 공산주의 전통이 주관적 관념론(크로체와 젠틸레) 속에 용해된 부르조아적 사고경향에 아주 친숙하다는 것으로 설명될 수 있다. 주관적 관념론은 당의 가장 훌륭한 지도자들에게 전적으로 거대한 영향을 미쳤으며, 톨리아티의 특수한 정치적 유연성과 그람시만을 생각해도 될 것이다"(Marramao, 1973, 228). 1968년 학생운동에 대한 당의 태도에서도 증명된 이러한 "간접통제" 정책은 다양한 색조의 입장을 가능케 했다. 그러므로 우리의 테제에 대한 재검토의 시급석은 이탈리아공산당 내에서 그러한 입장을 형성하는 것이 어렵다는 점을 제외하면, "두목 이데올로그"(Chefideologe) 따위로서의 델라 볼페의 역할일 수 없다. 델라 볼페는 조금도 그러한 역할을 했던 적이 없으며, 자신의 순수한 이론적 작업에 기초하여 "비밀스럽고" "난해한" 이론가라는 후광과 함께 일찍이 주변적 위치를 수용했던 것이다. 그러므로 우리의 테제에 대한 증거는 아마도 ① 중요한 문제에서 확인할 수 있는 그람시와 델라 볼페 사이의 연속성에 대한 증명(과학으로서 맑스주의의 자율성 추구, 인식론적 문제설정을 위한 존재론적 문제설정의 극복, "결정적 추상"의 명제……)과, ② 델라 볼페 **정치**이론의 핵심문제인 "후기부르조아 민주주의"에 대한 정식화는 법률적으로 표현된 "진보적 민주주의"에 대한 톨리아티의 요구에 다름아니라는 점의 증명이 될 것이다. 두 개념이 사회주의로의 이행조건에 대해 본질적으로 동일한 관념을 가지고 있다는 점이 증명된다면, 더욱이 정치이론은 델라 볼페와 톨리아티의 경우에 "경험주의"라는 개념으로 특징지을 수 있는 철학적 근본입장과 동떨어져서는 파악될 수 없다는 점이 증명된다면, 처음에 구아스티니/레브레로와 함께 제출했던 우리의 주장은 강화될 것이다.

이로써 우리는 분명히 중요한 또다른 이론가들(특히 바달로니, 루포리니 등)보다 델라 볼페를 선택한 기준뿐만 아니라 그에 대해 작업을 하도록 한 관심도 밝혔다.[7)]

---

7) 이와 관련하여 오토 칼쇼이어(Kallscheuer, 1974)는 프랑스 및 특히 이탈리아에서 이론적 영역에서 "사민주의화"로의 내재적 경향을 갖는 사회주의로의 특수하게 "민족적인" 길은, 물론 20년대의 헤겔 르네상스(루카치, 코르쉬 등)와는 근본적으로 다른 "헤겔주의"를 통해 발견되었다는 테제를 주장했다. 이에 반해서 그는 알튀세르학파와 델라볼페학파의 시도 속에서, 그것이 가진 반헤겔주의의 모든 실증주의적 한계성에도 불구하고 헤겔주의와 결합된 정치전략의 극복 시도를

이탈리아에서 맑스주의는 파시즘으로부터의 해방 이후 무엇보다도 라브리올라와 그람시가 이론적, 정치적으로 미리 제시한 논의를 다양하게 계속했다.

1944년 "살레르노 전환"이 "사회주의로의 이탈리아적 길"이라는 톨리아티의 정책을 받아들이고 안토니오 그람시의 민족적으로 각인된 국제주의에 근거할 수 있었던 반면, 맑스주의적 철학자들 사이에는 이미 한편에서는 루포리니/바달로니, 다른 한편에서는 이른바 델라볼페학파라고 부를 수 있는 두 가지 기본경향이 두드러졌다.

루포리니와 바달로니가 부르조아 과학, 그 중에서도 후설의 현상학과 정신분석학의 성과를 통한 맑스주의의 풍부화를 옹호하였고, 특히

식별할 수 있도록 해주는 이 경향에 대한 준반대적인 응답을 보았다. 아래에서 보이는 것처럼 이 테제는 나에게는 매우 논란의 여지가 있는 것으로 보인다. 그 테제는 델라 볼페와 그의 제자 일부 간의 차이를 분명히하지 않음으로써만이 성립할 수 있다.

"델라볼페학파"와 "델라볼페주의"라는 개념은 그것이 정치적, 이론적으로 부분적으로 극히 상이한, 델라 볼페의 영향을 받은 저자들을 포함하고 있다는 점에서 문제가 있다. 델라 볼페에 가장 가까이 있는 철학자들은 니콜라오 메르커(Nicolao Merker), 마리오 로시(Mario Rossi), 알레산드로 마초네(Alessandro Mazzone)를 꼽을 수 있을 것이다. 문학과 미학 영역에서는 이그나지오 암브로지오(Ignazio Ambrogio)와 로코 무솔리노(Rocco Musolino), 경제 영역에서는 줄리오 피에트라네라(Giulio Pietranera), 정치이론 영역에서는 움베르토 체로니(Umberto Cerroni)를 "델라볼페주의자"의 범위로 꼽는다. 델라 볼페 제자들 중 가장 유명한 사람의 하나인 루치오 콜레티 및 쥬세페 바카는 델라 볼페로부터 근본적으로 벗어났다. 바카(Vacca, 1969)는 칼 코르쉬를 "델라볼페주의"의 선구자로 재평가하려고 시도하였지만, 이는 코르쉬와 델라 볼페의 맑스주의 이해가 정반대이기 때문에 실패할 수밖에 없었다. 그밖에 Prestipino, 1971, 49ff.와 Fraser, 1977, 14f.를 참조하라.

루포리니는 나중에 구조주의로 전향했던 반면, 델라 볼페는 이미 그람시가 언급했던 과학으로서의 맑스주의의 이론적 독자성에 대한 요구를 수용했다. 이 시기, 특히 우리가 다루게 될 1962년 철학자 논쟁에서 그의 거대한 논적이었던 세자레 루포리니는 임종 무렵에 이렇게 썼다 : "역사성과 과학적 분석(및 추상) 사이의 접합지점을 발견하는 것, 그것을 넘어서면 추상이 필연적으로 선험적 보편성이 되는 그러한 추상의 반(反) 형이상학적 반사변적 한계를 발견하는 것, 이것이야말로 가능한 의견차이의 요소 저편에(또는 이편에) 델라 볼페가 우리에게 힘주어 부과했던 주요한 방법적 문제다"(Lupporini, in : Rinascita, 1968. 8. 9).

루포리니, 반피(Banfi) 등과 함께 이탈리아 맑스주의의 고참세대에 속하는 델라 볼페는 그람시처럼 관념론, 특히 자유주의적인 크로체에 의해, 그리고 그 현실적으로 정점에 이르렀을 때는 크로체의 제자이자 이후 파시스트의 교육장관인 젠틸레에 의해 지지되었던 신헤겔주의의 지속적인 영향과 투쟁하는 문제 전면에 자신이 있음을 보았다.

또 이미 그람시가 그의 모든 저작을 관통하는 반 크로체 논쟁으로 나아갔던, 그리고 그람시가 당시 암시할 수밖에 없었던 것을 성취하기 위해 델라 볼페가 다시 끄집어내었던 동일한 정치적, 이데올로기적 문제틀은, 맑스와 헤겔의 관계를 어떻게 규정할 것인가에 대한 문제설정을 새로이 파악함으로써 세계관으로서의 맑스주의 철학과 방법론으로서의 맑스주의 철학을 그 독자성 속에서 완성하는 것 그것이다.

델라 볼페는 이러한 문제틀과 연구전망에서 출발하여 먼저 맑스의 초기 저작에 집중한다. 하지만 오해를 막기 위해서 여기서는 이것이, 실존주의적 문제설정에서 출발하여 맑스주의적 인간학과 윤리학을 밝히려는 목표에서 행해지지 않았다는 것을 강조해야 한다. 델라 볼페의 맑스의 초기 저작과의 조우는 양차대전 중간과 2차대전 이후 유럽에서 행해졌던 일반적인 논의와 전적으로 다르며 심지어 적대적(루포리니)이기까지 했다.

그의 관심은 우선『헤겔 법철학 비판』에, 그리고 거기에서 밝혀진 맑스와 헤겔의 방법론적 단절에 집중된다. 그의 대주제는 선행한 모든 사변적 성향에 대한 맑스 **방법**의 환원불가능성 혹은 비연속성이라는 문제, 그리고 맑스의 방법 자체의 과학성의 근거라는 문제다.

경험과학으로서 맑스주의를 반사변적으로 정초하는 것이 그의 탐구의 중심에 놓인다. 이러한 문제들은 다른 많은 맑스주의 이론가들에 의해 그 중요성에 있어 나중에야 인정받고 거론되었는데, 왜냐하면 그들은 다른 전통에 의해 각인되어 특히 고전철학과 맑스주의 간의 단절이 아닌 **연속성**을 입증하려 했기 때문이다. 여기서는 많은 이탈리아 공산주의 지식인들 속에 퍼져 있던 연속성을 입증하려는 이 노력이 일종의 집단적인 지적 전기(Biographie) 및 이탈리아의 신관념론의 지속적인 영향을 통해서, 다른 한편으로 이탈리아에서 예전부터 강력하게 퍼져 있던 ― 철학의 존속을 "구원의 철학"〔philosophia perennis. 가톨릭 교회신학의 전통적 기초〕을 보는 것으로 믿었던 ― "변증법적 유물론"에 대한 회의를 통해서 어느 정도 각인받았는지 하는 문제에 접근할 수는 없다. 반낭만주의의 기본입장을 가지고 있는 델라 볼페가 볼 때 넘어뜨려야 할 적은 플라톤적인 화해의 변증법인데, 왜냐하면 실천을 이끌고 이론적으로 해명하기 위해서는 구체성의 변증법, 역사적 결정성의 변증법이 필수적이기 때문이다. 그래서 플라톤에 대하여 아리스토텔레스, 비코에 대하여 갈릴레이, 헤겔에 대하여 맑스는 반관념론적 사고의 계열에 서 있다.[8)]

8) 델라 볼페의 초기 저작의 하나는 "낭만주의적이고 신비적인 헤겔"의 몰두에 바쳐졌다. Della Volpe, G. : Hegel romantico e mistico, 1929 참조. 마라마오가 지적하는 것처럼 델라 볼페는 후기 저작에서도 그간 낡아버린 이 헤겔상(像)에

토대-상부구조 문제에 대한 델라 볼페의 중심적 탐구와 상부구조의 상대적 독자성에 대한 강조 옆에는 맑스주의 정치이론의 문제에 대한 경도(傾倒)가 가까이 자리잡았고, 이것 또한 그람시의 간헐적이고 파편적으로 정식화된 사고과정과 직접 연결된다. 그것은 델라 볼페와 이후 그의 제자인 콜레티와 체로니로 하여금 루소와 헤겔의 관계 및 부르조아적 대의제 국가에 대한 비판을 연구하도록 이끌었다.

"청년 맑스"가 많은 맑스주의자들로부터 소홀히 취급되고 관념론적 및 실존주의적 해석에 내맡겨진 상태였던 때, 델라 볼페는 1844년『경제학-철학 수고』의 출간과『헤겔 법철학 비판』,『독일 이데올로기』, 특히『그룬트리세』로 인해 맑스-헤겔 관계가 근본적으로 **변화하였다**는 테제로부터 출발했던, 이탈리아와 유럽에서 극소수의 이론가 중의 한 사람이었다.

델라 볼페는 데카르트와 로크(합리주의와 경험주의)에게서의 근대철학문화의 출발에 대한 풍부한 탐구에 관해, 철학사 속에서 플라톤에 대한 아리스토텔레스적 비판과 갈릴레이의 새로운 실험과학의 논리적 함의로까지 거슬러 올라간다.

무엇보다도 초기 저작 속에서 델라 볼페는 맑스를 사변적 전통, 특히 헤겔 변증법의 비판자로 발견한다. 여기서 맑스는 헤겔 좌파의 관념론으로부터 역사유물론과 그에 상응하는 사회학으로의 이행을 위한 초석을 놓았다고 한다. 여기서 그는 헤겔의 방법에 **직접** 접근하여, 형이상학자 헤겔로 하여금 실재 및 구체적인 역사발전의 변증법을 명확히 과학적으로 보지 못하게 방해하는 **비결정적 추상**과 그 결과로 생기는 실재적인 역사과정의 절대화·실체화를 비판한다.

여전히 머물렀으며, 그것이 그의 "반헤겔 주의"의 토대를 이룬다. Marramao, 1971, 특히 90을 참조하라.

이렇게 이해된 맑스주의 —— 델라 볼페는 "도덕과학의 갈릴레이주의"라고 은유적으로 규정하기도 했는데 —— 속에서 그는 맑스 철학사고의 "자기충족성"(Selbstgenügsamkeit)과 자율성의 보증을 발견한다고 믿었다. 그러므로 그는 『자본론』에서 초기 맑스의 철학적 "유비"(이른바 "소외"에 대한 인간학적 테제의 "증명")라든가 경제 공식의 순수한 "기술적" 열거뿐만 아니라, 이념과 경험적 관계의 전통적 관계가 전도될 필연성에 관한 청년 맑스의 가설이 검증되는 기본적인 역사적-과학적 연구도 보았다.

델라 볼페의 이론적 성찰로 상세히 들어가기 전에, 정치이론의 영역에서 그의 다른 중요한 저작을 여기서 간단히 언급하기로 하자. 주로 부르조아 국가의 기능에 대한 정치이론 및 그 위에 구축된 "서구적 상황"의 혁명전략에 주의를 기울였던 그람시와는 달리, 델라 볼페는 이 문제를 특히 국가론적-법률적 측면에서 접근한다. 그의 성찰의 출발점은 자연권 사상을 비판하고 "사회적 자유"로 이해되는 새로운 자유개념을 제시했던 루소다.

델라 볼페의 영향을 받은 이탈리아 맑스주의자들 중에서 이러한 사고과정을 더욱 집중적으로 계속 추구했던 유일한 인물인 체로니에 따르면, 맑스주의라는 이름을 붙인 루소 정치이론에 대한 이러한 새로운 해석의 의미는 두 가지다.

① 델라 볼페는 근대 정치사상의 전통 속에서 자유주의적, 대의제적 "보장"이라는 개인주의적 자유개념과 공동체적 집단적 자유개념을 대립시키면서 정치적 민주주의의 개념을 새로이 담고 있는 하나의 조류(맑스의 비판 앞에서는 필연적으로 유토피아적인)를 발견했다.

② 이론적 영역에서 이러한 성향은 맑스주의 전통이 정치적 민주주의를 경제적 민주주의에 동화시켰던 단순화의 수정을 야기한다. 델라 볼페가 맑스주의 고유의 정치이론이라는 문제틀을 다시 끄집어냄으로써,

완전한 정치적 민주주의와 완전한 경제적 민주주의 사이의 조직적 결합에 대한 정확한 분석의 전망이 열리는데, 그 이유는 정치는 배타적으로 경제로 환원될 수 없기 때문이다(Cerroni, in : Rinascita, 1968. 7. 19 참조).

이러한 서두의 머리말에 따라 우리는 이제 더 정확히 델라 볼페의 이론적 고찰로 향한다. 그 가운데 그는 철학으로서의 맑스주의의 이론적 독자성을 헤겔 상속인에 대한 경계 설정 속에서 규정하려고 노력한다. 그의 **정치**이론의 입장에 따라 우리의 문제설정에서 출발하여 우리는 처음으로 개관하기에 정당하다고 보이는 텍스트에 한정한다. 그의 철학 저작들, 특히 그의 주저인 『역사과학의 논리』에 대한 완전한 분석을 의도하지는 않는다(Fraser, 1977, 51-112 및 Alcarino, 1977, 특히 27-53, 그리고 Palla, 1972, 119-132와 203-209 참조).

2. 델라 볼페의 이론적 반헤겔주의로서의 맑스주의 규정

유명한 델라 볼페 제자 중 하나인 니콜라오 메르커(N. Merker)는 『맑스주의 이론가로서의 갈바노 델라 볼페』(Merker, 1970, 독어 요약은 Della Volpe, 1973, 완역은 Della Volpe, 1975)라는 논문에서, 델라 볼페가 토대-상부구조 문제에 대한 엥겔스의 만년의 드문 주석으로부터 그의 문제설정을 발전시킨다고 강조한다. 내용적 측면에 반해 "형식적 측면"의 소홀 및 경제적 토대에 의한 동시적 결정(비록 "최종 심급에서"이기는 하지만)의 경우 역사적 과정에서 분리된 모든 요소들의 상호작용에 관한 드문 언급은, 위에서 말한 문제의 변증법적이고 비기계적인 규정에서 델라 볼페의 뜻대로 되는 근거다. 자신의 연구가 예컨대 플레하노프가 흔히 했던 것처럼 상부구조와 토대 사이의 외적인 경험적 연관을 제시하려는 시도 속에서 유물론 본연의 의도를 보려는 대신에 **상부구조** 및 상부구조 개념의 역사적 형태론의 **내부에서** 진행된다고 강조할 때, 그는 "경제적 토대현상뿐만 아니라 상부구조의 이데올로기 산출에 대한 정확한 분석에 응용가능할" 통일적인 인식론적-방법론적 도구에 이 작업계획을 결합시킨다(Merker, 1970, in : Della Volpe, 1975, 11f.).

여기에서 기초를 이룬 이후 텍스트들에서도 수정되지 않고 단지 정밀해지기만 했던 델라 볼페의 이론작업의 핵심요소는 ① 논리선험주의에 대한 유물론적 비판의 강조, ② 역사유물론의 과학적 논리로서 "결정적 추상"의 이론, ③ 논리적, 역사적 원인의 변증법으로서 모순론 이다. 델라 볼페의 근본문제는 이론과 경험 사이의 관계를 유물론적으로 정식화하는 것이다. 이 근본문제는 합리주의와 경험주의를 종합하려는 시도에 이른다.

델라 볼페가 우선 감각적 경험과 이성 사이의(또는 다양성과 통일, 특수와 보편 사이의) 질적 차이를 부인하고 점진적 차이만을 인정하는 젠틸레의 관념철학의 영향을 받은 이후, 그는 흄과 경험주의적 전통에 몰두했다. 그는 아리스토텔레스, 흄, 칸트의 자취를 따라 그의 주저인 『실증철학의 논리』에서 이성과 물질(또는 이론과 실천, 술어와 주어)의 상호성 문제를 추구했다. 델라 볼페 제자 중 한 사람인 마리오 로시가 "동시대 철학 문헌들 중 가장 의미있는 저작의 하나"(Rossi, 1968, 1부, 199) 라고 썼던 이 책은 곧바로 실증주의 또는 이미 마하와 아베나리우스와의 논쟁에서 레닌의 비판을 받았던 경험비판론이라는 비난을 받았다. 델라 볼페에게 유물론의 핵심은, 실재를 모순 또는 부정의 계기로 파악하는 관념론에 대항하여 실재를 다양성과 실증성으로 보는 데 있다. 특히 헤겔과 또한 소비에트 정통의 "변증법적 유물론"에 의한 사고과정과 실재과정의 의도적 혼합은, 델라 볼페가 **과학적** 논리와 대립시키고 모순 배제의 원칙에 집착하는 **형식적** 논리라고 파악하는 과학적 가설의 형식이었다.

그는 칸트와 함께 인식률에 대립하는 본질률의 이질성 명제를 변호한다. 즉 그는 물질을 절대적 다양성과 은밀성(discretezza) 으로 개념화한다. 우선 전적으로 이성의 영역에 속하는 변증법은 물질의 산술적 개별적인 통일을 반영하고 번역한다. 경험적 연관이 없는 사물들 간의 관계(relazionalistà)를 산출하는 것은 오직 분리적(disjunktire) 사유방법으로서의 변증법에 속한다(Della Volpe, 1972/73, Bd. 4, 425). 이리하여 변증법은 동일-이질 논리로, 곧 **이원적**이고 담론적이며 구체적인 변증법으로 규정된다. 이것은 원초적이고 자기외화하며 자기 자신으로 귀환하는 (이념의) 통일이라는 헤겔적인 삼원적인 추상적 변증법과 대립한다. 왜냐하면 이원적 변증법만이 물질에 작용하며——삼원적 변증법처럼——물질로부터 추상되지 않기 때문이다(Della Volpe, 1972/73, Bd. 4, 4장, 418ff.). 델라 볼페는 **원초적 통일**로 끊임없이 귀환하는 삼원적 변증법을 물질의 다양성을 그 논리구조 속에 수용하는 이원적이고 물질에 작용하는 변증법으로 대체한다. 두 심급——통일과 변증성(Dialektizität)으로서의 이성 및 다양성과 은밀성으로서의 물질——의 합류는 동일-이질 논리적 정체성의 논리적, 인식론적 구조원리에서 표현된다. 그래서 종합적 심급의 동의어인 "통일"은 "순수한 개념"의 원초적 통일이나 형식적 종합이 아니라 개념에 있어서 "다양성의 통일"이다. 우주(Universum)는 동시에 "다우주"(Pluriversum)다(ibid., 425). 이원적 변증법은 상관성으로서의 규정에 의해 물질의 숫자적 내지는 은밀한 통일을 **반영**하고 **번역**한다(ibid., 424f.). 델라 볼페는 경험과 물질의 실증적 심급을 존재론적 실체로서가 아니라 판단의 기능적 주체로서 파악한다. 그래서 그에게 철학은 과학적, 물질적 존재론이자 유물론적 선험 비판에서 연역되는 존재론이지만, 형식적이고 형이상학적인 존재론은 아니다. 왜냐하면 이 이름을 정당하게 가진 모든 지식형태는 **실험**과학이며 그 자체로서 언제나 존재에 대한 담론이기 때문이다(ibid., 439f.).

델라 볼페에게는 판단에서 주어와 술어의 상호작용이 문제이기 때문에, 그는 경험주의의 귀납적 취급양식뿐만 아니라 합리주의의 연역적 취급양식도 거절하지 않을 수 없다. 그러나 델라 볼페에게 헤겔은 단지 근대 독단적 합리주의의 전형적 대표자일 뿐이다. 여기에서는 주어가 술어로 인해 완전히 "고갈되며"(esaurito) 그때에는 술어가 주어의 "실체", "존재" 또는 "개념"이 된다. 왜냐하면 헤겔의 경우 술어의 실체화는 다름아닌 존재론적 소원리를 의미하기 때문이다(ibid., 431f.). 논리적 연역은 "슬쩍" 실제의 다양성과 역사적 경험의 차별성을 논리체계의 통일 아래 종속시킨다. 그래서 델라 볼페는 헤겔의 경우 전형적인 일반적이고 비결정적(형이상학적) 추상들(예컨대 형이상학적 존재로서의 "국가")이 역사적인 결정적 추상에 의해 대체되어야 한다고 요구한다. 하지만 범주의 역사성은 통시성이나 "역사적 진화"에서 생기는 것이 아니라, 현 사회구성체의 과학적 표현으로서 결정적 추상의 구조화된 총체에 적응하는 현 사회의 일정한 경제적 관계를 올바로 나타내는 것임을 강조해야 한다고 델라 볼페는 말한다. 그러나 이는 역사적 경험의 연대기적 순서가 전도되어야 하며, 현재의 논리적 원인의 종합적, 분석적 순서(즉 역사적 현재의 성립에 연대기적으로 우연일 뿐 아니라 필연적이기도 한 조건)가 그것을 대신함을 의미한다(ibid., 460).

맑스가――델라 볼페도 역시――예를 들어 경제적 범주의 관념적인(헤겔적인) 발전경과뿐만 아니라 "자연적인"(역사적, 연대기적인) 발전경과도 거부하고 그 대신에 근대 부르조아 사회 내에서 경제적 범주의 접합에 대해 질문한다면, 델라 볼페는 여기서는 전도관계가 문제라고 결론짓는다. 그래서 문제는 경제적 범주의 역사성을 그것의 비연대기적 순서와 결합시키는 데 있는 것이 아니라, 한 체계 내에서 그것의 논리적 순서와 결합시키는 데 있다. 델라 볼페는 이 문제가 구체-추상-구체의 고리, 즉 역사적인 결정적 추상의 방법을 해결하는 것이라고 믿는다.

그래서 델라 볼페는 헤겔과 반대로 이성과 경험, 술어(범주)와 주어(물질) 또는 종합과 분석의 상호작용을 정식화한다(ibid., 438). 이성과 물질의 상호작용 내지 기능적 순환성이 나타나는 동일-차이론적 정체성의 구조원리는 연역과 귀납, 가설과 사실의 순환성에 본질이 있다(ibid., 433f.). 델라 볼페가 『헤겔 국법론 비판』과 1857년 『정치경제학 비판』 서설의 해석에 관해서 헤겔의 논리선험주의에 대한 맑스의 비판과 구체-추상-구체(자료-가설-실천에서의 검증)의 고리로 맑스 고유의 방법을 설명한 이후, 그는 맑스주의를 경험과학으로 구성하는 방법의 보편성을 역사적인 동시에 논리적인 방법으로 정식화할 수 있었다. 변증법의 법칙들을 자연과 역사의 사유법칙으로서만 파악하고 자연과 역사로부터 연역하지 않는 헤겔과는 반대로, 델라 볼페는 포이어바흐에 관한 제2테제에서 자연과학과 사회과학 양자에 유효한 —— 단지 그 기술에서만 다른 —— 유일한 방법의 열쇠를 본다.

그는 여기서 철두철미하게 맑스의 『국민경제와 철학』이라는 텍스트를 증거로 삼는다: "이후 인간과학이 자연과학을 포섭하는 만큼 자연과학은 인간과학이 된다. 그것은 하나의 과학이 될 것이다"(Marx, 1953, 245).

이리하여 과학논리와 일반 논리의 이원론을 극복하려는 시도가 이루어졌다. 유물론적 논리학은 모든 과학의 방법에 관한 이론 이외에 아무것도 아니며, "유물론적, 실천적 의식"이라는 의미에서 "비판적 사회과학"이다(Rossi, 1968, 186). 여기서도 델라 볼페는, 루카치에 반대하여 그가 자연과학과 정신과학의 낡은 이원론으로 되돌아간다고 비난했고 "인식론 및 역사서술의 핵심"으로 이해된 변증법 속에서 철학의 존속을 위한 유일한 정당성을 발견했던 그람시의 전통에 철저히 입각해 있다(『옥중수고』, 1449; 『실천철학』, 230 참조).

그래서 델라 볼페의 결론은 모든 과학영역에서 예견(가설)이 형이상학적 선험주의와 그 본질을 대신해야 한다는 것이다. 맑스가 먼저 경제학에서 예시했던 과학적 법칙의 논리구조는 이러하다. : ① 역사적, 물질적 심급으로서 자료인 구체적인 것, ② 가설, 즉 자료의 토대 또는 조건에 의해 해체되지 않는 규범적 중간고리의 설정(역사적, 합리적 심급), ③ 가설을 증명하거나 검증하여 하나의 법칙으로 변화시키는 실천의 기준 이 그것이다. 실천은 자료와 가설, 물질과 이성, 귀납과 연역의 역사적 상호작용의 최종 심급이다(Della Volpe, 1972/73, Bd. 4, 466). 또다른 곳에서 델라 볼페는 하나의 논리, 곧 근대과학의 유물론적 논리만이 존재한다고 다시 한번 강조한다 : "위에서 말한 구체-추상-구체의 고리를 상징으로 하는 논리는 우리에게 세 가지 논리적, 인식론적 측면을 보여주며, 더이상 순수한 지식이나 사변이 아닌 과학으로서의 모든 지식에 공통적이다 : ① 문제의 자료 또는 역사적, 물질적 심급, ② 가설 또는 역사적, 합리적 심급(논리적 선행자와 후계자 간에 가설적이고 단호한 중간고리의 설정), ③ 자료와 가설 또는 물질과 이성의 상호작용의 고리에 대한 실험 또는 결합(가설의 법칙으로의 전형)" (ibid., 479).

이와 관련하여 지안난토니는 델라 볼페의 경우 주체와 객체의 이질성이 감각적 경험(sensibilità)과 이성(ragione)의 이질성, 즉 두 가지 상이한 인식능력으로 변화하는 경향을 가질 때, 그가 칸트로부터 충분히 벗어났는지 하는 질문을 던진다(Giannantoni, 1974, 1부, 195f. 참조. 델라 볼페의 칸트 수용에 대해서는 동일한 사실을 확인하면서도 적극적인 판단을 내리고 있는 Alcaro, 1977, 139-180, 특히 153도 참조).

델라 볼페는 맑스주의와 과학의 관계 문제를 이미 대단히 이른 시기에 제기한다. 그러나 변증법적 유물론 이론가들과는 반대로 헤겔과 칸트에 대한 그의 설명은 "모순"이라는 용어를 사유법칙의 영역에 유보시키고 현실세계의 영역에서 칸트적 의미의 실제대립 또는 실제모순을 얘기하려고 한다. 이리하여 그는 나중에 폴란드, 동독 논자들(예컨대 아주키에비츠〔Ajdukiewicz〕, 하리히〔Harich〕, 링케〔Linke〕)이 전개했고, 맑스주의로부터 고유한 논리 ── 변증법 ── 의 완성의 필연성을 박탈하고 그 대신에 아리스토텔레스의 모순배제 원리와 연결시키는 결과를 가져왔던 논의를 미리 행한 것이다.

델라 볼페가 이미 이러한 현실변증법의 문제에서 맑스주의의 "과학주의적" (szientistisch) 정향으로 표현할 수 있는 오스트리아 맑스주의, 특히 막스 아들러의 전통에 서 있음이 눈에 띈다(Leser, 1968, 511ff.와 Heintel, 1967, 특히 3장, 105ff. 참조. 이러한 인식론적 논점에서 델라 볼페와 알튀세르의 비교가능성에 대해서는 Rheingerger, 1975, 특히 938ff. 참조).

델라 볼페의 제자였던 루치오 콜레티 —— 그는 나중에 공산당에서 탈당한다 —— 는 새로운 책에서 맑스에게 자본주의적 모순은 —— 델라 볼페와 그 자신이 이전에 가정한 것처럼 —— 결코 칸트적 의미의 "실제대립"이 아니라 본래 의미의 변증법적 모순이라고 강조한다. 물론 콜레티는 상품 물신주의 및 자본주의에서만 발생하는 "전도된" 실재에 기초하여 모순이 자본주의만의 특징이라는 결론에 도달한다(Colletti, 1975 참조).

그래서 델라 볼페의 경우 변증법은 이성의 수준에만 존재한다. 즉 변증법은 존재법칙이 아니라 사유법칙을 나타내는 것이다. 따라서 1962년 맑스주의 철학자들 사이의 논쟁에서 델라 볼페의 논적들이 되풀이해서 모순의 **객관적 실재**라는 문제를 언급했던 것은 우연이 아니다. 이 문제는 델라 볼페가 부정하는 헤겔과 맑스의 연속성을 강조하는 맑스주의의 핵심문제다. 이에 반해서 델라 볼페의 경우에는 오직 개별적인 물질만이 자기 스스로 존재하며, 인간 이성을 통해 비로소 서로 관계를 맺을 수 있는 경험적 사실만이 존재한다(Giannantoni, 1975, 1부, 62).

모순의 객관성이라는 문제는 그에게 결정적(즉 과학적) 추상의 문제가 된다(Badaloni, 1972, 32도 참조). 또 변증법은 과학적 연구의 인식론적 취급양식과 일치한다. 칸트의 경험론적 전통에서 이러한 명목론적 입장은 델라 볼페 이론에 가해졌던 비판의 일면일 뿐이다.

비판의 다른 측면은 계급투쟁, 정당 및 사회주의로의 구체적 이행 조건에 대한 지식인적 경시다. 그의 이론작업과 정치적 수준의 비난 사이에 필연적 연관이 있다는 것을 보여줄 수 있다면, 이러한 비난은 말할 것도 없이 전혀 다른 수준에 놓여 있으며 델라 볼페의 철학작업에만 해당될 뿐이다. 우리는 델라 볼페의 정치이론으로 나아가서 다시 이 문제를 다룰 것이다. 여기서 우리가 델라 볼페 철학작업의 발전의 전면적 완성이 중요한 것이 아니기 때문에, 우리는 오히려 그의 정치적, 이론적 작업과 관련해서만 그의 철학작업을 끌어오고자 한다. 아래에서 우리는 요약적으로 서술하여 전달하기에 적당한 두 개의 텍스트에 한정하자.

1962년의 『변증법에 대하여』(Sulla dialettica)[1]와 1964년의 『역사변증법의 열쇠』(Chiave della dialettica storica)[2]가 중요하다.

첫째 논문의 중심에는 맑스의 1857-58년 『정치경제학 비판』 서설에 대한 델라 볼페의 해석이 있다. 그것은 1962년 루포리니와 델라 볼페 간에 벌어졌던 유명한 대결의 핵심이었는데, 여기에는 다른 많은 맑스주의 이론가들이 관여했으며 오늘날에도 많은 여파를 미쳐 1973년 후속 토론으로 풍부해진 이 논쟁이 단행본으로 출간되었을 정도였다(Cassano [Hrsg.], 1973 참조). 당시에는 다름아니라 루포리니가 보기에 델라 볼페가 맑스주의로부터 배제시켰던 **모순**과 **총체성**의 개념이 문제였다.

1) 1962년 9월 15일 『리나시타』지에 처음으로 발표되었고, Cassano (Hrsg.), 1973, 250ff.에 다시 수록되었다. 델라 볼페 전집에도 있다(Della Volpe, 1972/73, 6권).

2) 1964년 8월 8일 『리나시타』지에 처음으로 발표되었다. 이러한 접근법은 델라 볼페의 마지막 서적간행에 속한다. Galvano Della Volpe, Critica dell'ideologia contemporanea, Rom 1967. 현재는 Della Volpe, 1972/73, 6권, 독역 Della Volpe, 1973의 번역에 따라 인용.

그에게 언제나 "비교적"(秘敎積)인 저자라는 비난을 가져왔던 엄격하고 정력적인 문제로 델라 볼페는 맑스의 과학적 방법에 따라 문제를 취급한다. 그의 해석을 따라보자.

올바르게 고찰하면, 생산이라는 경제적 범주는 다수의 결정성으로 해부되는 풍부한 결합체와 같은 것이다. 이 요소들 중 몇 개는 다른 시대와 공통적이며, 다른 요소들은 그렇지 않다.

이것을 구분하지 못했던 것이 예컨대 특수한 역사적 결정요소들을 생략한 채 자본을 일반적이고 영원하며 자연적인 관계로 해석하는 부르조아 경제학자들의 주요 결함이다. 부르조아적 생산관계는 그들에게 사회 전반의 변경할 수 없는 자연법칙이 된다. 그러므로 그들의 결론은 실체(Hypostase)의 결과이기 때문에 동어반복적이며 과학적 견지에서 무익한 것으로 증명된다. 선험적인 취급양식으로 그들은 **경험적 실체** 대신에 예컨대 자연의 전유로 이해된 생산의 일반적 개념과 같은 **추상적 이념**을, 이 일반적 개념이 근대 부르조아적 생산도 포괄할 정도로 받아들인다. 이리하여 그들은 그것의 특수한 역사적 지표를 은폐한다.

이와 반대로 과학적으로 올바른 방법은 "구체"로부터 출발하며, 이 경우에도 또한 추상으로 나아가기 위해 역사적으로 결정된 사회로부터 출발한다. "추상"이 관찰과 개념형성의 출발점인 것은 사실이지만, 사유 속에서 그것은 "결과"로서, "종합의 과정"으로서, 즉 몇몇 결정은 모든 시대에 적합하며 다른 결정은 **특수하게** 역사적인 많은 규정의 전체로서, 곧 **다양성의 통일**로서 나타난다. 예컨대 인구를 구성하는 역사적으로 특수한 결정, 이를테면 계급, 임금노동 등을 고려하지 않고 인구로부터 출발한다면, 우리는 전체에 대한 혼돈된 표상에서 출발하여 더욱 희박한 추상에 도달하게 된다. 하지만 이것은 부르조아 경제학자들이 이용했던 것처럼 형이상학의 선험적 방법이다.

이에 반해서 일단 가장 단순한 추상에 도달하여 "뒤로" 돌아오는 여행을 떠나, 이번에는 전체에 대한 혼돈된 개념이 아닌 많은 결정성으로 풍부하게 접합된 총체성(=통일)에 도달한다면, 또 그것의 현재적인 역사성을 고려한다면, 우리는 (맑스와 마찬가지로 델라 볼페도 이렇게 말하는데) 올바른 방법을 이용하게 된다.

여기서 추상적 규정은 더이상 소극적이고 선험적인 의미로 이해되지 않으며, **구체**, "다양성의 통일"로의 끊임없는 "복귀"를 통해 비로소 그 인식가치를 얻으며 **사유의 진행** 과정에서 구체의 재생산에 이른다.

헤겔의 오류는 현실이 자기 자신으로부터 스스로 운동하는 사유, "자기전개하는 개념"(맑스)의 결과라는 가정에 있다.

이에 반해서 추상에서 구체로의 상승은 구체를 점령하고 사고의 구체성, 사고의 총체성을 재생산하기 위한 유일한 방법이다.

델라 볼페에게 이 방법은 분석과 종합, 귀납과 연역으로 이루어진 순환적 과정이다. 구체-추상-구체 고리의 이 방법이 가설적 성격을 지닌 추상의 역사적 실험적 검사(검증)을 요구한다면, 이는 결코 추상적 범주들이 역사적으로 현실화된 차례대로 받아들여져야 한다는 것을 의미하지 않는다.

과거-현재 관계에 대한 연구의 관련점은 역사적 출현의 연대기적 차례가 아니라 **반대로** 근대 부르조아 사회 내의 **유기적** 분절이다.[3)]

"노동 그 자체"나 "노동 일반"이라는 추상적 범주가 처음으로 실현된 이후에야 비로소 스미스의 "노동 그 자체" 범주가 근대경제학의 출발점이 되었으며 선행한 모든 노동 범주들이나 이론들을 제거했다. 또한

---

3) 맑스의 『정치경제학 비판 서설』에서 상응하는 설명은 다음과 같다 : "경제학적 범주를 역사적으로 결정적인 것의 순서에 따라 차례로 추적하는 것은 무용하고 또 잘못이다. 오히려 그 순서는 근대 부르조아 사회에서 그 범주들이 갖는 관계, 그리고 자신의 자연적인 것으로 나타나거나 역사발전의 순서에 상응하는 것과는 정확히 **전도된** 것인 관련을 통해 결정된다"(강조는 인용자).

근대 자본주의의 역사적 원인 —— 단순히 연대기적 선행자로서가 아니라 —— 으로서 이 범주의 가치는 "유기적" 분절(근대 부르조아 사회의) 내의 위치에서 기인한다.

중세 봉건적 경제양식에서는 자본이 전통적 생산도구로서의 형태로 지대의 성격을 지니는 것과 마찬가지로, 부르조아 사회에서는 반대로 농업이 공업의 단순한 부문이 되며 완전히 자본의 지배를 받는다. 지대가 자본 없이 이해될 수 없다면, 자본은 지대 없이 이해될 수 없다. 따라서 가장 광범위하게 발전한 이 요소가 설명의 출발점이자 종착점이어야 하며 지대에 앞서 설명되어야 한다. 현재-과거 관계는 또한 "반대의" 순서 또는 연대기적 취급양식과는 다른 순서에 의해 규정된다.

여기서 스케치한 방법은 어떻게 이해되어야 하는가?

모든 진행중인 사건에 의해 정화된 역사적 방법으로서만이 아님은 명백하다. 그렇다면 연대기적 요소 중 어떤 것을, 어떤 선례를 제거할 필요가 있고 어떤 선례는 제거할 필요가 없는가, 또한 무엇보다도 어떻게 그 일을 해야 하는가라는 문제가 제기된다. 또 방법의 실질적 역사성은 그 연대기적 취급양식이 아닌 논리적 취급양식과 어떻게 연결되어야 하는가? 순수하고 자신을 외화하며 자기자신으로 귀환하는 개념의 헤겔적 변증법에서는 이 문제가 설정되지 않으나, 맑스의 혁명적 방법의 창조성과 독자성을 위해 추구되어야 한다.

이 문제에 대한 델라 볼페의 대답은 헤겔의 실체에 대한 맑스의 구체-추상-구체 고리의 차이를 강조하는 데 있다. 맑스의 경우 연역적 취급방법이 중요한 것이 아니라 귀납적-연역적 취급양식, 경험적 다양성의 통일 속에서 실재를 재생산해내는 추상적 사고가 중요하다는 것이다.

이유와 원인에 대한 탐구로서의 연구는 역사적 과정의 결과로서 현재에서 비롯되며, 한편에서 논리적 역사적 원인을 묻고 모든 시대에 공통적인 요소들을 묻는다. 일반적인 요소와 특수한 요소들의 분리와 구분이 이루어지고, 문제되는 현재가 고유성과 특이성 속에서 순환한다면, 모든 선행하는 연대기적 요소가 인과적 원인이 아니라는 문제가 새로이 발생한다. 그것은 비우연적일 때, 즉 동시에 논리적 원인이기도 하다는 조건을 충족시킬 때 이러한 기능을 충족시킨다. 그리하여 그것은 실천적으로 연대기가 아니라 역사로 변화하는 원인이어야 한다.

우리가 이미 그람시의 경우에 보았던 연대기와 역사 사이의 이러한 차이는 논리적 요소와 역사적 요소의 연관을 고려하는 데 적합하다. 그에 따라 연대기는 연속적 사건의 경험적 다면성을 표현할 것이고, —— 순수한 사건연쇄의 첨가 속에서 —— 현재에 대한 아무런 설명력도 갖지 못할 것이다. 이에 반해서 역사는 이론적 구성물로서 논리적 역사적 원인-조건의 연속과정을 표현할 것이다. 순수하게 우연적인 원인은 이미 역사로부터 제거되었을 것이다. 그러나 "오직" 연대기적-역사적 요소로부터 논리적-역사적 요소의 분리에 관련되는 기준은 현재에서만 발견된다. 더 정확히 말하자면, 현재를 구성하는 특수한 지표의 분석만이 과거 속에서 현재의 구성을 위해 인과적으로 **필수불가결한** 요소들을 연대기적으로 **우연적인** 요소들로부터 구분하도록 해준다.

현재를 그 특수성 속에서 설명하는 데 도움을 주지 않는 우연(그 기준은 위에서 말한 결정적 추상이다) 때문에 불합리한 요소들을 제거하는 방법이 중요하다. 과학성에서 형이상학적 개념의 비결정성 및 일반성과 구별되는 것은 역사적-이념적 개념이다. 그것의 과학성은 **실험적**, 모델적, **활동적**인 기준으로서의 지위를 통해 맑스가 『포이어바흐에 관한 테제』에서 이미 제기했던 요구에 맞게 고려된다. 그러나 비결정적이고 선험적으로 얻어진 범주들은 이러한 활동적인 위치를 받아들일 수 없고, 실천의 역사성과 결정성 자체가 측정된 추상, 즉 가설적 성격을 용인하는 실천적, 활동적인, 결정적 추상만이 언제나 그것을 할 수 있다. 그것의 유효성과 진리성은 그것의 역사적 결과에 의해 검증될 수 있다.

그리하여 진리성은 그것의 본질에 의하면 실험적인 것이며, 맑스주의 자체도 비록 이미 광범하게 검증되긴 했으나 실천을 통해 검증되어야 할 가설이다.

다름아닌 이것, 즉 갈릴레이의 과학적 업적을 역사과학으로 이전시키는 것을 델라 볼페는 "도덕적 갈릴레이주의"의 개념으로 표현한다. 그에게 맑스주의는 역사와 사회의 영역으로 연장된 갈릴레이의 **실험적** 방법이며, 이 방법은 논리학과 인식론에서가 아니라 **기술**에서 자연과학의 방법과 구별된다.

델라 볼페에게는 이러한 접근법은 이미 『포이어바흐에 관한 테제』에 암묵적으로 존재하며 『자본론』에서 완전히 발전된다. 이미 "도덕적 갈릴레이주의" 개념 및 그와 관련하여 델라 볼페가 실증주의적으로 자연과학의 방법을 사회과학으로 이전시킨다는 추측이 오해를 낳았기 때문에, 그가 이해한 바를 상세히 서술해야 겠다.

모든 비독단적 논리는 근대(헤겔의) 선험주의적 변증법의 "신비화"에 대한 맑스의 유물론적 비판에서 출발해야 한다. 이리하여 델라 볼페에게 맑스의 비판은 **아리스토텔레스**가 그의 시대에 경험적 종류에 대한 플라톤의 순수한 변증법적 또는 "동일-이율논리적" "분류"를 비판했고 나중에 갈릴레이가 당시의 스콜라주의적 물리학을 비판했던 **반독단론적** 사고의 역사적 과정에서 마지막 고리다.

> 법칙을 구성하는 기술은 경험과 실재가 변화하는 것처럼 물리학적 법칙에서 경제적, 도덕적 법칙으로 확실히 **변화한다**. 그래서 예컨대 **수학적**[기술적] 법칙들은 본질적이고 구성적인 요소로서 물리학적 법칙 일반의 형식적 완성에 몰두하며 반면 경제적, 사회적 법칙들을 완성할 때 단지 보조수단으로서 이용될 수 있는 등등이다. 그러나 위에서 말한

고리(구체-추상-구체)를 상징으로 하는 방법, 논리는 변화하지 않는다…… 바로 그러한 이유로 우리는 역사유물론과 그 방법을 관념론 및 그 실체와 구별할 뿐만 아니라 마찬가지로 결코 적지 않은 정도로 실증주의 및 '사실'에 대한 우상숭배 그리고 그에 상응하는 가설이나 이념에 대한 베이컨의 반감과도 구별하기 위해서 (도덕적) 갈릴레이주의를 말하는 것이다. (Della Volpe, Bd. 6, 1972/73, 265ff., in : Cassano〔Hrsg.〕 1973, 219ff.에 재수록).

여기서는 결코, 델라 볼페가 강조하듯 "순수한 방법"이 중요한 것이 아니라 세계관과 작동중인 가치론이 중요하다.[4] 델라 볼페는 방법을 실증주의적으로 평준화시킨다는 비난을 수용하여, 앞서 언급한 과학적 추상이 자연과학의 개념이나 법칙과는 달리 시간과 공간에서 반복될 수 없다고 부연한다. 실천, 즉 추상을 결정하는 역사가 변화하자마자 유효성과 인식가치를 상실하는 역사적 추상이 더욱 중요한 것이다.

그리하여 델라 볼페의 "결정적 추상"은 현재의 과제를 해결하기 위한 기능적 도구다. 델라 볼페에게 그 문제는 역사의 동시대성에 따라

4) 프레스티피노와 바카는 델라 볼페에게서 방법의 보편성과 모든 가능한 내용에 대한 그것의 타당성을 가정하고, 그러나 동시에 내용의 종별적이고 역사적인 특정한 성질을 그 역사성 속에서 분석하려는 데에 현존하는 어떤 모순을 발견한다고 믿는다. Prestipino, 1971, 50ff. 및 Vacca, 1976, 46ff. 참조. 이것은 나에게는 그대신 가상모순(Scheinwiderspruch)인 것 같다. 왜냐하면 두 비판가도 "보편적인"과 "비역사적인"을 분명히 동일시하기 때문이다. 그러나 사실 델라 볼페에게는 모든 존재의 보편적 역사성을 구체적인 비선험적 논리를 통해 방법적으로 파악하는(그리고 그와 더불어 자연과학과 정신과학 사이의 분리를 극복하는) 것이 문제다. 델라 볼페가 자신의 "이원적 변증법"을 가지고 이것을 수행하는지는 의심스럽지만, 통일적인(실증주의에서처럼), 논리적일 뿐 아니라 논리-역사적 방법론의 문제를 인식하는 그의 공헌은 남아 있다.

스스로 해결된다. 위에서 말한 역사적 동시대성의 구조가 결정적이고 역사적이며 작동중인, 가설적인, 반복불가능한 추상 또는 개념에 다름아닌 모델적 기준을 통해 구성된다고 델라 볼페는 강조한다.

델라 볼페의 제자의 한 사람이자 역시 1962년 맑스주의 철학자 논쟁에 참가했던 마리오 로시는 이러한 맑스 해석을 다음과 같이 정식화 했다.

"가장 일반적인(증명할 수 없는) 원리에서 출발하여 구체적이고 설명되어야 할 현상을 거기에 적응시키는 선험주의적 추상에 반대하고, 전제로부터 결론으로, 또는 원인으로부터 결과로 나아가는 고전적 취급양식에 반대하며, 또 특수에서 출발하여 보편법칙의 정식화에 대한 진정한 정당성을 찾을 수 없는 경험주의적 취급양식에도 반대하여, 맑스는 실험의 사실적 구체성의 요구를 법칙의 보편적 엄격함과 결합하는 복잡한 취급양식을 제안한다" (Rossi, in : Cassano〔Hrsg.〕, 1973, 200).

델라 볼페는 앞서 말한 생각을 가지고 어떤 문제를 해결할 수 있다고 믿는가? 그것은 객관적 모순의 문제이며 그것을 "재생산"하고 지배하는 변증법의 문제이다. 구체는 다양한 결정적(그것에 의해 어떤 것은 다른 시대와 공유하며 다른 것은 현재에 특수하다)으로 이루어져 있고 다양성의 통일이기 때문에 구체는 사유에게 종합으로, 결과로 보인다는 점이 확인되었던 맑스 해석에서 출발하여, 델라 볼페는 이러한 구체가 객관적 모순의 장(場)으로서 헤겔적 의미에서 대립물의 통일이 결코 아니라고 부연한다. 여기서 객관적 모순들은 물질적이고 결정적(일반적인 것이 아니다)이며 역사적인 성질의 것이다. 객관적 모순은 ―― 헤겔처럼 ―― 모순을 끄집어내어 자기 속으로 재수용하는 신비적으로 사칭된 자기외화하는 (이념의) 통일이 아니라 영원한 것이다. 그래서 객관적 모순을 사상적으로 재생산하지 않으면 안되는 변증법은 결정적 추상의 과학적 **변증법**일 수 있다.

헤겔에게 모순은 자율적 요소들의 사실적인 자기대립이 아니라 시원적 통일의 이중화이다. 즉 주관성의 외화로서의 객관성, 모순을 **영원한** 해결로 이끌려는 목적을 가지고 모순을 **자기 안에서** 설정하는 전체인 것이다. 그에 반해서 맑스에게 모순은 실재적 요소들의 대립이다. 그것은 이념으로서 전체의 자기운동에서 유래하는 것이 아니라 생산의 역사적 운동을 통해 발전한다. 이리하여 모순은 자기자신으로부터 해결될 수 있는 것이 아니라 오직 **실천적 개입**을 통해서만 해결될 수 있다.

작동중인 반복불가능한 모형적 기준을 지닌 이러한 변증법은 결코 완결되거나 명확할 수 없고 진보적인(전진적인) 통일인 다양성의 통일 또는 합리화를 만들어낸다. 여기에 연속성과 역사적 혁명으로 이해된 부정과 보존의 변증법에 대한 비허구적이거나 신비적인 의미가 있다.

이제 델라 볼페가 **객관적 모순**의 문제를 더 상세히 다루고 있는 『역사변증법의 열쇠』라는 논문으로 가보자(Della Volpe, 1972/73, Bd. 6, 282ff., 독역, 1973, 이 판에 따라 재인용).

델라 볼페에게 맑스 분석의 결정적 출발점은 알튀세르의 "체계"나 루카치의 "총체성" 또는 실증주의적 의미에서 경험주의적 다양성의 조야한 사실성이 아니라, 헤겔의 그것과는 근본적으로 다른 이성의 역사(Histoire raisonnée)로서의 **역사적 현재다**. "즉 이성의 역사는 경험적으로 미리 받아들여진 이성적 질서(헤겔 변증법처럼 감히 역사적 발전계열과 같은 의미가 되려는)에 당연히 '교란'의 효과를 미치는 역사적 '우연성'에 의해 **전적으로 벗겨진다**"(Della Volpe, 1975, 78). 델라 볼페는 『철학의 빈곤』에 나오는 맑스의 유명한 진술("하나의 역사가 있었으며 더이상의 역사는 없다……")을 풍자하여 그의 연구의 난점을 표현한다. 미래, 미래의 역사과정을 합법칙적 경과 속에서 가설적으로 기대하고 "실체의 가설로의 이전, 선험의 실험적 전제로의 이전"을 성취하기 위해서, 연대기적 원인 뿐만 아니라 논리적 원인의 해명을 통해 현재로부터 과거를 설명하는 것이 문제다(ibid., 180).

알튀세르의 "중층적 결정" 범주나 루카치의 "매개" 범주도 현재의 근원에 대한 문제를 밝힐 수 없다. 경향적으로 그것들은 추상적이고 비현실적이며 무력한 현재에 고착된 채 머문다. 우연적이고 순수하게 연대기적인 원인과 비우연적이고 **본질적**이며 논리적 역사적인 원인 사이의 차이만이 과거와 현재의 연결을 **설명**할 수 있고 한 사회구성체로부터 다른 사회구성체로의 **이행**조건에 대한 과학적 연구를 준비할 수 있다. 위에서 언급한 차이는 동시에 연대기적 순서와 논리적 순서의 차이를 함축함으로써 인식론적 사정(射程)을 갖는다. 델라 볼페는 『자본론』과 『잉여가치학설사』의 도움으로 "노동생산성"이나 "생산적 노동"이라는 기본적 경제범주들을 새로이 숙고하면서 여기서 다룬 접근법 속에서 이러한 변증법의 논리구조를 완성한다.

사회적 노동의 **자본주의적** 생산성으로서의 노동생산성 규정은 거기에서 특수한 위치를 지닌다.

"그것 [노동생산성]은 이러한 짧은 논리구조적 측면의 정식 속에서도 주어진 역사적 현상 내에서 (자본주의 사회에서 자본의 사적 성격과 노동의 사회적 성격의 이율배반을) 지배하는 **이율배반** 또는 **모순**의 현존을 암시하는 역사적 정의다"(Della Volpe, 1973, 85).

모순은 **내적** 모순으로서 또는 통일의 모순적 고리의 화해할 수 없고 이율배반적인 대립으로서 나타나며, 또한 **외적** 모순으로서, 즉 이율배반을 넘어 다른 이율배반으로 옮아가도록 강제하는 대립으로 나타나기도 한다(ibid.).

델라 볼페는 생산력과 생산관계의 모순을 내적 모순성으로 표현하며 맑스를 증인으로 삼는다: "그래서 자본주의적 생산양식이 물질적 생산력을 발전시키고 그에 상응하는 세계시장을 형성하기 위한(맑스는 사회적으로 생산적인 노동의 유효성을 풍자한다) 역사적 수단이라면,

그것은 동시에 그 역사적 과제와 그것에 상응하는 사회적 생산관계 사이의 항상적 모순이기도 하다" (ibid., 85f).

델라 볼페는 그가 **외적** 모순이라 부른 두번째 부분을 다음의 인용으로 특징짓는다.

"……생산은 단지 자본을 위한 생산일 뿐이며, 생산수단은 생산자의 **사회**를 위한 생활과정의 끊임없는 확대 형성을 위한 수단일 뿐이다" (ibid., 86).

그는 그로부터 결론을 이끌어낸다.

"그것은 이미 생산자 자본주의 사회가 (장래의) 반대의 생산자 사회주의 사회로 역사적이고 실재적으로 이행한다는 변증법적 필연성에 대한 진술을 함축하고 있지 않은가? 후자가 전자를 **유지**하고 사적 자본주의적 생산관계에 의해 이루어진 **모순적인 부정적인 것의 부정**을 통해 사회적, 자본주의적인 생산을 **강화**하는 실제적 발전인 이행을 함축하고 있지 않은가?" (ibid., 86)

과학적인 변증법적 분석만이, 주어진 모순을 **역사적으로 특화**시키고 이러한 이율배반 또는 복잡한 이율배반적 의미를 그것의 반대 속에서 해결하면서 자신의 인식론적 도구를 가지고 이행의 필연성을 증명할 수 있다. "이 반대는 곧 복잡한 이율배반적 의미의 소극적, 적대적 측면(즉 자본주의적 생산관계)의 부정과 함께 동일한 모순적 의미의 다른 적극적, 적대적 측면(즉 사회적 생산력)과 결합되어 있으며 그 측면을 발전시키며, 변증법적 분석이 장차 발견할 새롭고 실제적인 역사적 이율배반에 상응하여 끝없이 더욱 확대발전시킨다. 그리하여 모든 것은 분석이 지양하기 위해 그 움직임을 **파악해야 하는** 이율배반적 의미인 특정한 역사적으로 종별적인 추상에 달려 있다" (ibid., 86, 모든 강조는 저자).

달리 말하면 델라 볼페는 그가 "모순적 모순" 또는 **이율배반**이라

부르는 의문스럽고 부정적이며 통일될 수 없는 모순과, 주어진 이율배반에 대한 대립물 또는 이율배반적이고 복잡한 연역된 의미로 이루어진, 해결 가능하고 적극적이며 통일될 수 있는 모순을 분리한다. 이에 반해서 헤겔의 경우 모순은 통일적 대립물("본질적 차이")의 "절대적" 모순으로서 또는 범주적이고 가장 일반적인 대립물의 대립으로 나타난다. 그것의 차별성과 동일성은 언제나 선험적이고 독단적으로 받아들여져 "상반되는" 대립의 고리를 다른 고리를 통해 현실적으로 부정하고 현실적으로 지양하도록 허용하지 않는 아주 특정한 관련으로서만 간주된다.

델라 볼페에게 모순은 일단 내재적이고 역사적, 구체적인 이율배반의 주어진 현상으로 나타난다. 이러한 모순은 이율배반으로 이루어진다는 점에서 이러한 역사적 현상에 외적인 두번째 유형의 모순과는 반대로 하나의 이율배반이다. 달리 말하면 자본주의적 생산양식은 자본주의적 생산관계가 생산력 발전의 족쇄가 된다는 점에서 하나의 이율배반이며 영원히 해결할 수 없는 모순이다. 이에 반해서 두번째의 외적 모순(자본을 위한 생산과 생산자의 욕구충족을 위한 생산 사이의 모순)은 자기 안에 이미 해결, 즉 그것을 넘어 몰아내는 요소를 포함한다. 그러나 이러한 두번째의 외적 모순은 실재적 모순이 아니라 사고의 대립을 통해 획득되는 모순이다. 그것은 이 모순의 극복을 위한 실천적 준거가 되는 미래를 기대하는 계기를 포함한다.

일단 문제되는 현재가 그 특수성 속에서(즉 현재가 다른 시대와 공통적으로 가지고 있는 것에서 그리고 무엇보다 그것이 다른 시대와 구별되는 것 속에서) 분석된다면, 이렇게 얻어진 개념은 고유한 표준을 펼쳐가는 모델기준의 성격을 지닌다.

해결불가능한 내적 모순의 상호조건적 현존이 외부에서 접근하는 모순과 함께, 역사적, 구체적으로 사회현상에 내재하는 것이 아니라 분석을 통해 추상적으로 얻어지는 이러한 해결가능한 두번째 모순이 첫번째 이율배반(생산관계)의 부정적 요소를 적극적 측면(생산력)으로부터 떼어낼 수 있고 필연적인 논리적 이행 및 역사적 발전을 부정 및 보존이라는 일치리듬을 가지고 떼어낼 수 있도록 하게 한다. 델라 볼페는 이것을 "이율배반적 개념에 대한 반대형상"이라 부른다.

유물변증법적 분석은 "이율배반적 개념에 대한 반대형상"을 이용함으로써(델라 볼페에 따르면 이리하여 고전적인 아리스토텔레스적 논리와 플라톤적 논리의 유물론적 종합을 완성한다), 역사적 사실의 내적 응집력에 대한 역동적 평가분석에 한정된다. 이 분석은 과거의 사실 또는 현상 내의 이율배반을 밝히고 그것의 긍정적 측면을 인식하기 위해 그 부정적 측면을 나타낼 수 있음으로써 실천을 인도하고 비판적이며 활동적인 기능을 포함한다.

"유물론적 이성은 그 대립물 속에서 극복될 수 있는 이율배반적 개념에 대한 분석뿐만 아니라 **역사적으로 상이한** 분석에 자신을 한정하기 때문에, 실천에 적합하고 역사적이고 특수하며 활동적인 목표기준에 기초하여 세계를 변화, 변혁시킬 수 있는 탁월하게 **실천적**이고 진보적인 이성이다. 이러한 기준은 말하자면 역사적이고 이율배반적인 개념에 대한 역사적 대립에 다름아니다" (ibid., 92).

델라 볼페가 의문스러운(해결불가능한) 모순과 "주어진 이율배반에 대한 대립에서" 생겨나는 **해결할 수 있는** 모순을 구별하는 것은, 이러한 해결할 수 있는 두번째 모순만이 주어진 이율배반에 대한 사고의 대립으로 이루어지기 때문에 행위를 인도하는 실천적 차원을 가질 수 있다는 결과를 지닌다. 왜냐하면 그것만이 모순 금지의 원칙에 대한 실재적 손상을 설명하고 실천을 통한 통일의 재건을 요구하기 때문이다. 델라 볼페는 주어진 이율배반 내에서 긍정적인 것과 부정적인 것의 규정을 어떤 평가기준과 관련시키는가? 그는 "사회적 욕구와 현재의 문제" (Della Volpe, 1972/73, Bd. 6, 336)를 참조하도록 함으로써 이 문제에 대답한다. 현재의 문제를 모순성과 불합리성으로 구성하는 논리적 원인들이 과거에서 처음으로 분석되어 있다면, 즉 한 시대의 규정적 역사성이 모든 역사적 우연적 요소에 의해 정화된 논리적, 역사적 구조 속에서 제거되어 있다면, 동시에 모순 해결의 열쇠는 발견되어 있는 것이다. 지안난토니는 이러한 대답이 충분한 것인지 의문을 던지고(Giannantoni, 1974, 2부, 89), 바달로니는 정식화(즉 논리적, 역사적 구조의 제거)로부터 가치 차원의 형성으로 가는 길이 전체 과정에서 가장 불명료한 측면이라고 언급한다(Badaloni, 1972, 37). 또 메르커도 그의 대단히 호의적인 델라 볼페 해석에서 어떤 결정적인 대답도 찾지 못한다(Merker, 1970, in Della Volpe, 1975, 23f.).

그러면 "역사적 모순에 대한 판별적 분석"이라는 생각은 현실적 결과 속에서 파악되어야 할 논리적 역사적 원인의 발견으로서 과거와 현재의 변증법 이론 및 "결정적 추상" 이론과 어떤 관련을 맺고 있는가?

생산관계와 생산력 간의 "의문스러운" 모순으로부터 다시 출발한다면, 그것의 반대(주어진 이윤배반, 즉 생산수단이 "생산자 사회를 위한 생활과정의 끊임없는 자기확대적 형성을 위한 수단일 뿐"인 사회와는 반대로)와 관련을 맺기 때문에 이러한 이율배반의 두 고리는 역사적 원인의 위치를 가지나, 동일한 방식으로 해결에 기여하는 것은 아니다.

델라 볼페는 부정적인 것의 부정 및 긍정적인 것의 보존으로서의 자신의 변증법에 있어서 "자본주의적 생산양식의 지양"을 말하면서도 비록 다른 의미이긴 하지만 마찬가지로 가치규정이 받아들여지는 "사회적 생산의 보존"을 언급하는 맑스에게 증거를 찾는다고 믿는다.

여기에서 제기된 경제사정(가치규정)의 보존이라는 문제는 다른 역사적 맥락에서 하나의 "원인"을 받아들이는 기능을 설명한다. 하나의 원인은 원인으로서 통용될 수 있기 위해서는 그것을 통해 산출된 결과 또는 새로운 문제의 해결과 같은 것이지 않으면 안된다.

이제 델라 볼페(그밖에 알튀세르, 고들리에 등과 마찬가지로)는 "대립물의 동일성"을 실체로 파악하는 헤겔적 근본상에 대해 거부하기 때문에, 그에게는 모순적 구조에 내재하는 해결이 있을 수 없다. 그것은 오히려 외부로부터 접근하지 않으면 안된다. 그러나 알튀세르의 경우 예컨대 실천적 개입 자체가 더이상 과학적으로 근거를 가질 수 없고 "이데올로기"의 영역으로 돌려진다면, 델라 볼페는 실천의 필요성과 방향에 과학적 근거를 제공하고 휴머니즘이기도 한 맑스주의의 과학성을 인증하려고 시도한다.

그의 원인 이론(Antezedenz-Theorie)은 —— 현재의 문제 분석에서 출발하여 —— 역사적으로 "고갈되고" 가일층의 사회발전에 질곡이 되는 모순요소를 규정하는 것 이외에 다른 목표를 갖지 않는다. 자본주의적 생산관계가 생산력의 지속적 발전을 방해하는 질곡으로 인정되고 모순의 부정적 요소로 규정되고 있다면, 자본을 위한 생산으로서의 자본주의적 생산관계에 대한 논리적 반대를 통해 델라 볼페는 이러한 논리적 모순을 실천적으로 극복하기 위해 실천이 개입하지 않을 수 없는 방향을 획득한다.

그러나 델라 볼페의 한계는 바로 그가 생산관계와 생산력의 현실변증법을 순수하게 논리적인 이율배반으로 환원시킨다는 점에 있다. 이러한 이율배반은 모순의 요소들이 자율적이고 서로 무관하게 대립하기 때문에 자기자신으로부터 어떤 종류의 운동도 산출할 수 없다. 델라 볼페의 경우 과거의 인간실천을 통해 이미 형성된 객관적 실재가 모순적 자기동력을 전개시키지 않는다. 실제로 이미 실현된 과정을 변화시키고 영향을 주는 등등을 위해 그것의 합법칙적 과정은 인식될 수 있을 것이다. 그리하여 그것을 위한 실천은 마찬가지로 형식논리학(모순 금지의 원칙)에의 의존을 통해서만, "부정"과 "보존"의 범주가 절대적이고 배타적인 지위를 지니며 "지양"의 범주가 헤겔적 유산으로서 포기되어야 한다는 결론으로 근거를 가질 수 있다.

델라 볼페의 경우 자본주의 사회구성체를 특징짓는 이러한 완강함은 그가 자본주의를 어느 정도까지 고정적인 모델로 개념화하고 체계 자체의 현실적인 지속적 발전을 더이상 파악할 수 없는 것으로 귀결된다.[5] 이리하여 부정적 계기와 긍정적 계기를 분리하는 이원적 변증법에 의한 헤겔의 삼원적 변증법의 대체는 실제로 프레스티피노가 강조하는 것처럼 프루동으로 되돌아간다(Prestipino, 1974, 251). 왜냐하면 칸트를 지향하는 프루동의 "윤리적" 이원론은 "칸트의 이율배반을 사회과학과 국민경제에 끌어들이는" 경향을 가지기 때문이다. "그뒤에는 모든 사물이 현실세계에서 나쁜 측면과 좋은 측면을 가지며, 이 두 측면들이 해결가능한 총체성의 계기로 파악되지 않고 '한편 — 다른 한편[이라는 절충] 속에서 진행된다" (Lenk, 1973, 93). 모순적, 과정적 실재를 비역사적, 정태적 모델로 정식화하는 델라 볼페의 무비판적 모순논리 속에서 분석된 현상의 역사적 발생은 사라지게 된다. 현상의 혼돈스런 다양성으로서의 현실과, 사유 구성물로서의 범주 사이의 델라 볼페의 인식론적 이원론은 모순 해결의 계기를 현실 역사 자체에서 찾아낼 수 없고, 이념과 실재 사이의 모순에서 또한 이율배반에서 찾아낼 수 있다. 그러므로 그에게 역사는 마침내 프루동처럼(Lenk, 1973, 95 참조) "개념적 모순의 실현으로서", 즉 이념과 실재, 요구와 현실 사이의 간극을 차단함으로써 모순 배제의 논리법칙을 만족시키는 윤리적 과제로 나타난다.

---

5) "결정적 추상"의 기준이 불충분하다고 생각하는 Prestipino, 1974, 209도 이러한 반대를 제기한다. 왜냐하면 모든 사회는 이러한 방식으로 정적으로 또한 스스로 속에 머무는 단자로서 고찰될 수 있기 때문이다. 그는 델라 볼페에게서 관철되고 있는 특정한 존재론적 원리들 속에 이 이론의 더 먼 전제가 있는지를 묻는다. 실재를 혼돈스럽고 비결합적인(분산된) 다양성으로 파악하는 그의 이해는 경험주의의 그노시스적 전통에 서 있다.

그러므로 델라 볼페에게 윤리적 사회주의로 나아가는 개량주의적 길은 이 체계의 전면부정을 주장하는 극단주의적 길과 마찬가지로 마련되어 있다(그리고 그가 개인적으로 더 좋아했다) (Gruppi, 1976a, 116 참조).

디아마트-이해의 변증법적 유물론뿐만 아니라 그람시의 역사주의로부터도 벗어나려는 델라 볼페의 이론적 시도는, 그 내용에서 벗어난 "일반적" 방법론으로 넘어가며, 그 속에서 철학은 고갈된다. 그람시의 철학과 이데올로기의 동일시 및 이데올로기, 철학, 정치의 하나의 동일한 역사적 총체성이라는 말로서의 상호번역은 "역사적으로" 거부된다. 그러나 이러한 과학적 엄격함의 대가는 이론과 실천, 과학과 정치의 변증법적 연관에 대한 부인이다. 이리하여 로자 룩셈부르크가 말했던 "사상(事象)의 논리"를 더이상 지향하지 않는 일반적 방법론이라는 의미의 과학으로서의 맑스주의와, 혁명적 실천으로서의 맑스주의 사이의 갈라진 틈은 과학적으로 더이상 메울 수 없고, 사고와 존재가 더이상 하나의 변증법적 통일의 두 계기로서 이해되지 않기 때문에 윤리적 선택의 영역으로 추방되지 않을 수 없다.

내가 보기로는 여기에 델라 볼페의 저작과 알뛰세르의 평가 사이의 깊은 연관이 있는 것 같다. 토대연관(알뛰세르의 스피노자주의와 델라 볼페의 비판적 경험주의)의 모든 차이에도 불구하고 철학, 이데올로기, 실천의 관계 규정에 대한 일치는 명백하다. 왜냐하면 양자는 과학에 대항하는 철학의 모든 특수한 기능을 부인하며, 철학의 구체적, 정치적 기능도 역시 암묵적으로 부인한다.

이와 관련하여 내가 보기로는 맑스주의적 혁명이론에 대한 수정이 직접적으로 정치적 의미가 있는 헤겔 변증법 비판이 되었던 베른슈타인을 언급하는 것은 지나친 것 같다. 또한 베른슈타인에게 헤겔 변증법은 경험적 사실세계에서 떨어져나오는 경향 및 연역적 추론을 통해 다만 실재를 암시하는 경향을 지닌 형이상학적 유물이며, "거기서 귀납적 계기, 사실에 대한 시험은 축약된다" (Bernstein, Lenk, 1973, 141에 따라 재인용). 그러나 이러한 언급은 가치가 있다거나 또는 전혀 가치가 없다는 판단으로 오해해서는 안될 것이다. 왜냐하면 델라 볼페의 저작이 반대하는 대안들——독단론으로 경직된 디아마트 및 이탈리아의 경험적 실재를 방법론적이고 정치적으로 더이상 따라잡을 수 없는 역사주의——앞에서 모든 전통과 권위에 대해 경험적 근거를 가진 과학적 분석의 필요성에 대한 그의 고집은 그것의 한계가 분명해진다면 적극적으로 수용되어야 할 반독단론의 계기다.

3. 델라 볼페의 비판을 위하여 :
실증과학으로서의 맑스주의(델라 볼페)인가, 비판 사회과학으로서의 맑스주의(바카)인가

이미 대단히 이른 시기에, 특히 1962년 맑스주의 철학자들 사이에 광범하게 언급된 대결 속에서 근본적으로 델라 볼페에 대한 다음과 같은 이견들이 제기되었다.

① 헤겔과 맑스 사이의 근본적 단절과 함께 그는 맑스주의로부터 곧바로 변증법을 사라지게 한다. 그의 맑스주의는 역사유물론으로 환원된다.

② 그와 그의 제자들은 맑스주의 철학을 "방법론"으로 환원시켰다. 이것은 델라 볼페 자신과 특히 그의 제자인 콜레티와 로시가 쉽게 접할 수 있었던 비난이다. "구원의 철학" 종류의 맑스주의 철학은 단일과학 위에 있는 "과학의 종합"일 수 있지만, **과학으로서의** 맑스주의 자체는 인식과정의 작동적 차원과 실천적 행동의 이론적-반성적 차원을 결합시키고 그럼으로써 행동을 인도한다는 의미에서의 세계관일 뿐이라고, 그람시는 이미 이론을 제기한 바 있다. 맑스주의를 순수한 방법론으로

환원시켰다는 비난에 대해서 예컨대 콜레티는, 맑스주의는 그에게 "과학의 종합" 내지 과학의 백과사전의 과제를 할당하고 싶은 18세기적 의미의 "세계관"이라는 의견을 개진했는데, 그는 사실상 이로써 그 비난들에 대해 대항한 셈이다.

맑스주의나 다른 어떠한 이론도 "가장 일반적인" 종합 내지 단일과학의 성과의 "일반화"를 제공할 수 없다.

① 왜냐하면 이러한 종합 자체가 과학적이지 않다면, "두 가지" 인식형식의 낡은 전통적인 이중화, 즉 과학과 철학의 이원론이 재생산되기 때문이며,

② 왜냐하면 문자 그대로 현실적인 세계관은 그것이 순수기술로 환원되지 않는다면, 이미 과학적 인식 자체이기 때문이다.

루포리니에 의해 대변되었던 후설의 현상학과 프로이트의 정신분석학을 통한 맑스주의의 "풍부화"에 반대하는 분명한 논쟁으로 콜레티는, "인간학적" 문제와 "인간의 철학"에 대해 강조하는 루포리니와 반대로 다른 것에 우선권을 부여하는 델라 볼페가 택한 길의 타당성을 강조했다. 즉 맑스(하나의 과학, 역사과학만이 존재할 것이다)와 엥겔스(관습적이고 사변적인 의미의 철학은 논리학, 변증법, 인식론으로 해소된다)의 언급을 직접 진전시켜 델라 볼페는 통합과학과 세계관으로서의 맑스주의의 자율성을 구성하려는, 그람시는 단지 암시하기만 했던 자취를 추적하는 것이다(Colletti, in : Cassano〔Hrsg.〕, 1973, 169f.).

1962년의 이탈리아 맑스주의는 이론적 영역에서 델라 볼페가 주제화시킨 문제의 수준에 아직 미치지 못하는 것일 수 있다는 추측을 당연히 제기할 수 있겠는데, 어쨌든 원외 좌파 일부와 그의 제자들의 다기한 발전을 통한 델라 볼페의 수용은 그의 저작에 대한 더욱 상세한 설명을 촉진시켰다. 특히 쥬세페 바카가 —— 앞으로 보여줄 것처럼 —— 실용주의적 입장에서 행하는 이러한 설명의 배후에는 60년대말의 학생운동

및 거대한 노동자투쟁과 함께 확산된 **당과 계급**의 관계라는 문제가 있다. 델라볼페주의자들의 일면적이고 "지식인주의적인" 집중이 계급투쟁으로부터 지식인들의 분리를 가져왔지만, 반면 사회과학적 분석의 도움으로 계급투쟁을 과학적으로 안내하는 것이 그들의 임무였다. 그래서 나는 델라 볼페에 대한 바카의 비판에 특별한 지위를 할당한다. 왜냐하면 이탈리아공산당 내에서 이론적 전제에서도 보류된 새로운 두 중요한 정치적 조류가 여기서 단적으로 충돌하기 때문이다. 한편에서는 신칸트주의적 요소에서 벗어나지 못하고 신보장주의〔neo-garantismus. 푸리에주의에서 갈망하는 평등사회로의 이행기로서, 모든 사람에게 최소한의 생존조건과 편의, 안전 등이 보장된다〕적이며 정치적으로 아멘돌라(Amendola)의 이름과 결부된 "우파" 입장이 있으며, 나는 그 주요이론가를 델라 볼페에게서 찾는다. 다른 한편에서는 코르쉬와 연결되고 신헤겔주의적 요소로 꽉 차 있으며 정치적으로 잉그라오(Ingrao)와 결부되고 단적으로 바카에 의해 이론화된 "좌파" 입장이 있는데, 이 입장에서 인식은 반영이 아니라 역사적 주체의 자기인식으로서 역사과정 자체로부터 발생한다. 따라서 이 입장의 옹호자들은 공산당을——정치적 결론으로서—— 단지 프롤레타리아트의 의식적 행동을 해석하고 안내하는 실험기관으로 본다(정치적 측면에 대해서는 Blackmer, 1968, 182ff. 참조).

그래서 이탈리아공산당의 청년 이론가의 하나인 바카는 민주주의와 사회주의의 관계에 대한 분석이 중심이 되는 델라 볼페의 정치이론과 그의 이론적 "모델" 사이의 연관을 연구한다. 우선 바카는 헤겔과 맑스주의 역사의 관계라는 중심문제를 다룬다. 맑스-헤겔 관계의 연속과 단절이라는 문제를, 그람시와 델라 볼페가 요구했던 과학으로서의 맑스주의의 자율성이라는 측면에서 역사적으로 파악한다. 헤겔로써 부르조아적 의식의 최고단계가 달성되었고 또 그가 유기적으로 부르조아 제도체계를 반영하고 종합으로 이끌었기 때문에, 맑스주의에 있어서 헤겔과의 비판적 관계는 부르조아 제도 및 그 제도 각각의 역사적, 구조적 형태의 유기적 접합의 "청산"에 필적할만하다는 것이다(Vacca, 1970b, 104 참조).

엥겔스가 그의 기초 저작인 『루드비히 포이어바흐와 독일 고전철학의 종말』에서 혁명적, 변증법적 방법의 연속성 및 반동적인 헤겔 **체계**와의 단절로서 특징지은 바 있었던 맑스-헤겔 관계의 연속과 단절은 유럽 맑스주의 전체 발전의 지향점을 나타낸다. 헤겔-맑스 관계 및 **총체성**, **변증법**, **모순**과 같은 기본 범주들의 의미는 제2인터내셔널 최전성기의 "정통"과 베른슈타인의 수정주의로부터 제3인터내셔널의 "변증법적 유물론"과 "서구 맑스주의"에 이르기까지 항상 논쟁의 중심에 있다.

베른슈타인이 "베른슈타인 논쟁"에서 최초로 맑스의 변증법을 그의 "블랑키주의"의 원인인 동시에 정통적인 "파국관"과 "붕괴론"의 원인으로서 중심 공격점으로 선택한다면, 그는 무엇보다도 맑스의 기본적인 이론적 가정, 즉 현재의 사회적 모순의 전체성을 그 발생과 구조 속에서 인식하고 지배할 수 있는 가능성을 공격하는 것이다. 그러나 인식대상으로서의 객관적 모순, 이론적 요구로서의 총체성, 내적 연관을 가진 모순, 이 모순의 역사적 운동법칙의 정신적 재생산으로서의 변증법이 맑스주의로부터 제거된다면, 사회주의의 선택은 더이상 과학적인 근거를 가질 수 없는 관련에서 얻어지는 개별적 또는 집단적인 윤리적 결정으로서 주관적, 관념적인 것으로 간주될 수 있다.

이제 델라 볼페는 우리가 본 바와 같이 총체성, 변증법, 모순의 개념을 그의 이론으로부터 결코 제거하지 않으며, 그 개념들은 그에게 다른 의미를 띤다. 모순은 역사적, 실천적으로 존재하지만, 그것은 모순적 **통일**의 일부분이 아니라 자율적으로 서로 배타성을 지닌 채 대립하는 이율배반인 것이며, 그 중에서 완전한 이율배반은 모순금지의 명제를 만족시키기 위해 제거되어야 한다. 나아가 델라 볼페가 총체성의 개념을 개념의 경험적 다양성의 종합적 통일로서 파악하고 더이상의 실제적, 경험적 통일을 알지 못한다면, 이것은 모순의 운동을 통해 전체적으로 바뀔 수 있는 것이 아니라 말하자면 절반만 바뀔 수 있는 것이다. 부정은 완전히 제거되며, 긍정은 마찬가지로 완전히 보존된다.

정통적 붕괴론과 베른슈타인의 수정주의가 맑스주의의 **경제주의적** 왜곡의 두 가지 변종일 뿐이라면, 1차대전과 10월혁명의 발발로써 맑스주의의 혁명적 이해는 기반을 마련한다고 바카는 말한다.

다시 한번 헤겔은 맑스의 불가결한 선구자가 된다. 제2인터내셔널의 실증주의에 대한 방법론적 비판과 함께 부르조아 사회학에 대해 맑스주의의 혁명성과 그 색출적 창조성을 보장하는 변증법적 방법은 거의 전적으로 독자적인 방법론 문제에 대한 탐구로 된다.

주체와 객체의 통일, 존재와 의식의 경향적 일치의 화신으로서 프롤레타리아트는 사회혁명의 담지자가 된다. 더이상 사회적이고 역사적으로 결정적인 모순에 대한 의식이 아니라 현실 일반의 모순성에 대한 확신이 중심적으로 된다. "결국 부르조아 사회의 모순성은 프롤레타리아트가 자본주의적 생산양식의 과도성을 가능한 한 의식하고 있다는 사실에 있다. 맑스주의 분석에서 **모순**이라는 중심 범주는 점점 더 부르조아 사회의 모순성에 대한 자족적인 방법론적 지식으로 협소해진다면, 이는 너무나 **일반적으로** 모순적이고 허무하며 역사적이다. 달리 표현하면, 결국 그 모순성은 역사적 허무에 다름아니다. 이는 그러한 모순성을 사고하기 위해 필요한 총체성이 자본주의적 사회모순의 구체적 발전을 전체적으로 연구하는 맑스주의적 사회분석의 유기체에서 기인하는 것이 아니라, 특수한 헤겔적 역사 이데올로기에 맞게 그것을 과정으로서 개념화하기 위한 일종의 **전체적 사고가능성** 또는 **전체의 실재를 사고**할 필요성에서 기인함을 의미한다" (Vacca, 1970b, 110). 이리하여 변증법은 다시 하나의 사유방법이 되며, 존재와 사유의 통일을 사회적 존재가 이러한 존재에 대한 사실적인 또는 가능한 의식형태로 경향적으로 동화되는 것으로 개념화한다.

이처럼 맑스주의적 사고를 헤겔로 과도하게 환원시키고 이와 결부되어 전체에 대한 순수한 이론적 조망을 위해 실제 모순의 경험적 분석을 소홀히하는 것은 특히 청년 루카치를 특징짓는다.

"냉전"의 종식 및 사회주의 나라들의 강화와 함께 국제적 수준에서 새로운 계급투쟁의 단계를 위한 전제가 성숙된다. 바카는 이론적 수준에서 맑스주의의 과학성과 노동운동의 자율성의 특수형태에 대한 질문으로 새로이 방향을 전환시켰던 세 가지 과정을 본다 :

① 점증하는 민족혁명의 테마 및 "제3세계"에서 반제투쟁을 지도하는 세력들의 혁명적 변화와 그것과의 관계,

② 이행기 사회에서 "사회주의적 민주주의의 발전" 문제,[1)]

③ 성숙한 자본주의 나라의 계급투쟁에서 사회주의로의 이행 문제. 오늘날 총체성, 변증법, 모순이라는 맑스의 범주가 맑스-헤겔 관계를 둘러싼 새로운 논의의 대상이라면, 맑스주의에서 이 범주들이 있다는 것만으로도 맑스주의에서 헤겔의 유산과 연속성의 증거로 간주했던 그 견해는 한층 더 비판적으로 간주된다.

"이리하여 맑스주의에서 **총체성**의 범주는 '서구 맑스주의'와 '디아마트'에서 널리 확대된 것처럼 역사주의적 역사이데올로기에 맞게 **역사를 전체로서** 그리고 **과정으로서 사고할 수 있는 가능성**을 암시하는 것이 아니라, 통일적 유기체 또는 **경제적-사회적 구성체**로서의 자본주의를 암시한다는 것이 분명해진다. 맑스주의에서 총체성의 범주는 자율적인 인식론

1) 사회주의 나라를 나타내기 위한 이러한 용어가 공산당원 사이에서는 사용되지 않으며 비판받고 있다는 것을 베를링게르가 지적한다. Berlingeur, 1975, 1권, 355.

적 또는 방법론적-해석학적인 자율적 원리가 아니라 현재의 전체 사회구성체에 대한 색출적 범주로서 간주되며, 부르조아 사회의 역사적 기본모순에 대한 분석 또는 역사적, 사회적으로 노동자계급의 일정한 사회적 존재형태로서의 상품형태에 대한 지속적 분석과 떨어질 수 없기 때문에 더욱 그러하다" (Vacca, 1970b, 114f., 강조는 저자).

현 사회의 총체성은 그 모순성 속에서 상품형태라는 역사적-사회적 기본범주에 관해서만 밝혀질 수 있다. 이에 따라 맑스주의의 과학성의 자율적 형태는 바카에게는 그 비판적 사회과학으로서의 성격에 있다. 그에게는 이러한 규정으로부터 과학영역에서 역사서술을 사회과학보다 우선하는 역사주의로 이해된 맑스주의에 대한 비판뿐만 아니라 비판적 사회학의 틀 내의 이데올로기 비판으로 맑스주의의 자기한정이라는 결론이 나온다. 이런 방식으로서만 맑스주의는 한 사회구성체로부터 다른 사회구성체로의 이행에 대한 과학으로서 전 사회구조의 운동법칙에 대한 인식을 통해 고도의 실천을 안내하는 기능을 유지하는 것이 보장된다. 바카에게 정치경제학, 정치, 이데올로기에 대한 비판은 전체 이행단계에서 맑스주의의 상위 과제다.

그래서 한 시대, 한 사회(부르조아 사회)의 의식을 가장 명확하고 긴밀하게 밝혔던 헤겔은 이 사회의 사회주의적 변화가능성을 성찰하기 위한 필연적 전제다. 자본주의 사회구성체의 완전한 비판 사회과학으로서의 맑스주의는 이 사회의 조직적 관계에 대한 의식을 전제한다.[2]

---

2) 이탈리아공산당의 젊은 후세대 이론가인 지오바니는 하나의 비교 가능한 입장을 보여준다. De Giovanni, Scienza comlessiva e critica dell ideologia, in : Cassano(편), 1973, 332ff. 참조. 델라 볼페의 추상적 방법론주의에 반대하여, 즉 보편이론의 추구에 반대하여 지오바니는 바카와도 마찬가지로 특정한 사회적 생산관계의 역사적 형성에 비추어 이론으로서 맑스주의의 기능성을 강조한다. 동시에 헤겔에게서 맑스까지의 연속성을 나타내는 총체성 및 변증법 개념의 해체와 자신의 반헤

이제 델라 볼페가 의식에서 경험적 다양성의 통일이 장래의 사회적 실재를 기대하는 상태에 있다고 가정한다면, 그는 존재-의식 관계를 사회적 총체성의 개별 심급간의 비조응 이론으로서 토대-상부구조의 개념 속에 역사적으로 넘겨버린다. 토대-상부구조의 비기계적 조응 때문에 이데올로기적 수준에서 미증유의 인간 사회의 통일을 기대하는 것이 가능하다는 것이다.

그러나 바카에 따르면 이데올로기와 토대의 비조응에 대한 역사이론은 어쨌든 일정한 이데올로기 형태의 존속을 설명할 수 있겠지만, 역사의 예측에 기여할 수는 없다고 한다. "……맑스주의가 지닌 **예측**가치는 장래 계급사회의 극복을 통해 가능할 것처럼 의식 속에서 사회적 통일을 기대할 수 있다는 데 있는 것이 아니라, 그러한 종류의 **실재적인** 극복의 길을 구체적으로 제시한다는 데 있다. 달리 표현하면, 자본주의 사회구조와의 기계적 비조응은 이데올로기와 토대의 보편적인 이데올로기적 비조응에 의해 가능해지고 추론되는 보편적인 이데올로기적 함의가 아니다. 반대로 그것은 역사적 노동운동에의 그것의 역할을 나타낸다. 물론 이는 부르조아적 사회토대와 '조응하지 않는다'. 그것은 그 분열의 주체이기 때문에 그것과 전혀 일치하지 않는다……" (Vacca, 1970b, 44).

바꿔 말하면 바카에게는 맑스주의 이론이 어쨌든 당시의 사회토대와 조응하지 않는 일정한 이데올로기 형태의 **항구성**, 그 시대착오적 잔존을 설명할 수 있으나, 앞으로 그것을 기대할 수는 없다.

겔주의적 입장을 가지고 델라 볼페는 **전체**로서의 사회를 사고할 가능성을 지녔다. 그때 보편성의 전망은 비합리주의적이고 비맑스주의적인 입장으로 넘어간다. 지오바니에게는 **구체적** 실재를 해석하는 데 총체성이라는 헤겔적 범주를 비스콜라적으로 생산적으로 사용할 **과학적** 가능성이 문제다. 맑스주의는 자신이 맑스의 『정치경제학 비판』과 유사하게 "사회적 총체성에 대한 비판적 과학"으로서, **이데올로기** 비판으로서 존재할 때만이 이것을 할 수 있다.

그러나 바카는 이리하여, 상부구조의 상대적 자율성을 고집하고 국법 차원의 상대적 독자성을 강조하는 델라 볼페의 입장을 거부할 뿐만 아니라, 토대-상부구조 정리 자체를 거부한다. 반영으로서의 인식론에 대한 거부는 예측으로서의 인식론의 거부로 나아간다. 왜냐하면 후자는 객관적 진리 개념의 고집을 의미하기 때문이다. 그러나 이미 바카는 의식적으로 그것을 포기하고 대신에(비슷한 방식으로 델라 볼페로부터 벗어난 콜레티처럼) 현 사회에 대한 사회학적-도구적, 기능적 분석을 요구한다. 이는 정치적으로는 순수한 실험기관이라는 의미에서 당의 새로운 역할규정을 위해 당의 지도역할을 포기해야 한다는 것을 의미한다. 왜냐하면 정치는 더이상 어떤 예측차원을 가질 수 없기 때문이다.

바카의 평가의 정치적 의미는 당-대중운동의 관계에 대한 이탈리아 공산당 내 논의와 관련하여 그를 보면 분명해진다(Marramao, 1973, 230 참조). 하지만 바카에게는 맑스주의와 그 방법의 진정한 과학적 가치는 통일적 과학운동의 의식적 표현에 있는 것이 아니라, 근대사회 분열의 이론적 의식에 있다. 또한 과학으로서의 맑스주의는 오직 모순의 **실재적 해결과정**의 의식일 수는 있으나, 이것을 대신할 수는 없다. 문제는 바카의 사고과정이 전도된 표시 없이 델라 볼페와 유사한 결론, 즉 이론적 영역에서 철학, 경제학, 정치학의 통일로서의 맑스주의의 수정 및 정치적 영역에서 그람시도 전적으로 지지했던 레닌주의적 당이론의 수정으로 나아가는가의 여부다.

바카가 델라 볼페를, 정치경제학 비판의 방법을 그 내용으로부터 분리시키고 계급투쟁을 이론적 의식으로 대체하며, 그와 함께 방법에 관한 철학적 담론을 새로이 자율화시켰으며, 그리하여 그는 마침내 헤겔의 (진보적) 방법과 자신의 (반동적) 체계를 분리시켰던 엥겔스와 다름없게 되었다고 질책한다면, 그는 맑스주의 내에서 철학적 문제설정의 적실성 전체를 거부한다. 바카가 **모든** 철학적 문제설정의 출현을 혁명적 프롤레타리아트의 실천으로 가정하고, ―― 토대-상부구조 변증법의 일면화와 유사하게 ―― 이론과 실천의 관계를 일면화할 때, 바카는 맑스가 『독일 이데올로기』에서 선언했던 형이상학적이고 사변적이고 단일과학 위에 존재하는 철학체계로서의 철학의 "죽음"을 말 그대로 받아들인다. 그에게는 맑스주의가 현재의 자본주의 사회에 대한 비판적 사회과학 이외의 것이 될 수 없다. **실천적으로** 참된 과학인 동시에 일정한 계급의 의식형태로서의 유물론적 사회학의 **비판적** 성격은 델라 볼페에게서는 축소된다.

여기서 바카는 문제의 핵심에 도달한 것으로 보인다. 델라 볼페가 부르조아 과학의 비과학성(그 방법의 본질적 구조에 기초하여)을 증명하면서 그것의 변호론적, 이데올로기적 성격을 비판한다면, 바카는 방법상 올바른 처리의 기준을 갖지 못하기 때문에 이러한 논증을 따를 수 없다. 그러므로 그에게는 부르조아 과학 전체가 여전히 그 실재적 토대에 **기능하는** 과학인 것이다.

여기서 바카는 하나의 난점에 빠지는 것 같다. 즉 과학성의 기준이 일정한 실천에의 **기능성**에 본질이 있다면, 방법과 내용이 서로 분리될 수 없다는 가정 하에서 "부르조아" 과학(분명히 부르조아적이지만 과학적인)이 도대체 어떻게 비판받을 수 있는가라는 문제가 나타난다. 비판사회과학으로서의 맑스주의의 옹호자들은 어떻게 ―― 더 정확한 다른 방법에 관한 것이 아니라면 ―― 바로 이러한 부르조아 과학의 **비판**으로 나아갈 수 있는가?

바카는 과학적인 답변을 하지 못하는 것으로 보인다. 기준은 또한 심리적인 기준이 될 수밖에 없다. 직관적으로 획득되고 선험적으로 설정된 **계급적 관점**이 과학의 부르조아적 성격과 프롤레타리아적 성격(곧 그때그때의 기능성)을 결정한다.

바꿔 말하면, 바카는 델라 볼페의 목표가 맑스로부터 **"반형이상학적**

철학", 사유이론 내지 실증과학으로서의 철학적 논리를 읽어내려는 것임을 구실로 삼는다. 그러나 그는 맑스가 던진 문제, 즉 『독일 이데올로기』에서 맑스의 설명에 따르면 장래에는 더이상 자율적 철학이 없을 것이기 때문에 문제설정으로서의 철학이 전체적으로 어느 정도까지 정비될 것인가라는 문제를 고려하지 못할 것이다. 노동운동을 통한 철학의 극복 실현에 관한 견해에서, 독일 고전철학의 상속인으로서의 노동자계급에 대한 인식에서, 그리고 맑스의 이론적 발전에서 철학적 형식의 과학적 사회이론 형식으로의 진보라는 인식에서, 바카는 부르조아 사회의 이론으로서의 맑스 이론이 동시에 프롤레타리아 혁명의 이론이 되고 실증과학이 아닌 비판과학이 된다는 칼 코르쉬(Korsch, 1967, 특히 56 참조)와 전적으로 관련된다(Vacca, in : Rinascita, 1969. 5. 2, 19f. 참조).

바카에게는 대안이 없다. 과학적 철학에 대한 형이상학적 철학, 그것 대신에 맑스는 철학 자체의 풍부화, 즉 올바른 방법에 대한 자율적 이론의 가능성을 문제로 삼는다.

그러나 맑스가 형이상학의 취급양식만이 아니라 철학 전체의 논리적 취급양식을 문제로 삼았다면, 델라 볼페의 오류는 맑스가 비판했던 절대적 방법의 추구를 계속했다는 데 있다. 이와 함께 최근 델라 볼페는 헤겔 삼원론의 겸손한 세속화에 다름아닌 일을 하고 있다고 하는데, 그 이유는 불모한 철학 지형을 포기하지 않기 때문이라고 한다(Vacca, 1970b, 53f.).

바카는 델라 볼페를 부당하지 않게 엥겔스의 바로 옆으로 위치시키고, 양자에게는 맑스가 단지 철학 비판과 정치경제학 비판으로서 기초했던 것의 방법론적 일반화를 확인할 수 있다고 믿는다. 그러나 엥겔스의 경우 특히 『반듀링론』에서 표현되는 이러한 사고과정은 실증주의의 바로 옆에 서 있을 것이다. 이와는 반대로 맑스는 『독일 이데올로기』에서 철학이 제과학의 성과의 종합으로서 과학적 방법론과 인식론의 체계적 역사로 전환될 가능성을 염두에 두고 말하였다.

바카는 델라 볼페가 제기한 문제, 즉 과학의 구성과정의 필수적인 전제로서 일시성의 전복이라는 문제와, 과학범주들을 그것이 성립하는 일면적인(또는 역사적-통시적인) 일시성으로부터 벗어나게 한다는 문제 속에서 또다른 비판점을 본다. 과거와 현재에 대한 이러한 맑스적 전복은 바카에게는 델라 볼페가 처리했던 것처럼 역사유물론의 방법론적 환원의 기초인 것이다.

기실 바카는 일시성의 전복이 **추상노동**과 **사적 소유**의 관계 —— 그 발생론적 결합뿐만 아니라 이러한 **사회적 범주**들의 과학적 관철 및 상호관련에서도 —— 에 존재한다고 고백한다. 그러나 이러한 논리와 역사의 특수한 전복으로부터 시간의 **보편적** 전복을 추론할 수 있는가? 바카는 이 질문을 부인하는데, 왜냐하면 그에게는 맑스의 취급양식이 과거에 대한 현재의 인식론적 우위의 가정에 한정되지 않기 때문이다. "결국 **일시성의 전도**는 분석적 과정의 **추상적 서술**에 다름아니며, 그 도움으로 맑스는 사회 내에서 물질적으로 **지배**하는 **사회관계**라는 내포적 **범주**로 현 사회를 과학적으로 설명하려는 목표를 가지고 **논리적 지배**를 정립한다"(ibid., 94).

맑스가 근대 부르조아 사회 내에서 범주들의 유기적 접합의 질서를 통해 범주들의 합리적 질서(ordo rationis)가 결정된다고 말한다면, 델라 볼페는 이 질서가 역사적 연속에 상응하는 질서의 정반대라고 이 진술을 이해한다. 그러므로 정치경제학 비판의 과학성을 토대짓는 인식론적이고 방법론적 원칙으로서 **일시성의 전도**의 일반화는 자명해진다.

그러나 바카에게는 프롤레타리아적 과학이 비판과학인 동시에 계급투쟁의 제도적 성상에 대해서 혁명적으로 내지 특수하게 작용한다.

> 그것[비판사회과학으로서의 맑스주의]은 특수한 경험, 계급투쟁의

> 경험에 입각하여 과학으로서 성립한다. 다른 모든 의식형태처럼, 그것은 특수한 의미에서 그것을 강조하는 실재적 연관점에 작용한다. 또한 부르조아 과학이 **사회적 상품생산의 지평 앞에서 움직이**는 것처럼, 프롤레타리아 과학은 그 특수한 대상인 계급투쟁에 대하여 **기능**하고자 한다. (ibid., 102)

바카가 여기서 다른 곳보다 명확하게 델라 볼페보다 이른바 "좌파적"이고 급진적인 입장을 취하고 있다는 것을 간과해서는 안된다. 하지만 그가 인식론과 과학이론이라는 의미에서의 철학으로서의 지위를 맑스주의로부터 박탈하고 그것을 오히려 "비판 사회과학"으로서만 이해하려고 함으로써, 그는 실제로는 그 과학성 전체를 박탈하고 자연과학과 정신과학 또는 사회과학의 낡은 이원론을 고무시킨다. 과학적 진술의 진리성에 대한 기준은 실천이다. 하지만 바카는 실천의 개념을 협소하고 직접적으로 기능적인 의미에서 받아들이며, 진리기준을 한정시킨다. 즉 특수한 경험영역에 기초를 둔 결정적 실천이 참이라는 것이다. 이리하여 "객관적 진리"의 기준은 적실성을 상실하며 실천은 실용성이 된다. 바카는 이러한 방식으로 더이상 과학과 이데올로기를 구분할 수 없고 "부르조아" 과학과 "프롤레타리아" 과학밖에는 구분할 수 없다. 그때에도 "프롤레타리아" 과학은 이데올로기 비판으로서 이데올로기의 지반을 떠나지 않는다. 이리하여 바카는 마침내 노동운동사 속에서 때에 따라서는 일정한 "좌파" 전통을 지닌 실용주의적 관점을 받아들인다(Matthiessen, 1973, 특히 18f. 참조. 또 이러한 새로운, 체로니가 "불합리한" 것이라고 말한 맑스주의의 변종에 대한 그의 날카로운 비판도 참조하라. Cerroni, in : Cassano〔Hrsg.〕, 1973, 312ff.).

4. 델라 볼페의 루소 해석:
"후기부르조아" 사회에 대한 정치 이론의 기초

델라 볼페의 루소 해석은——이미 살펴본 바와 같이——이원적인 변증법에 의거해 보편적인 것과 특수한 것, 통일성과 다양성의 구분이라는 문제를 중심에 놓는 그의 변증법적 방법에 대한 예증의 하나로 간주할 수 있다. 델라 볼페가 "총체성"이라는 개념과 동일시하는 통일성은 **사유적 구성물**이며, 그 자체로서 우연적인 것과 필연적인 것의 분석적 분리과정의 결과다.

바달로니는 그 본질적 단계를 다음과 같이 요약하고 있다. ① 보편적인 개념이 아니라 계급 및 그에 상응하는 생산관계처럼 역사적으로 엄밀한 개념에 접근한다("결정적 추상"의 정리). ② 현재가 다른 시기와 공통적으로 갖는 것과 특수한 문제틀로 갖는 것을 재구성하기 위해, 현재로부터 출발한다(시간성 전도의 정리). ③ 현재의 원인은 순수한 **논리적** 우선성(즉 현재의 우연성으로부터 해방된 우선성)인 보편적 범주 내에서 결정된다(변증법을 논리적 계기와 역사적 계기의 분리과정으로 보고, 오직 논리적인 계기만을 순수한 모델로 분석하는 델라 볼페의 변증법 이해). ④ 과거의 역사를 총괄하고 발전시켰던 이론적 심급을 실현하는 힘을 **현재**에 전가한다. 모든 우연성으로부터 분리된 순수한 **모델**로의 회귀는 새로운 사회구성체로의 이행의 **규준**이 된다. 왜냐하면 오직 순수한 모델만이 역사적으로 아직 이행되지 않은 약속 내지 역사적으로 아직 완수되지 않은 발전가능성을 표현하고, 따라서 행위를 이끌도록 작용하기 때문이다. 그렇게 함으로써만 사회의 모순성이 파악될 수 있다(Badaloni, 1972, 34).

델라 볼페는 소련공산당 제20차 당대회 결과와의 밀접한 연관성 속에서 이행기 사회에 대한 정치이론적 기초를 세우는 작업에 몰두했는데, 이것은 그에 대해 "수정주의"라는 비난을 가장 강력하게 불러일으켰으며 동시에 직접적으로 철학적 입장의 **정치적** 연관성을 명백히 해주었다.

루소에 대한 이론적 고찰이 그의 정치이론의 중심을 구성한다. 그는——그로부터 영향받은 이론가인 콜레티나 체로니와 마찬가지로——루소를 부르조아적 대의제 국가에 대한 첫번째 비판자이자 맑스와 레닌의 직접적 선구자로 본다. 이로써 루소의 사상은 이행기 사회 정치이론에 대한 정식화에서 지향점이 된다.

1964년 발표된 저서 『루소와 맑스』(Rousseau e Marx)에서 델라 볼페는 이미 20여년 전 『공산주의적 자유』(La liberta comunista)에서 제기한 바 있는 맑스주의 정치이론 및 민주주의와 사회주의의 관계에 대한 문제들을 다시 거론하고 있다. 델라 볼페는 이탈리아공산당 제8차 당대회(1956)에서 "사회주의로의 이탈리아적 길"이 기본강령으로 채택되기 훨씬 이전부터 민주주의와 사회주의의 관계를 전면에 제기한 최초의 맑스주의 이론가 가운데 한 사람이다.

그는 루소를 "작은 국가"와 급진적 소부르조아 계급의 "유토피아적" 철학자로 해석하는 입장에 반대하는 동시에, 경제학적 개념으로서의 잉여가치 개념을 배제한 채 도덕적 사회주의라는 결론에 도달하고 오직 분배영역에서 나타나는 불평등만을 "불평등"으로 간주하는 로돌포 몬돌포(R. Mondolfo)와 같은 이탈리아 이론가들의 사회민주주의적 해석에도 반대한다. 델라 볼페는 루소의 "생산적(fruchtbar) 심급"에 대해, 균등한 자유는 개인적 "공헌"의 보편적이고 민주적인 심급 속에서, 즉 각 인간 개인의 사회적 승인에 따른 요구 속에서 파악되어야 함을 의미한다고 해석한다. 이에 따라 그는 맑스의 『고타강령 비판』과 레닌의 『국가와 혁명』이 루소의 연장선상에 있으며, 이들이 주장한 공산주의 사회에서의 노동력의 **비례적** 배분은 개인적 가치에 대한 루소의 기준을 역사적으로 **완성**시킨 것이라고 파악한다.

그러나 루소는 전(前)사회적이고 추상적이며 궁극적으로는 기독교적인 개인 개념에서 출발한다. 따라서 개인은 특유한 개성과 역사를 초월하는 보편성의 통일임에도 불구하고 특유한 개성과 유적 인간의 통일은 되지 못한다. 그의 소부르조아 민주주의는 개인주의적 평등주의의 수준에 머물고 있다.

초역사적인 보편적 존재(신)와의 통일성에 의해 선험적으로 가치를 부여받은 이와 같은 비역사적이고 추상적인 개인으로부터 "정치사회"의 토대를 형성하고 현세적, 역사적 유기체를 형성해나가는 어려움을, 루소는 "계약"을 통해 해결했다. 그 결과 그는 역사적으로 **인간적** 평등을 부르조아 법의 영역, 즉 정치적 영역에서 실현하는 데 공헌했다.

"일반 의지"(volonté générale)의 표현인 "법률" 속에 뿌리박은 프랑스혁명의 정치적 평등은 법령, 특허장, 포고령 등에 근거한 절대주의 시대의 특권구조와 교대된다. "자기애"(amour de soi)로부터 유추된 보편적 인간애는 인간정의의 원칙이 되었다. 그것은 평등이 자유의 기능이지, 결코 **그 반대가 아님**을 조건으로 한다. 왜냐하면 자유와 일치하는 개인은 추상적이고 고독하며 전(前)사회적, 전(前)역사적인 개인이기 때문이다. 이와 같이 이해되는 자유는 개인의 이기주의를 위한 원칙이자 목적이다. 따라서 그것은 자연권의 합법적(legal)인 번역에 불과하므로, 외면상-형식적이고 **법률적**(juristisch)일 수 있다. 이와 같은 사상은 유적 존재로부터 분리되지 않은 구체적 인간 개인의 공동생활에서 결과되는 내면적이고 본질적이며 현실적인 평등을 아직 수용하지 못한 것이다. 그러나 형식적인 차원을 넘어 현실적이고 본질적인 자유야말로 **사회적인** 자유이며, 공동체 내의 자유, 공동체를 위한 자유다.

델라 볼페에게 이러한 이론적 출발점에 대한 승인은, 인간은 신의 형상이자 스스로 가치를 지닌다는 개인의 우위에 입각한 기독교적 부르조아 윤리에 대한 인식론적 단절을 의미한다. 이러한 **원자론적** 출발점은 항상 여러가지 "정치사회"로 귀결될 수 있다. 이러한 개인주의적 윤리는 이성적이고 자유로우며 자율적 총체적인 개인이라는 **이데올로기**의 기초인데, 이것은 부르조아 계급사회의 현실과 어떤 점에서도 상응하지 않는 것이다. 델라 볼페가 정치이론의 문제로서만이 아니라 윤리적인 문제로도 보고 있는 이 문제를 **과학적으로** 파악한다면, 개인주의적 출발원리를 포기해야 하며, 더이상 "개인"을 스스로 가치를 지니는 동시에 종속적이고 부차적인 존재에 불과하다는 사회보다 우위인 것으로 규정해서는 안된다. 그러므로 개인주의적 윤리와 단절하여, 전체로서의 사회에 대한 개인의 우위를 부정해야 한다는 문제가 제기된다. 부르조아 정치이론의 근본적 이론구조에 대한 그의 비판은 가치로서의 개인, 즉 구체적 현실성이 잘못 추상화된 실체화에 대해 가해진다. 이러한 정치이론적 수준에서의 비판은 논리선험주의를 비판하는 델라 볼페적 논리와 "결정적 추상"의 이론에 완전히 상응하는 것이다.

맑스 해석에서 혹자가 제기하는 경제주의적 환원에 반대하여 델라 볼페는, 통일성으로서의 역사 과정에 대한 분석은 그럼에도 불구하고 분석 자체를 구성하는 계기의 종별적 **차별성**(차별성의 통일)을 등한시해서는 안된다고 주장한다. 그에게는 대중의 혁명적 윤리인 윤리적 차원은 사회주의로의 이행이 그에 상응하는 **실행적**(operativ) 철학, 즉 역사유물론과 동일한 것인 비판적-실천적 인간주의를 통해서만 가능하기 때문에 더욱 중요하다.

델라 볼페가 **긍정적인** 역사과학으로서 정초한 것은 사회주의로의 **이행**에 관한 **과학적** 정치이론의 획득에 상응한다. 그는 그 가능성을 루소에게서 발견했다.

루소의 "정치사회"(sociéte politique)와 근대 민주주의에서 나타나는 자유와 평등 간의 불균형은 전적으로 부르조아지만의 것인 혁명과 그에 따른 오직 한 계급만의 해방을 표현하는 것이다. 여기에도 역시 —— 선험적 존재로서의 인간과 근원으로서의 개인에 대한 개념에서 —— 루소의 사상적 한계가 존재한다. 『인간 불평등 기원론』의 말미에서 루소는 다음과 같이 쓰고 있다 : "따라서 유일한 긍정적 권리에 의해 인정되는 도덕적 불평등은, 물질적 불평등과 균형을 이루지 못하므로 어떤 경우에나 자연권에 반대된다"(Rousseau, 1954, 145).

다시 말해 도덕적 (내지 부르조아적-시민적) 불평등은 **물질적 불평등**, 즉 "힘"과 "재능"에 관련된 직접적인 개인적 불평등과 동일한 관계 속에 있지 않으므로 항상 자연권에 반대된다.

이성적으로 볼 때, 부르조아 사회의 불평등과 직접적, 경험적 ("자연적") 불평등 간의 관계는 자연권에 비례하는 정도에 의해 규정된다.

이제 "사회계약"이 풀어야 할 근본적인 문제는 개인과 그 재산을 보호하고 방어하는 연합의 형태를 찾아내는 것이다. 이로부터 사회적 협정, 즉 힘과 재능을 서로 다르게 부여받은 경험적으로 불평등한 개인들을 협정과 법률을 통해 **평등하게** 만드는 계약이 제기된다.

델라 볼페의 논지에 따르면, 중요한 문제는 협약적이고 인공적이며 따라서 순수하게 형식적인, 오직 법 앞에서만 적용되는 평등이다. 맑스가 『유태인 문제』에서 서술한 바와 같이, 그것은 단자(單子) 로서의 인간의 자유다.[1] 그러나 이러한 평등 또는 법 앞에서의 정의는 자유이다. 이 명제는 동시에 그 반대명제를 내포하는 것이다. 그가 경험적-개인적 불평등의 비례성 내지는 비율성으로서의 평등 문제를 비생산적이고 선험적으로 해결할 때, 여기에 루소가 극복하지 못한 논리적 난점, 즉 "형용모순"이 있다.

그러나 이러한 형식적이고 법률적인 평등이 자유와 동일한 것이라면, 그것은 다시 "자유로운 주도"과 "자유로운 기업가성"의 추상적, 전(前) 사회적 자유, 즉 부르조아적 자유로 환원되며 나아가 실질적으로는 비(非) 자유로 환원된다. 이러한 논리적 난점은 가치와 경험 간의 매개가 결핍되었기 때문에 발생했다.

칸트는 이러한 사상을 명백한 자유주의적 의미로 받아들였다. 개인이 사회를 피할 수 없을 때, 그는 단지 자신의 재산을 보존하려는 목적에서 사회에 참여한다. 권리는 각 개인의 자유에 대한 경계를 보장한다. 사회가 개인과의 관계에서 이차적인 존재라면, 사회 내에서 본질적인 독립성을 지킬 수 있는 것은 절대화된 개인적 차별성에 근거하여 그것을 획득한 소수인에 불과할 것이다.

이성과 역사 간의 매개를 옹호하기 위한 루소의 계약사상은 유물론적이고 역사적으로 규정되는 이성이 아니라 순수 이성 또는 선험적 이성으로서의 합리성 개념에서 출발한 것이다. 그러므로 "사회화"의 역사적 행위 또한 인공적 도구에 불과하며, 추상적 합리주의에 기반한 자연권

---

1) Marx, 1953, 192 참조. "따라서 자유는 곧 법이며, 모든 것을 행할 수 있고 움직일 수 있는 동시에 다른 사람을 해치지 않는 것이다. 마치 두 영역 간의 경계가 말뚝으로 결정되듯이, 한 사람이 다른 사람에게 해롭지 않도록 움직일 수 있는 경계는 법률에 의해 규정된다. 중요한 것은 고립적이고 자기 자신에게 환원되는 단자로서의 인간의 자유인 것이다."

사상은 이성과 역사 간의 사실적, 실제적인 매개를 제시할 수 없는 것으로 된다.

위의 연장선 상에서 델라 볼페가 여전히 로크가 주장한 노동의 자연권적 변호에 동의한다면, 그 이유는 무엇보다도 소위 사회개혁적 비판에 대한 고려 때문일 것이다.

로크적 노동개념——"활동적 행위"와 개인적 소유 및 개인적 권리를 의미하는——속에는 상품으로서 개인들간의 교환관계의 대상이 되는 사적 소유를 노동력 속에서 파악하는 부르조아 정치경제학의 철학적 기초가 있다.

이에 따르면 유통영역은 자연적이고 생득적인 인간의 권리를 실현하는 고유한 영역이다. 예를 들어 이탈리아의 사회개혁적 이론가인 로돌포 몬돌포는 본원적 자연권이라는 로크의 노동개념으로부터 출발하여, "잉여노동"과 "잉여가치"를 단지 자연권의 윤리적 "모욕"이라는 측면에서만 파악한다. 논리의 필연적인 결과로 그는 단지 임금의 상승, 노동시간의 단축 등과 같은 개량주의적——윤리적——요구만을 제기한다. 이러한 요구들은 유통영역에 존재하는 "불평등"을 축소하기에 충분한 것으로 보인다. 자본가의 자연권은 노동력상품 소유자의 자연권만큼만 제한된다. 착취는 존속하며 기껏해야 축소될 뿐이다. 이와 같이 고립적이고 자기 자신에게로 환원되는 단자로서의 개인의 자유는 역사적 구체적 현실의 그릇된 추상화다.

델라 볼페가 모든 부르조아 국가형태의 법적 토대로 작용하는 "근원이자 이익으로서의 개인"의 개념에 근거한 이데올로기적 인간학을 지닌 부르조아 정치이론을 비판할 때, 그는 무엇보다도 그 근본적 이론구조의 실체를 비판하는 것이다. 여기에서 논리선험주의에 대한 그의 철학적 비판과 "결정적 추상"의 철학이론은 정치이론적 차원으로 발전한다. 초역사적 개인이라는 역사초월적 개념은 순수한 형식주의로서, 부르조아 자유계약 사상을 위한 그릇된 이데올로기적 기초를 제공한다. 정치적 영역의 분리에 의해서만 현실화되는, 봉건주의로부터의 보편적인 정치적 해방을 주장하는 근대 대의제 국가는 동시에 근대 사회 통일성의 모순적 표현이다. 부르조아지(bourgeois)와 시민(citoyen)의 분리는 법 앞에서 모든 개인을 추상적 형식적으로 동일시하는 것에 근거하는데, 이것은 동시에 실제적이며 역사적으로 불평등한 개인인 "부르조아지"를 전제하는 것이다.

평등하지만 추상적인 권리들의 이러한 결합이 갖는 형식적, 추상적 성격은 실제적 분리와 사회적 계급구분을 결합시키는 접합체가 되는 동시에 그것들을 전제로 한다. 자유주의적 윤리관의 형식적 평등은 물질적 불평등을 당연시한다.

따라서 델라 볼페의 목적은 자연권 사상과 그것을 옹호하는 형이상학의 이데올로기적 실체에 반대하여, 인간과 개인에 대한 역사적, 실험적이고 사회학적인 개념을 정립하는 것이다. 부르조아 민주주의적이고 순수하게 형식적인 평등주의와 (맥퍼슨의 "소유 개인주의" 개념에 따른)(Macpherson, 1973 참조) 자유주의 간의 모순이 존재하는 이상, 부르조아 혁명에 의해 해결되지 않은 평등 심급은 여전히 문제로 남는다. 부르조아적 형식적 해결 속에서 왜곡된 평등 심급이 델라 볼페에게는 과학적으로 또한 정치적, 실천적으로 후기부르조아 사회의 토대가 될 수 있는 논리적, 역사적 기초가 된다. 그는 이러한 진정한 민주주의의 심급을 파악하기 위해, 개인에게 주어진 가치라는 루소의 개념으로 회귀한다. 개인적 자질과 능력에 대한 사회적 인정에 근거한 보편적 권리는 후기부르조아 사회에 대한 그의 이론적 기초의 핵심을 이룬다. 역사적으로 실행되지 못한 약속의 이행을 청구하는 것은, 헤벨(Hebel)에 이르기까지, 이러한 원칙의 실현과 대립하는 사회의 토대를 극복하는 것으로 되어왔다. 이행기 사회의 보편적 기준으로서 "가치"의 기준은 초기 공산주의 사회에 이르러 필요의 기준에 의해 해소된다.

지금까지는 동시대의 자연권 사상과 궤를 같이 하는 루소의 비역사적 선험주의적 방법론에 대한 델라 볼페의 비판을 살펴보았다.

그러나——이와 같이 특수한 부르조아적, 자연권적 측면에서——부르조아 사회를 극복할 수 있는 **긍정적** 계기, 부르조아 혁명을 통해 역사적으로 극복되지는 못했으나 "결과적으로 근대 민주주의의 현재적 발전과정을 위해 아직 더 기여할 수 있는" 저 "생산적 효소"가 루소의 어디에 있는가? 이에 대해 델라 볼페는 다음과 같이 답변한다 : "루소의 독창적 문제틀 내에 본질적으로 존재하는 해결돼야 할 **오류**는, **개인적, 경험적 불평등과 국가부르조아적 가치 차별성 간의 일반적-비례적 관계에 존재하는 평등의 이성적 절제**라는 개념이다" (Della Volpe, 1975, 61f.).

즉 의회제적, 입헌적 국가의 핵심으로서 법치국가 및 자유주의에 대한 독창적 이론가들인 로크, 칸트나 훔볼트[2]와 루소를 구분하는 점은 무엇인가? 루소가 개인적 자유와 부르조아적 소유의 권리를 보장한다는 단 하나의 목적에 집중하는 것은 민주적 평등 심급에 대한 근본적 무관심을 반영하는 것이다.

델라 볼페는 루소와 자유주의 이론가들간의 차이를, 불평등의 보편적 균등성 내지 부르조아 사회의 가치 차별성과 개인적 경험적 차별성 등으로 표현되는 평등의 합리성이라는 두 가지 개념에 입각하여 파악한다. 다시 말해, 그것은 **차별화되지 않은 평등한** 사회, "즉 사회적 차별성과 개인적 **가치**(힘, 재능 등)의 차별성이 보편적이고 균형잡힌 관계

2) 예컨대 포스터에게 보내는 훔볼트의 1872년 6월 1일자 편지를 참조(『서간집』, 뮌헨 : 1952, 70) : "오직 **안전보장**의 유지만이…… 이와 같은 국가조직만이 중요합니다. 국가의 활동을 더욱 확장시킨다면, 인간은 단일화되고 인간의 내적 발전이라는 한 마디 말로서 위해를 입게 되어 그 자발성을 제한당할 것입니다" (Della Volpe, 1975, 139, 주 31에서 재인용).

속에 정립되며 그것을 통해, 그리고 그것을 위해 평등 또는 정의가 실현되는 사회형태"(ibid., 62. 강조는 원저자)의 개념이다. 그런데 루소가 개인과 그 재산에 대한 보호를 옹호하면서 실제로는 일부의 개인들만 부르조아 계급으로 생각한다면, 그는 그것의 "인공적인" 동시에 역사적인 성격을——이성적-자연적-선험적이라는 칸트의 고유한 도식과는 달리——인식하는 한에서 그의 **통일적** 주권체에 대한 발본적 개념으로 예컨대 칸트의 **자연권 사상**을 넘어선다. 한편 "정치체"(corps politique)의 **통일성**과 불가분성을 강조하는 데에 자유주의와 루소의 근본적 차이가 있다. 이러한 차이는 일찍이 벤야민 콘스탄트(B. Constant)의 비난을 불러 일으킨바, 그는 루소가 전제주의를 위해 자유를 희생했다고 비판했으며 이 비난은 오늘날까지도 대부분의 루소 해석에서 핵심적 내용으로 존재한다(예컨대 Talmon, 1961).[3]

이러한 맥락에서 삼권분립의 원칙 역시 논의할 수 있으며, 이에 대한 델라 볼페와 좌익 자유주의자, 법치국가주의에 가까운 사회주의 정당, 정치학자 노베르토 보비오 등 사이에 전개된 이론적 대결은 흥미로운 것이다.[4] 보비오는, 권력분립의 원칙은 사회주의적 국가 내에서도

3) 한 예외로서 페처는 루소가 무엇보다도 "전통적 도덕주의자"(Fetscher, 1960, 259)이며, 그의 문제틀이 오늘날의 대중민주주의에는 적용될 수 없다고 본다. 페처는 루소 연구의 출발점에서, 그를 칸트와 자유주의적 정치이론의 선구자로 파악했다(예컨대 Cassirer, 1932, 1975년의 신판. 그 외에 Brandt, 1973, 16f. 참조, 총괄적인 루소 연구로는 Trousson, 1977 참조). 그러나 강조되어야 할 것은 델라 볼페가 특히 카시러에 의해 주도된 이러한 신칸트주의적 노선이 자신의 철학적 근본지향과 가까웠음에도 불구하고 이를 추종하지 않았다는 점과 오히려 루소를 칸트의 대립극으로 간주했다는 점이다.

4) 노베르토 보비오는 공산당의 날카로운 이론적 "도전자"로 알려져 있으며, 이전의 델라 볼페와의 논쟁이나 최근(1975년말, 1976) 사회주의적 잡지인 『몬도페라

유용한 것이라는 테제를 옹호하는데, 왜냐하면 주권체의 근원의 통일(인민)과 그 의지를 실행하는 기구의 분할 사이에는 어떤 모순도 없기 때문이다. 그의 견해에 따르면, 예를 들어 소련에서는 권위의 **토대**(사회)와 그것이 행사되는 **수단**(제도적 의미에서의 국가)이 혼동되고 있다. 그러나 이제 사회적 토대가 혁명 이후의 사회에서 변화되어야 함은 논의의 여지가 없으며, 권력행사의 수단도 변화되어야 한다. 즉 법이 순수하게 부르조아적인 현상이 아니라 동일한 "사회적 존재"인 부르조아지와 프롤레타리아트 모두에게 적용될 수 있고 또 적용되어야만 하는 기술적 규범들의 복합체라면, 중립적이고 순수하게 기술적인 수단으로서 법적 규범의 존속과 역시 중립적이고 순수하게 기술적으로 구성된 제도적 (국가적) 수단의 존속 사이에는 유사성을 설정할 수 있다고 보비오는 믿는다.

권력의 **토대**에 관하여 델라 볼페는, 만약 토대가 변화한다면 그 행사의 수단도 변화해야 한다고 주장한다. 보비오는 "인민주권"이라는 개념 자체가 이미 부르조아적 원칙이라는 주장에서 출발하여 이미 부르조아 사회에 존재하는 원칙과 그에 상응하는 자유민주주의적 수단 사이

이오』(Mondoperaio)에 기고한 글 등을 통해 다음과 같은 명제를 제기했다: ① 지금까지의 맑스주의는 근본적인 민주주의 이론을 결여하고 있다. ② 의회주의의 제도적 성과는 권력의 통제를 위한 순수하게 기술적이고 계급중립적인 기제로서 사회주의 체제에서도 유용한 것으로 남아야 한다.

공산당의 민주주의 이해를 둘러싸고 델라 볼페에 의해 시작된 토론이 부활하게 된 정치적 배경은 이탈리아공산당이 다소간 다원주의적 관점으로 변화한다는 입장을 명백히할 것인가 아니면 —— 부정적인 경우 —— "개선된" 민주주의라는 상을 거부할 것인가라는 문제에 관해 특히 사회주의적 측면으로부터 강요된 시도를 모색하려는 것이다. 이에 대해서는 편서 『맑스주의와 국가』(Il Marxismo e lo Stato), 1976을 참조.

의 원칙적 연속성을 주장하는데, 이에 대해 델라 볼페는 "민주주의" 개념이 명백하지 않다는 사실을 환기시킨다. 따라서 인민주권의 개념은 예컨대 통치자와 피통치자 사이의 오직 하나의 계약만을 인지한 로크에게서가 아니라 루소에게서 찾을 수 있다는 것이며, 보비오 또한 "자유주의적" 민주주의에 대해 언급하면서 이것을 함축적으로 암시하고 있다. 또 주권과 통치 간의 차이도 루소에게서만 나타났다.

사회주의 국가의 권력과 주권의 토대에 관한 한, 그것은 —— 보비오가 가정하듯이 —— 국가로부터 분리된 시민사회에 있는 것이 아니라 "노동인구의 중 유기적 프롤레타리아트 대중"에게 있다.

"국가"(Staat) 개념은 보비오가 사용한 바와 같이 국민(Nation)이 시민사회로 된 경우나 정치권력이 사적 소유로부터 분리된 경우에 성립한다. 권력분립에 기초한 근대 대의제 국가는 경제적 인간(homo oeconomicus. 부르조아지)과 정치적 인간(homo politicus. 시민)의 분리에 기초한 것이다. 따라서 국가는 —— 초기 맑스가 지적한 바와 같이 —— 시민사회의 국가에의 참여가 두 영역의 실제적 분리의 표현인 대리인들에 대해 실행되는 하나의 추상에 불과하다.

정치적 대의기관은 맑스의 『프랑스 내전』이나 레닌의 『국가와 혁명』이 주장하는 바처럼 사회주의 국가에서도 존속하지만, 노동분업적 정치체제의 필수불가결한 요소인 의회주의는 변경된다. 이미 켈젠(Kelsen)이 소비에트 민주주의에 대한 연구에서 밝힌 것처럼, 권력분립 원칙의 지양은 절대 그 폐지나 축소가 아니라 예상하지 못했던 의회주의의 이상비대로 귀결된다. 하나의 의회가 아니라 상호 우위에 놓인 수많은 의회들이 노동자집회의 기능을 떠맡는데, 그것들은 입법뿐만 아니라 행정도 담당하게 된다.

루소로부터 유래된 직접적, 반(反)대의제적 민주주의 원칙은 인민주권이 대의될 수 없다는 것과, 따라서 의원(Abgeordnete)이 아닌 대의원

(Delegierte) 이나 위원 (Kommissare) 만이 선출될 수 있다는 것에 근거한다. 그러나 델라 볼페의 질문처럼, 이 모든 것들이 과연 부르조아 계급의 자유를 위한 이론과 실천으로서의 자유주의, 즉 사회주의에서 칸트와 로크의 전통이 완전히 극복되었음을 의미하는가?

맑스가 『고타강령 비판』(1875) 에서 주장했듯이, 첫번째 단계에서 "부르조아적 권리"는 완전히 폐지되는 것이 아니라 이미 완수된 경제적 혁명에 대립하는 정도에서만 폐지된다.

보비오의 문제제기에 대하여 델라 볼페는 다음과 같이 긍정적으로 답변한다. 즉 기술적, 법률적 (부르조아적) 규범은 프롤레타리아 국가에서도 그 기능을 유지하지만 동시에 "개혁"된다. 왜냐하면——비록 사회주의적인 것일지라도——국가로서 존재하는 한, 즉 "통치자와 피통치자의 관계에 따라 형성된 하나의 사회형태로 존재하는 한 법치국가의 기본원칙 또는 공민인 개인에 대한 국가 강제력의 제한 원칙은 존속한다. 이것을 넘어서는 침해는 오직 인간에 대한 무수한 불공정과 고통을 대가로 할 때에만 행해질 수 있다" (Della Volpe, 1975, 75).

같은 해인 1954년, 톨리아티도 보비오가 제기한 이견에 대해 역사적 입장에서 답변했다. 그는 정치적 삶을 규정하는 자유주의적 제도형태의 성격이 역사적으로 결정되는 것이라고 지적하면서, 무엇보다도 그에 대한 경제적, 사회적 제약요소들을 강조했다. 그리고 자유주의적 요소들을 "증명"하는 데서 사회주의적 이행에 관한 예측불가능한 역사적 상황을 지적하고, 법적 보장의 문제를 구체적으로 제기했다. "'관대' (Toleranz) 의 정도가 어느 정도인가는 어떤 시기에나 발전을 규정하는 경제적, 정치적, 이데올로기적 긴장의 정도, 즉 낡은 것과 새로운 것간의 투쟁의 첨예함에 달려 있는 문제다" (Togliatti, Prestipino, 1979, 40에서 재인용).

4반세기가 지난 지금, 공산주의 이론가 프레스티피노는 이탈리아공산당의 이론지 『크리티카 맑시스타』(Critica marxista)에서 톨리아티의 글을 언급하는 가운데 당시 델라 볼페의 입장을 다음과 같이 설명한다: "우리 스스로 추상적 '방법론주의', 보편적 '상부구조' 변증법으로 기울어질 위험성[델라 볼페에 대해 행해진 비판]에도 불구하고, 당시 보비오에 대한 답변에서 델라 볼페가 제기했던 정식이 오늘날에 와서 톨리아티가 답했던 것보다 훨씬 더 만족스럽다고 말할 수밖에 없다. 델라 볼페는 '**이러한** 근본적 **자유**(개개인의 인간적 가능성)'의 발전 속에 '공산주의의 기초인 근대 민주주의가 물려받은 유산'이 존재한다고 말했다. 이런 관점에서 그는 레닌의 『국가와 혁명』을 탁월한 것으로 평가했다" (Prestipino, 1979, 40).

델라 볼페는 **사회주의적 합법성**이 사회주의에서도 유지되어야 할 자유주의적 유산이라고 보았다. 그러나 사회주의 사회에서는, 부르조아 계급사회에서 필수불가결한 것으로 보이는 이것이 모순적 요소로부터 해방될 수 있다.

"사회주의적 (소비에트적) 합법성 속에서 평등 또는 **다수의 자유** (Libertas major)의 기능 속에서의 자유의 청원뿐만 아니라 자유 또는 **소수의 자유**(Libertas minor)의 기능 속에서의 평등의 청원은 동시에 적절한 만족을 발견한다" (Della Volpe, 1975, 99. 강조는 저자).

델라 볼페는 **사회주의적 합법성**의 원칙을 "루소와 칸트로부터 연유된 역사적 종합"이라고 표현한다. 물론 루소의 주권적 "보편의지"는 더이상 국가적이고 모든 인민을 포괄하는 계급화해적 부르조아 주권으로 환원되지 않으며, 오히려 노동자계급의 프롤레타리아 인민주권 내에서 실현된다.

루소에게로 돌아가자는 이러한 원칙은 결코 부르조아 법질서의 시민적 자유를 수용할 수 없으며, (예컨대 인신보호령 등과 같이) 주민대중의 **사회적** 자유와 조화하는 한에서 그러한 자유와 조화를 이룬다.

한편으로는 직접민주주의를, 다른 한편으로는 국가(사회주의 국가에 대해서도)에 대한 근본적 인간권리의 보장이라는, 루소와 칸트에게 현존하지만 부르조아 사회에서는 결코 구현될 수 없는 접근법은, 델라 볼페에게는 현실적 문제에 대한 해결책을 제공해주므로 논리적, 역사적 기초로 나타난다.

이러한 맥락에서 프레이저는 소수의 자유가 불평등의 유지를 가능케 하는 계급특수적 자유로 제한될 수 있는 동시에, 이 보편적이고 형식적인 자유가 사회주의적 민주주의 하에서 강화되고 보장될 수 있다는 점을 강조한다(Fraser, 1977, 173). 그는 다음과 같이 서술했다: "소수의 자유가 부르조아적 권리를 보호하고 현실화 보편화시키는 것인가, 아니면 사회주의와 자유주의적 법치국가가 고유한 의미에서 상호 배제적인 관계에 있는 것인가? 사회주의와 자유주의가 상호 배제한다고 해도, 사회주의가 민주주의를 배제할 수는 없다. 또 자유주의가 민주주의를 배제할 수는 있어도, 민주주의가 자유주의를 배제할 수는 없다. 따라서 델라 볼페에게는, 민주주의가 자유주의와 민주주의를 동시에 유지하면서 초월하는 '종합'으로서의 사회주의에 비해 이차적이고 독립적인 용어인가, 아니면 단선적 발전선상에서 민주주의가 자유주의의 진보적인 측면을 실현하고 계급 이후 민주주의를 향한 이행의 수단을 준비하는 것인가라는 문제가 남아 있다"(ibid., 174).

델라 볼페가 단호하게 거부한 삼원적 변증법은 이러한 문제를 쉽게 해결할 수도 있었다. 델라 볼페는 사회주의에서 국가에 대한 개인의 권리보장이라는 법치국가의 자유주의 사상을 어떻게 유지할 수 있는가라는 문제를 해명하는 어려운 일보다는, 자신의 이원론적, 단선적 변증법을 주장하는 데 주력했다. 그럼에도 불구하고 그는 부르조아 국가의 자유주의적 측면이 역사적으로 형성된 계기일 수 있으며, 그것이 루소적 민주주의 개념의 역사적으로 아직 해소되지 않은 계기와 연결된 것임을 증명하려고 시도했다. 이러한 노력에 비해 그 성과가 적다는 것은 분명하다. 요컨대 델라 볼페는 사회주의를 자유주의와 민주주의의 종합으로서 "제3의 용어" (dritte Terminus) 라고 본다. 이에 대한 프레이저의 반론은 매우 타당한 것으로 보인다 : "그러나 사회주의적 합법성과 사회주의적 민주주의의 결합을 지나치게 쉽게 조화로운 '종합'으로 가정한다는 점에 대해 반론을 제기할 수 있다. 이것은 전통적 변증법에 대해서는 지나치게 커다란 양보인 것이다" (Fraser, 1979, 175).

델라 볼페는 자신의 루소 해석의 기본사상을 (물론 루소로의 회귀가 그를 자유주의적 이론가로 규정한다는 의미는 아니며, 실제 역사에서 해소되지 않은 부르조아의 평등에 대한 약속이 갖는 역사적으로 진보적인 기능을 현재의 시점에서 반성한다는 의미에서) 현재의 인식을 위한 지렛대로서 (논리적으로 역사적 기초를 확보한다는 측면에서) 이후 다시금 파악하고 이를 명확히 했다. 이미 1962년에 그는 『변증법에 대하여』라는 논문에서, 비평가인 루포리니와 다른 맑스주의 철학자들의 비판에 대한 답변으로 다음과 같이 서술하고 있다 : 서구의 고도로 발전된 자본주의 국가의 문제, 특히 민주주의와 사회주의의 관계 문제는 —— 비록 레닌 사상의 역사적 가치는 인정하지만 —— 더이상 레닌의 "프롤레타리아 독재"에 의해서는 해결되지 않는다. "**민주주의는 초기에 프롤레타리아 독재를 실행함으로써 부르조아 사회의 영역을 넘어서는 것이 아니라**, 노동에 대한 권리기준이 —— 구조개혁을 통해 —— 소유에 대한 권리기준에 역동적으로 대립되고 인간 개인의 창조적 가치라는 원칙이 일반화되는 사회가 실현될 때 역사적으로 한 계급의 특권, 즉 가진자의 가치와 권리로 환원되는 부르조아 사회 자체가 정말로 근거해온 제도적 부르조아 영역의 역사적으로 좁은 한계를 넘어선다" (Della Volpe, 1972/73, Bd. VI, 278. 강조는 원저자). 그가 생각하는 사회적 후기부르조아 민주주의 (democrazia sociale postborghese) 는 전통적이고 부르조아적이며 순수한 정치적 민주주의와도, 생산수단의 사회화에 기초한 "사회주의적 합법성"을 주장하는 사회주의적 민주주의로와도 거리가 먼 것이다. 그러나 이것은 차별화되지 않은 보편적 평등으로서 공산주의 사회에서 실현될 개인의 가치에 기초한 보편성이라는 평등의 원칙을 위해 투쟁하므로 사회주의적 민주주의의 "유효성"을 지닌다.

1967년 발표된 후기 저작인 논문집 『현대의 이데올로기』(Ideologia contemporanea)에서, 델라 볼페는 다시 한번 후기부르조아 사회의 개념을 "현재의 행동을 위한 가설"로서 제시하고 있다. 현실의 체제와 부르조아 생산토대에 대한 다소의 강제적 변화가 전제되는 미래의 사회주의 사회 사이에는 "**후기부르조아 민주주의**로 정의될 수 있는 확실한 **역사적** 폭이 있다. 이러한 민주주의 내에서는——루소의 평등 심급으로 회귀하는 관점에서 보면——프롤레타리아트가 단독으로 내지 가능한 경우 노동자 계급의 통일당과 함께 부르조아지의 승리로 내려진 거대한 깃발, 즉 **사회를 통해 개인의 가능성을 충분히 발전시킬 권리**의 깃발을 지향하는 상황에 처한다"(Della Volpe, 1972/73, Bd. VI, 377f. 강조는 저자). 델라 볼페는 이처럼 충분히 정의된 이론적 실천적 과정 속에서 "헤게모니"에 대한 그람시의 기준이 기능적으로 접합될 가능성을 발견한다(ibid., 279).

한편 그는 제1조에서 **권리로서의 노동**의 원칙을 명문화한 이탈리아 헌법에 기초하여 반(反)자본주의적 구조개혁의 가능성을 설정하는 데서 톨리아티와 명백하게 대비된다. 델라 볼페는 후기부르조아의 반독점 민주주의의 전망에 대해, 요구와 현실 간의 내재적 모순의 첨예화를 통해 부르조아 민주주의의 **영역 내에서** 가능한 것이라고 본다. 역사적으로 사용된 (즉 현실화된) 자유민주주의의 심급(칸트, 콘스탄트 등)은 루소가 제시한 평등 심급이 아직 해결되지 않았다는 것을 상기시킴으로써 계급특수적 제한성을 폭로한다는 점에서 중요하다.

개인의 사회주의적 발전의 가능성으로서 **노동**에 대해 보장된 권리 및 사회주의적 경쟁의 기초인 동시에 차별화되지 않은 평등의 기초로서의 **공로**(Verdienst)에 대한 인식은 델라 볼페 정치이론의 핵심적 구성요소다. "**공로**와 **노동**은…… 상호불가분한 **가치론적 이항**(二項)이며, 이 명칭 속에서 혁명적 프롤레타리아트는 인간의 해방자, 즉 모든 개별 인간(Menschen) 또는 **인간으로서의** 개인(menschliche Person) 일반이 갖는 개인적 공로의 옹호자가 된다"(Della Volpe, 1975, 100. 강조는 저자).

이러한 이론은 더 많은 민주주의의 획득을 위한 구조개혁과 반파시스트 투쟁 —— 즉 사회주의를 위한 투쟁 —— 에 대한 톨리아티의 전략과 매우 밀접한 관계에 있다. 국가부르조아적 자유는 반독점 구조개혁을 위한 의회주의적 투쟁 속에서 평등에 대한 요구가 계속적으로 만족됨으로써 보강된다. 델라 볼페는 이것을 "역동적 사회민주주의"(socialdemocrazia dinamica) (sic!) (Della Volpe, 1972/73, Bd. VI, 378)의 "새로운 생산적 점진주의(Gradualismus)"라고 파악한다(Della Volpe, 1975, 81). 이것은 "유럽의 대규모 대중정당의 투쟁 속에서 **사회주의로의 민족적 길**을 열기 위해 필수불가결한 것이며, 여기서는 특히 부르조아 의회의 새로운 기능의 실현 등을 위한 보조수단으로 자리매김된다"(Della Volpe, 1975, 81. 강조는 저자).

그런데 델라 볼페의 비판자들은 맑스주의적 역사주의자들과 델라 볼페주의자들간의 논쟁 뒤에 곧바로 양자간의 공통성을 강조하기 시작했으며, 나아가 델라 볼페의 "보수적 역사주의"에 대해 언급하면서 "우리의 역사주의 전통 속에서 개념적 영역에 대해" 유일하게 "정식화"를 이룩한 것이라고 평가했다(예컨대 de Castris, in : Prestipino, 1979, 22). 프레이저 역시 델라 볼페가 스스로 인정했던 것보다 더 역사주의에 근접했다고 결론지었다(Fraser, 1979, 103).

그리고 실제로 "민주주의와 사회주의의 관계에 대한 이러한 문제제기는 '사회주의로의 이탈리아적 길'이라는 정치전략의 보편적 원칙과 일치한다(델라 볼페는 여러 차례에 걸쳐 자신의 정치적 명제와 이 노선 간에 접합점이 있음을 강조한 바 있다). 프롤레타리아트는 점차로 민주주의와 자유의 형태를 실현해야 한다는 역사적 과제 —— 부르조아지는 실현할 수 없었고 또 지금도 실현할 수 없는 —— 를 지니고 있다(민주주의 구현과·사회주의 혁명의 연속성). 이러한 정치적 전망은 델라 볼페의 또다른 제안인 '도덕적 갈릴레이주의'로서의 맑스주의와 일치하는 것이다" (Alcaro, 1977, 46).

이러한 근본적인 일치에 비교해볼 때, 델라 볼페의 성과와 당의 자기이해 사이의 불일치는 오히려 부차적인 것으로 보인다. 특히 아리스토텔레스, 갈릴레이, 흄에서 맑스 그리고 —— 프레이저가 약간 빈정거리는 투로 언급하기는 하지만 완전히 무시하지는 않는 —— 듀이, 포퍼 등(Fraser, 1977, 163)에 이르는, 그가 강조한 역사적 계보는 브루노, 비코, 스피노자 등 전통적 노선에 기초한 방향에 비해 그러하다고 할 수 있다.

5. 비판자의 눈으로 본 델라 볼페의 국가론 모델의 한계

델라 볼페는 자신의 정치이론을 "결정적 추상"이라는 자신의 철학적 원리의 예증으로서 이해했다. 그러므로 쥬세페 바카가 델라 볼페의 정치적 핵심테제에 대한 당내 비판을 그의 철학적 입장에 대한 비판과 유사하게 전개한 것은 일관된 행동이라고 할 수 있다.

"역사유물론에 대한 자신의 해석에서 계급투쟁의 관점을 학문의 관점으로 대체하고 말았던 것과 꼭 마찬가지로, 델라 볼페는 여기에서 계급투쟁을 정치 내지 법(즉 법률적 형태들 및 사법제도)의 관점으로 대체하고 있다"(Vacca, 1970b, 144).

그런데 계급투쟁이 정치적, 법률적 관점에 종속된다면, 그것은 불가피하게 역사유물론의 이론적 영역의 전위를 의미하게 된다.

바카의 주된 반론은 델라 볼페가 법의 지평을 떠나지 못한다는 점에 있다. 델라 볼페의 정치이론은, 그가 민주주의에 대한 자연권적 이해 속에서 단지 하나의 실체(Hypostase)만을 본다는 점, 즉 모델의 논리적 실천적으로 변호론적인 결함만을 드러낸 다음, 그것을 선험적으로 획득된 것이 아니라는 의미에서 과학적으로 올바른 다른 어떤 것으로 대체하려고 한다는 점 때문에 장애물에 부딪히고 있다. 그에 대해 바카는 맑스가 예컨대 『유태인 문제』에서 정치적 해방에 대한 비판을 행하면서 변호론적이며, "새로운 특권"에 근거하는, "기원 및 가치 자체로서의 개인"이라는 이론적 구조를 고발하는 데 결코 머무르지 않고, 곧바로 "국가의 사멸" 따라서 또한 자율적 영역으로서의 정치의 사멸을 목표로 삼는다는 점을 지적한다. 목표는 정치적 소외의 폐지다. 합리적이고 합의에 따른, 그러나 여전히 법률적이며, 그러한 한에서 추상적인, 사회적 과정의 규제가 목표인 것이 아니라, **생산자들의 자기조절**, 사회영역 안으로의 국가적 영역의 해소가 목표인 것이다.

> 맑스에게서 민주주의의 문제설정은 정치적 해방에 대한 비판으로부터 나온다. 그러한 문제설정은 사회적 생산물 **분배**의 합리적(및 법률적) 규제만을 고찰하는 것이 아니라 **부르조아적 분배**, **부르조아적 생산**의 물질적 토대를 문제삼는다. (ibid., 146, 강조는 저자)

맑스는 청년 시절의 비판 속에서 자연권적 선험주의뿐만 아니라 그것을 넘어서서 자본주의적 생산양식에 특유한, 경제와 정치의 분리를 비판하고 있다. 델라 볼페 역시 이러한 비판을 제출하는데, 그에 따르면 부르조아적인 것과 시민적인 것으로 분리되어 있는 근대의 대의제 국가는 경제와 정치의 분리의 표현이며, 이러한 분리는 직접민주주의 속에서 극복되어야 한다는 것이다. 그럼에도 불구하고 바카의 비판이 순전한 오해인 것은 아니라고 할 때, 그의 비판의 보다 깊은 핵심은 다음과 같은 점에 있다. 즉 델라 볼페가 상부구조의 상대적 자율성을, 따라서 또한 사회주의 사회에서의 국가의 존속을 강조하는 반면, 바카는 국가적 영역의 **직접적**, 무매개적 해체를 전망한다. 다시 말해서 바카는 델라 볼페의 문제설정이 우선적으로 이미 사회주의적이지만, 아직 공산주의적이지는 않은 사회를 중심으로 한다는 점을 충분히 인식하지 않고 있다. 권력 장악 이후 직접적이고 즉각적인, 국가의 완전한 부정을 전면에 내세우는, 그럼으로써 무정부주의적 입장에 접근하는 바카의 개입은 그럼에도 불구하고 정확히 델라 볼페에게 고유한 접근법의 귀결이기도 하다. 델라 볼페 입장의 사회민주주의적 및 무정부주의적 계속발전, 프레스티피노, 그루피 등의 표현에 따라 다시 말하자면, 델라볼페주의의 "우익적" 및 "좌익적" 변종은 "결정적 추상"이라는 개념 속에 들어있다. 국가가 실체가 아니라, 단지 특정한 사회구성체에서 필연적으로 등장하는, 경제와 정치의 분리의 형태일 뿐이라면, 또한 역사적으로 규정되는 개념인 "국가"가 논리적, 경험적으로 오로지 부르조아적인 자본주의 사회에서만 등장할 수 있다면, 사회주의 사회에서는 국가가 존재할 수 없다는 것, 존재한다면 사회가 사회주의적이지 않다는 것이 그 논리적 결론이 될 것이다.

바카는 계속해서 다음과 같이 논의를 전개한다. 맑스가 단지 형식적이고 따라서 이데올로기적인 평등주의에서가 아니라, 무엇보다도 상품형태 속에서 근대적인(그러한 한에서 소외된) 노동의 특수한 사회학적 조건을 보았다면, 또한 정치적 비판을 정치경제학 비판으로 대체했다면, 그래서 또한 이론적으로 국가에서 시민사회로, 법률적 관계에서 사회적 생산관계로의 중점 이동이 일어났다면, 바카에 따르면, 형이상학적-자연권적 평등주의를 단지 다른, 이번에는 학문적인 평등주의로 대체하고자 하는 것은 오류다(ibid., 156).

구체적인 자본주의적 총체성의 사회학적-설명적 범주로서의 상품형태는 이데올로기적 형태로서의 모든 평등주의가 어떤 종류의 것이나 마찬가지로 상품교환에 근거하는 상품생산 속에서 자신에 특유한 사회학적 전제들을 고발하게 된다는 사실을 조건짓고 있다.

그러나 평등주의와 상품생산의 이러한 결합은 델라 볼페처럼 평등이라는 범주의 "세속화"를 추진함으로써 극복될 수 있는 것은 아니다. 왜냐하면 그렇게 함으로써 델라 볼페가 자신이 비판한 사회민주주의 이론가와 유사하게 사회생산물 분배의 영역, 유통과 교환의 영역에 머물게 되며, 더이상 사회주의의 전망을 자본주의적 생산양식의 극복으로서 보지 못하게 되기 때문이다. 그 정치적 귀결은 이미 사회주의에 대해 견지되는 것으로서 "이행기 사회"라는 역사적으로 유명한 모델 속에 실현되었던 것이다. 그러나 "동등한" 규범이 유지된다면, 또한 그것에 근거하는 상품교환도 암묵적으로 보존될 것이다. 따라서 자율적 이데올로기 형태로서 법과 정치도 유지되지 않을 수 없는 것이다.

하지만 바카가 강조하는 것처럼 정치적 문제의 이론적 특성을 부인하거나 정치 비판을 단지 경제 비판으로만 전위시키는 것이 문제는 아니다. 바카에 따르면, 오히려 법의 관점, 제도적 의미에서의 정치의 관점에 대해 계급투쟁의 관점을 앞세우는 것이 중요하다. 맑스주의의 지반은 법이라는 지반이 아니라 혁명이라는 지반이기 때문이다. 이러한 측면에 비추어 민주주의와 사회주의의 관계에 대한 질문을 새롭게 제기해야 한다는 것이다.

그리고 나서 바카는 맑스 혁명이론의 발전을 추적한다. 1848년의 글들에서는 부르조아 혁명의 프롤레타리아 혁명으로의 급속하고도 중단없는 이행과정으로서의 "영속혁명"이라는 이론이 지배적이지만, 맑스는 1848년을 경과하면서 이러한 구상을 수정한다. 즉 국제적 측면을 추가하고, 부르조아 공화국이 지속될 가능성을 점점 더 비중있게 고려한다. 계급적대는 (프롤레타리아트에게 이익이 되게 하기 위해) 우선 부르조아 민주주의를 경과하여야 하는데, 그것은 부르조아 민주주의가 계급투쟁의 발전을 위해 더 좋은 정치적 투쟁의 장을 제공하기 때문이다.

당시의 텍스트들, 예컨대 『프랑스에서의 계급투쟁』과 『루이 보나파르트의 브뤼메르 18일』에서 맑스는 부르조아 공화국이 프롤레타리아트에게는 특유한 이중구조로서 나타남을 지적하고 있다. 한편으로 프롤레타리아트는 그것에서 자신들의 해방이 오로지 부르조아 국가의 타도와 프롤레타리아 독재의 수립 및 자본주의 생산양식의 폐절을 통해서만 가능하다는 것을 배운다. 다른 한편으로는 계급투쟁이 부르조아지를 위협하게 되면 곧바로 부르조아지는 자신들이 이루어낸 민주주의를 폐지하는 쪽으로 경도하게 된다는 점을 잊어서는 안된다. 그로부터 민주주의의 보존과——역사적으로 보자면——보통선거권의 획득이 노동자계급의 이익이 된다는 결론이 나온다. "그러므로 한편으로 부르조아 공화국은 국가의 지도 아래에서 지배계급의 서로 다른 분파들의 단결을 가능케 하고, 그들의 대립하는 이해관계를 맞추는 데 필요한 공간을 제공해준다. 다른 한편으로 그것은 피지배계급들에 맞서 지배계급을 단결시킨다" (ibid., 172). 그리고 또 그것이 지배계급을 위해 단결의 가능성을 제공한다는 점을 덧붙여야 한다.

바카는 여기서 앞에서 말한, 프롤레타리아트와 민주주의의 관계를 정의하는 데 필요한 또하나의 요소를 발견한다. 왜냐하면 민주주의 속에서만 프롤레타리아트는 자신의 분절화(dislokation)로부터 탈출할 수 있으며, 자기의 동맹자들이 자기를 중심으로 집결하도록 할 수 있다. 또한 바카는 모든 반자본주의 세력들의, 노동자계급의 잠재적 동맹자로서의 이러한 단결 과정에서 맑스적인 "영속혁명"(Revolution in Permanenz)이라는 이론의 새로운 정의를 발견하고 있다(ibid., 1974).

> 그러므로 사회주의는 자본주의 사회의 붕괴와 프롤레타리아트에 의한 권력장악에서 멈출 수 없다. 그것은 모든 부르조아적 관계들이 폐지될 때까지 사회가 보다 철저히 변화되는 과정이다. (ibid., 174)

사회주의가 모든 피착취계층들의 위치가 변경되어 노동자계급의 위치로 옮겨가는 과정으로서 정의된다면, 프롤레타리아 독재는 이러한 과정이 계급들의 폐지로까지 완성되도록 할 수 있는, 정치적-국가적 권력 장악의 형태로서 새롭게 정의될 것이다. (ibid., 175, 강조는 저자)

그러나 바카에게서 민주주의-사회주의의 관계가 단지 계급투쟁의 관점에서만 고찰될 뿐, 델라 볼페에게서처럼 **대안적인** 이론적, 제도적 모델의 관점에서 고찰될 수 없다면, 프롤레타리아트에게 민주주의와 사회주의의 올바른 결합은 프롤레타리아트가 민주적 제도들에 의해 만들 수 있는 **관습**을 올바로 분석하는 데서만 주어질 수 있을 뿐이다(ibid., 177). 바카에게 민주주의는 순전히 기능적 가치를 가질 뿐이며, 마찬가지로 또한 학문은 계급투쟁에서의 그 활용가능성이라는 측면 아래에서만, 즉 이데올로기 비판으로서만 의미를 가질 수 있다(ibid., 180f. 참조). 하지만 바카는 이러한 생각에 "도구적인 것" 또는 조잡한 실용적인 것은 전혀 없다는 점을 강조한다. 그러나 바카가 두 가지 "경제주의적" 오해에 굴복하고 있기 때문에 그것은 실제로 그러한 것으로 귀착되고 만다. 한편으로 그는 자본주의 사회의 상품생산 및 상품교환의 성격을 고발하지만, **이러한** 상품생산 사회의 **종별적** 성격을 보지 못하고, 그것이 다른 상품생산 사회에 대해 갖는 차이점을 파악하지 못한다. 그리하여 그는 이러한 사회의 비변증법적인 총체적 부정으로 경도하는 경향이 있다. 그것이 델라 볼페의 국가이론에 대한 그의 비판에서 어떻게 표현되든 말이다. 나는 델라 볼페가 그의 기초 이론에서 논리적이고 역사적인 요소들을 드러내려고 시도할 때, 그의 반헤겔적 선입견에도 불구하고, 그가 훨씬 더 변증법적이라고 생각한다. 나아가서 이러한 비판과 밀접하게 관련되는 것은 바카가 토대와 상부구조의 (기계적 기능성뿐만 아니라) 변증법을 부정하려는 경향을 갖고 있다는 점이다. 그는 사회의 전체적 범위 안에서 그 두 가지 영역을 평준화(nivellieren)하려고 한다. 그래서 이론적 질문은 무매개적, 직접적 의미에서 실용적 차원으로 환원되어버린다. 즉 하나의 이론은 프롤레타리아트를 이롭게 하는 한에서 올바르다고 할 수 있다는 것이다. 결정적 기준으로서의 이해관계 및 유용성이 델라 볼페에게서 확립된, 이론과 실천 관계의 수준을 평균화하는 것이다. 바카는 활동적 반영 및 예견으로서의 이론과 따라서 또한 그것의 상대적 자율성이 반대로 "동일한" 것임을 고발한다.

바카에 따르면, 프롤레타리아트는 계급투쟁을 통해 **모든** 반자본주의 세력들을 하나의 "전략적 블럭"(ibid., 185)으로 결집시킴으로써 자신을 보편적 계급으로 구성하는 과정에서 비로소 자신의 역사적 이해 —— 자본주의 생산양식의 폐지와 부르조아 국가의 타도 —— 를 인식할 수 있다. 부르조아 민주주의는 이러한 통일 과정의 전개를 위해 가장 적합한 형태다. 프롤레타리아트는 민주주의의 토양 위에서만 이 새로운 블럭을 "강제"와 "동의"로서 수립할 수 있다.

> 즉 자본은 **경제**일 뿐만 아니라 사회구성체 전체의 **조직**이기도 하다. 계급분할, 노동의 사회적 분업, 지식노동과 비지식노동 사이의 분열, 도시/농촌 관계의 차별화, 지대, 이윤, 이자 사이의 착종, 과학 및 이데올로기 제도(Einrichtung)의 적응, 그것들의 전파와 발전을 위한 장치. 즉 프롤레타리아트는 자본주의 생산양식의 이런 저런 제도들의 조직 전체를, 따라서 또한 사회의 자본주의적, 계급적 편제를 물려받게 된다. (ibid., 186)

그러나 경제적 관계만이 아니라 이 모든 것이 마찬가지로 새롭게 형성되어야 하는 것이다.

이러한 과정의 주역으로서 프롤레타리아트는 경제적 및 정치적 의미에서의 "계급"일 뿐 아니라 "사회적 총체성"이기도 하다. 바카는 계급투쟁 내에서의, 계급투쟁을 통한, 그리고 정치와 경제의 분리의 극복을 통한, "대중의 자기조절"의 중단없는 발전 속에서 민주주의와 사회주의의 본래적 연속성을 발견한다. 그러므로 이행기 사회에서 민주주의의 문제설정은 "사회주의적 합법성"만으로 한정될 수 없다(이것에 관해서는 바카가 최근 『맑스주의와 국가』〔Il Marxismo e lo Stato〕, 1976에 기고한 글을 참조하라).

맑스가 『고타강령 비판』에서 공산주의 사회를, 그 첫째 국면에서는 능력에 따라 일하고 일한 만큼 받는다는 원칙이, 그 둘째 국면에서는 필요에 따라 받는다는 원칙이 지배하는 평등한 사회로 묘사할 때, 이것은 이미 사회적 관계들의 구조적 변화를 전제한다. 그러나 이것은 바카에게는 생산수단에 대한 사적 점유의 폐지만이 아니라 **가치형태**의 극복, **상품교환**에 기초하는 생산의 극복을 의미한다. 맑스의 설명을 이러한 배경과 함께 읽어야만 공산주의적 평등주의의 정확한 의미를 인식할 수 있다는 것이다. 그것은 고타강령 속에서 열거된 기준에 따르는 사회생산물 **분배**에만 관련되는 것이 아니라, **추상적 노동**, 정신노동과 육체노동 사이의 대립, 그리고 그와 함께 임금노동의 **강제적 성격**의 전진적 폐지와도 관련된다.

사회주의 사회에서도 여전히 상품교환이 존재하고 상품으로서의 노동이 존재하는 한, "동등한 권리"란 부르조아적 권리다. 그러나 그것은 이러한 부르조아적 권리형태의 잔존이 단지 분배의 영역에 한정되어 있는 평등주의의 표현이라는 것을 의미한다. 바카에 따르면 "사회주의적 합법성"이라는 문제는 "이행기 사회"에서도 부르조아적 생산 및 교환형태가 잔존함을 보여주는 증거다(델라 볼페가 분배영역에 집중하고 있음을 비판하는 글로는 또한 Zolo, 1976, 100 참조).

바카에 따르면 "사회주의적 합법성"이라는 정식은 이행기 사회의 본래적인 경제적 및 정치적 문제들을 해결하는 데 완전히 부적절하다. 왜냐하면 이 정식은 실제로 공산주의적인 생활 및 노동형태들로의 이행의 변증법을 고려하지 않고, 오히려 법 규범들의 의미에 대한 강조를 통해 국가적-법률적 영역을 고정화하여, 단지 분배영역 내에서만 효력을 발휘하게 될 것이기 때문이다.

그러나 프롤레타리아 독재는 피착취계급들의 동맹이 노동자계급의 지도 아래에서 전체 인민의 혁명의 기초로서 견고하게 되고, 생산관계 자체의 변화에 착수할 수 있게 될 만큼 민주주의가 단단한 기초 위에 서게 된다는 것을 의미한다(Vacca, 1970b, 202f).

생산자들의 자치에까지 이르는 생산력의 해방은 순수하게 정치적인 과정일 수도, 순수하게 경제적인(생산력주의적인) 과정일 수도 없으며, 바로 이 두 영역의 전통적인 부르조아적 분리의 극복에 기초해야 한다.

이것은 전체 노동자의 기술적 및 정치적 능력의 형성과 배양에 착수할 것을 전제한다. "전체 생산기구가 이제 엄밀한 의미에서의 정치적 업무와는 다른 방식으로 사회적으로 규제되고 관리될 수 있을……" (ibid., 207) 정도로 일반적 문화가 고양되어야 한다. 최대한의 동의와 순수하게 사회적인 통제는 고도한 수준의 노동력을 전제한다.

> 사회적 통합과 자치에 대해 그러한 형태를 획득하기 위해 필수불가결한, 공산주의적 전체 노동자의 문화의 본질적 구성부분은 무엇보다도 자본주의로부터 물려받은 사회구성체의 경제적 및 정치적 운동법칙과 그것의 근본적인 사회적 변혁을 추진할 때 거쳐갈 수밖에 없는 이행기 사회의 운동법칙이다. (ibid., 208)

하지만 이 모든 것은 이행기 사회에서의 사회적 변증법과 계급투쟁의 거대한 성장을 요구한다. 따라서 이 과정은 "정치의 유례없는 강화"

(ibid., 210)를 전제하는데, 그것은 정치의 지반 위에서만 이러한 투쟁이 제기되고 추진될 수 있기 때문이다.

이러한 설명만으로도 바카가 델라 볼페가 제기한 민주주의의 이론적 문제 —— 델라 볼페는 이 문제의 해결을 "사회주의적" 합법성 개념 아래에서 찾는다 —— 가 완전히 부적절한 것이라고 생각한다는 것을 충분히 알 수 있다. 델라 볼페가 법 앞에서의 형식적 평등을 정치적 **자유**를 규정하는 데 충분한 것, 또한 사회주의 사회에서도 계속 추진되어야 할 "사회적 평등"의 과정을 위해 충분한 것으로 간주할 때, 원칙적으로 법치국가의 지반을 결코 떠나지 않는 그의 **형식주의**가 분명히 드러난다. 그 결과는 불가피하게 "신보장주의"(Neogarantismo), 즉 시민에게 외적인 권력으로서 나타나는 국가에 대한 시민의 자유의 보증이 된다. 다시 말해서 바카는 델라 볼페가 자유주의의 새로운 형태로 조악하게 은폐된 회귀를 하고 있다고 비난하는 것이다. 이 점에서 이탈리아 공산당 내부에서 표명된 바카의 비판은 델라 볼페에 대한 비판을 통해 이탈리아 공산당 전체를 겨냥하고자 하는 구아스티니(Guastini), 레브레로 등의 비판과 합류하게 된다.

이행기 사회의 정치적 문제를 포괄적으로 파악한다는 "사회주의적 합법성"의 이론적 모델은 이러한 사회의 종별적 모순에 대한 유물론적 설명을 제시한다는 과제를 더이상 수행할 수 없다. 관료제와 관료엘리트라는 현상 —— 체로니는 그것을 후기자본주의 및 "국가자본주의"에서의 대의제 국가의 퇴행과 관련짓고 있으며, 바카는 오늘날의 이행기 사회들의 구체적인 사회적 모순을 여기에서 발견하고 있다 —— 은 델라 볼페에게서 설명되지 않은 채로 남아 있다. 그 때문에 그는 이제 또한 "통치자와 피통치자 사이의 불평등의 권위적 영속화"(ibid., 213)를 유물론적으로 설명할 수 없다는 것이다.

무엇보다도 이러한 문제 차원에서 델라 볼페의 한계가 가장 분명히 나타난다고 바카는 주장한다. 우선 이행기 사회에서 민주주의의 문제를 "사회주의적 합법성"의 적용 및 실행으로 환원한 것은 그가 이 사회의 조건에 대한 역사적, 유물론적 분석을 수행하는 데 근본적으로 무능력하다는 것을 보여주는 것이다. 마찬가지로 그것은 이행에 종별적인 사회적 모순의 연구를 진행시키는 데 무능함이 판명된다. 이행기 사회에 법치국가의 원리를 다시 도입하려는 델라 볼페의 시도는 사회주의적 민주주의의 문제를 잘못 제기하는 것이다. 그것은 부르조아적 원칙으로의 부분적 복귀를 의미하며, 사회주의적 민주주의 원칙이 계속 발전하는 길을 가로막는다. 이 원칙은 국가 앞에서 법의 보장을 추진하는 것에서가 아니라 국가의 폐지를 추진하는 것에서 등장할 것이다.

델라 볼페는 사회주의 내에서 계급투쟁의 문제를 이론적, 실천적으로 배제한다. 그럼으로써 그는 이행기 사회에 잠정적으로 필요한 국가자본주의가 새로운 "계급모순들"을 낳는다는 사실을 이론적으로도 실천적으로도 파악하지 못한다. 이 계급모순들은 "한편으로는 국가자본주의에 고유한 생산력주의적 성격, 경영관료주의를 촉진하는 성격과 관련되어 있으며, 다른 한편으로는 국가자본주의가 자본주의적 시장 및 경쟁의 틀 내에서 사적 자본주의적 부문을 발전시키며, 그것을 통해 노동자들에게 종별적으로 자본주의적인 모순들을 낳는다는 사실과 관련되어 있다" (ibid., 229). 그러므로 이행기 사회에서도 파업권의 보장과 권리를 위한 투쟁 속에서의 대중들의 정치적 교육은 더욱 더 필요하게 된다. 그러한 것들은 자치 능력의 향상을 위한 전제조건이다. 이렇게 이해한다면, 이행기 사회의 정치이론에 대한 비판적 접근을 그렇게 형식주의적이고 법치국가적으로 제한할 수 있겠는가?

바카에 따르면 이런 모델의 토대는 델라 볼페가 그것을 맑스주의에 적용할 당시 즉 2차대전 직후를 지배했던 특유한 정치적 테마설정에 있다. 바카는 델라 볼페 모델의 기초를 제3인터내셔널의 특정한 발전국면에서 정식화되었던 인민전선정책 속에서 발견하고 있는 것이다.

전후 시기 델라 볼페의 중심적 테마는, 객관적으로는 프롤레타리아화하고 있으나 그럼에도 불구하고 주관적으로는 "규정하기 어려운 스토아주의로써 프롤레타리아적 신조에 저항하고 있는" (ibid., 234) 소부르조아 및 중부르조아적 요소들에게 맑스주의가 경제적 학설일 뿐만 아니라 "자유"와 인간의 존엄성을 향한 요구를 철저하게, 물론 자유주의적 의미와는 다른 의미에서, 고려하는 특유한 윤리학 또한 갖고 있다는 것을 증명해 보이는 것이었다.

델라 볼페에게 중요한 것은 동맹정책을 단기적인 전술적 관점 하에서 구상하는 것만이 아니라 모든 프롤레타리아화된, 따라서 또한 잠재적으로 반독점적이지만, 현실적으로는 반사회주의적인 소부르조아층에게 이론적으로 하나의 전망, 즉 그들이 노동자계급의 편에 설 때만, 다시 말해서 그들에게 고유한 가치를 이데올로기화하는 물질적 토대를 지양함으로써만, 이러한 가치의 실체적 수호와 내용적 충족을 기대할 수 있다는 전망을 제시하는 것이다.

바카로서는 이것은 타협적인 동맹이기 때문에 극도로 파멸적인 동맹이기도 하다. "이러한 계층과의 동맹은 한편으로는 그들의 사회적 존재를 즉각적이고 근본적으로 문제삼는 것이 아니며, 이 동맹에서는 노동자계급이 그런 계층에게 특유한 이데올로기적, 정치적 지반으로 끌려가게 된다. 이 동맹은 다른 한편으로는 델라 볼페가 전제로서의, 소련에서 역사적으로 실현된 이행기 사회를 사회주의 사회로 단순히 간주함으로써 이러한 목표를 가능한 것으로 여기게 된다" (ibid., 235).

그러나 델라 볼페는 이러한 사회를 모델로 설정하기 때문에, 이러한 사회에 대한 진정한 사회학적 분석을 단념하게 된다. 더욱이 그는 사회주의와 생산력주의를 경제적으로 동일시하고, 스타하노프주의를 엘리트 형성의 새로운 형태로서 윤리적으로 찬양하기까지 한다. 바카는 여기서 델라 볼페의 예전의 책 『공산주의적 자유』(La libert communista)에 나오는 스타하노프와 테일러에 관한 장을 지적하고 있다(Della Volpe, 1972/73, Bd. IV, 97 참조).

그러나 그는 그 자신이 비판한 오류, 즉 경험의 사변으로의 관념론적 변형을 촉진하는 오류에 빠져들고 있다. 왜냐하면 임노동자의 노동이 이제 실제 그대로의 것——종별적인 것, 이제 사적 이윤을 위한 착취형태로는 아니라 할지라도——으로서가 아니라 국가의 차원에서 설정되는 사회주의 이념의 경험적 체현물로서 나타나기 때문이다. "이행기 사회에서 소외의 특수한 형태——고전가들이 충분히 예견하고 강조한 바 있는——는 이데올로기적 제스처에 의해 감춰져 있다" (Vacca, 1970b, 236). 그러나 국가는 그 구조에 있어 관료적-억압적 기구를 보유한 채 변하지 않고 그대로 남아 있다. 바카에 따르면 국가의 강화를 통한 국가의 사멸이라는 스탈린의 국가이데올로기는 델라 볼페 정치이론의 본래적 기초이고 전제인데, 흐루시초프의 추종자인 델라 볼페가 법치국가적 요소들(사회주의적 합법성 침해의 지양)만을 풍부화하였다는 것이다.

델라 볼페에게서 이행기 사회의 문제가 계급투쟁에 대한 질문을 배제한 채 정치적-법률적 차원으로 환원되고 있다면, 그럼으로써 그는 사회주의상(像)을 역사적으로 현존하는 이행기 사회의 모델 수준으로 교조적으로 격하하고 있는 것이다.

그의 정치이론은 그리하여 제3인터내셔널의 정치적 지평선을 넘어서지 못하고, 그 실체에 있어 근본적으로 그것에 구속된 채로 남아 있다(Accarino, 1977, 59 참조).

델라 볼페가 "사회주의적 합법성"이라는 법률적 문제에 집중함으로써 포스트스탈린주의적 정통의 틀 내에 머무르게 되었으며, 스탈린주의의 기원 및 기능의 문제——톨리아티는 그의 시대에 이 문제에 대해 잡지 『누오비 아르구멘티』(Nuovi Argumenti)에서 이미 훨씬 더 세련되게 판단을 내린 바 있다——를 전혀 파악하지 못했다는 것은 매우 특징적이다. 그럼에도 불구하고 그를 전적으로 제3인터내셔널의 지평선 내부에 위치짓는 것은 일면적이다. 왜냐하면 그가 규격화된 형태의 평의회 변증법적 유물론에 직면하여 스탈린주의의 정당성 기초뿐만 아니라 "국가사멸"의 전망을 위한 역사철학적 근거까지도 포기할 때, 그의 철학적 경험주의가 불가피하게 그로 하여금 이 지평을 넘어서게 하기 때문이다.

6. 일반적 맑스주의 국가이론의 정초를 위한 움베르토 체로니의 시도

움베르토 체로니는 델라 볼페에게서 영향을 받은 이론가라고 할 수 있다. 그는 맑스주의 정치이론의 정초를 위해 가장 정력적으로 노력하였다. 델라 볼페의 적들, 특히 루포리니, 바달로니 그리고 또한 최근에는 지안난토니와 같은 저술가들이 그가 너무나 "주지주의적으로" 논리적-체계적 작업에만 몰두하고, 정치 변동의 조건들에 대한 구체적 연구는 소홀히한다 하여 그를 끊임없이 비난했다면, 그리고 그들이 그가 눈에 띄게 그람시에 대해, 또한 사회주의로의 이행국면에서 당과 당의 기능 규정에 대해 주의하지 않는다는 사실을 특히 강조했다면, 체로니에게서는 델라 볼페와 그람시를 종합하려는 시도와 같은 것——이런 정식화가 지나치게 대담한 것이 아니라면——을 확인할 수 있다.

다른 델라볼페주의자들(예컨대 콜레티) 보다 분명하게, 그리고 예컨대 원외 그룹들이 대변해왔고 대변하고 있는 것과 같은 맑스주의적 입장[1]과는 반대로, 체로니는 델라 볼페처럼 생산력과 생산관계의 변증법에 천착했다. 역사적으로 자본주의에서 점점 더 분명하게 등장하는, 생산력 전개와 그것에 대치되고 그것을 방해하는 생산관계 사이의 균열의 혁명적 극복이야말로 생산자들의 자치를 위한 전제를 창조한다. 여기서 주목을 끄는 것은 아직 소렐의 영향을 강하게 받고 있던 초기 그람시와 연결되는 용어법 —— "사회주의적 합법성"을 중심적 문제설정으로 삼았던 델라 볼페와는 반대되는 —— 이다.

다른 한편 젊은 코르쉬주의자들(예컨대 바카와 같은)과 반대로 체로니는 토대와 상부구조의 변증법에도 천착했다. 실천에 대한 관계에서 학문적, 이론적 계기의 반영 및 예견으로서의 상대적 자율성은 체로니의 학문 작업의 중심에 위치하는 국가, 법, 정치에 대한 이해에 대해 일정한 귀결을 낳게 된다.

우선 그에게 철학이란 국가, 법 등과 같은 가장 일반적인 범주들 —— 이것들은 그 일반성을 통해 비역사적이게 된다 —— 의 과학적 체계와 동의어다. 그러므로 청년 시절 맑스의 헤겔 비판은 철학이 역사 외부에 존재하는 추상화, 일반화 수단인 한, 모든 철학을 겨냥한다는 것이다. 그러나 역사성이 규제적인 과학 원리로서 고려된다면, 맑스의 접근법이 단순히 역사서술로 환원될 수는 없다는, 그에 뒤따르는 문제가 생겨난다.

역사적 자료들과 사건들의 기계적-자동적이지 않고 논리적인 체계화, 따라서 역사적 논리와 논리적 역사의 결합이 요구된다(Cerroni, 1968b 참조).

오늘날 현재의 공식화 과정, 즉 실제로 현재의 영속화, 따라서 또한 그와 관련하여 근대성과 연관되는 측면들 아래에서만 고려되는

1) 예컨대 당시 상당한 영향력을 가졌던 『콰데르니 피아센티니』(Quaderni piacentini)와 『콰데르니 로시』를 참조. 그밖에 Pozzoli(Hrsg.), 1972, Vacca, Einleitung zu Vacca(Hrsg.), 1972 및 Panzieri in ibid., 189ff.도 참조.

과거의 **종결화**(Finalisierung)가 확인될 수 있다면, 이것은 역사적 과정의 근본적으로 목적론적인 왜곡, 사회적 의식의 동어반복적인 불모화를 초래하게 될 것이다. 문제가 되어야 하는 것은 오히려 현재를 통해 과거를 설명하는 것이다.

또한 델라 볼페처럼 체로니는 맑스가 헤겔적인 테제, 안티테제, 진테제라는 삼원적 변증법을 자신의 체계 안에 단순히 통합시킨 것이 아니라 경험과학의 이중적 과정 속에서 착근되어 있으며, 가설 형성과 대상에 대한 검증을 통한 정신적 예견 과정으로서 표현되는, 새로운 이원적 변증법을 정초하였다고 주장한다.

그러므로 이탈리아에서는 맑스주의 편에 서는 사람은 예컨대 엥겔스가 그의 유명한 논문 『루드비히 포이어바흐와 독일 고전철학의 종말』에서 제안한 바와 같이 헤겔의 방법, 즉 변증법이 헤겔의 전체 체계에서 분리되어 유물론적 체계에 덮어씌워질 수 있다는 견해에 만족할 수 없다는 것이다. 왜냐하면 실제로 맑스가 헤겔적 방법을 일변시켰으며, 그럼으로써 또한 역사와 사회에 대한 모든 순수한 철학적 사변을 거부하였기 때문이라는 것이다(Cerroni, 1968a, 105f. 참조).

엥겔스와 함께 비로소 실체론적 개념("질료")이 맑스가 제안한 기능주의적 개념, "역사적으로 특정한 사회적 생산관계"를 대체하였다는 것이다. 맑스가 사변적 철학에서 사회적 생산관계의 종별적 유형 즉 가장 발전된 사회구성체로서의 자본주의 사회 —— 이로부터 덜 발전된 사회구성체가 분석적으로 해명될 수 있다고 하는데 —— 에 대한 설명적 분석으로 가는 길을 개척했다면, 그의 많은 추종자들 가운데서는 과학적으로 정초된 사회학으로부터의 이반과 역사철학 및 역사발전의 논리학으로의 회귀가 나타났다.

근대 사회에 대한 **현실적** 인식의 그림자 없이도 헤겔류의 역사철학에 따라 원시로부터 오늘날에 이르는 '보편사'를 추구하는 것은 가능했다. 그런데 이 '보편사'는 새로운 '원칙'과 새로운 '역사법칙' 즉 계급투쟁의 법칙의 단편적 증거를 모으는 것을 목표로 할 뿐이었다. (Cerroni, 1968a, 109)

하지만 그런 종류의, 역사의 계급투쟁사로서의 구조적 평준화에서는 결국 단지 빈자와 부자 사이의 영원한 투쟁만이 발견될 뿐이다.

체로니는 그의 최근 저서에서 헤겔-맑스의 관계를, 국가와 시민사회의 관계를 배경으로 살피고 있다.

헤겔이 행한 정신 영역으로의 객관성의 통합은 그의 이념적 실체 속에서 추상-구체-추상(내지 주체-객체-주체)이라는 삼원적 구조로서 특징지어질 수 있다. 이성 및 철학의 종합화, 즉 일반화 활동에 대한 오성 및 과학의 분석적 활동의 평가절하가 그것에 대응한다. 객관성은 언제나 그 자신을 외화하고, 또 그 자신으로 복귀하는 주관성, 절대정신의 자기의식의 내적 계기일 뿐이다.

유물론자인 맑스에게서는 그 반대로 객체를 이론적으로 파악하는 정신적 활동 속에 놓여 있는 주체 자체가 정신적 활동을 수행할 능력을 가진 자연주의적 객체일 뿐이다. 왜냐하면 정신사는 그 자체로 자연사의 일부이기 때문이다(Cerroni, 1974, 69).

인간의 자연성과 자연을 인간화하고 역사화하는 인간의 능력은 이미 맑스의 1844년 『수고』의 테마다. 그러나 주체-객체 관계의 객관적 성격을 전제하는 시각에서 보면 이제 또다른 철학의 대안은 존재할 수 없으며, 주체에 대한 객관적 인식의 가능성 따라서 또한 정신사에 대한 과학적 인식 가능성이 열린다.

맑스에게서 등장하는 객체-주체-객체(구체-추상-구체)의 접근법은 자연 및 사회과학들에서 그것과 동질적인 지적 접근법을 요청한다. 물론 그러한 동질성은 실증주의적 해석가들이 상정하는 바와 같은 것에 굴복하지 않는다. 왜냐하면 인간이 자연주의적 측면들 아래에서 고찰되는 것이 아니라 인간 종족의 조직으로서의 역사가 하나의 근본적 측면, 즉 자연적이고 또한 역사적으로 생산된 욕구의 충족을 목적으로 하는, 자연에 대한 인간의 관계라는 측면 아래에서 고찰되기 때문이다(Cerroni, 1974, 71 참조).

체로니가 이러한 맑스 해석을 통해 모든 철학적, 따라서 또한 역사철학적 시도를 배제한다면, 그에게 목적론적 발전이란 전혀 존재할 수 없다. 체로니에 따르면 맑스는 19세기의 지반을 떠났다. 즉 "진보"의 범주를 떠난 것이다. 맑스에게 다른 사회와의 관련에서 볼 때 완전한 또는 완성된 사회란 존재하지 않는다고 체로니는 말한다. 상이한 사회구성체들, 사회 속에서 인간의 역사적 조직의 상이한 유형들이 존재할 뿐이다. **단선적** 진보라는 이념은 소멸한다. "맑스에 이르러 18세기의 완벽주의적 평가에 대한 역사서술상의 관심은 계몽주의적 낙관주의(헤겔도 이것을 공유한다)로부터, 그리고 기술적 수량적 기준에 따른 진보의 실증주의적 측량으로부터, 역사적 이행의 진정한 본래적 법칙들의 추구를 통한, 하나의 사회조직의 다른 사회조직으로의 이행 메카니즘에 대한 설득력 있는 고찰로 옮겨간다고 할 수 있을 것이다" (ibid., 73).

그러나 맑스에게서 역사가 상이한 사회구성체들의 연속으로서 표현된다면, 역사 방법론의 핵심 문제는 역사 단계에 대응시킬 수 있는 각각의 사회 유형을 발견하는 것이 된다.

여기에서는 순수한 연대기적 접근법은 사회적 편제의 논리적 단계와의 관련에 비추어 부차적이다. 역사와 철학의 이중구조를 극복하기 위해 물질적인 사회적 관계에 대해 기능적인 개념 형성이 역사적 질서 속에서 결정적 추상화를 수행할 수 있다.

『자본론』에서 맑스의 접근법은 그러므로 통시적이지 않고 공시적이다. 물론 그것은 부르조아 사회 성장의 모태가 된 봉건사회의 범주들과의 통시적 비교를 통해 매개되고 있긴 하지만 말이다. 그러므로 개념적 구조 내에 연대기적 시간 순서가 편제되어 있긴 하지만, 연속의 기능으로서의 이 개념적 구조는 개념적인 역사적 구조를 구성하지 않는다. 맑스에게서는 정치적 제도들과 같은 범주들의 파생적 성격, 따라서 또한 정치적-법률적 관계에 대한 사회적-경제적 관계들의 우위가 강조된다. 체로니는 기본적으로는 이미 루소(그로티우스〔Grotius〕의 뒤를 따라) 도 정치적-법률적 차원을 설명하기 위해서는 그것을 떠나야 한다는 점을 알고 있었다고 지적한다.

> 역사 속에서 과학을 추구할 가능성은, 맑스에 따르면, 사회가 우리 의식의 외부에 존재하여 정신외적인 규칙성에 따라 기능하는 것이며, 이념의 표명으로 환원될 수 없는 것이라는 가설과 연결된다. 맑스는 1857년 「서설」에서 이러한 규칙성이 지적으로 사유에 의해 식별될 수 있으며, 오성의 구성적 능력을 지시하고 있다는 사실을 강조하는데, 이것은 우리가 의식체계를 소유하고 있다는 것, 단지 그것 때문에 역사가 규칙성을 보인다는 것을 의미하지는 않는다. 반대로 우리의 개념들은 그것들이 세계의 규칙적인 '독립적' 기능작용 자체, 즉 역사법칙의 존재 ―― 우리의 개념들은 이것에 비추어 자기의 정확성을 검증해야 하는데 ―― 를 전제하는 한에서만 세계의 현실적으로 역사적인 규칙성을 구성할 수 있을 것이다. 달리 표현하자면, 사회과학, 특히 정치과학은 우리의 의식 속에서 성립하고 종결되는 순수한 과학일 수 없으며, 정신외적, 객관적, 물질적 세계의 전제 아래에서만 개념들을 구성할 수 있는 과학이어야 한다. 그리고 사유는 그 자체로 그러한 세계의 일부로서, 그것의 설비물(Einrichtung) 로서 이 세계 안에 입장하는 것이다. (ibid., 77f.)

사유가 그 자체를 향하는 것으로서 나타나며, 세계를 사유의 술어로서만 파악하는 모든 교조주의와 관념론과는 반대로 체로니는 역사과학의 모든 범주는 다른 모든 과학적 범주들과 마찬가지로 **현실적 관계**——범주들은 그것에 적용되고 그것에 비추어 검증된다——의 기능이라는 것을 강조한다.

과학은 가설들을 물질적 생산관계에 대한 범주들의 기능성에 비추어 설정하고, 다른 한편으로는 근대적 생산관계의 내부구조의 역사적 기원과 인과적 규정에 대한 **역사적 설명**을 추구해야 한다는 과제를 갖고 있다. 구성되어야 할 범주적 종합은 항상 또한 오늘날 지배적인 관계들과 선행한 체계 구조의 화석화된 일부분으로서만 존재할 뿐인 관계들 사이의 구별과 그것들의 **분석**의 기능이어야 한다.

여기에서 과학자는 예컨대 산업-토지-경제의 관계를 설명하기 위해서 말하자면 이중적 행렬(Matrix)을 사용하게 된다.

> 공업-농업 관계는 사회적 기능작용의 두 가지 상이한 모델의 현재적, 경험적 형상화로부터 나오는 역사적-발생적 분절화를 통해, 말하자면 범주적으로 체계화된다. 첫번째 모델은 공업이 '특이한 환경'을 만들어내는 근대사회에 대한 범주적 체계적 파악——여기서 농업이 왜, 어떻게 특수한 '특유한 비중'을 갖게 되는가라는 문제가 해명된다——에 해당한다. 두번째 모델은 '특이한 환경'을 재구성한다. 여기서는 왜, 어떻게 공업의 '특유한 비중'이 특수한(그리고 상이한) 종류가 되는가 하는 문제가 해명된다. 따라서 사회적 기능양식의 두 가지 유형의 '구조적' 재구성의 중심축은 상이하게 되며, 역사적 연속——그 안에서는 농업과 공업이 수백년에 걸친 과정 속에서 서로 얽혀 있다——은 전진적 분석 속에서 '역사적 구성체'의 두 가지 상이한 유형들로 서로 분화된다. 이러한 점에서 범주들의 '구조적' 체계화는 단순히 대조를

통해서 또는 비교——이것은 새로운 체계의 **역사적 인과성**을 설명하지 못할 것이다——를 통해서가 아니라, 첫번째 체계에서 두번째 체계로의 역사적 **이행과정**의 재구성을 통해서 등장할 수 있을 것이다. 이러한 재구성만이 체계화의 가설의 설득력뿐만 아니라 그것의 구체적 실험도 현실적으로 이룰 수 있다. 그리하여 **범주적 추상**의 작업은 종국적으로는 역사서술적 구체화 작업과 동시적이게 된다. 따라서『자본론』은 '상품', '가치', '노동' 범주들에 대한 체계적 연구뿐만 아니라 본원적 축적에 대한 역사적 연구도 포함하는 것이다. 경제학과 역사학이 서로 결합된다. (Cerroni, 1973, 129f)

인간의 해부가 원숭이 해부의 열쇠가 되는 것과 마찬가지로 현재 속에는 역사적 이해를 위한 열쇠가 존재한다. "생산관계의 역사적 유형으로의, 사회의 시초적(예비적), 연역적, 방법론적 환원은 동일한 생산관계의——그것에 형상을 부여하는 모든 특수한 '상부구조 형태들'을 포함하는——본래적 사회관계(생산-분배-소비)로서의 종결적, 귀납적 재구성을 위한 수단이다.

체로니는『사회과학의 방법론』에서 철학에 비사변적 지식의 체계론(Systematik)으로서의 가치를 부여했다. 그리고 그는 개념형성은 형식적 분류를 넘어서서 역사적-기능적이어야 하며, 사회적 현상들의 현실적 역사적 체계론은 그것이 추상적으로, 외부에서 실제 현상들에 덮어씌워지는 것이 아니라 현실의 분석 자체로부터 획득되고 그것에 대해 실험적으로 확인되는 것일 때에만, 개념적으로 적절하게 파악될 수 있는 것이라고 말했다. 이제 사회적 현상들의 유사점과 차이점을 통계적 진술 속에서 형식적으로 분류하는 것은 더이상 필요치 않으며, 사회적 현상들의 상동성(相同性)과 상이성에 대한 체계적이고 인과적인 설명, 현상들을 역사적으로 규정하며, 하나의 체계의 이행, 하나의 사회구성체의 다른 사회구성체로의 이행을 야기하는 변화들에 대한 설명이 요구된다는 것이다. 체로니에 따르면 이러한 이행의 원인과 합법칙성에 대한 설명이 맑스 분석의 중심에 놓여 있다. 달리 말하자면 문제가 되는 것은 **역사적**이고 결정적인 분류, 그리고 상이한 체계적 정세 속에서의 역사에 대한 고찰이다.

역사적 결과들에 대한 그러한 논리적 체계화는 그것들의 통시적 성격을 통한 수학적-공리적 공식화와는 구별된다. 즉 논리는 **역사적** 논리가 되고, 역사는 **논리적** 역사가 된다.

맑스의 위기〔공황〕이론에 대한 그의 연구——이것은 또한 그의 국가문제에 대한 관심과 연결된다——와 관련하여 체로니는 부르조아 경제학에 대한 맑스의 비판을 모방한다. 맑스 위기이론의 경제적 영역으로의 "기술주의적" 환원——이윤율의 경향적 저하법칙에 그 핵심점이 확정되어 있다고 믿는——에 반대하여 체로니는 그 중심축이 경제적 모순들 속에 있긴 하지만 그것들만으로 포괄될 수는 없는 자본주의 체제의 다차원적 위기의 이론을 옹호한다. 그는 맑스의 『자본론』보다는 『그룬트리세』 속에서 위기의 "주체적" 구성요소들이 더 상세히 고찰되고 있다고 믿는다.

그의 분석의 출발점은 맑스에 의해 『자본론』과 『잉여가치학설사』에서 정식화된, 스미스 및 전체 고전파 경제학의 근본적 오류, 즉 가치이론으로부터의 불변자본의 제거에 대한 비판이다.

체로니에 따르면, 이 비판에서 헤겔의 방법에 대한 이전의 비판에 대응하는, 맑스의 접근법의 일반적인 방법론적 타당성이 확증되고 있다.

그의 가설은 다음과 같다.

> 맑스는 스미스 가치이론의 구조에서 단순한 연구상의 오류만이 아니라 경제적 범주들의 구성에 있어 선험주의적 정식화라는 보다 심각한

오류——그 뒷면은 선험주의의 소원리(petito principii)로의 퇴행(내용상의 동어반복 속에서)이다——를 밝혀낸다. (ibid., 25)

체로니는 고전파 경제학에 대한 이러한 비판과 헤겔이 범한, 정치적-법률적 범주 구성의 방법론적 오류의 발견 사이에서 원칙적 유사성을 발견한다.

체로니는 이러한 분석에서 "청년" 맑스와 "성숙한" 맑스 사이의 원칙적 연속성을 본다. 스미스가 상품생산 일반을 자본주의적 상품생산과 동일시할 때, 그는 경제적 범주들에 비역사적-추상적 "구조"를 부여하며, 그것들을 "자연화"하고 "영구화"한다. 그리고 그는 또한 헤겔이 윤리적-정치적 범주들을 구성하며 그랬던 것처럼 무비판적으로, 종별적인 자본주의적 제도들을 연역적으로 설명하고, 종별적인 역사적 형태들을 이념적인 것("자연적인 것")으로부터 **도출**하지 않을 수 없게 된다. **역사적인 결정적 추상**의 잘못된 구성은 불가피하게 경험적 연구대상의 형이상학적 제고(制高)를 낳게 되는 것이다.

체로니는 여기서 다시 현상들을 그것들의 역사적-사회적 관련 외부에서 단지 개별적-자연적 현상들——(헤겔적인) 지적 총체화를 위한 추상은 그것들을 관통하여 추진된다——로서만 파악하는 조잡한 경험주의에 대한 맑스의 비판을 강조한다. 현실적인 것의 통일성을 **추상적으로** 구성하여 그 결과 경험적 현상들을 단지 기만적 총체의 표현으로서만 파악하게 되는 관념론에 대한 비판도 마찬가지로 유효하다. "그리하여 현상들의 역사적 기원의 재구성뿐만 아니라 그것들의 적극적인 논리적 관련의 재구성도 장애에 봉착한다" (ibid., 25).

맑스는 그것에 대해 정신 외적 관련들의 일반화 및 재구성으로서의, 범주들의 기능적 귀납을 논리와 역사의 통일로서 대치시킨다. 그러므로 추상화하는 요소 및 추상적 요소는 결코 등한시되지 않고, 자신이 설명해야 할 현실적인 역사적 관련의 요소로서 고찰된다. 델라 볼페를 원용하면서 체로니는 맑스의 일원론을 "존재와 사유, 역사와 논리, 경험적 현상과 개념적 범주에서 각각의 특수한 특성을 잃지 않은 채 통일물이 되는" "차이물의 통일" (ibid., 56f.) 속에서 발견한다.

이미 그람시가 비판한 바 있는, 맑스주의의 변증법적 유물론과 역사적 유물론으로의 이분화 —— 여기에서 변증법적 유물론은 보편적인 따라서 또한 비역사적인 법칙들을 역사 및 사회에 부문적으로 적용하는 것을 보증할 따름이다 —— 도 역시 여기에서 표명된, 종국적으로 교조적인 연역에 대한 평결의 대상이 된다.

체로니가 델라 볼페를 따라 사유와 존재, 경험과 이론 등의 관계를 "차이물의 통일"로서 정의한다면, 이것은 토대와 상부구조, 경제와 정치의 문제설정에도 직접적으로 관련된다. 이미 델라 볼페가 그랬듯이 체로니도 "과학적 변증법"의 구조 내에서 "모순"의 심급(대립물의 통일 = 좁은 의미에서의 변증법적 심급)과 "비모순" 또는 차이물의 심급을 구별한다. 이미 그람시도 이러한 구별을, 물론 다른 강조점을 갖는 것이긴 하지만, 이용한 바 있다. 그가 문제로 삼았던 것은 상부구조 형태 내부에서 상이한 차원의 구별(예컨대 좁은 의미에서 국가로서의 정치사회와 보다 넓은 의미에서 이데올로기 영역으로서의 시민사회 —— 주지하다시피 그의 생각으로는 이것들은 상부구조 영역의 두 가지에 속한다 —— 의 구별) 이었다.

맑스가 예컨대 사용가치와 교환가치, 상품과 화폐의 변증법을 상품의 상품 및 화폐로의 이중화로서 분석했다면, 체로니는 이미 『유태인 문제』에 상술되어 있는 바와 같은, 정치적-법률적 의미에서의 시민사회와 국가의 관계에서 이러한 변증법과 유사한 것을 발견한다(ibid., 103).

토대와 상부구조의 관계 규정에 대한 이러한 사전적 고찰로부터 어떤 결론이 나오는가? 체로니가 토대-상부구조 관계도 역시 "차이물의 통일" 및 "이중화"로서 보아야 한다는 테제를 옹호한다면, 이 두 영역이 하나의 인과관계에 의해 서로 결합되어 있는 두 개의 차원으로서 파악될 가능성은 배제된다. 후기의 엥겔스(예컨대 보르기우스〔Borgius〕에게 보내는 편지, 1894에서)는 이러한 일면적 인과성을 "상호작용"과 "최종 심급"이라는 개념을 통해 돌파하려고 시도하였는데, 이러한 시도는 "역사적 요인들"(ibid., 105)의 이론——여기서는 두 차원의 관계가 서로 유동적이게 되며, "해석학적" 과제는 "상부구조"의 발전을 주어진 경제적 조건들 아래에서 추적하는 것으로 환원된다——으로 귀착한다.

하나의 **종별적**인 인과적 관계에 대한 탐구는 경제적 조건들과 그것들이 상부구조형태들에 미치는 영향에 대한 단순한 탐구로 귀착할 뿐이며, 그 경우 관계의 두 극이 현실적으로 서로 결합되지 않은 채 개별적 조건들과 요인들만이 관련되게 된다. 역사적 모델에 대한 종별적 분석이 사회 속에서의 인간의 자연주의적 진화에 대한 일반이론, 따라서 순수한 실증주의적, 관계주의적 결론으로 귀착할 위험성이 현존하는 것이다.

체로니에게 문제는——엥겔스와 반대로——토대-상부구조 관계로부터 인류 역사의 두 영역 사이의 일반적 "운동법칙"을 해명하는 것이 아니다. 오히려 문제는 종별적인 사회적 사회유형의 틀조건들 내부에서, 즉 가장 근대적인 사회구성체 내부에서 "자연주의적" 및 "사회적" 요소들의 결합을 또한 "토대"의 차원에서도 발견하는 것이다.[2] "자연주의적"(또는 기술적) 요소들이 역사화되고, 따라서 사회적 요소들이 되는(기술적 요소로서의 노동력 상품은 동시에 근대적 임노동자 즉 하나의 종별적인 사회적, 역사적 현상이다) 변증법에서 비로소 그 두 극은 결합됨과

---

2) 예컨대 단순한 노동과정과 가치증식과정 사이의 결합, 더욱이 특수하게 역사적인 형태로서 **추상적** 노동, 따라서 또한 상품화되는 노동력, 그리고 잉여가치의 역사특수적 성격을 보라.

동시에 또한 서로 구별되는 것이 된다. 즉 "각각의 극은 다른 극과의 관계에 의해 특징지어진다는 점에서 결합되고, 이러한 관계의 내부에서 각각 종별적인 차원을 구성한다는 점에서 구별된다" (ibid., 109)는 점이 명백해진다.

체로니의 결론은 토대와 상부구조의 구별에 순수하게 형식적인(범례적인) 지위를 부여하는 것으로 귀착한다. 왜냐하면 그에 따르면 사회적 대상은 객관성과 주관성의 혼합구성물이기 때문이다. 전체 관계를 관통하는 객관성의 우위는 전과 다름없이 유지되지만, 그것은 하나의 불가분한 **관계** —— 그 구성요소들에서 식별될 수 있는 관련이긴 하지만 —— 로 남는다. 따라서 체로니는 "인간과 자연 사이의 상호작용"에 대한 맑스의 이해의 다차원적 성격을 강조한다.

인간의 정신적 활동의 물질적 조건에 대한 탐구가 아니라 인간의 물질적 및 정신적 활동을 표현하는 유형론에 대한 인과적이고 역사적으로 규정되는 설명의 탐구가 맑스 작업의 중심에 있다는 것이다.

그럼에도 불구하고 그러한 설명은 이념이 연구자의 의식과 독립적으로 존재하는 유기체와 관련하여 **연구와 실험의 결과로 획득할 수 있는 가설**로서 표현되는 것을 우리가 과학적 기준으로서 가정할 때에만 가능할 것이다. 역사유물론은 자연과 사회에 대한 단일한 과학적 태도를 취하고 있지만, 과학주의(Szientismus) 전통으로의 생물학적 또는 물리학적 환원 시도, 또한 신실증주의의 (논리학주의적 또는 수학주의적) 형식화 시도와는 아무런 관련이 없다(ibid., 111).

맑스가 이미 『포이어바흐에 관한 테제』에서 말한 바와 같이, 역사적 유물론은 그것이 대상을 객체로서만이 아니라 감성적 인간활동으로서, 실천으로서 파악하며, 그럼으로써 낡은 이원론의 극복 및 비판적 해소와 낡은 일원론과의 매개를 동반한다는 점에 의해 낡은 유물론과 구별된다.

우리는 앞에서 체로니가 토대-상부구조 관계를 두 개의 분리된 영역들 내부에서의 하나의 모순적 구조를 나타내는 "차이물의 통일"로서 규정한다는 것을 살펴보았다. 토대가 생산력 및 생산관계의 변증법을 통해 자본주의적 생산의 무정부성의 성립 장소로서 위기를 낳는 데 기여함과 마찬가지로 정치적 영역은 이와 유사하면서도 종별적인 모순을 나타낸다. 체로니는 맑스가 파리 코뮨에서 등장한, 자치행정 체제로서의 직접적인 정치적 민주주의에 대한 자신의 분석에서 파악한 바 있는 모순을 대의제 국가와 인민주권의 원리 사이에서, 그리고 "구성된 정체"(costituzione costituta)와 "구성하는 정체"(costituzione costituente) 사이에서 발견한다.

체로니에 따르면 정치적 및 경제적 위기의 결합이 비로소 "사회적" 위기를 구성하게 된다. 하지만 그럼으로써 그는 정치적 실천에 강제적으로 부과되는 도식을 제공하려는 것이 아니라 다만 경제 영역으로의 경제주의적 환원으로도, 정치 영역으로의 주의주의적 환원으로도 적절하게 파악될 수 없는 사회 위기의 "완전한 모델"을 제공하려는 것이다.

체로니의 출발점은 맑스적 위기 개념을 포괄적인, 경제 및 정치를 동시에 파악하는 의미에서 규정하는 것이었다. 그럼으로써 그는 경제적, 정치적, 사회적 이론 사이에 있는 맑스 작업의 근본적 연속성을 강조하고, 동시에 잉여가치에 대한 경제적 이론에서 대의제 국가에 대한 정치적 이론, 나아가 사회학적 차원으로 나아가야 할 필요성을 추출한다. 그렇게 하여야 경제에 대한 기술주의적 이해, 국가에 대한 주의주의적 이해, 사회계급 및 그 동학에 대한 심리학주의적 이해를 피할 수 있다는 것이다(ibid., 175).

노동운동의 역사에서 일종의 경제주의적 경향이 지배적이었으며, 부분적으로는 아직도 지배적이라고 한다면, 체로니는 그렇게 된 이유를 맑스의 저작들에 대한 일면적 해석, 경제적 가치이론에 대한 전적인 집중, 그리고 —— 위기이론과 관련하여 —— 생산과 소비 사이의 괴리, 이윤율의 경향적 저하와 같은 본질적으로 "기술적인" 동기를 부각시키는 위기 이해에서 찾는다.

> 그러므로 우리는 [스미스의] 불변자본의 이론적 제거에 대한 [맑스의] 비판이 고려되지 않았다는 사실이 비상하게 중요하다고 생각한다. 우리로서는 반대로 이 비판이 본질적인 것으로 보인다. (ibid., 175)

왜냐하면 이러한 비판이 **역사적** 요소와 함께 또한 **자연적** 요소(사회적 재생산으로서 그리고 인간의 욕구 충족을 위한 **사용가치**의 재생산으로서)를 도입하기 때문이다. 따라서 그것은 두 개의 중심적 문제가 비로소 함께 정당하게 제기될 수 있게 하는 지평을 열어준다. 즉 재생산을 가능하게 하고 보증하는 모든 제도들이 필요로 하는 역사적 구조 및 기원의 문제, 그리고 나아가서 현존하는 생산관계와 생산력 발전의 동학 사이의 **실천적** 조응 내지 비조응을 검토하는 문제가 바로 그것이다.

그러므로 자본주의적 생산메카니즘의 정치적 조직 및 관리에 대한 질문과 동시에 이 메카니즘의 대체 가능성과 필연성에 대한 질문이 제기된다. 체로니는 다만 분석적 분리를 표현할 뿐인 연구의 세 차원을 제안한다. ① 첫째로 논리적 유형화 차원에서 수행되는, 그리고 상품-화폐-상품 및 화폐-상품-화폐 관계에 대한 구조적이고 형식적인 연구를 수행하는, 자본주의적 생산으로서의 근대적 생산에 대한 연구, ② 나아가 상인적 생산에서 자본주의적 생산으로의 이행을 발생적 측면에서 연구하는 것, ③ 자본주의적 생산메카니즘의 논리적 구조관련 및 역사적 규칙성을 연구할 뿐만 아니라 종국적으로는 역사적 모순들(자본/노동, 교환가치/사용가치, 생산적/비생산적 노동 등)의 극복에 착수하기 위해 그것의 논리적 및 역사적 모순성을 연구하는 것이 그것이다.

체로니는 다음과 같은 가설을 정식화함으로써 정치적 및 사회적 차원의 결합을 시도한다. 즉 분업의 발전에 의해 추동되는 교환가치 생산의 진행은 공동체의 **간접적** 관리의 논리적 및 역사적 정당화 과정과 또한 그에 따른 경제적 및 정치적 영역 사이의 분리를 가동시킨다. "가치의 자립화는 그것의 원리임과 동시에 결과이기도 하다"(ibid., 177). 그러므로 이 생산메카니즘은 대의제적 관리를 요구하고 또한 그것을 규정하는데, 다른 한편 대의제적 관리는 이 메카니즘을 자신의 기능양식 속에서 보증한다. "또한 대의제 국가는 이 메카니즘의 원리일 뿐 아니라 결과이기도 하다"(ibid.). "이로부터 교환가치와 사용가치의 경제적 관계와 마찬가지로 대의제 국가와 개인주의적 (부르조아) 사회의 관계는 양극적 관계라는 결론이 나온다. 국가는 여기서 연구되고 있는 역사적 체제를 통해 산출된 **제도**(Einrichtung) 임과 동시에 그것을 규율하는 **형태**(법질서) 이기도 하다"(ibid.).

이러한 정치적 관계 내부에서 —— 경제적 차원에서와 마찬가지로 —— 정치적 해방의 **형식적** 성격과 사회적 해방 심급의 현실적 압력 사이에서 하나의 대립이 등장할 수 있다. 체로니는 충돌의 장소로서의 **법**의 지위를 부등가적 등가교환(노동력 사용에 대한 임금 지불), 즉 반대급부 없는 잉여가치의 영유와 유사하게 (순전히 형식적이기 때문에) 부등가적인 등가물의 순전히 형식적인 규제자로서 부각시킨다. 대의제 국가 및 (형식적) 법률에 대한 비판은 이제 생산영역에서의 교환의 부등가성에 대한 비판의 직접적 결과가 된다. 하나의 종별적인 경제적 생산양식과 종별적인 국가형태 사이의 **내적 및 필연적** 관련의 증거를 찾으면서 체로니는 우선 세 가지 해석 가능성을 제기한다. 그런데 나의 의견으로는 그것들 사이의 내적 결합은 전혀 고찰되지 않았거나 충분히 고찰되지 못한 것 같다. 국가 —— 계급투쟁이론과의 관련 하에서 —— 가 지배계급의 도구 —— 그것도 이제까지의 모든 사회에서 —— 에 불과하다면,

세 가지 해석 시도를 생각할 수 있다.

1. 국가는 권력 유지를 위한 하나의 **기계장치**일 따름이다.

2. 국가는 본질적으로 창조물, 즉 지배계급의 의도적, 의식적 발명품이다.

3. 일단 성립한 권력을 보증하는 억압적 기계장치로서 국가는 하나의 사회유형에서 다른 사회유형으로의 이행과정에서 본질적으로는 변화하지 않는다.

마지막에 언급된 가능성은 정치 개념의 순수한 **폭력**으로의 환원——새롭지도 독창적이지도 않은 이해——에 조응한다. 다른 한편 국가가 의식적 발명품으로서 고찰된다면, 그것은 전혀 **유물론적** 이론에 기초하지 않는 것이 될 것이다. 마지막으로 국가가 오로지 도구적 의미에서 상이한 계급사회들에서 본질적으로 불변인 채로 남아 있는 억압적 기계장치로서 고찰된다면, 그것은 전혀 **역사적**-유물론적 분석에 기초하지 않는 것이 될 것이다.

이 세 가지 이해는 모두 국가 개념의 규정을 위해 본질적인 구성요소로서 경제적 분석을 결여하고 있다. 체로니에 따르면, 그러한 잘못된 해석은 맑스 이후의, 이미 엥겔스와 함께 시작된 이론적 환원으로 소급될 수 있다. 이러한 문제설정에 대한 유일하고 진정한 맑스적 저술들 즉 『헤겔 법철학 비판』과 『유태인 문제』에 의거한다면 그러한 결론은 나올 수 없다.

맑스가 『자본론』에서 근대의 **분열된**(dissoziierten) 사회의 구조, 즉 시민사회에서 분리된 영역으로서의 근대적 대의제 국가가 표현하는, 부르조아 사회의 내적 성질을 연구하고, 이것들을 동시에 하나로 묶어 취급한다면, 여기에서는 자본주의 생산양식에 구성적인 경제적 관계의 자립화, 다시 말해서 계약에 따라 규제되는 자유로운 노동력 상품의 교환에 기초하는, 따라서 또한 이제 상이한 정치적 법적 지위를 지니는

"폐쇄된 계급들"이 아니라 **유동적**이고, 정치적 및 법적으로는 더이상 상이하지 않은 계급들에 기초하는, 모든 속박으로부터의 경제적 관계의 해방, "자유기업제도"로서의 그것의 전개가 중심적이게 된다. 자본주의적 상품생산 및 상품교환의 내적 동학이 생산영역과 직접적인 정치적 연결을 불필요하게 하며, 동시에 분리된(따라서 대의제적인) 정치적 영역의 필요성을 근거짓는 것이다.

그러나 자본주의 체제의 모순, 그것의 상인적 구조(교환가치의 우위)를 인간생활의 근본적인 자연적 구조(사용가치의 우위)와 충돌시키는 모순이 통합적인, 모든 영역을 포괄하는 모순성이라면, 그것은——단지 유추로서만이 아니라——주권자인 인민의 형식적 평등과 대의제 민주주의 사이의 모순과도 관련된다. 왜냐하면 우선 "교환자"로서의 인간의 완전한 형식적 (법적 및 정치적) 평등과 자유화는 동시에 생산수단 소유자와 노동력 소유자 사이의 모순과 괴리를 불러일으키기 때문이다.

> 다름아닌 노동력 사용과 자본 일부(가변자본)의 교환 위에서만 '죽어 있는'[대상화된] 자본(불변자본)의 생산적 활용의 관계가 생산수단에 대한 노동력의 적용(노동)을 통해 즉 생산관계 속에서 확립될 수 있기 때문에, 앞서 말한 인간의 등가성이 형식적 차원에서 나타날 수 있고 또 나타나야만 하는 것이다. (ibid., 184)

그러므로 인민주권의 원리를 통해 **형식적으로** 주어져 있는 바와 같은, 인간의 보편적 동등화는 정치적 결정을 위임받은 정치적 기관(Körper)의 자립화를 통해 반드시 지양되어야 한다.

체로니는 현대 자본주의에서는 "자유기업제도"의 경쟁자본주의에 반하는 근본적 변화가 등장하여 인민주권 원리의 경향적 전도를 초래하고 있다는 사실, 즉 이제 인민주권의 원리가 아니라 **국가적** 주권이 직접적인 자기정당화 경향과 함께 전면에 등장하고 있다는 사실을 통찰한다.

국가가 직접적으로 경제적 생산 및 조직에 개입하는 정도에 따라 국가적 "퇴화"(Involution) 및 관료제적 구조가 점차로 성장해간다. 그러나 그것에 의해 또한 이러한 현재적 경향에 반하는 민주주의의 발전으로서의 정치적 전화의 가능성이 자라나고, 이러한 정치적 전화는 더이상 경제적 전화의 목표(사회화)가 아니라 동시에 그것의 수단으로 간주될 수 있게 된다.

체로니에 따르면 그럼에도 불구하고 국가와 시민사회의 분리는 또한 발전된 자본주의에서도 존속한다. 그것은 자본에 의한 노동의 실질적 포섭과 함께 증대한다. 왜냐하면 경제적 및 정치적 영역의 결합을 시사할 수 있는 현상들은 경제적 메카니즘에 대해 외적인 정치적 개입 현상(관료화)으로서 나타나기 때문이다. 그것은 허구적인 사회화, 조합화(Korporativierung)만을 가져올 뿐이다(ibid., 216).

거기에서 자본주의 사회의 기본구조는 그대로 남아 있게 된다.

그러나 상품유통이 화폐를 만들어내고, 따라서 상품교환이 하나의 특수한 상품 즉 화폐를 만들어내고, 동시에 일반적 등가물로서 기능하게 하는 것처럼, (자본과 노동의) **의지행위**의 교환 즉 시장에서의 자유로운 개인들의 계약은 모든 개별적 의지행위들의 **"일반적 등가물"**을 만들어낸다. 그리고 그것은 동시에 상품소유자들의 이러한 개별적 관계들의 일반적, 보편적 규제를 담당하고 보증하는 "일반 의지"(volonté générale)를 요구한다.

자본주의적 생산관계의 통일성이 죽어 있는, 대상화된, 그리고 사적으로 영유된 임노동으로서의 자본의 "이중화"로서 외화되는 것과 마찬가지로 근대 사회의 통일성은 국가와 시민사회의 "이중화" 속에서 표현된다.

하지만 이러한 이중화 속에서 역사적 조직형태의 **필연적** 형상뿐만 아니라 모순적 형상도 표현되는데, 그것은 이러한 이중화가 경향적으로 목표와 수단의 전도를 초래하기 때문이다. 왜냐하면 실제로(역사적으로) 두 영역을 객관적으로 분리되어 있는 것으로 간주하는 것은 불가능했기 때문이다. 그러므로 이미 1843년에 맑스는 대의제 국가의 관료제 국가로의 변화, 즉 사회적 생산과 사적 생산관계 사이에 존재하는 자본주의의 내적 모순에 내재적인 변화를 확인할 수 있었던 것이다.

체로니는 이러한 초기 맑스의 분석을 더욱 진행시킨다. 그는 불변자본의 이론적 재도입과 관련되는, 스미스의 도그마에 대한 맑스의 비판에서 출발하여 대의제 국가의 관료적 변화의 필연성을 도출할 수 있다고 믿는다. 즉 불변자본이 증대해가는 정도에 따라서 하부구조적(infrastruktureller) 문제들에 대한 국가적 규제와 조직의 필요성도 증대해간다. 그것은 경제적-기술적 진보의 사회적 조직화 및 보다 고도로 숙련된 노동력에 대한 요구도 증대시킨다.

> 그러므로 맑스에게서 논리적으로 재구성된, 고전적 부르조아 사회의 (자본의 유기적 구성이 보다 고도화된) 발전된 부르조아 사회로의 이행은 또한 대의제 국가의 관료제 국가로의 논리적 이행과 개인주의적 사회의 '대중사회'로의 이행을 포함한다. 마찬가지로 또한 정치적으로 제한된 국가(정치적으로 한정된 선거권과 아직 완전히 공식화되지 않은 구조)의 정치적으로 발전된 국가(보통 선거권과 완전히 공식적인 시민의 평등)로의 이행은 현실적, 물질적 관계의 발전과 논리적 관련성을 갖는다. (ibid., 252)

이제 사회로부터의 국가의 분리가 아니라 사회에 대한 국가의 개입 ── 그러나 여전히 순수하게 외적인 것으로 남아 있는 ── 이 현대사회를 특징짓는다.

한편으로 국가가——이미 그람시가 강조했던 바와 같이——사회의 필수불가결한 구성부분, 그것의 특수한 "연결고리"라면, 또 법 관계가 주역들의 의지 동학의 측면 아래에서 본 경제적 관계에 불과하다면, 그러나 다른 한편으로 국가가 이러한 경제적 관련의, 규범적인, 폭력을 독점한 채 사회로부터 분리된 "일반화" 및 총체화(즉 개인들의 직접적인 조직적 상호결합이 존재하지 않는 사회의 질서)라면, 현대의 정치적 위기의 핵심은 정확히 국가가 그 대의제적 구조에, 대리된 주권이라는 공식에, 따라서 국가와 사회의 허구적 분리에 고착되어 있는 곳, 바로 그곳에 놓여 있는 것이다.

민주주의와 사회주의의 관계라는, 델라 볼페와 체로니 양자의 중심적 테마 및 연구대상으로 나아가기 앞서 여기서 체로니의 루소 수용에 대해서는 언급을 생략한다는 것을 밝혀둔다.

7. 이탈리아 맑스주의에서 대의제 민주주의와 직접민주주의의 관계에 대하여

그의 책 『기술과 자유』(Tecnica e liberta) —— 이 책에서 그는 이전의 저작들에서보다 체코슬로바키아의 리히타 그룹(Richta-Gruppen)의 연구결과와 문제제기에 더 크게 의존하고 있으며, 정치적 입장을 더욱 분명히 표명하고 있다 —— 에서 체로니는 오늘날 이미 정치제도들에 대해 중요한 함축을 내포하고 있는, 생산적 활동의 심오한 변화를 분석한다. 노동의 점진적 "지식화"와 따라서 또한 육체노동의 점차적 "배제", 요컨대 자동화로의 경향은 보다 많은 자유와 보다 지적인 노동을 전제하며, 팀노동(Teamarbeit)을 더욱 크게 요구한다. 사회화되고 계획화된 경제체제에서 이러한 경향은 새롭고 독창적인 정치적 및 사회적 효과와 반작용을 낳지 않을 수 없을 것인데, 그것은 이러한 발전이 모든 인간의 평등한 발전을 요구하기 때문이다. 그러나 이러한 사회가 고도로 창조적이고 지적인 능력을 전제하기 때문에 그 경우 중요한 것은 반(反)평준화적 평등일 뿐이다. 그러므로 여기서 전제되는 사회적 평등은 평준화가 아니라 인성(Persönlichkeit)의 다변화를 가져올 것이며, 개인의 개별적 능력의 전개를 보증할 것이다. 그러나 이러한 객관적인, 생산력 발전에 의해 요구되는 경향은 "스스로를 개별화하고 고립화할 수 있는 자유", "고독의 권리"라는 전통적 자유 개념과 대립한다. 개인주의의 이론적 전통에 대한 예전의 비판(예컨대 맑스와 루소의 경우)으로부터 알 수 있듯이 정치사상의 역사에 이러한 "새로운 자유"에 대한 예견이 결여되어 있는 것은 아니다.

그래서 예컨대 루소는 "두 가지 종류의 불평등", 즉 자연적 불평등과 도덕적 내지 정치적 불평등을 구별하는데, 체로니는 이 후자를 오늘날 "사회적 불평등"으로서 정식화되고 있는 것에 대한 예견으로 해석한다. 하지만 이미 루소는 "자연적" 불평등도 역시 역사적-정치적으로 제약된다는 것을 알고 있었다. 그는 평등한 자유를 인간 종족의 반(反)평준화의 진전의 결과 및 원인으로서 이해하였다. 루소를 원용하면서 체로니는 직접민주주의를 반평준화적 평등에 대한 보증으로서 또한 동시에 기술적 발전을 위해 필요한 상관개념(Korrelat)으로서 제기한다. "즉 경제적-사회적 과정들의 통합과 기술적 및 과학적 메카니즘들의 통합이 인간의 창조적 자기조절을 그것에 내재적인 수단으로서 요구한다면, 전자는 후자를 또한 외재적인 수단으로서, 목적으로서 제시하기도 한다. 즉 전자는 후자를 필요한 것으로서 전제하고 그것을 가능하게 한다" (Cerroni, 1970, 69. 또한 1968a, 165-213도 참조).

인공두뇌학과 자동화의 가능성과 함께 이러한 "루소의 복수"(이는 해당하는 장의 제목이다)는 어떤 종교 종파의 꿈과 같은 것이 아니게 되고, 과학기술의 발전과 밀접하게 관련되는 것이 된다. 무한한 기술적 가능성을 열광적으로 승인하는 체로니는 정보흐름의 완성 가능성이 높아짐에 따라, 통치권력에 대한 피드백으로서 정기적인 여론조사와 같은 것을 구상하기에 이른다. 이것은 루소의 이상, 즉 변화된 조건 하에서 민주적 여론조사와 투표를 위한, 공화국 내의 모든 시민의 회합에 상응하는 것이라고 할 수 있을 것이다.

그러나 루소의 모델에 남아 있는 유토피아적, 비현실적 요소들은 사라진다. 새로운 공동체적 문명, 생산자들 자신에 의해 관리되는 공동체 —— 여기에서는 개인들의 자유가 모든 사람의 자유를 강화한다 —— 의 가능성은 형상을 갖추어간다. 이미 맑스는 이 문제를 『그룬트리세』에서 파악한 바 있다. 거기에서 그는 현실적 공동체성(Gemeinschaftlichkeit)과 일반성을 대체한 "조정"(Vergleichung)에 대해 언급하였다(Marx, o. J., 79). 체로니는 간접적이고 순전히 형식적인 평등화(Gleichsetzung)에 대한 이러한 비판이 "자유인들과 평등인들"의 사회를 바로 현실적 공동체성의 기초 위에서 새롭게 건설하기 위하여 평준화와 탈개인화를 초래한다고 생각한다.[1)]

체로니는 가장 최근의 저서인 『사회주의 정치이론』(1973)에서 체계적인, 맑스주의 위기이론을 넘어서는 맑스주의 국가이론의 서술을 시도한다. 이 테마에 대한 장기적 연구의 집대성이며 성과인 이 저서는 동시에 "사회주의로의 이탈리아적 길"을 **이론적으로**, 맑스와 레닌에 근거

---

1) 체로니와 함께 델라볼페학파에 속하는 루치오 콜레티도 루소 테마를 다루었다. Colletti, 1970, 195-262. 콜레티의 테제는, 루소 이후 발전한 혁명적인 정치이론은 이미 완전히 『사회계약론』에서 형성되어 있었다는 것이다. 맑스와 레닌은, 좁은 의미에서의 정치이론에 관한 한, 국가 사멸의 "경제적 기초"에 대한 분석 이외에는 루소에게 아무 것도 덧붙인 것이 없다는 것이다(ibid., 251). 루소에게서 —— 홉스의 경우와 반대로 —— "pactum subiectionis"가 "pactum societatis"를 위해 배제되었다고 한다면, 따라서 인민주권은 불변이며 불가분의 것으로서 전제되었다고 한다면, "정언 명령"이 정부를 인민의 단순한 "위원회"로 만든다고 한다면, 이제까지 사회에서 분리된 국가기능의 "사멸"은 이론적으로 근거지어질 수 있다. "일반 의지"의 표현으로서의 사회는 정치를 그 자신 안으로 흡수한다. 정치적 대표체는 "노동기능"으로서의 대표체로 대체된다. 이탈리아 맑스주의의 루소 수용에 관해서는 Postigliola, 1971 참조.

하여 정초하려는 시도이기도 하다. 이것은 그 역사적으로 제약된 배경 하에서는 서구 여러 나라들에서의 사회주의로의 이행에 대한 모범 바로 그것이 될 것이다.

자신의 이전 저서들과는 달리 체로니는 여기서 이탈리아적 길을 노동운동의 역사 속에서 정당화하기 위한 방법의 포괄적 정리를 동시에 시도하고 있다.

델라 볼페의 경우 탈스탈린화 논쟁의 배경 아래서 전면에 부각된 것이 "사회주의적 합법성"의 문제였다고 한다면, 또한 그가 사회주의적 민주주의의 문제 내지 민주주의와 사회주의의 관계 문제를 법률적 보증의 문제로서 해결하려고 시도했으며, 루소 해석을 무엇보다도 부르조아 사회 이후의 그러나 아직 사회주의적이지 않은 사회의 전략적 문제제기 아래에서 강조했다면, 체로니는 이러한 문제지평을 떠나지는 않지만, 그것을 국가적 기능들의 사회 영역으로의 경향적 이행이라는 보다 원칙적인 전망을 통해 고찰한다.

국가의 비억압적(교육적) 기능의 강화와 그것과 동시적인 "사회"의 정치화 및 그 정치적 결정권한의 강화를 포함하는 "조절된 사회"라는 그람시적 개념은 체로니에게서는 "직접적인", 대리되지 않는 민주주의라는 개념 속에서 새로운 형상을 갖추게 된다. 나는 그람시와 체로니의 차이점이 다음과 같은 점에 있다고 생각한다. 즉 그람시의 경우에는 바로 그의 주저인 『옥중수고』에서 구체적인 실천적-정치적 체험을 배경으로 (또한 바로 혁명 이후 시기에) 합의를 조직하는 "집단적 지식인", "현대 군주"로서의 당의 지도적 기능이라는 표상이 보다 명확한 윤곽을 취하게 된다. 체로니는 (델라 볼페보다 더 강하게) 이제 당의 기능규정이라는 이러한 문제를 민주주의와 사회주의의 관련 속에서 완전히 배제한다. 이것 때문에 그의 입론은 평의회 민주주의적 의미에서도 또 다당제적 의미에서도 해석할 수 있게 된다. 그러나 두 가지 입장은 우리가 이제까지 보았듯이 그람시에 의해 실천적으로 이론적으로 극복되었다. 즉 그 두 가지 가능성은 그의 정치적 고려 및 이론적 반성의 지평 속에서는 전혀 성립하지 않는다.

체로니는 다음과 같은 점에서 출발한다. 그는 규범화된, 스탈린과 엥겔스적 변증법적 유물론에 근거하는 맑스주의의 점증하는 위기를 확인할 수 있다고 믿는다. 그러므로 부르조아적-자유주의적 정치체제의 동시적 위기가 증폭되고 있으나 사회주의적 민주주의의 대안은 현존하고 있지 않은 상황에서 그는 "기원으로의 복귀" 즉 사변적 철학과 대의제 국가에 대한 비판가로서의 초기 맑스로의 복귀를 옹호한다.

그 경우 체로니에게는 『그룬트리세』가 가장 중요한 맑스 저작이 된다. 이 책에서는 인식론적 영역에서뿐만 아니라 근대의 경제체제에 대한 구체적이고 **종별적인** 분석의 영역에서의 연속성이 제시되고 있다는 것이다(Cerroni, 1973b, 29). 또한 초기 저작들에서 중심적이었던 주관성과 객관성의 관련에 대한 질문, 즉 소외의 문제설정이 여기에서는 과학적이고 비인간학적으로 다시 취급되고 있는 것이다. 그러나 예컨대 루카치와 "프랑크푸르트 학파"의 대표자들의 경우에서와 같은 물상화의 문제설정이 자본주의 사회와는 관련 없이 단순한 주체-객체 변증법으로서 고찰된다면, 그것은 결국 객관성 자체에 대한 비판, 실질적으로는 대체로 유물론에 대한 비판을 낳게 되는, 헤겔식의 "객관화[대상화](Objektivierung)로서의 소외"의 재판일 뿐이다. 그러나 객체화(Objektivation)로서의 물상화에 대한 비판이 아니라 특수한 역사적 맥락 속에서 착취로서의 물상화에 대한 비판이 맑스주의적인 것이다. 그렇지 않은 경우에는 생산으로서의 객체화 자체에 대한 비판이 도피적 극단주의를 낳을 위험성이 현존하게 된다. 그러한 극단주의는 개인을 분업으로부터 단순히 빼내기를 희망하고, 쾌락주의적 목표설정을 소외된 노동에 대한 안티테제로서 전제하게 된다는 것이다(ibid., 34f.).

체로니는 맑스주의, 특히 정치이론으로서의 맑스주의의 과학적 정초 가능성에 대한 질문에 대한 답을 추구하면서 우선 두 가지 가능한 조류, 노동운동의 역사 속에서 등장한 조류들을 검토한다. 기본적으로 이 조류들은 이미 슘페터에 의해 제안된 바 있으며, 알튀세르에게서 ("과학"으로서의 맑스주의와 "이데올로기"로서의 맑스주의의 분리) 나타난 바 있는, 과학으로서의 맑스주의와 혁명으로서의 맑스주의 사이의 구별을 다시금 수용한다. 그 경우에는 마치 정치, 계급투쟁, 혁명 자체가 사회경제적 인식으로부터 분리되고, 따라서 또한 과학적 정초 및 논증을 필요로 하지 않는다는 듯이 때때로 맑스주의가 예견이나 진단의 능력을 갖지 못하는 이데올로기로서 고찰될 것이다. 그에 따라 사회과학은 신칸트주의적 의미에서 개별특수적(idiographische)인 것이 될 것이고, 혁명, 혁명적 및 정치적 과정은 순수하게 주관적인 선택, 의지행위, 생의 비약(élan vital)이 될 것이며, 따라서 역사적 필연성과 과학적 재검토를 박탈당하게 될 것이다.

두번째 변종——체로니는 마찬가지로 이것과도 거리를 둔다——은 과학으로서의 맑스주의를 다루기는 하지만, 실질적으로는 마찬가지인 의미에서 왜곡한다. 그것에 따르면 과학 자체가 계급적 관점에 의해 관통되고 있으므로 부르조아 과학이 아니면 프롤레타리아 과학이 존재할 뿐이다. 그러므로 또한 여기에서는 자본주의 해체의 과학적 예언, 예견이 종국적으로는 계급적 관점에 의존하게 되며, 자본주의가 소멸할 운명을 지니고 있다는 실천을 인도하는 확신은 객관적 합법칙성에 대한 인식 및 과학적 근거지움에 근거하는 것이 아니라 개별적, 집단적 선호, 순수한 의지결정에 근거하게 된다(ibid., 46 참조. 또한 ders. in : Il Marxismo e lo stato, 1976, 39ff. 참조).

이제 체로니는 자신의 목표에 도달하기 위해 어떤 길을 걷는가? 우선 그는 맑스적 국가비판이 두 가지 기초를 갖는다는 사실을 강조한다. 즉 생산수단의 사회화와 권력의 사회화 내지 국가의 사멸 및 지양이 그것이다.

『고타강령 비판』이라는 글에서 맑스는 새로운 사회로의 역사적 이행과정을 스케치하였는데, 그러나 이러한 역사적 "리듬화"(Rhythmisierung)는 그 이후 시기에 상실되어버렸다. 1917년 이전 혁명적 노동운동이 오로지 "권력장악"의 문제(따라서 또한 과거와의 **단절**의 문제)에만 주의를 기울였던 것과 마찬가지로 1917년 이후 "일국 사회주의"의 건설에서는 오로지 "사회주의의 수호"라는 문제만이 중요시되었다. 그래서 사회주의 국가의 저항능력을 보증하는 요소들에만 주의가 기울여졌다.

체로니는 이제 여기(Cerroni, 1973b, 51)에서 부르조아 사회와 대의제 국가의 **상호적 함의**를 다시 강조한다. 그것은 신분사회로부터의 정치적 해방에 근거하며, 따라서 인간 상호간의 사회적 관련은 이제 경제외적 강제가 아니라 순수하게 경제적인 강제에 근거한다. "부르조아 사회의 이러한 해방은 동시에 예전의 사회적 제약으로부터의 정치사회의 해방이기도 하다"(ibid., 52).

형식적으로 평등한 개인들 사이의 의지행위의 표현으로서 계약은 부르조아적-자본주의적 사회의 기초가 된다. 경제적 교환관계 속에서의 계약과 대리된 주권행사 기능으로서의 계약은 따라서 공동체 앞에서의 개인의 주권과 국가시민 앞에서의 국가의 주권을 동시에 표현한다.

이제 이러한 사회를 경제적 영역에서 관통하는 자본과 노동 사이의 모순이 맑스주의적 분석의 보다 중요한 대상이었던 반면, 두번째 정치적 모순, 즉 정치엘리트에 대한 권력의 허구적 위임과 인민주권 사이의 모순은 제대로 분석되지 못했는데, 이 두번째 모순은 "사회적"(즉 경제적 및 정치적) 위기 개념의 통합적 규정을 위해 똑같이 필요하다는 것이다.

체로니가 『유태인 문제』, 『고타강령 비판』 그리고 초기의 헤겔 비판에서 맑스가 제기한 문제설정을 맑스 저작의 연속성이라는 측면 아래에서 중심적인 것으로서 재파악하고, 선거권 문제의 역사적 전개에 비추어 부르조아적 대의제 국가의 내적 해소의 첫번째 심급을 강조할 때, 오늘날 이탈리아 맑스주의에 대해 중심적인 문제설정이 제기된다. 즉 어느 정도까지, 어떤 조건 하에서 레닌이 말한 바 있는 정치적 민주주의의 확대가 사회주의를 위한 "발판"을 구축하게 되는 것인가(ibid., 56).

보통선거권을 물신(物神)으로 절대화하고, 당면문제에 비해 궁극적 목적을 경시하였으며, 따라서 또한 사회개혁을 현존 체제 내부에서만 추진하려 한 베른슈타인과는 반대로 체로니는 이러한 문제에 대해 다음과 같이 답변한다. "……라는 조건 하에서 근대 부르조아 국가의 가장 발전한 제도들은 경우에 따라서 반복될지도 모르는 복고적 공격에 대해 '방어할' 뿐만 아니라 역사적 과정에 대한 상이한 진단 속에 포함되며, 따라서 대안적인 이론적 구성 및 사회적 전망에 따라 형성된다"(ibid., 63).

따라서 사회 변화를 위한 투쟁은 동시에 항상 또한 정치적 제도들의 변화를 위한 투쟁을 의미한다. 왜냐하면 정치체제(politische Verfassung)가 순수하게 사회적인 동학의 기능임과 마찬가지로 정치제도들은 또한 항상 계급투쟁으로부터 형성되는 정치적 세력관계의 표현이기 때문이다.

19세기말 베른슈타인 논쟁 및 거기에서 나타난, 정치적 문제제기 전체의 경제적 문제설정으로의 협소화와 더불어 민주주의와 사회주의의 관련의 문제가 그 배경에 등장하였다. 그 결과 적어도 이탈리아에서는 한편으로 개량주의와 다른 한편으로 급진주의가 성립하였다. 베른슈타인이 칸트와 프루동에게로 관념론적으로 돌아갈 때 사회주의는 순수하게 기술적-경제적 관계로 환원된다. 즉 국가는 자기의 사회적 제약성으로부터 분리되어 관념적이고 계급중립적인 조직원칙이 되어버린다. 다시 이러한 해석은 관념적이고 순수하게 정치적인 투쟁과 물질적이고 노동조합적인 투쟁이라는 이원론적 분리를 조건짓는다. 물질적인 사회적 과정으로부터 분리된, 모든 사람에 대한 자유주의적 자유 보증과 일반적인 윤리적 가치를 명목으로 하는, "사회적 폐해"의 개량주의적 교정, 즉 자유주의와 "공정한 분배" 체제로서의 수정된 사회주의의 결합으로 말미암아 베른슈타인의 수정주의는 "부르조아 체제에 내적인 정치적 변종일 뿐 아니라 다름아닌 그것의 본질적인 정치적 구성요소가 되었다" (ibid., 63).

로자 룩셈부르크에 관해 말하자면, 그녀는 "자본주의의 자기조절" 테제의 타당성을 논박하는 한편, 민주주의의 "두 가지 측면", 즉 보편적인 형식적 평등주의의 정치적 민주주의와 그것의 개인주의적 구조와의 유기적 결합 속에 놓여 있는 사회적 민주주의를 발견한다. 또한 그녀는 "그 고유한 계급적 성격의 허위성을 비판할 수 있는" 민주주의의 가능성 또는 적어도 (이론적, 추상적) 경향, 다시 말해서 "민주주의와 자유주의의 구별을 가능하게 하는 경향" (ibid., 71)을 발견한다.

하지만 그녀에게서 설명되지 않은 채 남아 있는 문제는 민주적 정치 유기체의 어떤 부분이 자유주의적 전통에 대한 구별 기준이 되는가, 어떤 정치적, 민주적 경향들이 자유주의적 대의제 국가를 넘어설 수 있는가라는 것이다. 그녀는 정치제도들의 양의성과 다의성을 연구하지 않았으며, 결국 시야를 폭력과 합법성의 대치로 좁히고 말았다.

그녀가 레닌과 트로츠키의 "근본적 오류" —— 카우츠키와 마찬가지로 민주주의를 독재로 대체한 —— 를 비난하면서 프롤레타리아트가 부르조아의 권력 및 지위를 사회주의적 민주주의로 대체해야 한다는 요구를 제출할 때, 체로니에 따르면, 여기서 그녀의 한계가 나타난다. 왜냐하면 그녀가 사회주의적 민주주의의 이론적 및 실천적 문제를 권력장악 이후 시기로 연기하고, 부르조아 민주주의 제도의 "도구적 이용"의 가능성만을 예상하기 때문이다. 현존하는 민주적 구조들의 양의성을 증명하고 그것의 "반부르조아적이고 반자본주의적인 잠재적 가능성"(따라서 또한 사회주의의 정치적 체제에 대한 그 타당성)을 보이는 분석이 그녀에게는 결여되어 있다.

이제 개량주의가 경제문제를 정치적 방법에 의한 사회적 개혁의 수단으로, 즉 현존 체제를 원칙적으로 인정하면서 해결하려고 시도한다면, 룩셈부르크도 속해 있는 통합주의파는 자유주의적 민주주의를 기각하고, 실천을 인도할 수 있는 정치이론의 문제를 혁명 이후 시기로 미룬다. 정치개혁과 정치혁명의 변증법은 발휘되지 않는다. 두 가지 입론에 결여되어 있는 것은 정치적 및 경제적 관계들의 상호적 함축에 대한 인식이다.

반대로 체로니에 따르면 국가는 첫번째 (베른슈타인의) 경우에는 계급 위에 군림하는 중립적 심급으로서, 따라서 사회민주주의적 개혁정책을 위해 이용될 수 있는 것으로서 간주되며, 두번째 (룩셈부르크의) 경우에는 계급의지(현재에는 부르조아적, 미래에는 프롤레타리아적 의지)의 순수한 직접적 표현으로서 이해되는, 폭력독점(Gewaltmonopol)의 도구가 결코 아니다.

부르조아 국가가 논리적으로 철저하게 부르조아 의회제적 대의제 국가이지만 역사적으로는 계급투쟁에 의해 조성된 세력관계에 의해, 또한 자본의 유기적 구성의 고도화에 의해, 즉 정치적 및 계급적 이유들에 의해 제약되기 때문에 이러한 "순수한" 모델은 수정되어야 한다. 여기에서 더이상 일회적인 "혁명적" 과정으로서가 아니라 장기적인 과정으로서 파악되어야 할 연속과 단절의 변증법이 전개된다.

"궁극목적과 일상적 문제"의 관계 및 경제와 정치의 변증법은 1920년대에 특히 "평의회적 대안"과 관련하여 토론되었다. 튜린의 『신질서』

그룹에 속했던 청년 그람시는 여기에서 이미 현존 사회에서 사회주의적 조직형태를 맹아적으로 발전시키려는 시도를 보았다. 오늘날 다시 나타나고 있는, 이러한 평의회 논의에 대한 관심과 관련하여 오늘날 이탈리아에서도 현재적 의미를 갖는 평의회 이론가로서 칼 코르쉬에 대한 체로니의 설명은 특히 흥미롭다.

체로니에 따르면 코르쉬의 공헌은 그가 사회화를 단순히 국유화와 동일시하지 않았다는 데 있다. 그는 새로운 "산업민주주의" 내부에서 공장평의회를 자본주의적 사영경제를 사회주의적 공동체경제로 대체하려는 목적을 갖는, 새로운 생산 규제의 필수불가결한 도구로서 이해한다. 그는 자본주의적 생산과 사회주의적 분배의 결합을 환상적인 것, 불가능한 것으로 보고 거부한다. 코르쉬와 더불어 처음으로 "운동"과 "목적"이라는, 이제까지 반정립적으로 이해되어온 관계의 극복이 가능하게 되었다는 것이다. "미리"와 "나중에" 사이의 벽이 허물어진 것처럼 보인다. 그럼에도 불구하고 이러한 입론은, 체로니에 따르면, 근본적 한계를 갖고 있다. 왜냐하면 정치적 조직과 사회의 관리에 대한 질문, 그리고 정치제도들에 대한 질문이 완전히 배제된 채로 남아 있기 때문이다.

그러나 또한 **정치적** 권력에 대한 질문에 대답하지 않은 채로 남아 있기 때문에, 코르쉬는 그의 평의회적 대안에서 두 가지 위험에 부딪히게 된다. 즉 "자본주의적 관계로부터 해방되지 않은 산업민주주의 속에서 평의회의 통합을 위한 문을 열게 될" 위험, "또는 새로운 사회주의 국가를 순수하게 경제적-행정적인 국가로 환원하게 될"(ibid., 78) 위험이 그것이다.

"평의회적 대안"과 공장에 한정된 권력을 중앙폭력에 대한 평형추로 삼는다는 코르쉬의 기본사상은, 체로니에 따르면, 권위주의적 중앙주의와 지방주의적 민주주의 사이의 전통적인 자유주의적 반정립 내에 머물러 있다.

그런데 체로니는 막스 아들러를 **정치적** 민주주의와 정치제도들의 관계라는, **종별적**이고 외관상 단지 "부차적인" 문제를 제기하는 몇 안되는 사회주의 이론가들 가운데 한 사람으로 꼽는다.

체로니는 그에게서 민주주의의 원칙은 부르조아 사회의 실제적 조건들과 갈등에 빠질 수밖에 없다는 생각뿐만 아니라 민주주의와 독재 사이에 다른 대안은 없다는 이론적, 전략적 결론이 제시되고 있음을 본다.

왜냐하면 자기조절로서 민주주의의 강화는 계급사회를 위협하고, 자기조절의 원칙으로서의 인민주권과 의회주의 사이의 모순을 격화시켜 그 해결에 이르도록 강제하기 때문이다. 하지만 아들러에게서는 제도적 문제가 밝혀지지 않은 채 남아 있다. 일찍이 루소에게서 영감을 받아 평의회 체제와 **나란히** 전체 인민과 정치적(사회주의적) 기본방향을 표현하는 국민입법회의를 제안할 때, 그는 이 "두번째 의회"가 본래 어떤 권한을 지녀야 하는가라는 문제에서 동요한다. 즉 결정권을 평의회로 점진적으로 이양할 것인가 아니면 그가 동일한 정도로 고려하는바, 특수한 혁명적 정세에 의해 제약되는 평의회를 잠정적으로 설치 —— 그럼으로써 경향적으로 보조적 기능을 인계받게 될 —— 할 것인가 하는 문제가 그것이다. 최근 대의제 민주주의와 직접민주주의의 "매개" 및 "결합"을 통틀어 옹호하고 있는 체로니 자신도 역시 마찬가지로 불명확하다(Cerroni, 1976a, 64 참조).

아들러에게서는 계급투쟁과 당의 차원이 완전히 배제되어 있다. 아들러가 다당제를 옹호하고, 새로운 사회주의 국가를 더이상 계급국가가 아니라 인민국가로서 이해한다면, 이러한 질문은 체로니에게도 —— 내 의견으로는 징후적으로 —— 미해결인 채 남아 있다. 그의 생각으로는 1789년의 원칙들로부터 사회주의적 문제설정을 도출하고자 하는 사회민주주의적 해결책(베른슈타인, 카우츠키, 라스키〔Laski〕, 몬돌포, 스트레이치〔Strachey〕은 여전히 수용할 수 없는 것이다. 또한 반대로 부르조아 민주주의적 제도 속에서 —— "목사의 거짓말"로서의 이데올로기 이해와 유사하게 —— 부르조아지의 의식적인 "위선적", "허위적" 의견표명만을 볼 뿐인 속류맑스주의적 해석(비신스키〔Wischinski〕)도 여전히 받아들일 수 없다.

그렇다면 사회주의 국가의 정치적 프로그램은 부르조아 국가가 단지 추상적으로만 선언할 뿐인 모든 권리들의 실제적 "현실화" 속에 포괄되어야 할 것이다. "현실적으로(이론적으로) 매개되어 수용된 것이 아닌, 이러한 형식적 자유를 권위주의적으로 공허하게 만들 위험과 생산수단의 단순한 사회화(국가화)로 사회주의를 속류화할 위험은 별도로 하더라도"(Cerroni, 1973b, 85), 여기에서는 대의제 국가에 대한 맑스의 근본적 비판이 고려되지 않고 있다. 이러한 이해의 귀결은 평등을 복지국가를 통한 재화 분배에서의 균형 —— 그 밖의 점에서는 낡은 사회적 관계들을 보존하는 —— 으로 환원하는 것이 되거나 임금생활자들의 "이해관계에 맞추어" 가부장적으로 행동하는 사회주의 국가라는 것이 될 것이다.

체로니는 레닌과 그람시에게서 비로소 맑스주의 정치이론을 당시의 수준 이상으로 끌어올린 두 가지 요점을 발견한다.

체로니의 가설 —— 이 가설로 그는 개량주의와 급진주의 사이의 격차를 레닌 및 그람시를 참고하여 메우고자 하는데 —— 은 19세기말 노동운동에서 지배적이었던 "붕괴이론"에서 출발한다.

> 단순히 맑스 해석의 연장선에서만이 아니라 일반적으로 맑스주의적 문화 내에서의 실증주의적 문화의 연장선에서 나타난 붕괴라는 관념은 역사 진행에 대한 숙명론적 시각과 함께 등장했다. 그러한 시각에는 상세하고 정확한 분석을 위한, 일반적으로는 사회적 메카니즘의 과학적

설명을 위한 여지가 전혀 없었다. 이로부터 사회주의로의 이행에 대한 두 가지, 외관상 서로 대립하는 전망이 뿌리를 내렸다 : 한편으로는 숙명적이며 따라서 '이미 알려져 있는' —— 그것의 법칙을 설명하고 확정해놓고 있는, 미리 편찬되어 있는 규범에 따라 '적용'되어야 할 —— 과정을 촉진하는 데 몰두할 뿐인 정치적 주의주의, 다른 한편으로는 사회주의의 '불가피성'이 '인류 진보의 법칙들' 속에 이미 장치되어 있으며, '점진적 개량' —— 노동자들을 사태 진행이 요구하는 만큼의, '인간적 문제'의 수준으로 끌어올리는 데 적합한 —— 을 통한 운동의 성숙을 추진하는 것과 연결될 뿐이라고 확신하는 개량주의의 똑같이 숙명론적인 전망. (ibid., 96)

체로니는 "창조적인 지적 메카니즘" —— 이것으로 레닌은 맑스적 연구방법(추상적인 적용도식과 같은 것이 아닌)을 비전형적인 러시아적 상황에 적용했다 —— 을 발견하려는 목적으로 레닌에게 주의를 돌린다. 그에 따르면 특히 레닌의 독창성을 이루는 세 가지 본질적인 "영역"은 다음과 같다 : 미완성된 민주주의 혁명에서의 프롤레타리아 헤게모니, 근로인민 가운데 다른 계층들 특히 농민과의 동맹, 특정한 역사적 상황 속에서 이행기 국가의 건설을 위한 적절한 도구로서 정치적 조직의 이론 및 제국주의 시대에 형성되는 독점자본주의의 이론이 그것이다(ibid., 102).

맑스주의에 대한 체로니의 기본적 생각은 또한 그의 레닌 해석을 규정한다. 그에 따르면, 우리가 이미 보았듯이 맑스적 사상의 실체 —— 예를 들자면 맑스의 헤겔 비판 속에서 상술되어 있고, 나중에 엥겔스에 의해 변조되는 —— 는 서로 관련되는 물질적, 정신 외적 관계들을 임시적으로 파악하고 표현하는 개념들의 검증가능성을 유물론적으로 전제한 점에 있다. 적절한 반영관계로서, 이론적 인식 및 현실적, 물질적 합법칙성의 가공으로서의, 경험적 현실에 대한 이론적 개념의 관계는 자연과학에서의 방법론적 접근법과 실질적으로 구별되지 않는, 실험적 가설로서의 개념의 지위를 조건짓는다. "이로부터 물질적 및 이데올로기적 관계 사이의 맑스적 구별, 그리고 사회학(및 철학)의 과학으로의 환원이 정당화될 수 있다"(ibid., 105).

현실은 그 합법칙성 속에서, 절대적인, 시간과 공간에 의존하지 않는 일반적으로 타당한 법칙들의 예시가 아니라 그것의 종별적인 역사성 속에서 가설형성을 위한 무기고다. 이러한 가설형성은 "결정적 추상"으로서의 그것이 경험의 이론 아래로의 포섭이 아니라 검증가능성의 심급으로서의 실천의 기준을 통해 이론과 경험의 변증법을 보증한다는 사실에 의해 현실의 역사성을 정당하게 평가한다.

그러므로 체로니는 레닌이 『유물론과 경험비판론』 및 『철학 노트』에서 행하고 있는 바와 같은, 맑스에게서의 사회과학의 헤겔주의적 해석에 대한 "적잖은 양보"를 "구체적 대상에 대한 구체적 분석"으로서의 맑스주의라는, 일찍이 도달한 바 있는 규정상태에서의 후퇴로서 비판하지 않을 수 없다.

레닌이 1917년에야 비로소 국가의 문제에 주의를 돌려, 『국가와 혁명』에서, 이미 맑스와 엥겔스에게서 정식화된 국가이론을 재발견하고 환기시켰다면, 그것은 전쟁이라는 새로운 상황이 필연적으로 국가에 대한 볼셰비키들의 관계를 명확히 할 것을 요구했기 때문이다. 인민주의자들, 경제주의자들, "합법 맑스주의자들", 멘셰비키 등에 대한 레닌의 논박은, 체로니에 따르면, 맑스적 국가이론을 자립적으로 숙고하려는 노정 상의 선로구간(Teilstrecken)이다. 무엇보다도 네 가지 점에서 그는 서유럽 사회민주주의의 우파, 카우츠키를 중심으로 하는 "중앙"파, 또한 룩셈부르크 중심의 좌파와 근본적으로 다른 결론에 도달한다.

자본주의의 재생산과 경제적 위기에 대한 이론, 정치적 민주주의를 위한 투쟁과 사회주의를 위한 투쟁의 결합이라는 주장, 노동자와 농민의 **필연적** 동맹의 이론, 마지막으로 민족문제에 대한 해답이 레닌이 맑스의 국가이론적 입론의 이러한 "자율적" 사고를 입증하는 영역들이다.

레닌에 의한 국가 문제설정의 재수용의 독창성은, 그것이 말하자면 제2인터내셔널에 의해 남겨진 공백을 재건해야 한다는 점 때문에, 더욱 더 높이 평가되어야 한다. "베른슈타인 논쟁"에서는 자본주의의 위기에 대한 평가가 중심이 되었고, 국가의 테마는 오로지 전략적 차원에서만 받아들여졌던 것이다.

레닌이 상황의 압력을 받아 국가 테마를 다루게 되었을 때, 체로니에 따르면, 그는 이것을 이론적 문제제기 아래에서라기보다는 정치적-실천적 문제제기 아래에서 행하였다. 즉 부르조아 대의제 국가가 문제가 되었던 것이 아니라 전통적 국가에 대한 사회주의 혁명의 관계를 어떻게 규정해야 하는가라는 질문에 대한 답이 문제가 되었다.

체로니는 이제 레닌에 대해 다음과 같은 문제를 제기한다. 맑스의 경제적 저작에서 발전된 자본주의의 새로운 현상에 대한 답을 찾을 수 있다면, 근대적 대의제 국가의 보다 발전된 모델에 대해서도 유사한 접근법이 가능하지 않겠는가? 레닌은 『국가와 혁명』에서 경제적 영역에서와 같은 정도의 완성도로써 그러한 종류의 "재발견"에 성공하였는가? 두 가지 요인 때문에 체로니는 부정적으로 답을 내리게 된다. 첫째로 레닌은 국가에 대한 맑스의 성찰을 재구성하면서 맑스가 근대적 대의제 국가와 대결한 유일한 텍스트, 즉 1844년의 독불연보에 발표된 『유태인 문제』를 무시한다. 나아가서 당시까지 레닌은 1927년에 발표된 텍스트인 『헤겔 법철학 비판』을 전혀 알 수 없었다. 그렇지만 이런저런 텍스트들(1844년 『수고』, 『독일 이데올로기』 및 『그룬트리세』)에 대한 인식의 결여가 『유태인 문제』와 같은 당시 이미 알려져 있던 텍스트를 레닌이 고찰하지 않고, 거기에 포함되어 있는 헤겔 비판과 부르조아 대의제 국가에 대한 설명에 주의하지 않은 이유를 설명해주지는 못한다. 맑스로 하여금 "시민사회"의 "해부학"의 단계에 이르게 했던, 맑스의 이론적 예비작업, 즉 정치적 국가가 다름아닌 자립화된 시민사회로부터의 그 분리에 근거하고 있으며, 그 추상성 및 법률적-형식적 성격을 통해 자본주의 사회에 대해 **단일화된** 기능, "즉 "계급의지"의 표현이 아니라 개인주의적 사회의 분열되고 자립화된 구조의 표현인 기능" (ibid., 133ff.) 을 갖게 된다는 사실이 레닌의 해석에는 포함되지 않고 있는 것이다.

근대 국가의 **종별적** 성격을 대상으로 삼았던 이러한 이론적 예비작업의 경시로 말미암아 레닌에게서만이 아니라 당시 사회민주주의의 역사 전체에서 맑스주의 국가이론은 다음 두 가지 요점을 중심으로 발전하게 되었다.

1. 모든 역사적 국가유형을 포괄하는 "국가" 일반이라는 관념,

2. 그와 관련하여, 사회주의 혁명의 실현을 위한 전제로서 폭력적 이니셔티브, 무장봉기가 필요하다는 생각(ibid., 134).

이러한 이해에서는 다른 **구체제**와의 관계 속에서 본 부르조아 국가의 판별적 특징 —— 이것은 맑스에게서는 중요한 지위를 차지하였다 —— 은 분석에 포함되지 않는다. 가능한 설명 근거로서 체로니는 맑스가 명시적으로는 더이상 그 자체로서의 부르조아 국가의 연구로 돌아가지 않는다는 사실, 그리고 다른 한편으로 엥겔스가 훨씬 나중(1884년)에 발표한 저술인 『가족, 사유재산 및 국가의 기원』에서 다른 국가유형과는 근본적으로 구별되는 근대적 대의제 국가의 역사적 특수성을 무시한다는 사실을 들고 있다. "전자[맑스]에게서는 현재와 보다 복잡한 것이 과거와 보다 간단한 것을 알 수 있게 해주는 열쇠가 되는 반면, 후자[엥겔스]에게서는 과거가 일면적인 진화의 연쇄를 세움으로써 현재를 설명한다" (ibid., 135).

맑스는 국가의 구성적 요소로서의 폭력(폭력독점)을 결코 배제하지

않지만, 근대적 국가를, 그 자체만으로는 근대적 국가의 특수성을 설명할 수 없는, 이 요소로 환원하지도 않는다. 국가폭력이 근대적 사회를 응집시키는 것이 아니라, 근대적 사회의 종별적인, 개인주의적 분리가 역사적 필연성에 의해 하나의 종별적인, 폭력에 기초하긴 하지만 그것에 의해서는 충분히 설명될 수 없는, 사회 관리(Verwaltung)의 형태를 요구하는 것이다.

베른슈타인 논쟁 이후 사회주의 운동의 분열은 가속화되었다. 맥시멀리즘적 "봉기주의"뿐만 아니라 개량주의도 그 다양한 행동양식을 통해 국가이론적 입론이 이루어지는 것을 방해하였다.

개량주의가 점점 자유주의 좌파적, 부르조아적 입장에 이끌려 갔다면, 혁명적 생디칼리즘은 정치투쟁의 완전한 거부를 주장하였다. 프롤레타리아 국제주의의 신화화와 경제적 붕괴 관념(예컨대 로자 룩셈부르크의 경우)은 국가문제를 더욱 배제하였다. 부르조아적 자유권을 위해 전제에 대항할 뿐 아니라 동시에 이미 현존하는 자본주의적 구조에 대항하여 싸워야 한다는 특유한 상황 속에 놓여 있던 러시아는 여러 모로 보아 하나의 예외를 나타냈다.

레닌은 일찍이 스트루베와의 논쟁에서 국가권력은 시민사회로부터의 분리에서 성장한다는 점을 옳게 인식하였지만, 이것을 엥겔스와 마찬가지로 모든 역사적 국가형태를 구성하는 특징으로 간주하였다.

프롤레타리아 "독재"와 폭력적 혁명의 필연성이라는 당시 레닌의 주장은 그 옹호자들과 비판가들에 의해 도그마로 승격되었는데, 체로니는 레닌 자신의 정치 분석(예컨대 『먼곳으로부터의 편지』, 1917 3/4월) 속에서 다른 강조점을 찾아내야 한다고 믿는다. 즉 전체 인민의 조직에 대한 구상, 즉 부르조아 국가 및 그것의 대의제적 구조에 대항하는 반대권력으로서, 프롤레타리아적이고 사회주의적인 정치적 지도 아래에서 추진되는 인민주권에 대한 구상이 그것이다.

레닌의 논문, 『이중권력에 대하여』에는 다음과 같이 씌어 있다 : "국가권력을 장악하기 위하여 계급의식적 노동자들은 다수를 자기 편으로 획득해야 한다. 대중에 대하여 폭력이 사용되지 않는 한, 권력에 이르는 다른 길은 없다. 우리는 블랑키주의자들이 아니며, 소수에 의한 권력장악의 신봉자들도 아니다" (Lenin, 1966, Bd. II, 47).

물론 체로니는 레닌으로부터 다당제의 구상을 읽어낼 수 있다고 믿는다. 『우리 혁명의 임무』(1917년 9월) 중의 "혁명의 평화로운 발전"이라는 장에서 레닌은 소비에트로의 권력 이양을 여러 당들 사이의 자유로운 변증법 —— 여기에서 볼세비키도 다수를 획득하기 위하여 싸운다 —— 으로서 구상한다.

> 이 모든 것은 레닌에게 명백히 '기회주의'로 보이지도 않는다. 이러한 전략이 폭력적 이니셔티브를 의미하지 않으며, 프롤레타리아 독재의 정치적 일당제를 용어상 번역한 것을 의미하지도 않는다. 여기에서 레닌은 오히려 자본주의를 폐지함과 동시에 합의를 위한 경쟁 및 정치적 변증법을 유지하기 위해 공산당이 다른 당들과의 공존을 받아들이는, 나라의 사회주의적 변혁을 구상한다. (Cerroni, 1973b, 142)

체로니가 여기에서 "사회주의로의 이탈리아적 길"을 이끌어낼 때와 같은, 사회주의로의 이행에 대한 종별적 구상을 위해 레닌을 원용하고 있음을 알아차리는 것은 어렵지 않다.

이 "두번째", 말하자면 "보다 유연한" 전략적 노선은 시간적으로 레닌이 『국가와 혁명』을 집필할 때와 일치한다. 따라서 체로니는 다음으로 이 "노선"을 추적하기 위해 이 텍스트를 연구한다.

이 텍스트에서 레닌은 근대 민주주의의 "두 개의 영혼", 즉 "진정하고 현실적인", 자유주의적, 엘리트적 영혼과 동시에 혁명적, 민중주의적, 평민적 영혼——물론 이것은 그것이 적대적인 자본주의 사회에 편입되어 있는 한, 유토피아적인 것으로 남는 것이지만, 체로니에 따르면, 프롤레타리아트와 임금생활자 일반의 합의에 의한 자본주의적 구조의 극복을 위한 "지렛대"가 된다——을 아주 명확히 식별해내지는 못한다(ibid., 144 참조). 레닌은 코뮨의 예를 들면서 이러한 이중적 성격을 시사하긴 하지만, 먼저 권력장악, 그 후에 "새로운 민주주의"를 지향한다는 국면모델의 위험성에서 벗어나지 못한다. 레닌은 일체의 블랑키주의를 거부하므로, 다수의 합의가 경제투쟁에만 한정되어서는 안되는 것인 한, 다수에 의한 권력장악은 이미 현존 대의제 민주주의에 대한 비판을 전제한다.

"민주주의는 하나의 국가형태, 국가의 행동양식 중의 하나다. 따라서 그것은 모든 국가와 마찬가지로 인간에 대한 체계적인 폭력 사용이다. 그것이 하나의 측면이다. 그러나 다른 한편으로 민주주의는 국가헌법을 규정하고 국가를 관리하는, 시민들 사이의 평등, 모든 사람의 동등한 권리에 대한 형식적 인정을 의미한다. 그것은 다시 다음과 같은 결과를 가져온다. 즉 민주주의는 특정한 발전단계에서 첫째로 자본주의에 반대하는 혁명적 계급, 프롤레타리아트와 연결되며, 그들에게 부르조아적인——부르조아 공화제라 하더라도——국가기구(상비군, 경찰, 공무원)를 해체하고 파괴하며 이 세상에서 없애버릴 가능성, 그것을 무장한 노동인민——이것은 전체 인민이 민병대에 참여하는 쪽으로 접근해갈 것이다——으로 구성되는 보다 민주적인 국가기구, 하지만 어쨌든 하나의 국가기구로 대체할 가능성을 부여해준다. 여기에서 '양은 질로 전화한다'. 민주주의의 그러한 단계는 부르조아 사회의 틀의 파열 및 그것의 사회주의적 변혁의 시작과 연관되어 있다. 실제로 모든 사람이 국가 관리에 참여하게 된다면, 자본주의는 더이상 유지될 수 없다. 자본주의의 발전은 '모든 사람'이 실제로 국가 지도에 참여할 수 있게 되기 위한 전제를 창출한다" (Lenin, 1966, Bd. II, 401f.).

체로니에 따르면 레닌은 여기에서 가장 높은 이론적 반성의 단계에 도달해 있다. 그가 루소, 『유태인 문제』, 『헤겔 국법론 비판』을 천착하지 않고서도 근대 민주주의의 양면성을 인식하고 있기 때문이다. 체로니의 해석시도는 "혁명 주체"의 사회학적 확장을 초래한다. 그에 따르면 근대 민주주의의 이러한 양면성 속에 좁은 의미에서의 프롤레타리아트만이 아니라 "시민" 일반에 근거하는 사회주의 운동의 가능성이 놓여 있으며, 프롤레타리아트의 해방은 동시에 인간의 해방을 의미한다(Cerroni, 1973b, 145).

그러나 체로니가 강조하듯이 혁명이 경제적 및 정치적 투쟁의 장구한 과정으로서 간주되어야 한다면, 그는 개량주의의 "작은 개량들"과 극단주의의 "재생의 폭력"을 모두 반대한다. 소유관계나 권력관계 둘 중의 하나만을 변화시키는 사회주의는 중간지점에 멈추어 서 있게 될 것이다.

> 과정을 먼저 한 측면, 그리고 나서 다른 측면으로 이끌고나가는 것은 필연성일 수는 있지만, 결코 독단도 아니고 규범도 아니다. 그러나 양 측면에서 동시에 출발하는 것을 금지하고, 폭력적 이니셔티브의 도그마, 그리고 더이상 사회유형(자본주의 및 계급으로서의 부르조아지의 폐지)으로서가 아니라 국가형태(일당제)로서의 프롤레타리아 독재의 도그마를 만든다면, 그것은 양 측면 어느 쪽에서도 출발하지 못하게 된다는 것을 의미할 수 있다(그리고 역사적으로 의미해왔다). 개량주의와 극단주의가 거의 1세기 동안이나 진실에 반대해왔던 서구에서는 그러했던 것이다. (ibid., 146)

여기에서 제안된 독해방식에 의한, 레닌의 『국가와 혁명』의 현재성, 그리고 대부분의 선진국들에게 가장 현재적이고 가장 긴급한 역사적-정치적 필연성에 따라 하나의 해답을 줄 수 있을, 사회주의의 "재발견"은, 체로니에 따르면, 민주주의를 생산자들의 직접적 참여, 공무원들의 선거가능성과 소환가능성, 즉 정치적 기능들의 사회적 활동으로의 "승화"로 확장하는 것을 이론적으로 정초하는 데 있다.

체로니는 레닌을 특유한 문제제기 하에서 읽음으로써 레닌이 체로니가 보기에 중심적인 문제설정, 즉 **전체** 인민의 합의의 조직이라는 문제설정을 보았을 뿐 아니라 그것을 그의 실천적-정치적 전략의 핵심적 구성요소로 승격시켰으며, 다당제를 옹호하였다는 결론에 도달하게 된다. 물론 레닌은 이론적 영역에서 부르조아 대의제 국가에 대한 종별적 비판을 경시하였다고 한다.

이러한 레닌 해석이 맑스주의에서 이제까지 무시되어왔던 이론의 정초를 위해, 그러나 또한 동시에 서구의 선진 자본주의 나라들, 특히 이탈리아에서의 새로운 혁명전략을 근거짓는 데 봉사한다면, 그리고 이러한 레닌 독해가 근본적으로 "사회주의로의 이탈리아적 길"에 대한 이론적 정당화를 제공한다는 하나의 목적만을 갖는다면, 다음과 같은 요점이 재차 강조되어야 한다. 이미 그람시가 그랬던 것처럼 체로니는 정치투쟁의 우위 하에서의 경제투쟁 및 정치투쟁의 결합을 강조한다. 하지만 모든 맑스주의적 입장에 대해 구성적인, 경제와 정치의 필연적 변증법이라는 이러한 가정은 그람시와 체로니에게서 각각 상이한 결론을 낳게 된다. 그람시가 사회주의 국가를 근로주민 다수의 합의와 폭력의 변증법에 따라 건설할 수 있기 위해, 권력장악 **이전에** 노동자계급의 헤게모니에 도달할 필요성을 강조했다면, 또한 그가 "역사적 블럭"의 중심적 매개자로서의 당을 그의 정치이론의 중심에 있는 "집단적 지식인"으로서 제시했다면, 체로니는 당의 기능에 대한 직접적 입장 표명을 회피한다. 우리는 그에게서 그람시가 회피했던 길을 읽어낼 수 있다.

그람시에게서는 "프롤레타리아 독재"는—— 그리고 이 점에서 그는 자신이 레닌의 직접적 계승자라고 생각했는데 —— 프롤레타리아 헤게모니와 일치했으며, "독재"란 물론 헤게모니의 한 측면을 가리킬 뿐이었다(Gruppi, 1972, 76 참조. 또 ders., 1976c도 참조. 여기에서 그루피는 이것을 명확하게 확인하고, 동시에 이탈리아공산당에 의한 이러한 이해의 거부를 강조한다).

체로니에 따르면, 반대로 "프롤레타리아 독재" 개념은 단지 특수한 역사적 상황 속에서 정당화되고, 설명될 수 있는, 그러나 일반화할만한 가치는 없는 과도형태에 불과하다. 그에 따르면 그것은 맑스주의 국가이론의 핵심적 구성부분은 아니다.

전체 인민의 합의를 구하는 복수정당 제도가 그것을 대체한다. 다당제가 일당제 국가를 대체하고, 파리코뮨의 모델과 유사한 직접민주주의가 델라 볼페가 생각했던 바와 같은, 공적 생활의 모든 영역에 확장되어 있으며, 그럼으로써 자신의 엘리트적, 계급제약적 성격을 감추고 있는 의회주의를 대체한다. "성숙한" 그람시뿐만 아니라 "사회주의적 합법성"을 주된 테마로 다루었던 델라 볼페와도 다르게 체로니는 "초기" 그람시에게 평의회 민주주의를 연결시키고, "직접민주주의"에 대한 자신의 요구와 "보편적인", 따라서 또한 사회주의 나라들에서도 나타나는 관료화에 대한 자신의 비판을 사회주의 나라들에 대한 전반적 비판으로 연장하고 있다. 그럼으로써 그는 다른 전제에서 출발한 것이긴 하지만, 델라 볼페학파의 "좌파적" 대표자, 특히 바카와 만나게 된다. 체로니는 앞에서 언급한 바 있는 보비오의 글, 사회주의 잡지 『몬도페라이오』 1975 9/10월호에 실린 글——여기에서 보비오는 맑스주의 정치과학의 결함을 확인한다—— 을 자기 입장을 더욱 상세하게 설명하기 위한 실마리로 삼는다(Cerroni, 1975b,, 21ff.). 재차 민주주의와 사회주의의 관계가 그의 설명의 중심에 놓인다. 맑스주의 정치과학의 결함에 대한 평가에서 보비오와 의견이 일치하는 체로니는 이것에 대한 이유를—— 그람시와 마찬가지로—— 오랜 역사 속에서 맑스주의가 경제주의로 축소되어온 점에서 찾는다. 부르조아 민주주의의 형식적 자유에 대한 올바른 비판은 그릇되게도 이러한 형식적 자유를 실질적, 사회적 자유로 보충하는 것이 아니라 대체하고 그럼으로써 또한 상대적으로 자율적인 영역으로서의 정치에 관여하는 것을 불필요한 것으로 간주하는 결과를 낳았다는 것이다. 체로니는 최근 이탈리아 좌파에서 다시 강력하게 부활하고 있는, 비합리주의적 함축을 갖는 정치적 실용주의에서, 이제까지 언급한 입장과는 분명 다르지만, 그 결론에서는 유사하게 경제주의적인 경향을 본다. 경험주의가 일상투쟁을 지배하였기 때문이든, 아니면 정치적 지도부가 교조적으로 절대적 진리의 담지자임을 자처하였기 때문이든, 노동운동의 역사 속에서 사회주의는 종종 자신의 과학적 구성부분을 박탈당해왔다는 것이다. 이 두 경우에서는 지적인, 계급투쟁을 과학적으로 인도할 요소가 정치에서 배제되어버린 것이다. 그람시는 자본주의에서의 국가가 모든 국가를 일반적으로 특징짓는 표지인 폭력장치일 뿐 아니라 그것을 넘어서서 부르조아 국가에만 고유한 종별적 메카니즘, 즉 모든 시민의 형식적 평등을 기초로 하는 입헌적-대의제적 국가가 되는 메카니즘을 갖추고 있음을 파악했던 유일한 사람이었다.

그러나 국가유형으로서의 부르조아 독재가 다양한 형태—— 그 중 파시즘이라는 예외적 형태는 국가를 순수한 폭력국가로 환원한다—— 로 나타날 수 있다면, 체로니에 따르면, 특정한 국가유형 내부에서 다양한 정부형태의 이러한 가능성은 마찬가지로 또한 프롤레타리아 독재에 대해서도 타당성을 가져야 하지 않는가 하는 질문을 제기할 수 있다. "부르조아 독재가 상이한 정치형태들을 통해, 특히 민주공화국과 정치적 민주주의에 의해 실행될 수 있다면, 그것은 여기서 문제가 되고 있는 계급독재란 특수한 정부형태를 가리키는 것이 아니라 하나의 사회경제적 질서를 가리킨다는 것을 의미한다. 우리는 그로부터 프롤레타리아 독재도 사회경제적 질서로서 이해되는 한, 상이한 정치적 형태들을 통해 실행될 수 있으며, 그 경우에서 정치적 민주주의는 원칙적으로 배제되지 않는다는 결론을 내릴 수 있다" (Cerroni, 1975b, 22). 그 때문에 이미 레닌은 사회주의 국가를 부르조아지가 권좌에 있지 않은 부르조아 국가로서 정의하지 않았던가?

국가의 완전한 사멸이 먼 미래에나 겨우 기대될 수 있는 것인 한, 전과 다름없이 정치적 매개는 필요할 것이며, 따라서 또한 정치적 대표와 위임의 문제도 남아 있을 것이다. 부르조아 대의제 국가에 대해 종종 제시되는 대안인 평의회 공화국은, 체로니에 따르면, 노동자운동의 하늘에서 떨어진 "운석"에 불과하다. 그것은 반혁명이나 스탈린주의적 독재의 희생물이 되고 말았다는 것이다. "우리 시대 사회주의의 본래적 문제는 선진국들에서는 노동자들의 통합적 자치로의 이행이 정치적 민주주의의 확대, 즉 대의제 민주주의의 직접민주주의와의 결합의 진전——(사회생산물의 사적 영유의 자유를 제외한) 모든 자유와 모든 참여 형태가 발전되도록 형성된——에 근거하는, 그러한 국가모델을 구상하는 데 있다" (ibid.).

생산수단의 사회화는 권력의 사회화를 동반해야 할 것이다. 보비오가 민주주의 있는 자본주의냐, 민주주의 없는 사회주의냐라는 공식으로 표현했던 딜레마는 **정치와 사회화된 경제**의 결합 속에서 피할 수 있으리라는 것이다. 왜냐하면 자본주의가 항상 민주주의를 동반하는 것은 아니며, 현대의 국가독점적으로 집중화된 국가는 인민의 정치적 통제에서 점점 더 강하게 벗어나게 될 것이기 때문이다.

정치의 사회화를 위한 전제로서 참여적 계기의 강조를 통해 체로니는, 실질적으로는 아니라 하더라도, 델라 볼페와 자신을 구별하게 된다.[2] 델라 볼페에 따르면, 사회주의는 이미 1936년의 소비에트 헌법에서, 그리고 실천적으로는 스탈린 이후 시기에 이루어진, "사회주의적 합법성" 원칙으로의 복귀에서 충분히 진술되고 있다. 국가에 대한 시민적 자유권의 보증에 대한 요구, 즉 이념사적으로는 칸트의 법치국가적 유산을 사회주의에서 보존하라는 요구를 통해 델라 볼페는 사회주의적 민주주의의 문제를 개인과 국가 사이의 자유주의적 문제로 축소하고 있다. "델라볼페주의자"의 이러한 자유주의적 편향은, 체로니가 일종의 추상적 정치체제(Regim)론에서 "민주주의" 개념을 각각의 국가 유형과의 관련에서 떼내어 비역사적으로 정식화할 때, 인권의 보증과 참여의 결합에 대한 그의 옹호(Cerroni, 1976b·참조)에도 불구하고, 그에게서도 더욱 분명하게 나타난다. 다름아닌 "결정적 추상"이라는 기준은 대표(반드시 위임〔Delegation〕과 같은 것은 아니다)의 원칙과 법치국가 원칙으로 구성되어 있는 부르조아 민주주의가 개인과 사회 사이의 **결정적** 관계이며, 따라서 또한 완전히 결정적인 자유 개념(사회로부터의 자유, 스스로를 개별화할 수 있는 자유)을 내용으로 한다는 것을 가리키지 않을 수 없었을 것이다. 그러나 이제 델라 볼페 방법론의 가장 심각한 한계는 그것이 역사적-복합적 사회구성체를 순수한 논리적 "모델"로 순화한다는 점에 있다고 할 수 있다. 그러므로 쥬세페 바카가 부르조아 국가와 사회주의 국가의 추상적 대조 속에서 "완전히 다른 것으로의 도약"을 요구하고, 따라서 또한 이미 현존하는 사회주의 사회들과 "사회주의적"이라는 지칭을 부인할 때, 그의 논리는 수미일관하다. 델라볼페주의의 이러한 "좌파적" 발전은 그것의 "우파적" 발전, 즉 델라 볼페 자신과 체로니에 의해 대표되는 변종과 마찬가지로 일관된 것이다.

---

2) 또한 Cerroni, in : Cassano(Hrsg.), 1973, 316 참조. 여기에서 체로니는 델라 볼페의 결론을 원칙적으로 타당하고 함의가 풍부한 것으로 간주하지만, 동시에 그의 정치이론을 그의 업적 가운데서 가장 논란의 여지가 많은 것으로 꼽는다.

델라 볼페에게는 이미 역사적-변증법적 모순 속에서가 아니라 논리적 대당 속에서 사고하는 경향이 내재해 있었기 때문에, 그가 부르조아 대의제 국가의 정태적 단자(Monade)로의 고정에서 벗어나는 데 성공하기는 어려운 것이다. 델라 볼페와 체로니 두 사람이 함께 —— 생산력과 생산관계의 대조에 대해서와 비슷하게 —— 부르조아 대의제 국가의 긍정적 측면(모든 사람을 위한 시민적 자유)을 보존하는 한편, 그 부정적 측면(체로니가 말하듯이 "사회생산물"의 사적 영유)을 버리기를 요구한다면, 그들의 방법론의 측면에서 볼 때, 그들은 정당한 것이다.

8. 결론적 지적

페리 앤더슨은 "서구 맑스주의"를 개관하면서, 저명한 서구 맑스주의자들이 역사적 유물론의 고전적 전통에서 중심적이었던 영역들, 즉 자본주의 생산양식의 경제적 운동법칙에 대한 연구, 부르조아 국가장치에 대한 분석, 그것의 전복을 위해 필요한 계급투쟁 전략의 발전에 대해 침묵하는 것은 맑스주의 이론을 대중투쟁과 결합하지 못하는 무능력의 표현이라고 말하고 있다. "그람시는 이런 전반적인 추세에서 유일한 예외였다. 이는 그가 지닌 위대함의 징표였으며, 당시 맑스주의 전통에 속해 있던 다른 사람들과 그를 구별하게 해주는 점이었다. 왜냐하면 논리적으로 볼 때 그만이 고전적 유산을 특징짓는 유형, 즉 이론과 실천의 혁명적 통일을 자신 안에 구현하고 있었기 때문이다…… 그러나 그람시 이후에는 서유럽의 어떤 맑스주의자도 그람시만큼의 업적을 남기지 못했다"(Anderson, 1978, 71f.). 이 인상적인 언급에 대해 덧붙일 것은 별로 없지만, 거기에는 정당화되기 어려운 요구들을 하면서 그의 저작들을 과도하게 높이 평가할 위험이 가로놓여 있다. 왜냐하면 바로 그람시의 문제제기의 광범위한 일면성이 그의 저작들의 한계를 더욱 분명하게 나타내고 있기 때문이다. 그가 사용한 범주들의 엄밀하지 못한 분석 능력에 대해서는 이미 지적한 바 있다. 그 때문에 또한 부시-글룩스만 또는 밀리반드와 같이 그람시를 호의적으로 수용하는 사람들은 다음과 같은 문제에 부딪히게 된다. 즉 아마 그람시의 정치이론은 경쟁자본주의 단계의 자유주의적 국가에만 적용가능한 것이 아닐까, 그리고 국가개입주의적 자본주의의 새로운 문제들을 범주적으로 더이상 파악할 수 없는 것이 아닐까 하는 문제가 그것이다. 내가 입증하려 했던 바와 같이, 이러한 문제는 미해결인 채 남아 있으며, 그것에 대한 일의적 답변은 불가능할 것으로 보인다.

또하나의 한계는 그의 문제설정이 문화적 문제들에 일면적으로 집중되어 있어서, 부르조아 국가의 제도적 기능양식에 대한 분석을 경시하고, 하나의 이행기 사회("후기부르조아적" 민주주의, 반독점 민주주의)와 다른 이행기 사회(사회주의)의 관계와 관련되는 질문들을 포착하지 못한다는——아마 당시에는 파악될 수 없었을 것이다——점에서 나타난다. 델라 볼페의 공헌은 확실히 그가 전후 이탈리아 맑스주의 사상의 역사주의적 속류화에 대항하여 맑스주의의 과학적 지위를 확정할 필요성을 주장할 때 보여준 엄밀한 예리함에 있다. 그가 이러한 엄밀성을 견지했기 때문에 규범화된 형태의 "변증법적 유물론"으로부터뿐만 아니라 이론과 실천 관련에 대한 변증법적 이해로부터도 벗어나게 되었다는 점을 보일 필요는 있다. 그럼에도 불구하고 민주주의와 사회주의의 관련이라는 문제를 해명하려는 그의 노력은 그람시를 넘어서고 있다. "사회주의적 합법성"의 틀을 넘지 못하는 그의 해답은 시대적 제약 아래 놓여 있어서 불충분한 것으로 보지 않을 수 없다. 자신의 입론의 특유한 모호함, 또는——비판가들이 말하듯이——절충주의 때문에 그는 법치국가적 측면을 중심으로 보완된 소비에트 현실에 대한 정통적 옹호자로 남는 것처럼 보인다. 동시에 그는 자신의 철학적 "반헤겔주의"

(Hegellosigkeit)를 배경으로 윤리학적으로 정초된 점진주의, 또는 —— 그 자신이 마지막 저술에서 말한 바와 같이 —— "역동적 사회민주주의"라는 전제들을 정식화함으로써 반교조적 탈레닌주의자가 된다.

델라 볼페의 작업이 이탈리아 맑스주의에 대해 하나의 발전을 표상한다고 할 때, 노동운동의 역사 속에 그의 저작들의 많은 측면들, 거기에서 제시된 해답의 제안들을 선취했던 이론가들이 있다는 사실을 잊어서는 안된다. 여기서는 다만 카우츠키, 베른슈타인, 막스 아들러만을 열거하기로 하자. 델라 볼페의 비판가들은 일찍이 그의 "이론적 카우츠키주의"(Guastini/Levrero, 1970, 327)에 대해 지적하면서 "이 이데올로기의 철학적 뿌리는 변증법에 대한 잘못된 이해와 맑스주의 사상의 철학적-윤리학적 환원에서 찾아야 한다"(ibid., 323)고 말한 바 있다. 그에게 단지 **독자적인** 정치적 시각이 결여되어 있었다는 것(Anderson, 1978, 66)은 확실히 맞는 말이지만, 그에게 정치적 시각 일체가 결여되어 있었다고 주장하기는 어려울 것이다. 이러한 시각을 간단히 제거하려는 것은 개인주의에 대한, 국가의 민주주의적 및 법치국가적 보증이라는 문제를 부차적인 것으로, 또는 —— 1954년의 톨리아티처럼 —— 계급투쟁 상황의 종속변수로 간주하는 사람들에게만 가능한 일일 것이다. 델라 볼페의 공헌은 그가 이러한 문제를 단지 전술적인 것으로서만이 아니라 **이론적인** 것으로서 제기하면서 보여준 그 열성에 있다.

마지막으로, 우리가 이 책의 결말을 맺으면서 주목했던 체로니는, 자신들의 헤게모니를 직접민주주의의 요소들에 의한, 대의제 민주주의의 확대 및 보충을 통한, 사회적 및 정치적 다원주의라는 틀을 준수함으로써 현실화하고자 했던 이탈리아공산당의 당면 문제를 가장 분명하게 표명하였다. 하지만 여기서 또한 적극적인 입장설명 —— 확실히 전술적인 것이 아니며, 단지 도구적인 것만은 아닌, 부르조아 민주주의의 가치에 대한 이탈리아공산당의 의식이 파시즘을 거치면서 성숙되었음을 말하고자 하는——은 체로니가 두 가지 민주주의 형태의 "결합"이라는 제안을 통해 불충분하게밖에 대답하지 못한 문제들을 제기한다.

니코스 풀란차스는 그의 마지막 저작에서 두 가지 민주주의의 종류, 즉 대의제적 민주주의와 직접민주주의의 **결합형태**라는 문제와 대결하였으며, 어떻게 하면 두 가지 과정을 단순히 병렬, 병치하는 데서 벗어날 수 있겠는가 하는 문제를 제기하였다. 그러나 해답으로서의 답변은 주어지지 않았다. "역사 그 자체는 우리에게 오늘날까지 사회주의로의 민주적 길에 대한 성공적 실험을 제공해주지 않았다…… 우리는 불가피하게 민주적이면서 **동시에** 사회주의적인 혁명이라는 철의 법칙에 근거하는 영속적인 믿음을 더이상 갖지 못한다" (Poulantzas, 1978, 244: 강조는 인용자).

참고문헌

ACCARINO, Bruno, 1977 : *Galvano Della Volpe*, Bari.

ALBERS, D./GOLDSCHMIDT, W./OEHLKE, P., 1971 : *Klassenkämpfe in Westeuropa*, Reinbek.

ALCARO, Mario, 1977 : *Dellavolpismo e nuova sinistra*, Bari.

ALF, Sophie G., 1977 : *Leitfaden Italien, Vom antifaschistischen Kampf zum Historischen Kompromiß*, Berlin.

ALTHUSER, Louis, 1968 : *Für Marx*, Frankfurt/M.

—, 1973 : *Ideologie und ideologische Staatsapparate*, in : *Marxismus und Ideologie*, Berlin.

—, 1978 : *Die Krise des Marxismus*, Hamburg.

ANDERSON, Perry, 1976/77 : *The Antinomies of Antonio Gramsci*, in : *New Left Review*, Nr. 100, Nov./Jan.

—, 1978 : *Über den westlichen Marxismus*, Frankfurt/M.

—, 1979 : *Antonio Gramsci, Eine kritische Würdigung*, Berlin.

AUCIELLO, Nicola, 1974 : *Socialismo ed egemonia in Gramsci e Togliatti*, Bari.

ASOR ROSA, Alberto, 1974 : *Intellettuali e classe operaia, Saggi sulle forme di uno storico conflitto e di una possibile alleanza*, Florenz.

A. A. V. V., 1969 : *Gramsci e la cultura contemporanea*, Bd. I, Rom.

A. A. V. V., 1973 : *Il marxismo italiano negli anni sessanta e la formazione teorico politica delle nuove generazioni*, Rom.

A. A. V. V., 1974 : *Georges Sorel, Studi e ricerche*, Florenz.

A. A. V. V., 1977 : *Politica e storia in Gramsci, Atti del convegno internazionale di studi gramsciani, a cura di F. Ferri*, Rom, 2 Bde.

BADALONI, Nicola, 1972 : *Il marxismo italiano degli anni sessanta*, Rom.

——, 1975 : *Il marxismo di Gramsci, Dal mito alla ricomposizione*, Turin.

BENDA, Julien, 1975 : *La trahison des clercs*, Paris, Erstausgabe von 1927.

BERLINGUER, Enrico, 1975 : *La "questione" comunista*, 2 Bde., Rom.

——, 1976 : *Il PCI e la crisi italiana*, Rom.

BLACKMER, donald L. M., 1968 : Unity in Diversity, Italian Communism and the Communist World, Cambridge/Mass.

BLACKMER, Donald L. M. /TARROW, Sidney (Hrsg.), 1975 : *Communism in Italy and France*, Princeton.

BOBBIO, Norberto, 1976 : *Gramsci e la concezione della società civile*, neue Ausg., Mailand.

BOFFA, Massimo, 1975 : *Le dure repliche della storia*, in : *Rinascita*, Nr. 48.

BOGGS, Carl, 1976 : *Gramsci's Marxism*. London.

BOLAFFI, Angele, 1976 : *Ortodossi e revisionisti*, in : *Rinascita*, Nr. 10, 5. 3. 1976.

BONETTI, Paolo, 1980 : *Gramsci e la società liberaldemocratica*, Bari.

BONOMI, Giorgio, 1975 : *La théorie gramscienne de l'état*, in : *Les Temps Modernes*, Nr. 343, Febr. 1975, S. 967–998.

BRANDT, Reinhard, 1973 : *Rousseaus Philosophie der Gesellschaft*, Stuttgart.

BROCCOLI, Angelo, 1972 : *Antonio Gramsci e l'educazione come egemonia*, Florenz.

BUCI-GLUCKSMANN, Christine, 1974/1975 : *Gramsci et l; état*, in : *Dialectiques*, Nr. 4, S. 5ff.

—, 1975 : *Gramsci et l' état*, Paris.

—, 1977a : *Gramsci und der Eurokommunismus*, in : *Beiträge zum wissenschaftlichen Sozialismus*, Nr. 12, Juli 1977, S. 13–35.

—, 1977b : *Über die politischen Probleme des Übergangs : Arbeiterklasse, Staat und passive Revolution*, in : *Sozialistische Politik(SOPO)*, Nr. 41, H. 3, Sept. 1977, S. 13–35.

CASANOVA, A./PREVOST, C./METZGER, J., 1975 : *Intellektuelle und Klassenkämpfe*, Köln.

CASSANO, Franco(Hrsg.), 1973 : *Marxismo e filosofia in Italia 1958–71*, Bari.

CASSIRER, Ernst, 1975 : *Das Problem Jean-Jacques Rousseau*, Darmstadt (Neuausgabe).

CASTRONOVO, Valerio(Hrsg.), 1976 : *L'Italia contemporanea 1945–1975*, Turin.

CERRONI, Umberto, 1968a : *La libertà dei moderni*, Bari.

—, 1968b : *Metodologia e scienza sociale*, Lecce.

CERRONI, Umberto, 1970 : *Tecnica e libertà*, Bari.

—, 1973a : *Della Volpe : fra ragione ed esperienza und via a Marx*, in : *Rinascita*, H. 3, 19. 1. 1973.

—, 1973b : *Teoria politica e socialismo*, Rom.

—, 1973² : *Teoria della crisi sociale in Marx*, Bari.

—, 1974 : *Società civile e stato politico in Hegel*, Bari.

—, 1975a : *La natura e la storia*, in : *Rinascita*, Nr. 14, 4. 4. 1975.

—, 1975b : *Esiste una scienza politica marxista?*, in : *Rinascita*, Nr. 46, 21. 11. 1975, wieder abgedruckt in *Il Marxismo e lo Stato*, 1976, S. 39–51.

—, 1976a : *Problemi della transizione al socialismp*, in : *Critica marxista*, H. 3/4, 1976.

—, 1976b : *Garantismo e socializzazione*, in : *Rinascita*, Nr. 47, 1976.

—, 1977 : *Crisi ideale e transizione al socialismo*, Rom.

—, 1978 : *Crisi del marxismo?*, Rom.

—, 1979 : *Gramsci-Lexikon, Gramsci zum Kennen- und Lesenlernen*, Hamburg.

CHIAROMONTE, Gerardo, 1972 : *Riforme di struttura e direzione politica del paese*, in : *Critica marxista*, suppl. al n. 1, 1972, S. 21–78.

CLARK, Martin : 1977 : *Antonio Gramsci and the Revolution that failed*, New Haven/London.

COLLETTI, Lucio, 1959 : Il marxismo come sociologia, in : *Società*, Nr. 4, Juli.

—, 1966 : *Antonio Gramsci e la rivoluzione in Italia*, in : *Sinistra*, Nr. 1, 1966.

—, 1970² : *Ideologia e società*, Bari.

—, 1975 : *Marxism and the Dialectic*, in : *New Left Review*, Nr. 93, Sept. –Okt. 1975.

COLLETTI, Lucio/NAPOLEONI, Claudio, 1970 : *Il futuro del capitalismo : crollo o sviluppo*, Bari.

COLOMBO, Giuseppe, 1980 : *Della Volpe premarxista*, Rom.

CORSALE, Massimo, 1976 : *Contro le ambiguità del pluralismo*, in : *Critica marxista*, Nr. 3/4, 1976, S. 85ff.

DAVIDSON, Alastair, 1972 : *The Varying Seasons of Gramscian Studies*, in : *Political Studies*, H. 4, 1972, S. 448ff.

——, 1977 : *Antonio Gramsci : Towards an Intellectual Biography*, London *Da Gramsci a noi, Il Pa rtito e lo stato, il pluralismo e l'egemonia*, in : *Rinascita*, 4. 2. 1977 mit Beiträgen von Paggi, Gerratana, De Giovanni DE CLEMENTI, Adreina, 1971 : *Amadeo Bordiga*, Turin.

DE FELICE, Franco, 1971 : *Serrati, Bordiga, Gramsci e il problema della rivoluzione in Italia 1919-1920*, Bari.

——, 1972 : *Una chiave di lettura in "Americanismo e fordismo"*, in : *Rinascita*, Nr. 42, 27. 10. 1972.

DE GIOVANNI, Biagio, 1974 : *Teoria e politica nel dibattito fra filosofi marxisti*, in : *Critica marxista*, Nr. 6, 1974.

——, 1977a : *Dietro la polemica sull'egemonia*, in : *Rinascita*, Nr. 1, 7. 1. 1977, S. 4f.

——, 1977b : *Gramsci e Togliatti : novità e continuità*, in : *Rinascita*, Nr. 5, 4. 2. 1977, S. 20ff.

DE GIOVANNI, Biagio/GERRATANA, Valentino/PAGGI, Leonardo, 1977 : *Egemonia Stato partito in Gramsci*, Rom.
dt. unter dem Titel Gramsci Debatte 1 : Hegemonie, Staat und Partei, Hamburg/Westberlin 1978 erschienen.

DELLA VOLPE, Galvano, 1949 : *Per una teoria di un umanismo positivo*, Bologna.

——, 1972-1973 : *Opere complete Bd. 1-6, a cura di Ignazio Ambrogio*, Rom.

——, 1973 : *Für eine materialistische Methodologie*, Berlin.

——, 1975 : *Rousseau und Marx, Beiträge zur Dialektik geschichtlicher Strukturen*, dt. Ausg. Darmstadt.

DERA THE, Robert, 1950 : *Jean-Jacques Rousseau et la science politique de son temps*, Paris.

DRESSEN, Wolfgang, 1968 : *Antiautoritäres Lager und Anarchism us*, Berlin.

EGEMONIA E DEMOCRAZIA, Gramsci e la questione comunista nel dibattito di Mondoperaio, 1977, Nuova serie dei quaderni di MONDOPERAIO.

FEMIA, Joseph, 1975 : *hegemony and Consciousness in the Thought of A. Gramsci*, in : *Political Studies*, Bd. XXIII, 1975, S. 29ff.

—, 1979 : *Gramsci, the Via Italiana and the classical Marxist-Leninist Approach to Revolution*, in : *Government and Opposition*, vol. 14, Nr. 1., 1979, S. 66-95.

FERRAROTTI, Franco, 1968 : *Betrachtungen über die Entwicklung des Marxismus in Italien*, in : *Kölner Zeitschrift für Soziologie und Sozial-psychologie*, Nr. 2, 1968, S. 205ff.

FERRATA, Giansiro/GALLO, Nicola, 1964 : 2000 pagine di Gramsci, Mailand.

FETSCHER, Iring, 1960 : *Rousseaus politische Philosophie, Zur Geschichte des demokratischen Freiheitsbegriffs*, Neuwied.

FORSCHNER, Maximilian, 1977 : *Rousseau*, München.

FRASER, John, 1977 : *An Introduction to the Thought of Galvano Della Volpe*, London.

FUGAZZA, Mariachiara, 1975 : *Dellavolpismo e nuova sinistra, Sul rapporto tra i "Quaderni Rossi" e il marxismo teorico*, in : *Aut Aut*, Sept. 1975, S. 123-139.

FURIOZZI, Gian Biagio, 1975 : *Sorel e L'Italia*, Messina-Florenz.

GARIN, Eugenio, 1974 : *Intellettuali italiani nel XX secolo*, Rom.

GARAUDY, Roger, 1971 : *Révolution et bloc historique*, in : *L'homme et la société*, Nr. 21, Juli-August 1971.

GERRATANA, Valerio, 1977 : *La nuova strategia che si fa luce nei "Quaderni"*, in : *Rinascita*, Nr. 5, 4. 2. 1977, S. 17ff.

GIACOMINI, Ruggero, 1975 : *Gramsci e la formazione del Partito Comunista d'Italia*, Neapel.

GIANNANTONI, Gabriele, 1974/75 : *Il marxismo di Galvano Della Volpe*, Teil I und II, in : *Critica marxista*, Nr. 6/1974 und Nr. 1/1975.

—, 1976 : *Il marxismo di Galvano Della Volpe*, Rom.

GRAMSCI, Antonio, 1926 : *Un rapporto inedito al partito*, in : *Rinascita*, 14. 4. 1967, a cura di Franco Ferri.

—, 1958 : *Scritti giovanili 1914-1918*, Turin.

—, 1965 : *Lettere dal carcere, a cura di S. Caprioglio und E. Fubini.*

—, 1966[8] : *Il materialismo storico e la filosofia di Benedetto Croce*, Turin.

—, 1966[8] : *Gli intellettuali e l'organizzazione della cultura*, Turin.

—, 1966[9] : *Il Risorgimento*, Turin.

—, 1966[6] : *Note sul Machiavelli sulla politic esullo stato moderno*, Turin.

—, 1966[6] : *Letteratura e vita nazionale*, Turin.

—, 1966[6] : *Passato e Presente*, Turin.

—, 1974a : *Per la verità, Scritti 1913-1926, a cura di Renzo Martinelli.*

—, 1974b : *La costruzione del Partito Comunista 1923-1926*, Turin.

—, 1975 : *Quaderni del carcere, edizione critica dell' Istituto Gramsci, a cura di Valentino Gerratana*, 4 Bde., Turin.

—, 1967 : *Philosophie der Praxis, Eine Auswahl*, herausgegeben und übersetzt von Ch. Riechers, Frankfurt/M.

GRISONI, Dominique/MAGGIORI, Robert, 1973 : *Lire Gramsci*, Paris.

GRUPPI, Luciano, 1972 : Il concetto di egemonia in Gramsci, Rom.

—, 1974a : *Note sul dibattito teorico marxista in Italia*, in : *Critica marxista*, Nr. 6, 1974.

——, 1974b : *Togliatti e la via italiana al socialismo*, Rom.

——, 1975 : *Qualche risposta alla "Pravda" e anche ai socialisti*, in : *Rinascita*, 17. 10. 1975.

——, 1976a : *Storicità e marxismo*, Rom.

——, 1976b : *A proposito di democrazia e socialismo*, in : *Critica marxista*, Nr. 2, 1976, S. 3ff.

——, 1976c : *L'esigenza di una nuova guida*, in : *Rinascita* Nr. 50, 17. 12. 1976, S. 3ff.

——, (Hrsg.), 1977 : *Il compromesso storico*, Rom.

GUASTINI, R. /LEVRERO, R., 1970 : *Garantismo e programmazione democratica, A proposito de Della Volpe e del dellavolpismo*, in : *Classe*, Nov. 1970.

HABERMAS, Jürgen, 1970 : *Technik und Wissenschaft als "Ideologie"*, Frankfurt/M.

——, 1975 : *Legitimationsprobleme im modernen Staat*, in : *Merkur*, H. 1, Jan. 1975.

HAGEN, Michael, 1975 : *Der "Westliche" Marxismus— eine antikommunistische Variante bürgerlicher Ideologie*, in : *Deutsche Zeitschrift für Philosophie*, H. 6, 1975, S. 784ff.

HEEGER, Robert, 1975 : *Ideologie und Macht, Eine Analyse von Antonio Gramscis Quaderni*, Uppsala.

HEIN, Bernd, 1979 : *Antonio Gramsci und die Volksreligion*, in : *Rahner*, Karl u. a. (Hrsg.) : *Volksreiigion— Religion des Volkes*, Stuttgart.

HEINTEL, Peter, 1967 : *System und Ideologie, Der Austromarxismus im Spiegel der Philosophie Max Adlers*, Wien.

HOBSBAWM, Eric, J., 1977 : *Gramsci und die Theorie der Politik*, in : *Beiträge zum wissenschaftlichen Sozialismus*, H. 14, Nr. 5, 1977. S. 39–54.

HOLZ, Hans Heinz/SANDKUHLER, Hans Jorg(Hrsg.), 1980 : Betr. : *Gramsci, Philosophie und revolutionäre Politik in Italien*, Köln.

INGRAO, Pietro, 1976 : *Discutendo su questa "parolaccia" che è l'egemonia*, in : *Rinascita*, Nr. 48, 3. 12. 1976.

——, 1977 : *Masse e potere*, Rom.

JÄGER, Michael, 1979 : *Von der Staatsableitung zur Theorie der Parteien-ein Terrainwechsel im Geiste Antonio Gramscis*, in : *Eurokommunismus und marxistische Theorie der Politik*, Argument-Sonderband 44, Berlin, S. 45-64.

JOCTEAU, Gian Carlo, 1975 : *Leggere Gramsci*, guida alle interpretazioni, Mailand.

KALLSCHEUER, Otto, 1974 : *"Antithegelianismus" innerhalb der Arbeiterbewegung*, in : *Alternative*, H. 97, Aug. 1974.

KALLSCHEUER, Otto/RAFALSKI, Traute/WENZEL, Gisela, 1977 : Italien : *Gratwanderung zwischen Stabilisierung und Übergangsprozeß, I. Die Offensive des herrschenden Blocks*, in : *Probleme des Klassenkampfes*(Prokla), H. 29, Nr. 4, 1977, S. 125-153.

——, 1978 : Italien : *Gratwanderung zwischen Stabilisierung und Übergangsprozeß, II. Die KPI heute-Aspekte der Identitätskrise der kommunistischen Massenpartei*, in : *Probleme des Klassenkampfes* (Prokla), H. 32, Nr. 3, 1978, S. 73-110.

KEBIR, Sabine, 1975 : *Auf dem Wege zur Volksfront, Zur Kulturkonzeption Anotnio Gramscis*, in : *Weimarer Beiträge*, H. 8, 1975, S. 82-105.

——, 1980 : *Die Kulturkonzeption Antonio Gramscis, Auf dem Wege zur antifaschistischen Volksfront*, München.

KIE VENHEIM, Christoph/ LEISEWITZ, André(Hrsg.), 1973 : *Soziale Stellung und Bewußtsein der Intelligenz*, Köln.

KLEIN, Horst, 1975 : *Austromarxismus und Sozialreformismus*, in : *Deutsche Zeitschrift für Philosophie*, H. 11, 1975, S. 1440ff.

KOFLER, Leo, 1971[4] : *Zur Geschichte der bürgerlichen Gesellschaft*, Darmstadt/Neuwied.

KORSCH, Kral, 1967 : *Karl Marx*, Frankfurt/M.

KRAMER, Annegret, 1975 : *Gramscis Interpretation des Marxismus*, in : *Gesellschaft, Beiträge zur Marxschen Theorie 4*, Frankfurt/M. S. 65-118.

LEFONS, Chiara, 1974 : *Il continente Marx*, in : *Rinascita*, 11. 10. 1974, S. 25f.

LENIN, W. I., 1966 : *Ausgewählte Werke* in 3 Bänden, Berlin (DDR).

—, 1955 : *Werke*, Berlin (DDR).

LENK, Hans (Hrsg.), 1973 : *Technokratie als Ideologie*, Stuttgart.

LENK, Kurt, 1973 : *Theorie der Revolution*, München.

LESER, Norbert, 1968 : *Zwischen Reformismus und Bolschewismus, Der Austromarxismus als Theorie und Praxis*, Wien.

LÉVI-STRAUSS, Claude, 1968 : *Das wilde Denken*, dt. Ausg. Frankfurt /M.

LISA, Athos, 1973 : *Memorie, In carcere con Gramsci*, Mailand.

LUPORINI, Cesare, 1954 : *Marxismo e sociologia, Il concetto di formazione economico-sociale*, in : A. A. V. V. : Filosofia e sociologia, Bologna.

—, 1966 : *Relità e storicità : economia e dialettica nel marxismo*, in : *Critica marxista* Nr. 1, 1966.

—, 1974 : *Dialettica e materialismo*, Rom.

—, 1974b : *Karl Marx-Kommunismus und Dialektik*, Frankfurt/M. /Köln.

MACCIOCCHI, Maria Antonietta, 1974 : *Pour Gramsci*, Paris.

MACPHERSON, C. B., 1973 : *Die politische Theorie des Besitzindividualismus*, dt. Ausg., Frankfurt/M.

MAGRI, Lucio, 1965 : *Il valore e il limite delle esperienze frontiste*, in : *Critica marxista*, Nr. 3, Juli-Aug. 1965.

MANCINA, Claudia, 1976 : *Egemonia, dittatura, pluralismo : una polemica su Gramsci*, in : *Critica marxista*, Nr. 3/4, 1976, S. 73ff.

MARRAMAO, Giacomo, 1971 : *Marxismo e revisionismo in Italia*, Bari.

——, 1972 : *Per una critica dell' ideologia di Gramsci*, in : *Quaderni piacentini*, XI, Nr. 46, März 1972.

——, 1973 : *Kritische Bemerkungen zur Korsch-Rezeption in Italien*, in : *Über Karl Korsch, Jahrbuch der Arbeiterbewegung*, hrsg. von Claudio Pozzoli, Bd. 1, Frankfurt/M.

——, 1975 : *Dialettica della forma e scienza della politica*, in : *Critica marxista* Nr. 6, 1975.

——, 1976 : *Lo Stato integrale di Gramsci*, in : *Rinascita* Nr. 31, 30. 7. 1976.

——, 1977 : *Marx e il marxismo : il nesso economia-politica*, *in* : *Rinascita*, Nr. 2, 14. 1. 1977, S. 21ff.

MARX, Karl, 1953 : *Die Frühschriften*, hrsg. von Siegfried Landshut, Stuttgart.

——, o. J. : *Grundrisse der Kritik der politischen Ökonomie*, Frankfurt/M.

MARX, Karl/ENGELS, Friedrich, 1966 : Ausgewählte Schriften in zwei Bänden, Berlin (DDR).

Il *marxismo e lo Stato*, Il dibattito aperto nella sinistra italiana sulle tesi di Norberto Bobbio, 1976, nuova serie dei quaderni di MONDOPERAIO.

MATTHIESSEN, Gunnar, 1973 : *Kritik der philosophischen Grundlagen und der gesellschaftspolitischen Entwicklung des Maoismus*, Köln.

MAZZONE, Alessandro, 1977 : *Anmerkungen zu einem Dialektiker*, in : *Sozialistische Politik* (SOPO), H. 3, Nr. 41, S. 7-13.

MERKER, Nicolao, 1970 : *Per una valutazione di Galvano della Volpe teorico del marxismo*, in : *Rivista critica di storia della filosofia*, Nr. 3, 1970, S. 315-337.

——, 1974 : *Marxismo e storia delle idee*, Rom.

——, 1975 : *Kant : un tentativo di bilancio marxista*, in : *Critica marxista*, Nr. 1, 1975.

MERLI, Stefano, 1967 : *I nostri conti con la teoria della rivoluzione senza rivoluzione di Gramsci*, in : *Giovane critica*, Nr. 17, 1967.

MILIBAND, ralph, 1972 : *Der Staat in der kapitalistischen Gesellschaft*, dt. Ausg. Frankfurt/M.

MONTANARI, Marcello, 1975 : *La "questione" Gramsci*, in : *Rinascita*, 17. 1. 1975, S. 23ff.

NAPOLITANO, Giorgio, 1970 : *Il "nuovo blocco storico" nell'elaborazione di Gramsci del PCI*, in : *Rinascita*, Nr. 12, 20. 3. 1970, S. 5-6.

NARDONE, Giorgio, 1971 : *Il pensiero di Gramsci*, Bari.

ORMEA, Ferdinando, 1975 : *Gramsci e il futuro dell'uomo*, Rom.

PALLA, Peter, 1972 : *Marxistische Theorie der Praxis, A. Gramsci und der wissenschaftliche Sozialismus in Italien*, phil. Diss., Köln.

PAGGI, Leonardo, 1970 : *Antonio Gramsci e il moderno principe*, Bd. I, Rom.

——, 1975 : *La teoria generale del marxismo in Gramsci*, in : *Annali Feltrinelli '73*, a cura di A. Zanardo, Mailand.

——, 1977 : *Dopo la sconfitta della rivoluzione in Occidente*, in : *Rinascita*, Nr. 5, 4. 2. 1977, S. 13ff.

PELLICANI, Luciano, 1976 : *Gramsci e la questione comunista*, Florenz.

PERLINI, Tito, 1974 : *Gramsci e il gramscismo*, Mailand.

PICCONE, Paul, 1976 : *Gramsci's Marxism : Beyond Lenin and Togliatti*, in : *Theory and Society*, Nr. 4, 1976, S. 485–512.

PIOTTE, J. M., 1970 : *La pensée politique de Gramsci*, Paris.

POPPER, Karl, R., 1971 : *Das Elend des Historizismus*, Tübingen.

PORTELLI, Hugues, 1972 : *Gramsci et le bloc historique*, Paris.

—, 1974/75 : *Jacobinisme et antijacobinisme de Gramsci*, in : *Dialectiques*, Nr. 4–5, 1974/75, S. 28ff.

POSTIGLIOLA, A., 1971 : *Rousseau e il marxismo italiano degli annisessanta*, in : *Critica marxista*, Nr. 4, 1971, S. 70–83.

POULANTZAS, Nicos, 1965 : *Préliminaires à l'étude de l' hégémonie dans l' état*, in : *Les Temps Modernes*, Nr. 234/235, Nov.–Dez. 1965.

—, 1978 : *Staatstheorie, Politischer Überbau, Ideologie, sozialistische Demokratie*, dt. Ausg. Hamburg.

POZZOLI, Claudio (Hrsg.), 1972 : *Spätkapitalismus und Klassenkampf, Eine auswahl aus den "Quaderni rossi"*, Frankfurt/M.

PRESTIPINO, Giuseppe, 1971 : *La scuola di Della Volpe : filosofia e concezione dello stato*, in : *Critica marxista*, H. 4. 1971, S. 49ff.

—, 1974 : *Natura e società*, Rom.

—, 1976 : *Il marxismo di Gramsci*, in : *Critica marxista*, Nr. 2, 1976.

—, 1979 : *I valori etico-politici e il metodo di Galvano Della Volpe*, in : *Critica marxista*, H. 3, 1979, S. 15–43.

PRIESTER, Karin, 1972 : *Der italienische Faschismus, Ökonomische und ideologische Grundlagen*, Köln.

—, 1973 : *Zu Della Volpes Ästhetik*, in : *Alternative*, H. 88.

—, 1976 : *Antonio Gramsci und der italienische Marxismus*, in : *Neue Politische Literatur*, H. 2, S. 182–207.

—, 1977a : *Zur Staatstheorie bei Antonio Gramsci*, in : *Das Argument*, H. 104, S. 515–532.

——, 1977b : *Grundzuge und Problem der Strategie des "italienischen Weges zum Sozialismus"*, in : *Beiträge zum wissens chaftlichen Sozia-lismus*, H. 5, 1977, S. 15-38.

——, 1979a : *Politische Soziologie und Staatstheorie, Begriff und Funktion der Intellektuellen bei Gramsci*, in : *Beiträge zum wissenschaftlichen Sozialismus*, H. 4, S. 74-93.

——, 1979b : *Die Bedeutung von Gramscis "erweitertem" Staatsbegriff*, in : *Eurokommunismus und Theorie der Politik*, Argument-sonderband 44, Berlin, S. 30-44.

——, 1980 : *Eurokommunismus und Pluralismus*, in : *Frankfurter Hefte*, H. 3, 1980. S. 13-22.

wieder abgedruckt in : *Vorgänge*, Nr. 3, H. 45, 1980, S. 24-31.

RAGIONIERI, Ernesto, 1976 : *La concezione dello stato in Gramsci*, in : *Rinascita*, Nr. 22, 28. 5. 1976.

——, 1968 : *Das politis Konzept Antonio Gramscis*, in : *MarxistischeBlätter*, Nr. 6, H. 2, 1968, S. 44-51.

RHEINBERGER, Jörg, 1975 : *Die erkenntnistheoretischen Auffassungen Althussers*, in : *Das Argument*, Nr. 94, 1975, S. 922-951.

RIECHERS, christian, 1970 : *Antonio Gramsci, Marxismus in Italien*, Frankfurt/M.

RODRIGUEZ-LORES, Juan, 1971 : *Die Grundstruktur des Marxismus, Gramsci und die Philosophie der Praxis*, Frankfurt/M.

ROSSI, Mario, 1968 : *Galvano Della Volpe : dalla gnoseologia critica alla logica storica*, in : *Critica marxista*, Nr. 4/5, S. 165-201 und Nr. 6, S. 89-124.

ROTH, gerhard, 1972 : *Gramscis Philosophie der Praxis*, Düsseldorf.

ROUSSEAU, Jean-Jacques, 1954 : *Discours sur l'origine et les fondements de l'inégalité parmi les hommes*, Paris.

SALINARI, Carlo/SPINELLA, Mario, 1975 : *Il pensiero di Gramsci*, Rom.

SALVADORI, Massimo L., 1973² : *Gramsci e il problema storico della democrazia*, Turin.

——, 1976 : *Gramsci e il PCI : due concezioni dell'e gemonia*, in : *Mondoperaio*, Nr. 11, 1976.

SANDKÜHLER, Hans Jörg/DE LA VEGA, Rafael, (Hrsg.), 1970 : *Austro-marxismus* : Frankfurt/M.

SERENI, Emilio, 1972 : *Blocco storico e iniziativa politica nell' elaborazione politica del PCI*, in : *Critica marxista*, Quaderni Nr. 5, suppl. al n. 1, 1972, S. 3-30.

SOREL, Georges, 1950¹¹ : *Réflexions sur la violence*, Paris.

SPRIANO, Paolo (Hrsg.), 1963 : *La cultura italiana del '900 attraverso le riviste*, Bd. 6, *"L'Ordine Nuovo"* (1919-1920), Turin.

——, 1967ff. : *Storia del partito comunista italiano*, Bd. I-V, Turin.

——, 1971 : *"L'Ordine Nuovo" e i consigli di fabbrica*, Turin.

——, et al., 1971 : *Problemi di storia del Partito comunista*, Rom.

——, 1977 : *Gramsci in carcere e il partito*, in : *Rinascita*, Nr. 13, 1. 4. 1977.

STURZO, Don Luigi, 1927 : *L'Italie et le fascisme*, Paris.

La SVOLTA del 1956. *Conversazione con Ingrao sull' VIII Congresso del PCI*, in : *Rinascita*, Nr. 3, 21. 1. 1977, S. 7ff.

TALMON, Jacob, 1961 : *Die Ursprünge der totalitären Demokratie*, Köln-Opladen, dt. Ausg.

Les TEMPS MODERNES, Nr. 343, 1975 mit Beiträgen von Badaloni, bonomi, Grisoni/Maggiori, Portelli u. a.

THEORIEN ÜBER IDEOLOGIE, 1979, argument-Sonderband 40,

Berlin, bes. Kap. 4, S. 61–82, Societa civile, Hegemonie und Intellektuelle bei Gramsci.

TEXIER, Jacques, 1968 : *Gramsci, théoricien des superstructures, sur le concept de société civile*, in : *la Pensée*, Nr. 139, 1968.

—, 1973 : *Gramsci : nécessité et créativité historiques*, in : *La Nuovelle Critique*, Nr. 69, 1973.

—, 1975 : *Note su Gramsci in francia*, in : *Critica marxista*, Nr. 1, 1975.

TOGLIATTI, Palmiro, 1954 : *Antonio Gramsci, ein Leben für die italienische Arbeiterklasse*, Berlin (DDR).

TOGLIATTI, Palmiro, 1964 : *La via italiana la socialismo*, Rom.

—, 1966 : *Nella democrazia e nella pace verso il socialismo*, Rom.

—, 1967 : *Reden und Schriften, Eine Auswahl*, hrsg. von Claudio Pozzoli, Frankfurt/M.

—, 1973 : *Lektionen über den Faschismus*, dt. Ausg. Frankfurt/M.

TROCCHE, Francesco, 197 : *angelo tasca e l "Ordine Nuovo"*, *La formazione del PCI*, Mailand.

TROUSSON, Raymond, 1977 : *Quinze années d'études rousseauistes*, in : *Dix-huitiéme siécle*, 9, 1977, 343–386.

VACCA, Giuseppe, 1969 : *Lukács o Korsch?*, Bari.

—, 1970a : *Marxismo e analisi sociale*, Bari.

—, 1970b : *Scienza, stato e critica di classe. Golvano della Volpe e il marxismo*, Bari.

—, 1974 : *Saggio su Togliatti e la tradizione comunista*, Bari.

—, 1977a : *La "quistione politica degli intellettuali" e la teoria marxista dello stato nel pensiero di Gramsci*, in : *Politica e Storia in gramsci I*, hrsg. vom Istituto Gramsci, a cura di Franco Ferri, Rom.

—, 1977b : *Perché Kautsky non ci serve*, in : *Rinascita*, Nr. 7, 18. 2.

1977, S. 21ff.
——, (Hrsg.), 1972 : *Politica e teoria nel marxismo italiano 1959–1969*, Antologia critica, Bari.
VACCARINO, Giorgio, 1973 : *Die Wiedrherstellung der Demokratie in Italien 1943–1948*, in : *Vierteljahreshefte für Zeitgeschichte*, H. 3, 1973, S. 285ff.
VESTER, Michael, 1972² : *Die Entstehung des Proletariats als Lernprozeß, Die Entstehung antikapitalistischer Theorie und Praxis in England 1792–1848*, Frankfurt/M.
VIGORELLI, Amedeo, 1974 : *Filosofia come scienza : Galvano della Volpee l'autocritica dello storicismo marxista*, in : *Aut Aut*, Juli–Okt., 1974, S. 97–129.
VIVANTI, Corrado, 1976 : *Il cammino storico del concetto di egemonia, in : Rinascita*, Nr. 49, 10. 12. 1976, S. 25ff.
WÜRZBERG, Gerd, 1978 : *Kultur und Politik, Der Beitrag Antonio Gramscis zur the oretischen Grundlegung der politischen und kulturellen Transformation Italiens*, Frankfurt/M.
——, 1979 : *"Kulturismus" in der sozialistischen Politik–oder : Polisi–sierung der Kultur. Einige Anmerkungen zum Stellenwert der Kultu–rellen Dimension in Gramscis Beiträgen zur politischen Theorie*, in : *Beiträge zum wissenschaftlichen Sozialismus*, H. 4, 1979.
ZANARDO, Aldo, 1974 : *Filosofia e socialismo*, Rom.
ZAMIS, Guido, 1962 : *Antonio Gramsci, der Gründer der Kommunistischen Partei Italiens*, in : *Zeitschrift für Geschichtswissenschaft*, X. Jg., 1962, S. 1575ff.
ZOLO, Danilo, 1976 : *Stato socialista e libertá bor ghesi*, Bari.

옮기고 나서

그람시, 델라 볼페, 그리고 이탈리아 맑스주의

이 책은 카린 프리스터의 *Studien zur Staatstheorie des italienischen Marxismus : Gramsci und Della Volpe*, Campus Verlag, Frankfurt/New York, 1981을 완역한 것이다. 저자가 서문에서 밝히고 있듯이 이 책은 이탈리아 공산주의에 대한 연구 결과다. 특히 이탈리아공산당의 국가와의 관계를 중심축에 두고 분석을 시도하고 있다.

제1부는 그람시의 혁명, 국가, 당에 대한 생각을 정리해주고 있다. '국가와 혁명'이라는 문제설정 속에서 그람시는 여러가지 개념들을 새롭게 제시하는데, 저자는 특히 서구에서의 혁명에 대한 그람시의 생각을 해명한다. 흔히 그람시를 상부구조 연구가로 치부하는데 그것은 잘못된 파악방식이라고 비판하면서, 그람시는 오히려 토대와 상부구조의 유기적 통일을 강조하고 그 통일로서 "역사적 블럭" 개념을 제시한다고 강조한다. 그람시는 혁명을 생각하면서 헤게모니 창출을 통해 특정한 역사적 블럭을 형성해나가야 하며, 그 과정에서 지식인의 역할이 중요하다고 보았다. 그람시는 지식인 개념을 확장시켜 사용하며 문화를 조직해내고 일상이해와 비판적 의식의 매개자로서의 지식인의 역할을 강조하는데,

이러한 지식인의 역할을 집합적으로 수행하는 것이 바로 당이라고 한다.

요즈음 그람시의 생각을 국가/시민사회의 대당 속에서 주로 설명해내고 국가의 축소와 시민사회의 확대(국가의 시민사회 속으로의 해소)라는 틀로 정형화하는 이해 방식이 널리 확산되고 있다. 물론 그렇게 단순하게 정형화해서 이해할 수 있겠지만, 현실을 변혁시켜가려는 관점에서 실제로 그렇게 만들어가는 과정이 중요하다고 보며, 바로 지식인이 강조되는 것도 그와 같은 이유 때문이다.

이러한 그람시의 사상과 실천과정은 그후 이탈리아 맑스주의의 원류가 되었다. 즉 이탈리아 맑스주의(공산주의)는 그람시에 대한 해석을 통해 아이덴티티를 확립해왔다.

보통 그람시적인 맑스주의를 역사주의적 맑스주의라고 하는데, 전후 이탈리아의 맑스주의는 바로 이 역사주의적 맑스주의에 대한 비판 위에서 새로운 모색을 해왔다. 그러한 과정에서 두드러진 이론가가 바로 델라 볼페이다.

이 책의 2부에서는 델라 볼페의 논지를 정리하고 있다. 특히 한 이론가의 철학적, 방법론적 기반과 그에 기초한 국가 및 정치 이론을 설명해내려고 한다는 점에서 이 책의 장점이 있다고 하겠다. 델라 볼페는 맑스주의의 역사주의적 속류화에 반대하여 맑스주의의 과학성을 수호하려는 입장에서 논지를 전개한다. 특히 맑스주의를 실증적 사회과학으로서 정초지으려는 델라 볼페의 노력은 이 책에서도 높이 평가받고 있다. 또한 정치이론과 관련해서 볼페는 처음으로 민주주의와 사회주의의 관계에 대해 전면에 문제제기하였다.

그렇지만 델라 볼페의 실증과학으로서의 맑스주의가 가진 문제점, 실천연관 등에 대해 비판을 가하면서 바카나 체로니 등이 맑스주의 정치 및 국가 이론을 만들어내려고 노력한다. 바카는 델라 볼페가 사회주의적 합법성을 강조하고, 이행기 사회에서 민주주의 문제를 사회주의적 합법성으로 해결하려고 하면서 결국은 사회주의 내에서의 계급투쟁 문제를 배제한다고 비판한다. 나아가 체로니는 철학, 방법론에 기초하여 정치이론, 국가론을 구성할 것을 강조하면서 대의제 민주주의와 직접민주주의의 관계에 대해서 논의를 해나간다.

이상 이 책에서 서술된 이탈리아 맑스주의는 어떤 뚜렷한 방향을 제시하지는 못하지만 나름대로의 노력을 보여줌으로써 하나의 지침이 될 수 있을 것이다.

곳곳에서 맑스주의의 위기가 얘기되고 있으며 이제 맑스주의를 떠나거나 넘어서는 것이 유행하고 있다. 좀 난삽하고 어려운 글이지만 이 책이 맑스주의를 넘어가는 데 있어서 그냥 넘어가지 않고 짚어보며 다른 사람들은 어떻게 노력했던가를 살펴보고 넘어가는 데 필요한 하나의 자료가 되었으면 한다. 실은 맑스주의를 넘어서 맑스에게로 나아가는 데 필요한 지침이 되었으면 한다.

어려운 번역을 일부 감당해준 김석진군에게 고마움을 표하며, 세심한 교정으로 옮긴이의 오류를 지적해준 새길 편집부에 감사를 드리고 싶다.

1993년 2월